SILU ZHUIMENG:

TANMI

XUANZANG XIXING

中国人民政治协商会议
偃师市委员会文史委 编著

丝路追梦：探秘玄奘西行

河南大学出版社
HENAN UNIVERSITY PRESS
·郑州·

图书在版编目（CIP）数据

丝路追梦：探秘玄奘西行/中国人民政治协商会议偃师市委员会文史委编著. —郑州：河南大学出版社，2020.7
ISBN 978-7-5649-4225-0

Ⅰ. ①丝… Ⅱ. ①中… Ⅲ. ①玄奘（602—664）—人物研究 Ⅳ. ① B949.92

中国版本图书馆 CIP 数据核字（2020）第 128187 号

丝路追梦：探秘玄奘西行
SILU ZHUIMENG： TANMI XUANZANG XIXING

责任编辑	李　云　刘利晓
责任校对	时　海
封面设计	翟淼淼
版式设计	李雪艳
出版发行	河南大学出版社
地　址	郑州市郑东新区商务外环中华大厦 2401 号
邮　编	450046
电　话	0371-86059701（营销部）
网　址	hupress.henu.edu.cn
排　版	河南大学出版社设计排版部
印　刷	郑州印之星印务有限公司
版　次	2020 年 12 月第 1 版
印　次	2020 年 12 月第 1 次印刷
开　本	787 mm×1092 mm　1/16
印　张	32.75
字　数	440 千
定　价	199.00 元

版权所有・侵权必究
本书如有印装质量问题，请与河南大学出版社营销部联系调换

玄奘负笈图

玄奘故里陈河村西河口

瓜州塔尔寺遗址

高昌故国佛塔遗址

鹿野苑

那烂陀寺殿堂遗址

吠舍利阿育王石柱

序

政协文史资料工作是人民政协经常性、基础性的工作之一。加强对政协文史资料工作特点和规律的研究，探索新形势下政协文史资料工作的新机制、新方法，使之更好地发挥"存史、资政、团结、育人"的作用就显得非常重要。

偃师市政协的文史资料工作，坚持存真求实，坚持工作创新，一直在探索挖掘偃师古代史、近代史中影响历史进程的历史事件及闪光人物，并通过收集、整理、研究和出版，为史学研究和社会进步提供多角度参考和精神食粮。

《偃师文史资料》是偃师市政协文史资料编委会的工作成果之一，但自出版以来，多以专题文章形式出现，一直未出版过专辑，为使文史资料形式更多样、内容更丰富，偃师市政协文史资料编委会经研究并报偃师市政协党组批准，决定推出一批能反映偃师厚重历史文化、代表偃师文明高度的文史资料专著以服务社会。在向文史委员们征集专著过程中，董煜焜委员谈到了世界历史文化名人玄奘。玄奘作为偃师人，大多数人只知道《西游记》里的唐僧，对玄奘却知之甚少，为宣传偃师、宣传玄奘，因而出版有关玄奘研究的丛书就十分必要。董煜焜委员是重走玄奘路的亲历者，符合文史资料的"三亲"要求，经多次研讨论证，决定由他执笔完成。于是就有了这本《丝路追梦：探秘玄奘西行》的问世。

《丝路追梦：探秘玄奘西行》是在偃师市政协文史委的主

持编撰下，由董煜焜老师夜以继日、不辞辛劳，用近两年时间，将自己五年的追梦之旅跃然纸上，著书成册。董老师是"玄奘精神"的体现者和继承者，值得我们好好学习。相信本书的出版，必将对弘扬和传播玄奘精神，为"一带一路"我国传统文化向外输出起到很好的推动作用。

《丝路追梦：探秘玄奘西行》编委会
2020年11月

前　言

隋文帝开皇二十年（600年），坐落于黄河南岸嵩山北麓的洛州缑氏县凤凰谷陈村（即今河南省偃师市缑氏镇陈河村），出了个让世界为之震惊的人，他就是被后世誉为中国佛教界空前之伟人圣哲，举世闻名的佛学家、旅行家、哲学家、翻译家、外交家、中外文化交流的杰出使者、大唐三藏法师——玄奘。玄奘的出现，改变了中国历史上佛教东传的发展格局，使佛教传播特性由古印度初传中土的随意性、随机性改变为系统性，使佛教在中国唐代时进入鼎盛期，成为佛法东传历程中的一座里程碑。

据《大慈恩寺三藏法师传》载，玄奘为求得佛教真谛，在古代那样困难的条件下，孤身西征，穿沙漠、越雪山，去挑战生命的极限；凭着无比虔诚的信念和坚强的毅力，九死一生，抵达万里之遥的佛国印度，开始了他长达十七年的求学、交游、讲经说法的传奇经历。唐太宗在《大唐三藏圣教序》中对玄奘西行这样赞叹："乘危远迈，杖策孤征。积雪晨飞，途间失地，惊沙夕起，空外迷天。万里山川，拨烟霞而进影；百重寒暑，蹑霜露而前踪。"他称颂玄奘西行的伟大壮举为"超六尘而迥出，只千古而无对"。在西行求法史上，人们都将东晋的法显和唐代的玄奘并称，去赞扬他们舍身求法的无上功德。唐代著名僧人、翻译家义净在《大唐西域求法高僧传》中说："观夫自古神州之地，轻生殉法之宾，显法师则创辟荒途，奘法师乃中开王路。其间或西越紫塞而孤征，或南渡沧溟以单逝……然而胜途多难，宝处弥长，苗秀盈十而盖多，结实罕一而全少。实由茫茫象碛，长川吐赫日之光；浩浩鲸波，巨壑起滔天之浪。独步铁门之外，亘万岭而投身；孤漂铜柱之前，跨千江而遗命。或亡餐几日，辍饮数晨，可谓思虑销精神，忧劳排正色，致使去者数盈半百，留者仅有几人。"义净的这段记载，道尽了魏晋至唐以来西行求法僧人的艰辛与险境。

玄奘西行，途经百余国，往返五万里，返回大唐时带回大、小乘佛教经典六百五十七部，凡五百二十夹。归国后，他把全部心血和智慧奉献给了译经事业，十九年间，他译出经、律、论七十五部，一千三百三十五卷，直到命终才放下担子。那种系统的翻译规模、严谨的翻译作风和巨大的翻译成果，成为中国翻译史上空前绝后的光辉典范。赵朴初先生在评价玄奘的翻译工作时说："他的成就和贡献不仅在佛教方面，在学术方面也是非常重要的。他不仅比较系统地译传了大乘瑜伽有宗一系的弘论，而且把空宗的根本大经《大般若经》二十万颂也完全翻译过来，又把小乘佛教一切有部的重要论典都翻译过来，有许多密传之作连印度都无传本，即使佛教的论敌或者外道，也如实地把他们的观点介绍给中国的知识界。"

著名学者，中国社科院荣誉学部委员、玄奘研究中心主任黄心川先生说："关于玄奘译经的质量在中国译经史上素有定论，受到僧俗两界的赞誉。出于玄奘通晓因明和声明，使他的译著能够曲尽佛教深奥的内蕴，音颤铿锵，落地有声，文字通达，富有逻辑性。"梵文大家巫白慧先生说："玄奘的译经方法，是把准确性与创造性巧妙地结合起来，使翻译实践从单纯的技术作业上升到艺术精品创作的高度。"

在玄奘文化体系中，佛教哲学是玄奘独创的佛教理论。玄奘自印度归国，把印度的佛教逻辑学，通常叫因明学带回中国，这是我国自外输入整套论理学之始。

玄奘初赴印度时并非专为因明而去，而是解决国内佛学纷争，探究源流，为求取真经而为。求学路上，他虽已多次接触因明学，但并未深究，当他到达佛国那烂陀寺，在随戒贤法师学习佛教经典时，才开始系统地学习因明。

在随后的十年里，他遍访五印高僧及精通因明学的学者，这使他在历次的论辩中能伐人守己，屡操胜券。在印游学十七年后，他携带大、小乘三藏梵本六百五十七部，其中带回有关因明的著作就有三十六部。由于玄奘重视因明的传播，才使东方乃至世界的因明即逻辑学得以丰富与发展。

玄奘是一位伟大的佛学大师、佛教理论家。玄奘西行历尽千难万险，为的是学到佛教真谛，带回东土大唐，尽管在国内他已是才高八斗的大德，但他学而不倦，依然虚怀若谷，求知若渴，先是在那烂陀寺这所印度最高佛教学府学习，一学就是五年。玄奘跟戒贤法师系统学习了《瑜伽师地论》及大、小乘经论，婆罗门的《吠陀经》，还有因明、声明、医方、术数、天文、地理等科学知识，是上万人的那烂陀寺通晓五十部经论的十人之一。五年之后，玄奘又到印度各地游学，遍访名师，先后又拜访过多位佛教高僧。他虚心向这些名师学习，阅读了各国的佛教藏书，对五印度的"内学""外学"和"五明学"几乎全部研习和涉及，同时对婆罗门外道也都有精深研究。当玄奘游学再次回到那烂陀寺时，他不仅是精通三藏、五明的佛教学者，并且是造诣极高的梵文大家，戒贤法师让他在这所印度最高的佛教大学主持全寺的讲学。

在那烂陀寺，玄奘追求真理、精益求精、一往无前、无私奉献的价值取向，圆融豁达、胸襟开阔、海纳百川、包容各派的宽容精神，充满理性智慧的远见卓识，充满灵性而又不失原则的崇高人格，受到印度人民的敬仰。为正视寺内对瑜伽学派的认识，解决印度佛学"性相"二宗的争执，他用梵文写出《会宗论》三千颂，受到戒贤大师和其他僧众的齐声赞扬。在曲女城举办的学术辩论大会（史称大法会）上，戒日王邀请了全印度六千多名各教派的高僧和学者，以及十八国的国王，请玄奘为大会论主。玄奘以用梵文写成的《制恶见论》为命题，公开挂入会场，一连十八天，竟无一人敢和法师辩驳，从此印度大乘教尊称他为"大乘天"，小乘教尊称他为"解脱天"，玄奘获得了印度佛教的最高荣誉。一个留学生在佛国获此殊荣，可见玄奘佛学造诣之深。

玄奘文化的多样性，不仅为中国甚至亚洲地区的佛教做出了卓越的贡献，也为世界文化铸起了一座丰碑。至少，如果没有玄奘，今天的世界文化中就不会有保存得如此完整而系统的佛教文化。

玄奘西行求学也对亚洲各国传统文化的交流和发展起到了至关重要的作用，我们应该把玄奘的贡献放在整个世界佛教文化的传播和发展中予以评价。玄奘西行一路求学，一路褒扬唐风，向西亚、中亚各国和印度介绍了中国文化，使亚洲各国的文化有了一次碰撞和交流的机会。从他身上，这些国家和人民对过去只是传闻的远在东方的支那大国，得到了进一步亲切的认识。正因为此，当印度戒日王听玄奘讲述"秦王破阵乐"的来源后，才发出深深的赞美，决定派遣使者来华，唐太宗也派使臣王玄策到达印度，中印两个文明古国由此正式建交。玄奘是历史上跨越国家和民族疆界，进行国际文化交流的佼佼者。

文化上的交流促进了经济和科技的交流，印度的医学、药学、工艺美术、制糖业和西亚诸国的科技文化与物种得以东传，极大地促进了亚洲各国的往来。

玄奘著述的《大唐西域记》打开了唐王李世民的眼界，促进了唐代开放政策的实行，使当时先进的制度和文化、艺术很快地向外部世界传播，扩大了唐朝在外部世界的影响，促进了世界其他国家和地区的文化交往，为人类文明史写下了光辉的一页。

玄奘在世界文化史上的贡献，还着重表现在有关佛教东传上。玄奘学成从印度回国，佛学在印度已经是"西方的落日"，而中国则成为"东方的朝阳"。到12世纪以后，佛教在印度逐步消亡，大量的梵文经典消失殆尽。19世纪下半叶，印度佛教复兴时，很多经典只能根据当年玄奘翻译的汉文经典回译。实际上，玄奘西行对印度佛教得以完整保存具有重大历史意义。

玄奘以极其开放的胸怀吸纳异域文化，传播中华文明，造就了亚洲特别是东亚文明的一些重要文化特质。玄奘用自己的智慧和劳动为世界文明创造了一笔巨大的文化财富，也为人类留下了一笔巨大的精神财富。

玄奘文化的内涵以佛教文化为核心，涵盖了地理学、历史学、宗教学、哲学、翻译学、文学、语言学、外交学、民俗学等多元学科。他的精湛学识和在各个学科的卓越成就超前绝后。近代学者梁启超称赞玄奘为"千古一人"，鲁迅先生称其为"民族的脊梁"，日本学者山折哲雄在参观完玄奘故里后，激动地说："玄奘有四张面孔，每张面孔都不一样。第一张面孔是世界著名的佛学家，第二张面孔是伟大的旅行家，第三张面孔是伟大的翻译家，第四张面孔是世界上第一个开辟人文学科的专家。这四张面孔都由一个人来展示，在世界上绝无仅有。"

玄奘文化孕育出的玄奘精神影响着当代社会。什么是玄奘精神？黄心川先生把它概括为："真诚向外国学习，勇于开拓的精神；那种历尽千难万险、百折不挠的顽强意志；那种工作作风踏实，计时分业的严谨精神；那种不慕荣利，返回祖国，造福人民的爱国主义精神和国际主义精神，这些都是永远值得我们学习的。"实际上博大精深的玄奘精神就是中华民族的精神。

玄奘精神中的普世情怀深深影响着当代的和谐社会。玄奘作为一位伟大的佛教学者，表现了对社会历史的深刻领悟和非凡的洞察力，他以普度众生为己任，将佛教发展与王权有机地结合在一起，把佛学从庙堂引入殿堂，把佛教的兴盛与社会稳定紧密结合，在印度和中国都开创了一个佛教与王权和谐发展的辉煌时期。他在与高昌王麴文泰、西突厥王统叶护可汗、中印度戒日王、东印度鸠摩罗王、唐太宗李世民、唐高宗李治和武则天的几十年交往中，都体现了这种普世情怀。

玄奘以普度众生为行为准则，其视野不仅超越了人与人之间，民族与民族之间，国度与国度之间，而且将六道众生都纳入其度化的范围。在西行路过的国家中，有当时唐王朝的敌对国，比如西突厥。玄奘到达时，照例为国王和佛教徒们讲经说法，取得了统叶护可汗的信任，倍加礼遇，送玄奘绫罗法服一套，又送绢五十匹，与群臣亲送十里方珍重道别。又如玄奘在恒河乘船被信奉突迦天神的教徒抓住险遭杀害，但当群贼幡然忏悔后，玄奘仍然为他们剃度受戒，体现了少有的大度胸怀。高尚的德行，营造了良好的和谐氛围。因此，把玄奘的普世情怀运用于现实生活，不但可以营造出现代的和谐社会，对21世纪国际大环境的共建共享、合作共赢也极具说服力。

玄奘精神中超越自我的人生境界，影响着现代人的价值取向。玄奘一生中，不仅经历了与大自然的抗争，对来自强权的侵扰和胁迫，也不屈不挠地进行周旋与坚韧的抗争，同时他还要对自身的人生弱点进行不断超越。玄奘孤身西行时，是犯禁出国的，这在当时是杀头之罪。但是，玄奘选择了出逃，这是玄奘为自己的理想第一次向强权政治冒死抗争。高昌国国王麴文泰欲留玄奘为其服务，先用礼遇软禁，又用强权相威逼，玄奘又一次选择了以死来抗争强权。麴文泰终于改变主意，还和玄奘结为金兰弟兄，而且对玄奘西行提供了极大的帮助。玄奘在后来遇到的印度戒日王、唐太宗李世民也都提出过相似违背玄奘意愿的要求，都被玄奘一一回绝。毕竟，他们都是手握生杀大权的帝王，对他们的违逆都有很大的生命危险。玄奘遇到的这些难题，对常人而言，就是在天堂和地狱之间做一个选择。但玄奘却选择了要么弘扬佛法，要么死亡。最终，他用人格力量折服了这些不可一世的帝王们，从而也使他传播佛教文化的事业得以顺利进行。

对富贵名利的追求和对死亡的恐惧，是人类的天然欲望和本能。但玄奘一生的经历，向人们昭示了人性被超越与升华之后的另一种境界，这些无不影响着现代人的价值取向。实践证明，这个时代需要玄奘精神。

玄奘光辉的人生与卓越的贡献彪炳史册，成为后世万代学习的楷模和崇拜的偶像，他不仅是世界文化的奇才，更是一位垂范千古的完人。他留给人类的玄奘精神像瀚海中的灯塔照耀着现代人追梦的步伐。

若想寻求如何弘扬玄奘精神，如何对玄奘的擎天伟业及精神内涵重新思考，如何对玄奘西行的壮举深层次定位等这些问题的答案，那就需要踏着玄奘大师的足迹，重走玄奘路，去探秘玄奘充满艰辛的西行之旅，去发现玄奘鲜为人知的传奇经历，多角度、全方位地认识玄奘，用足迹和镜头为现代人展现一个7世纪有血有肉的东方文化使者，彰显一个古老丝路上为真理而舍身忘我的僧人形象。

为弘扬玄奘精神，作者跟着玄奘上路，沿丝绸之路西行，开始了长达四年的追梦之旅，用双足和镜头探索当年玄奘西游的伟大壮举：从玄奘的祖籍地颍州寻根开始，从玄奘的诞生地偃师市缑氏镇陈河村出发，先是在玄奘故里寻访少年玄奘的传奇故事，又沿着青年玄奘国内游学的足迹走进成都、荆州、扬州、六安、相州、赵州等地；继而又寻迹玄奘译经地西安、铜川，归葬地西安南樊川；曾三次深入玄奘西行的广大西域地区，探秘玄奘西行穿越经过的兰州、武威、瓜州、玉门、吐鲁番、库尔勒、喀什和玄奘归国入山口；后两赴南亚，穿越尼泊尔、孟加拉国和印度全境；为弄清玄奘头盖骨的真伪，又专程赴日本东京慈恩寺、奈良药师寺考察。作者沿着玄奘的足迹前行，历时四年余，辗转数万里，带回有关玄奘的历史文献资料30余册200多万字，拍摄有关玄奘西行现有历史遗迹的照片4500余张，才终于完成西行之旅。

重走玄奘路，作者才真切地体会到，1300多年前玄奘大师的西行之旅，除了艰辛就是震撼。用镜头穿越历史沧桑，去探索、去寻觅玄奘神秘的闪光足迹；用现代视角去审视、去发现玄奘精神与当代社会的契合点。不得不说，玄奘西行对现实的每一个中国人都是一次深深的爱国主义教育。

重走玄奘路，所经、所历、所见、所闻，满眼尽是玄奘的伟大，点滴间透着玄奘精神；宛如俯拾琼枝，寸寸皆宝，入游檀林，片片皆香，你会觉得身心俱蒙圣洁光辉的净化，从中获得无尽的力量。

重走玄奘路，和当年玄奘涉沙漠、越葱岭、舍身求法、九死一生相比，我们所遇到的就算不上困难，更数不上艰辛。用玄奘的双足和汽车轮子相比，我们缺乏的是重走玄奘路的意志与信念。其间，尽管也经历风沙、冰雪、缺水、饥饿、惊险等暂时困扰，但那终究是初识未知世界的见面礼。

本书旨在用镜头和笔墨集中表现玄奘划时代的西行壮举，其内容融名人传记、学术研讨、史海寻迹、解疑释惑、佛教传奇、游记随笔为一体，用纪实的手法，记录了这些地域的佛寺建筑、佛教文化、民俗风情、自然风光等，并将这些碎片俯拾成集，以期待更多的有识之士去认识玄奘，认识玄奘经历的那个时代。

目 录

第一章 玄奘的家世源流 ... 1

第二章 玄奘故里陈河村 ... 13
    一、陈河村古寨 ... 15
    二、玄奘故居 ... 16
    三、陈家花园故址 ... 33
    四、凤凰谷 ... 34
    五、晾经台 ... 36
    六、西原墓地、马蹄泉 ... 36
    七、玄奘故里的古树名木 ... 39
    八、陈河村四周的佛道遗迹 ... 42
    九、唐僧寺 ... 45
    十、玄奘灵苑 ... 48
    十一、玄奘故里的轶事传说 ... 49

第三章 国内九年游学路 ... 55
    一、成都寻迹 ... 55
    二、荆州求证 ... 64
    三、扬州疑云 ... 68
    四、相州学经 ... 75
    五、赵州游学 ... 79
    六、西赴长安 ... 84
    七、玄奘在国内的师承略考 ... 86

第四章　矢志西行路 ································· 97

一、有诏不允　乘灾西出长安城 ················· 97
二、智渡黄河　孤僧独行河西 ···················· 111
三、凉州受阻　在迷茫中探路 ···················· 114
四、再阻瓜州　玄奘西行的转折点 ··············· 119
五、三阻五烽　九死一生过大漠 ·················· 135
六、探源高昌　西行之旅的奠基礼 ··············· 159
七、凌山远眺　大雪山上的生死劫难 ············ 168

第五章　穿越西域及西亚、中亚 ················· 183

一、入西突厥境　经美丽的伊克塞湖 ············ 183
二、穿昭武九姓国　越铁门关天险 ··············· 187
三、临梵衍那　沙落迦寺露"法力" ············· 192

第六章　古印度印象 ····························· 199

一、初入北印度　探小石岭佛影岩窟 ············ 199
二、健陀逻寻圣　伽湿弥罗国学法 ··············· 217
三、波罗奢大林遇险　磔迦国初识《吠陀》 ····· 225

第七章　中天竺巡礼圣迹 ·························· 229

一、临印度母亲河源头　观恒河夜祭 ············ 229
二、参劫比他三宝阶　首临曲女城 ··············· 234
三、戒日王世系业绩　玄奘恒河险遇难 ·········· 237

第八章　寻迹释迦六大圣地 ······················· 243

一、圣地之一——舍卫城"祇树给孤独园"释迦常住地 ··· 243
二、圣地之二——迦毗罗卫蓝毗尼　释迦诞生地 ·········· 246
三、圣地之三——拘尸那揭罗城　释迦涅槃地 ············ 255
四、圣地之四——瓦腊纳西鹿野苑　佛陀初转法轮地 ····· 260
五、圣地之五——摩揭陀国菩提树　佛陀成道地 ·········· 264
六、圣地之六——灵鹫山　释迦说教地 ··················· 273

第九章 留学之目的地——那烂陀寺 ··········· 291
　　一、潜心攻读　玄奘求学那烂陀 ··········· 291
　　二、玄奘纪念堂　中印人民缅怀伟大先驱之地 ··········· 298

第十章 随处问学　遍巡五天竺 ··········· 305
　　一、迦布路寺许愿　巡游东印度 ··········· 305
　　二、闻狮子国传奇　寻圣南印度 ··········· 310
　　三、阿旃陀拜石窟　参学西印度 ··········· 319
　　四、玄奘留学印度受学经论及师承略考 ··········· 325

第十一章 还归那烂陀　声震五印度 ··········· 329
　　一、和会各宗学说　"两篇专论"展才华 ··········· 329
　　二、东印度造"三身论"　玄奘会见戒日王 ··········· 335
　　三、戒日王遣使入唐　王玄策三使印度 ··········· 339
　　四、佛国立论辩经　如日中天曲女城 ··········· 349

第十二章 归心似箭　玄奘载誉还故国 ··········· 355
　　一、深厚异国情　国王僧俗争相送 ··········· 355
　　二、重登帕米尔　来时维艰返回险 ··········· 360
　　三、于阗国上书　热瓦克佛寺讲经 ··········· 371
　　四、入京盛况空前　洛阳宫太宗召见 ··········· 384

第十三章 尽瘁翻译　弘福寺殚心译经 ··········· 391
　　一、组织译场　开辟创译新时代 ··········· 391
　　二、奉诏撰述　成书《大唐西域记》 ··········· 398
　　三、太宗作序　译成《瑜伽师地论》 ··········· 405
　　四、出任住持　大慈恩寺落成 ··········· 420
　　五、吕才发难　因明论著起风波 ··········· 431

第十四章　千秋独步　创法相唯识正教 ⋯⋯ *441*
　　一、创宗立说　法相唯识留后世 ⋯⋯ *441*
　　二、梵僧入唐　那提玄奘无瓜葛 ⋯⋯ *447*

第十五章　高山仰止　玄奘圆寂玉华寺 ⋯⋯ *455*
　　一、功成玉华　巨著《大般若经》成 ⋯⋯ *455*
　　二、悲恸长安　玉华寺大师圆寂 ⋯⋯ *460*
　　三、玄奘精神　千秋万代留芳名 ⋯⋯ *469*
　　四、追梦路上　玄奘精神在召唤 ⋯⋯ *480*

附　录　玄奘年谱简编 ⋯⋯ *485*

主要参考文献 ⋯⋯ *497*

后　记 ⋯⋯ *499*

第一章　玄奘的家世源流

玄奘大师，俗姓陈，名祎，出家后法号玄奘，通称"三藏法师"，是我国唐代著名高僧，举世闻名的佛学家、旅行家、翻译家、哲学家，中外文化交流的杰出使者，世界历史文化名人。

据《大慈恩寺三藏法师传》（以下简称《慈恩传》）等文献记载：隋文帝开皇二十年（600年）农历三月初九，玄奘诞生于洛州缑氏县之东南凤凰谷陈村（即今河南省偃师市缑氏镇陈河村）。其先祖为"汉太丘长仲弓之后。本居颍川，后徙河南，子孙因之为缑氏人焉"。高祖陈湛，曾做过清河太守。曾祖陈钦曾为北魏征东将军、上党太守，封南阳郡开国公。祖父陈康，曾为北齐国子博士，转司业，又转礼部侍郎。其父陈慧，"英洁有雅操，早通经术，行长八尺，美眉明目，褒衣博带，好儒者之容，时人方之郭有道"[①]。郡举孝廉，拜陈留令，又迁江陵，后隋运将衰，遂息缨冕之心，结薜萝之志，识者高之。《续高僧传·玄奘传》记载："父慧，拜江陵令，解缨而返，即大业元年。"可知，陈慧于大业年间辞官归里。

玄奘的母亲为广平宋氏，隋洛州长史宋钦之女，育有四子一女，玄奘法师为其第四子。关于其母的情况，靖迈的《古今译经图记》卷四说玄奘"鸠车之龄落彩"，根据学者考证，此"鸠车之龄"指五岁，"落彩"是说"居母忧"，也就是玄奘五岁丧母的意思。玄奘年少时聪慧异常，其父就教以儒家、道家典义。《古今译经图记》

[①] （唐）慧立、彦悰著，孙毓棠、谢方点校：《大慈恩寺三藏法师传》，中华书局，1983年，第4页。

又说玄奘"竹马之齿通玄",根据考证,"竹马之齿"是指七岁。年八岁,父坐于几侧,口授《孝经》。至曾子避席,忽整襟而起,问其故,对曰:"曾子闻师命避席,今奉慈训,岂宜安坐?"父甚悦,知其必成,召宗人语之,皆贺曰:"此公之扬乌也。"《慈恩传》说玄奘"自后备通经典,而爱古尚贤,非雅正之籍不观,非圣哲之风不习;不交童幼之党,无涉阛阓之门;虽钟鼓嘈喳于通衢,百戏叫歌于闾巷,士女云萃,亦未尝出也"[①],是说自小玄奘就有很好的修养,平常总是温和待人,做事淳厚朴实而谨慎。受父亲的影响,玄奘8岁时能背《孝经》,11岁能诵《维摩》《法华》,自小就有笃信佛教的潜质。

隋炀帝大业五年(609年),玄奘10岁时,父亲不幸去世,这对他的一生有着决定性的影响。因为当他父亲辞官归隐时,殷实的陈家已开始没落,这个时候父亲的突然离世,迫使他马上面临生活的难题。

玄奘的二哥陈素,早年就在洛阳净土寺出家,法名长捷。迫于现实,玄奘便跟着二哥在净土寺随行吃住,早晚诵习佛经。

玄奘13岁时,隋炀帝下诏,要在洛阳剃度二十七名僧人。"时业优者数百,法师以幼小不予取限,立于公门之侧。"负责主考的大理寺卿郑善果见他徘徊不去,便问随从门前少年为何人,有意求度吗。这时玄奘赶紧跑上前去说:"我叫陈祎,有志于剃度出家,但因根基浅薄,未能如愿。"也许他的气质吸引了郑善果,就试着同玄奘谈佛论经,不料玄奘对答如流。

郑善果问:"童子出家意欲何为?"

玄奘答:"意欲远绍如来,近光遗法。"

郑善果深嘉其志,又看他气宇轩昂,仪表非凡,故特而破格录为僧人。后郑善果感慨地对同僚说:"出家的人,念经拜佛容易,独有风骨最是难得,若得此子,必定能成为佛门栋梁,可惜我和诸

[①] (唐)慧立、彦悰著,孙毓棠、谢方点校:《大慈恩寺三藏法师传》,中华书局,1983年,第5页。

公都年事已高，看不到他成才的那一天了！"

既得出家，他就与二哥陈素仍住净土寺，成了净土寺的少年行者。他和二哥一同听很有学问的景法师讲《涅槃经》，执经问难至忘寝食，又向严法师学《摄大乘论》，玄奘更为爱好，《慈恩传》说他"一闻将尽，再览之后，无复所遗，众咸惊异，乃令升座复述，抑扬剖畅，备尽师宗"[①]。从此他声名远扬，洛阳僧俗二界都谈论这位13岁小沙门的惊人才智。

隋大业年间的东都，佛教法事极盛，隋炀帝于东都洛阳建立四大道场，召天下著名僧尼居于此。其征来者，皆一艺之士，是故法将如林，景、脱、基、暹为其首，此中所说的四大师即慧景、智脱、道基、宝暹，智脱卒于大业三年（607年），其余三位高僧后来都先后成为玄奘的老师。由此可见，当时的洛阳讲说经论，探究经义，蔚然成风。《续高僧传·玄奘传》有记载："时东都慧日，盛弘法席，《涅槃》《摄论》轮驰相系。每恒听受，昏明思泽。僧徒异其欣奉，美其风素，爱敬之至，师友参荣，大众重其学功，弘开役务。时年十五，与兄住净土寺。"[②]15岁的玄奘由于在这里专门受业，很快声望愈远。

一个时期以来，由于研究、纪念玄奘的活动不断升温，和玄奘大师有关的诸多问题也更加引人关注。玄奘出家的净土寺在哪里就是其中之一。

隋文帝开皇二十年（600年。一说仁寿二年，即602年），玄奘（俗名陈祎）诞生于洛州缑氏县（今偃师市缑氏镇），隋炀帝大业八年（612年），玄奘在东都洛阳净土寺出家。关于东都洛阳净土寺的一些情况，根据《慈恩传》《续高僧传》《旧唐书》《新唐书》《唐两京城坊考》等古代文献及今人所编《玄奘年谱》等的记载，可以大体梳理如下：

---

① （唐）慧立、彦悰著，孙毓棠、谢方点校：《大慈恩寺三藏法师传》，中华书局，1983年，第6页。
② （唐）道宣撰，郭绍林点校：《续高僧传》（上）卷四，中华书局，2014年，第35页。

东都洛阳净土寺，原本是北魏时的洛阳净土寺，隋炀帝大业四年（608年），从北魏洛阳城（汉魏故城）迁建于隋都洛阳城（隋唐洛阳城）建阳门（唐称建春门，东垣三门之中门，位于今李楼乡楼村东侧）内。四年后，大理寺卿郑善果奉敕在东都洛阳度僧二十七名，玄奘被录取并在这里出家，时年13岁。在净土寺内他曾先后从景法师学《涅槃经》、严法师学《摄大乘论》。至唐太宗贞观元年（627年），即玄奘开始"西天取经"那一年，净土寺又被迁建在上东门（东垣北门，隋称上春门，约在今塔湾村南）内毓材坊（上东街南侧东数第二坊）。

唐显庆五年（660年），唐高宗在洛阳，曾敕慈恩寺僧人义褒、西明寺僧人慧立等到洛阳，并在合璧宫召见，"叙论称旨"，唐高宗留他们住东都净土寺。义褒曾在净土寺讲经。另有记载说，龙朔元年（661年），僧人义褒应召在东都洛阳。他曾多次出入宫中，还曾在东都净土寺讲经，众人踊跃往听。不久，义褒因病卒于净土寺，享年51岁。

武周天授元年（690年），僧人法明、薛怀义等奉上《大云经》，经中说太后武则天乃弥勒佛下世，应代李唐作天下主。不久，武则天下令：东、西二京及各州，各建大云寺一所，收藏《大云经》，并让僧人讲解。天授二年（691年），东都洛阳净土寺改称大云寺。后至唐武宗会昌年间（841～846年），净土寺被毁。

由以上所述隋炀帝时这座寺院由故城迁入新城，唐太宗时又一次迁建，唐高宗敕留僧人，武则天时又改称大云寺等，可以看出这座寺院在当时备受关注，反映出它在当时佛教界的重要地位。这也应该是玄奘之兄陈素先在此出家，后玄奘也在此出家"与兄同止"的一个原因吧。

另从有关资料可知，从古到今，在洛阳及其周围，实有多座净土寺。故曾有人以为玄奘出家在巩义石窟寺（初为卧龙、普净、莲花三寺，唐改莲花寺为净土寺，清改称今名），或在伊川净土寺。这种附会表现了广大人民群众对玄奘大师的敬仰和怀念，是可以理解的。

公元617年，玄奘18岁，他自从在净土寺出家后一直未离开过洛阳。这时的隋朝已濒临灭亡，爆发了规模空前的农民大起义。东都洛阳为兵乱蹂躏，天下动乱，凋零破败，民不聊生，大师星散，就连和尚也吃不饱肚子，更谈不上讲学论道了。玄奘虽然年少，但能洞察时局，权衡利弊，他找到哥哥商量说："洛阳虽父母之邦，怎奈时局混乱，常闹饥荒，与其守而待毙，不如走而求生，现只有长安比较安定，听说唐王从晋阳起兵，已经占领了长安，你我先至长安找个安身寺院如何？"二哥接受了玄奘的意见，和玄奘于公元618年到达长安。临行前，因为是第一次离开故土，他们回故里老家陈河村探看。据传，玄奘和二哥陈素是星夜赶回家的，一夜赶路六十余里至天亮方才到家。这是出家六年后的第一次探亲，谁知故里也深受兵祸之害。他俩找到了大哥陈霖，兄弟仨抱头痛哭，然后和陈家至亲一一见面。当问起三哥陈佑时，大哥说其已于三年前一病不起，离开了人间，玄奘兄弟更是泣不成声。临行前，玄奘和二哥向大哥互道珍重，然后走到故宅慧泉井房的老槐树前，手扶古槐说道："老槐树呀老槐树，我和二哥要西行求学，吾若向西行，尔树可向西转，吾如东归，树头可东行，使家人知我归也！"后老槐树果然灵验，成了有灵性的"摩头槐"。

玄奘和二哥陈素这次离开故乡，一别就是二十余载，直到贞观十九年（645年）玄奘从印度取经回国，唐太宗在东都洛阳接见他后他才抽空返回故里探亲。据杨廷福《玄奘年谱》记载"玄奘自少罹穷酷，仲兄长捷携以将之"[①]，出家后六年间，一直未离开过洛阳。也就是说，玄奘在父母之邑生活学习了19年。

玄奘的一生享年65载，他的人生轨迹可分为四个阶段：一是从出生到净土寺出家为僧的青少年时期，时间为19年；二是离开父母之邑国内游学时期，时间为9年；三是乘危远迈，杖策孤征，西行求法时期，时间为17年；四是学成东归，主持译经时期，时间为

---

① 杨廷福著：《玄奘年谱》，中华书局，1988年，第66页。

中岳嵩山脚下颍河源头

19年多一些。他的每一阶段都有其超人的表现与闪光的业绩。

古今名人，大凡家世源流都有两个籍贯：一是祖籍地，二是出生地，玄奘亦如此。据《慈恩传》载，"玄奘法师俗姓陈，名祎，陈留［《大唐故三藏玄奘法师行状》（以下简称《行状》）作颍川，在今河南许昌长葛一带］人也。汉太丘长仲弓之后"，是说玄奘的远祖陈寔是河南太丘（今河南永城西北）的行政长官。

据《后汉书·陈寔传》记载，玄奘的远祖陈寔（104～187年），字仲弓，颍川许（今河南长葛市古城乡陈故村）人，曾任东汉太丘长。在陈氏世系源流中，陈寔是东汉颍川的重量级人物。说陈寔少时家境贫寒，曾在县里作小吏，任劳任怨，又有志好学，受到县令的赏识，让他去太学读书。后来陈寔先后任颍川郡督邮、功曹，其高尚的德行为远近所叹服。东汉桓帝元嘉元年（151年），司空黄琼推选陈寔为闻喜长，后又将其改任太丘长，也就是县一级的行政官吏。他以德治政，关心爱护百姓，邻县不少人要迁居到他的

右／古颍川郡社稷坛古柏

左／玄奘远祖陈寔

辖区。后来长官违法赋敛，加重百姓负担，陈寔无法阻止，便辞官归里。

陈寔德冠当时，成为东汉远近宗师的名士之首，荀爽、贾彪、李膺、韩融、王烈、管宁、华歆、邴原等都曾向他问学。陈寔作为名士领袖，他当时的活动亦为各方关注。按照"贤人上应星象"的说法，据说，当时掌管天文历法的太史，从观测德星（即木星，旧谓主祥瑞之星）的出现上，就能看出陈寔的出行。

东汉末年，宦官弄权，大兴"党锢之祸"，对士族名士大肆进行迫害。延熹九年（166年），李膺等二百余人被诬为党人，陈寔也在其中。其他人大多逃避求免，但陈寔却说"吾不就狱，众无所恃"，大义凛然地自请入狱，第二年才遇赦出狱。建宁元年（168

上／颍川长葛陈寔陵园
中／陈寔后裔颍川寻根
下／陈故村村头古陈寔故里碑

年),灵帝即位,大将军窦武谋除宦官,征召陈寔为掾属,参与制定计策。但不久事败,窦武被杀,宦官更大规模地缉捕党人,陈寔再受党锢,隐居家乡。

党锢解除后,大臣们纷纷推荐陈寔,朝廷也多次以公相之位相召,但他都推辞了。中平四年(187年),陈寔病逝于家中,享年84岁。各地赶来吊祭的有3万多人,送殡的车子千辆,披麻戴孝者500多人,大将军何进也遣使出席。公元188年,豫州刺史为陈寔褒功,建庙立碑,谥为"文范先生",著名文学家蔡邕撰写碑文,并将他的图像张贴百城,将其树为朝野吏民的道德典范,后又追封其为颍川侯,钦赐龙牌。

陈寔故里的张村等七个村都叫陈故村

说到玄奘的远祖陈寔,人们自然会想到"梁上君子"这一成语。成语说的是陈寔在乡里威信很高,人们都很重视他的建议,认为"宁为刑罚所加,不为陈君所短"。一次有一小偷躲在他家房屋的梁上,准备夜里行窃,陈寔发现后,不动声色地把儿孙们叫到屋里,正色教育他们要努力上进,正正当当做人,不要像梁上君子那样养成坏习惯。伏在梁上的小偷听了很受感动，跳下来向他请罪。此事传开后，其他人也都受到了教育，盗窃案减少了。这便是"梁上君子"的由来。

陈寔共有六个儿子，其中陈纪、陈湛最有贤名，当时人们把他们父子三人并称为"三君"。颍川陈氏由汉末入魏晋，成为当时的一流高门，子孙历十余世冠冕相承，家族地位历三百年而不坠，是魏晋时历史最为悠远的世家大族之一。颍川陈氏成为中华望族，天下陈氏也共以颍川陈寔为始祖。陈氏家族从东汉太丘长陈寔起，在许昌长葛一带度过了一个半世纪的安定岁月，到西晋末年"八王之乱"和"永嘉之乱"，为避战乱陈姓才和林、郑、黄等姓族越山渡水，开始向南分化播迁。

玄奘的高祖陈湛（陈寔之子），北魏时，官居清河太守，据《续高僧传》记载："由于家风纯正，陈湛为官克勤克俭，清正廉洁，其贤德自是盛传一方。"

玄奘的曾祖父陈钦，武将加封，《慈恩传》卷一载："曾祖钦，后魏上党太守。"祖父陈康，"以学优仕齐，任国子博士（国家教育机构国子监中负责教授儒家经典的官员），食邑周南，子孙因家，又为缑氏人也"[①]。也就是说，其祖父陈康在北齐任职时，调动工作到周南（古洛阳缑氏县一带），陈家这一祖系，才从祖籍地颍川迁到了偃师缑氏，以后就定居于缑氏县的陈河村。

据文献记载：玄奘的祖父陈康，幼年好学，遵祖训，"积德百年元气厚，读书三代雅人多"，从小就通读《论语》《老子》《孝经》；到了青年，更是崇尚儒学，《春秋》《左传》，经、子、史之学无不遍览，并精于北魏时盛兴的《九章算术》和《说文解字》；后又研究《神农本草经》，同时擅长医道，是当时洛阳一代有名的大儒。据陈氏后人传承，晚年陈康归隐故里后，为民行医，兴办教育，在缑氏一带创"仁和堂"坐堂行医，救死扶伤，他传下的《祛疾良

---

① （唐）慧立、彦悰著，孙毓棠、谢方点校：《大慈恩寺三藏法师传》，中华书局，1983年，第4页。

方》《居家方》《菌陈公英汤》成了四方乡亲疗疾的百代良方。尔后，陈康为培养后代，又在陈家大院临街处开办私塾学堂，名曰"明伦堂"，私塾除开设诗文、历算课外，还开设书法、礼仪、武功等课程。这个私塾学堂从玄奘的祖父陈康起，历百年不衰。从"明伦堂"走出来的学子，据陈氏后人回忆，秀才、举人有十几个，其中一位薛姓的学生薛跃曾官举南宋福建刺史，他家门前有朝廷敕匾。

玄奘的祖系，从远祖陈寔、高祖陈湛、曾祖陈钦到祖父陈康，一脉相承，形成了陈氏家族世代为官的历史。

第二章　玄奘故里陈河村

　　玄奘故里地处中岳嵩山北麓，紧邻九朝古都洛阳，所处的偃师市缑氏镇，历史上多次建立县制，入围中国历史文化名城。在缑氏方圆近一百平方公里地域内，东与名刹少林寺为邻，西连龙门石窟、白马寺，陇海铁路、郑西高铁穿境而过，国道207、310贯南北、穿东西在此交会。这里原野坦荡，河谷纵横，山川秀美，人杰地灵，自古为历代帝王朝顶中岳的必经之地。缑氏镇东北约一公里处，有一条树茂谷幽的河谷，俗称凤凰谷，河谷东岸的陈河村，就是驰名中外的玄奘法师出家前生活和学习的地方。

玄奘故里入口景区

近百年来,人们对玄奘生平的研究从未中断,梁实秋在《玄奘》一文中说"玄奘降生……陈村(又名陈河村)";任继愈主编《宗教词典》说"洛州缑氏(今河南偃师缑氏镇)人";《中国名胜词典》《中国历史文化名城词典》也以今陈河村为玄奘故里;尤金《唐玄奘遗迹》云:"今天,住在陈河村的是唐玄奘哥哥的后裔,共有二十多户人……陈河村八里许,有一座唐僧寺"。

已故北京大学教授、著名国学大师季羡林在《大唐西域记》校注的前言中说"玄奘俗姓陈,名祎,是唐代洛州缑氏人(今河南偃师县陈河村附近)"[①]。目前学术界比较公认的看法是,玄奘祖上本居颍川(今许昌长葛一带),从他祖父陈康起便迁居河南洛州缑氏县,其故居在今天缑氏镇的陈河村。

---

① (唐)玄奘、辩机原著,季羡林等校注:《大唐西域记校注》(上),中华书局,2000年,第1页。

在玄奘故里陈河村头，竖立有一方高大的石碑，正面"玄奘故里"四个大字潇洒劲秀，由全国政协前副主席、中国佛教协会会长赵朴初亲笔题写。玄奘故里现保存大量的遗迹、遗物，有陈河村古寨、玄奘故居、陈家古井、千年古槐、玄奘诞生地、陈家花园遗址、凤凰谷、马蹄泉、晾经台和玄奘父母的合葬墓——西原墓地。

玄奘故里有景山秀色，休水风姿，名人轶事，故地奇观，这里的唐文化和佛教人文资源也极有研究价值。单在玄奘故里半径五公里的区域内，文物及名胜古迹就有数十处，择其要者，如故里古树、唐恭陵、玄奘寺、玄奘灵苑、缑山、蔡伦造纸遗址、永庆寺遗址、柏谷坞古战场、程震墓、春秋刘国故城、灰嘴遗址、缑氏县故城等，这些都足以令人心驰神往。

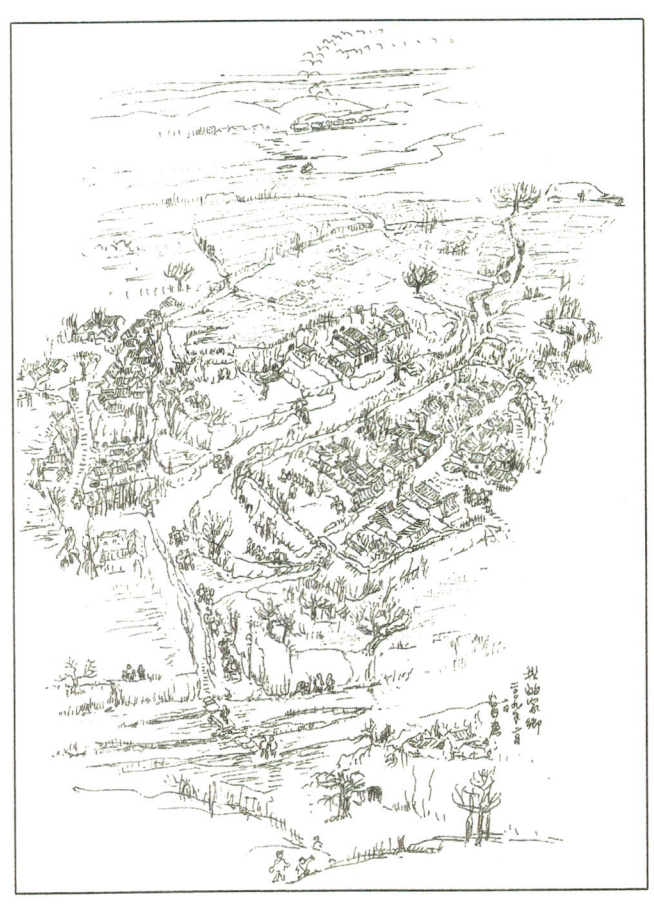

20世纪50年代的陈河村（张安法 绘）

一、陈河村古寨

唐时的陈河村（亦名陈堡谷），据清乾隆二十六年（1761年）的碑石记载：东西长一百八十步（古时每步为五市尺），南北宽一百三十步，四周有寨墙环绕，寨高二丈六尺，均为夯土层。寨头有堡，寨墙有垛，设东西寨门，南侧留有角门。东西寨门城楼呈砖石结构，东门匾书"紫气东来"，西门匾书"青鸟西至"。东北角设有寨堡，明清时布有铁炮两门，据说威

陈河村古寨墙及古炮台

力甚大,射程在二公里之遥,是陈堡谷设防的重要武器。

20世纪30年代初,陈河村的城池仍完整无缺,60年代后城楼相继坍塌,周边寨墙遭人为破坏,直至今日模样。

据史载:陈河村古寨内,唐朝时有7个姓氏,50多户人家,300多口人,在当时也算是不小的村寨。最大的一户是玄奘的爷爷陈康,据说是15口之家。经过1000多年的繁衍生息,到2016年春节统计,陈氏后裔已有71户,308口人,现已延续至第51代子孙。

二、玄奘故居

陈河村略呈东西走向,紧临休水河畔。进入村头,沿古寨巡视百余步,在繁树浓荫环抱之中,现出雄伟壮观的古代建筑群,这就是闻名遐迩的玄奘故居。

玄奘故居坐北向南，居陈河村中部，1992年修复时，根据"修旧如旧"的原则，依照遗址南低北高的自然落差，仿唐建筑群鳞次栉比，排列有序。故居门前气势壮观，松柏成行。在青砖平台上，汉白玉石栏高低相间，亭亭玉立，栏板上的石狮、流云、花瓶、海棠，构图优美，雕工精细。沿正中和左右三条磴道拾级而上，首先映入眼帘的是标志着玄奘出身于宦门世家的汉白玉乌头门，门柱上方镌刻着这样一副楹联，上联写："观易读经经论玄奥图社稷"，下联写"谈诗咏词词海漠迹渡苍生"，横批为"竭忠尽智"，这是玄奘祖父陈康任北齐国子博士时建造的。穿过乌头门，在大门左右两侧的两个花坛里，芍药、牡丹雍容华贵，菊花、月季四时争艳；花坛中繁茂的古柏、雪松、日本樱花郁郁苍苍，婀娜多姿。故居大门呈隋唐建筑格局，灰瓦、白墙、红柱、彩画，古朴端庄。正中为门楼，两边配以门廊，朱漆大门上方悬挂着北京大学教授、著名学者季羡林先生题写的"玄奘故居"四个大字。

玄奘故居大门

（一）故居前院

玄奘故居始建于北齐年间，一千四百年间历经世事变革和战乱兵火，昔日景象已不复存在，只留下当年的遗址。1992年玄奘故居修复时，根据《大唐内典录》等有关记载，建筑设计为三进院，前院为一进三院构成，后院为二进三院结构。走进大门，迎面看到的是具有唐代风格的私宅照壁（亦称影壁），青砖结构，斗拱、泥道拱、鸱尾均为青砖雕成，古朴淡雅，别具一格。照壁上"六尘六识"四个大字，是台湾同胞靳天锁先生题写。它是一个佛学用语，意思是指佛学造诣达到最高境界——"六根清净"的意思。"六根"是指眼、意、鼻、耳、舌、身。因为靳先生的小名叫和尚，所以后面画了一个和尚的打坐像，而且是一笔画成。门廊的东半部陈列着名人题词和各级领导到玄奘故里视察时的照片。这里有全国政协前副主席、中国佛教协会会长赵朴初先生题写的"玄奘故里纪念馆"，著名学者任继愈题写的"继承传统文化，开展国际交流"，学部委员张岱年题写的"发扬传统文化，加强中外交流"，著名学者周一良题写的"中印文化交流的伟大先驱"，社科院亚太所所长黄心川

玄奘故居照壁

教授题写的"发扬玄奘积极向外寻求智慧和知识的精神，加强中外文化交流"等。同时，陈列的还有国家领导人及各级领导视察玄奘故里的照片。门廊的西半部陈列有五幢碑刻和石雕，它们是玄奘弟子窥基、圆测的线雕图及碑刻《玄奘西行图》《玄奘负笈图》；还有一幢故居原有的浮雕照壁，这幢石雕内容为福、禄、寿三星，背景为一巨型不老松，刀法娴熟，寓意深刻，形象逼真，粗犷中透出典雅，是研究唐、宋以来石雕艺术不可多得的珍品。

漫步前院，左边为大片苍翠欲滴的竹林，右为陈家古井，井上有亭，名曰"慧泉亭"。亭柱上镌刻有一副木制楹联，十分富有诗意，上联是："儒释济世净水养四海慧根"，下联是："梵音流韵灵泉育九天众生"，给中外游人带来无限遐思。据传，陈家古井开凿于北齐年间，井深二十五米，水质清澈透碧，甘甜宜人。相传玄奘自幼饮此井水，聪颖早慧，终成一代伟人。据有关部门化验，此井之水富含多种矿物质，为优质矿泉水，久饮此水可延年益寿。有趣的是当地群众都把它誉为"神水"，传说可医治百病。现在凡来此旅游者，都要喝一口这井中之水，以求灵验。

慧泉亭为台胞靳天锁先生捐资修建。靳天锁先生祖籍孟津老城靳家村，早年旅居台湾。1991年末，他在台湾电视台《大陆寻奇》节目里看到玄奘故居正在修复的新闻时异常兴奋，遂率弟子赶赴大陆朝拜，并捐资四千美金，为玄奘故宅古井建一井亭。慧泉亭落成之时，靳天锁先生委托女儿及弟子亲来揭碑剪彩，并嘱咐"有生之年，愿为故乡再尽微薄之力"。

东厢房原为玄奘大哥陈霖夫妇的生活起居室，现纪念性恢复其原貌，辟为少年玄奘读书学习的地方。在东厢房门柱上，有一副木刻楹联，上联写"曾子避席，孺子独秀，初显释门千里驹"，下联写"远绍如来，近光遗法，终为西域万乘尊"。这座进深四米、面阔九米的厢房，一明两暗，中为小型中堂，北边放置四挂架床、茶几、衣柜、穿衣镜，中堂置放着八仙桌、古字画、插瓶等物，南边书案上摆放着书籍及文房四宝，散发出浓郁的书卷气息。

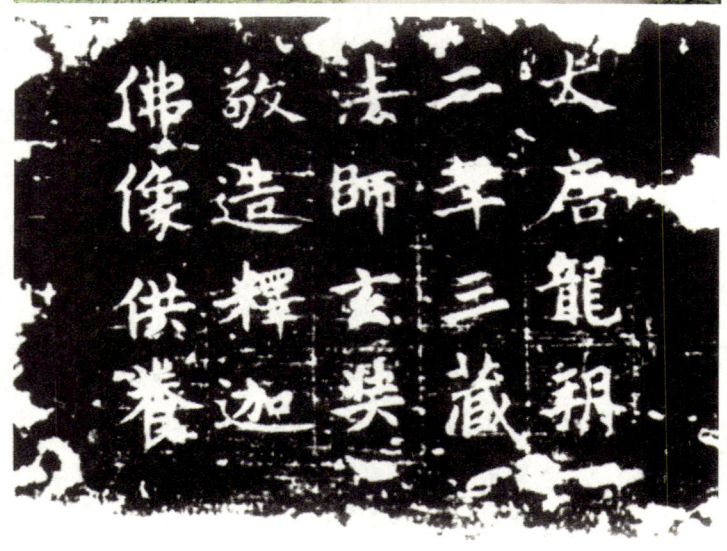

上／玄奘故居古井——慧泉
中／玄奘故居东厢房
下／玄奘手书释迦佛像供养铭文

西厢房原是陈家管家的住所，现在辟作纪念性空间。房内陈列着用大型绘画组版的玄奘生平，柜中存放着玄奘十九年呕心沥血主持翻译的著作全集。在西厢房的门柱上也有一副楹联，上联是"出生地，出家地，童音绕梁忆当年"，下联是"大乘天，解脱天，曲女圣城问古今"。这里，历史的墨迹反映出这位大翻译家佛理精深、无与伦比的学识。在厢房正中间还陈列有释迦佛莲花宝座，有铭文"大唐龙朔二年三藏法师玄奘敬造释迦佛像供养"，这是中国历史博物馆赠献给玄奘故里的珍贵文物。陈列室一角还展出有翻译成七国版本、介绍到全世界的《大唐西域记》。这本记述一代名僧丰功伟业的名著，千百年来，使中华民族为之骄傲和自豪。值得一提的是，在西厢房的绘画组版中展出了陈祎（玄奘）少年时代鲜为人知的故事，还《西游记》中"唐僧"以本来面目。其中"凤鸣陈河""大师诞生""父母熏陶""休水河放生""灵岩寺学经""先摧碟腹之跨"等场面，生动地展现了少年陈祎的家庭教养、道德情操及宏图大志。

玄奘故居前院——慈恩堂

与厢房相连接的是故居的主体建筑厅堂。玄奘故居厅堂面阔五间，进深三间，高约十三米，建筑在砖砌高台上。举目望去，只见房宇高耸，五脊横立，斗拱飞檐，角梁凌空，彩绘夺目，气势不凡，突出了唐代官宅建筑"出檐深远，举折平缓，斗拱硕大，稳重大方"的特点。厅堂原是玄奘的祖父陈康接见达官贵人及皇室宾客的地方，到其父陈慧时，这里更是谈儒论经、文人墨客相聚的客堂，现辟为玄奘生平展览及纪念玄奘师徒的地方。

　　在厅堂正门的朱漆门柱上，有一副楹联格外引人注目，上联写"乘危远迈十七载，独行五万里，求大乘贝叶真经，名震五竺，巍巍法门领袖"，下联写"杖策孤征超百国，译经逾千卷，创法相唯识正教，垂范三界，佼佼民族脊梁"。楹联从多角度全方位地评价了玄奘辉煌的人生轨迹。

　　厅堂正中为玄奘晚年的译经塑像，像高2.3米，后有木雕背景，前有译经桌案，案上置数卷梵文经典，形象深沉睿智，眉宇间透出博学深邃的气质。左边的雕像是和玄奘共同创立唯识宗（也称法相宗）译经的主要助手窥基，右边的则是译经弟子之一圆测。

玄奘及弟子窥基、圆测雕像

窥基（632～682年），唐代著名僧人，法相宗创始人之一。据《宋高僧传》《佛祖统计》等记载，窥基俗姓尉迟，字洪道，唐右金吾卫将军尉迟敬宗之子，开国将军鄂国公尉迟敬德之侄，京兆长安人。他十七岁出家，奉敕为玄奘弟子，原住广福寺，后移住大慈恩寺，从玄奘学习梵文和佛教经论；二十五岁参加译场，从事著述；二十八岁参译《成唯识论》，并作述记，详加解释，后又从玄奘学因明学。据《宋高僧传》卷四《窥基大师传》载，窥基"躬事奘师，学五竺语，解纷开结，统综条然。闻见者无不叹服。凡百犍度跋渠，一览无差，宁劳再忆"，在随玄奘法师参加译场时，既能一面随翻受旨，担任笔受，又能一面随侍受业，听讲新论，所以他学业优异，笔受卓著，深得玄奘法师喜爱。在译经时，对每篇经论他都作述记，还著有《瑜伽师地论略纂》《杂集论述记》《因明入正理论疏》《佛说无垢称经赞疏》等约十四部论著，号称"百部疏主"。玄奘有弟子三千，高贤七十，其中最著名者有窥基、神昉、嘉尚、普光四高足，而窥基又当排首位，是唯一能够继承奘师法系的得意门生。

圆测（613～696年），全名"圆测文雅"，唐代僧人，玄奘著名译经助手之一；据《宋高僧传》卷四记载，原籍新罗（今韩国）人，十五岁游学长安，住元法寺，从法常、僧辩学佛教经论；玄奘回国后，即前去就学，得受《瑜伽师地论》《成唯识论》等；后又被召为西明寺大德，为《成唯识论》《解深密经》《仁王经》等撰疏，传说在慈恩寺与同门窥基互争高低。圆测自幼明敏，慧解纵横，玄奘法师为窥基讲经，测赂守门者隐听，归则辑缀义章，复讲时竟字句不差，为世人称颂。圆测和神昉是唐代新罗入唐三十五人中学习玄奘唯识宗的佼佼者。

窥基的塑像左边为砚台笔架，右为译经手稿，手捧《含秘经》译文，面对玄奘；圆测的塑像则恭耳聆听，点头微笑，似在深思，似在作答，师徒三人，一字排开，秀雅异常，酷似一千三百多年前大慈恩寺的译经场面。

厅堂西侧的山墙上，悬挂有玄奘生平的部分大型图画，其中"那烂陀寺留学""巡礼五印""曲女城盛会"等最为引人注目。这里，玄奘历尽千辛万苦巡礼五天竺，孜孜不倦地攻读学业，以及声震五印扬威曲女城的情景跃然画面，活脱脱画活一个玄奘来。在厅堂西侧的展柜中，细心人还会看到，在一块金丝绒展布的中间有一块直径四十五厘米的圆形红泥封印，这是中国社会科学院南亚文化研究中心主任黄心川当年赠给玄奘故居的珍贵文物——"戒日王红泥封印"。

提起这块红泥封印，还有一段传奇般的故事。当年，玄奘在中印度那烂陀寺留学五年后，遍游五印度，结识了当时五印十八国的名师大德，精辟地掌握了印度的声明、因明、内明、医方明、工巧明等五明学科，又经数年研习佛理，声誉之隆已远近闻名。当时中印度羯若鞠阇国国王戒日王，国势强大，统治着整个五印度，由于他英明有为，躬亲国政，把国内治理得井井有条。戒日王建都曲女城，又特别信奉佛法，所以佛教极为发达。当时，他听说中国法师玄奘学识渊博，就星夜专程遣使到东印度鸠摩罗王处，迎接玄奘，并顶礼膜拜，十分厚待。戒日王为弘扬大乘佛法，专为玄奘在曲女城举行了一次学术辩论大会，这就是至今在印度人民心中颇有影响的"曲女城盛会"。之后，戒日王又挽留玄奘参加五年一度的"无遮大会"。

唐贞观十五年（641年）春天，在印度留学十五年的玄奘，谢绝了印度僧俗的苦苦挽留和戒日王的再三劝阻，带着印度人民的深情厚谊，毅然决定启程回国。戒日王唯恐玄奘一路旅行不便，除帮其备足必要的物品外，还派了四名官员用素帛作书，红泥封印，写给沿途所经各国，请他们倒换关牒，发骑递送，一直到大唐边境为止。这一番情意，表现了中印两国之间伟大的友谊。这红泥封印历经风雨沧桑，由印度人民赠给了印度龙树大学名誉教授黄心川先生，继而黄先生又捐赠给玄奘故居作永久纪念。

厅堂东侧还展出了1992年7月17日印度大使海达尔夫妇和秘

书钱维伦参观朝拜玄奘故居后，赠给故里"玉佛如来"和亲笔题词。海达尔大使这样写道："我今天非常高兴，有机会到玄奘故里来，向玄奘表示我的敬意。玄奘对我们两国做出了很大的贡献，我们都很敬佩他。在印度，玄奘是家喻户晓的。玄奘的生活、功绩感动了每一个印度人。他是我们两国人民友谊的象征，他今天还在鼓励增进我们两国人民的友谊和交往。"这表达了印度政府和人民对玄奘的崇高敬意和对玄奘故居的无比眷恋。

在厅堂走廊里，八盏红灯辉煌明亮，厅堂东西磴道旁放置有陈家遗物石狮、石凳、石灯笼，宅院两旁有石榴、桂花、梧桐、木荆、枣树、国槐等地方树种。

玄奘故居前院分东院、西院和中院，中院是故居前院的主体建筑，是1992年第一期修复的。东院静怡园和西院躬耕园是2010年第二期修复的。

1. 前院东侧静怡园

前院东侧是陈家小花园，是陈家休闲的地方，名为"静怡园"，靠东部为凉亭，西部、南部布有四季花圃、假山、跌水、竹林、常绿灌木。园内曲径通幽，别有洞天。凉亭四周设木栅座椅，中间置仿古木质八仙茶桌、茶凳，十分悠闲静怡。

2. 前院西侧躬耕园

前院西侧原为陈家大院的佣人院，2010年二期修复时被辟为躬耕园，此园自北而南排列为：打晒谷场，磨坊、碾坊，粮库，轿房，农具室，仆人住室，管家住室，草料间，牛马棚等共分九部分，体现了我国古老的农耕生活。

打晒谷场为陈家农耕收获季节使用的场地，打晒谷场上依次为古代麦垛、柴草垛，收打工具，如石磙、落子、桑叉、木锨、扫帚等。

磨坊、碾坊是陈家粮食细加工的场地，置有一盘石磨及面柜；石碾由碾盘、碾架组成。左侧堆放粮食，右侧置有榨油用具、灶台、木榨坊，旁边摆置柜、缸、框等工具。

粮库是古老的堆粮形式，由粮囤、粮仓、粮缸、独轮车、粮口

袋、粮食货架等物品组成。

轿房：主要存放陈家居家的出行工具，内置四抬花轿一顶，外搭凉棚，下置马拉轿车一辆。

农耕用具室：根据隋唐期间农业生产的常用工具，依次设置风车、曲辕犁、耧车、耙、锄、推镰、收割工具、平整刮板、脱谷用连枷、打谷板、舂米用具——槌等整套农耕工具。

仆人房：展示砖炕、衣柜、盆架、铜锣、油灯等简单摆设，床能同时容纳多个仆人休息居住。

管家室：展现账桌、账柜、床榻，账桌布置账本、算盘、笔墨纸砚、防风灯，墙上置鸡毛掸子等用品，整体反映出了管家生活起居的基本氛围。

草料间主要是为马和耕牛准备的饲料存放间，可以看到有古老的麻袋、布袋、竹筐、瓷缸等，墙角堆放着豆饼、麸子等，墙上挂箩筐、筛子、簸箕一类的工具。

牛马棚的位置临街，有利于牛马出行。马厩内墙上挂鞍套、水瓢、缰绳、马鞍等工具，地上设放石槽、水槽、拴马桩、饲料袋、铡刀、水壶、簸箕、马灯等，另一侧有牛棚，配备耕牛农耕和出行的一套专用套具。

（二）故居后院

2010年修复的故居后院规模宏大，布局规整，展现出陈家官宦之家的整体风貌。根据隋唐建筑风格，修复后的故居后院为二、三进院共计49间房，自东向西依次排列，东为薰风园，中为仁和园，西为明伦园。

1. 薰风园

薰风园为陈慧和夫人宋氏及孩子们的居所。前院是玄奘的二哥陈素出家前的住室和三哥陈佑的住室。陈素出家后，家中只留下一床简单的被褥和洗漱用品，书桌上放有几套在家读过的佛教经卷，无多余之物。三哥陈佑由于幼年身体多病，十八岁就早早离开人世。其卧室陈设也较为简单，但儿时的很多玩具挂满了墙，有几种大小不同的风筝、铁圈环、羽毛毽子、蹴鞠、蛐蛐笼、陀螺、拨浪鼓、空竹、弹丸等古时儿童的玩耍工具。内室桌子上整齐地摆放着四书五经等古典书籍。

薰风园中厅展示一大型主题沙盘"凤鸣陈河，玄奘诞生"。其背景是：远处天边，蓝天、祥云、瑞气、和风，在百鸟的欢聚中，一只凤凰挟风带云自东南方飞来，围绕凤凰台盘旋鸣叫。这天夜半，陈家大院一个婴儿诞生，这便是陈家老四。高科技的表现手法和声光电的完美结合，使人如身临其境。

玄奘故居后院薰风园

　　薰风园后院有东厢房、西厢房及后厅。

　　东厢房为玄奘父母的起居室，由三部分组成。

　　◆ 中庭：正面墙挂老子"水之七德"书法，蕴含主人娴静若水的品性；堂内布置仿唐式素面坐榻、矮脚扶手椅及食案、高角双支铜灯，案上置有茶具。

　　◆ 卧室：室内设床榻，为仿唐式莲花双人斗帐，床前有脚踏，两边摆放落地防风灯、衣架及盝顶漆柜，室内四周设有铜镜及镜架、梳妆条案、盆架、梳妆屏等生活起居用品。

　　◆ 书房：正面墙偏左挂人物画像，旁有几案；右侧书柜、书案位于室之中心，以屏风为背景，案上备有瓷灯、文房四宝等读书必备用品；书房靠窗置有盆景点缀，以显示陈慧这个大儒的风雅。

　　西厢房为玄奘大姐的起居室、织绣室及书房。

　　据史书记载，玄奘的大姐温文尔雅，琴棋书画无所不通，颇有大家闺秀气质，而且绣工十分出色，是陈家的一位巧姐，成年后适嫁河北瀛州（今河北省河间市别称）张家。

　　◆ 大姐卧室：闺房陈列有床榻、床上用品、坐榻、案几、盝顶柜等，桌上有铜镜、化妆盒、灯具等，显示出古典少女闺房韵味。

◆ 织绣室：设有绣花织布机，室之正面设素屏、案几、绣架、针线框、熨斗，墙上挂织绣成品。

◆ 书房：室中心放置书案、琴案，正面放小桌案，摆放着瓷瓶，插满花卷、孔雀翎，两侧有花架，上有盆景和熏炉，墙上挂仕女人物画，室右侧依次放置柜、屏风。

薰风园后堂设有佛堂。佛堂是玄奘母亲宋氏，因笃信佛教而修建的家庭佛堂。佛堂中间为释迦佛、观音、药师佛，除暖阁、佛龛、供桌外，东西墙面用木雕、铜雕雕刻有"佛本生故事"六幅，主要讲述释迦牟尼前世今生的故事。

2. 仁和园

后院的中院为仁和园，仁和园布局共六个部分。

仁和园为玄奘祖父陈康的生活起居室，这是陈康从颍川调任周南（洛阳一带）时，在缑氏县的陈村定居的祖地，陈家大院亦为陈康始建。陈康为官廉政，在故乡兴办教育，重视农桑，精通医术，在缑氏一带被民众视为楷模。仁和园亦以陈康为主人设计布局。

仁和园后厅堂，是玄奘的祖父陈康的居室，由堂屋、书房和卧室组成。

仁和园后院东厢房系玄奘的大哥陈霖的生活起居室，由中室、卧室、织绣室三室组成。

据陈代后裔传，玄奘的大哥陈霖，忠厚诚实，不善言谈，长陈祎（玄奘）10岁，因父亲在外居官，15岁起便挑起家庭重担，靠耕织维持全家生计，待陈祎非常好，他也是陈家大院唯一一个传宗接代的人。

仁和园后院西厢房是玄奘起居读书室：由玄奘卧室、慈训室及玄奘放生池三部分组成。

◆ 玄奘卧室：这里是玄奘童年时读书和休息的地方，置放有儿童床榻及学习书架等日用品。

◆ 慈训室：玄奘8岁时，父亲向他口授《孝经》，当讲到"曾子避席"时，他忽然整襟而起，垂着双手，毕恭毕敬。父亲陈慧问

玄奘故居仁和园门廊

其缘故，陈祎敬答："曾子闻师命避席，今奉慈训，岂宜安坐。"① 此室设有四扇文字屏、书几，用蜡像形式表现父亲教育陈祎的生动场面。

◆ 玄奘放生池：受母亲的熏陶，玄奘从小就喜爱佛教，每逢初一、十五总带着村里的小伙伴到休水河畔摸鱼捉虾，再拿回陈家大院放生。西厢房外砌有一小型放生池，人们可以在此体会放生的乐趣与场面。

仁和园的前厅东厢房为玄奘祖父陈康行医堂及陈家库房、厨房等。

◆ 陈康行医堂：陈康精通医理，重视养生，时常在家里为村人看病，此室置案几、药柜、床榻、胡床等家具，配以药碾、针灸、拔火罐等古老医疗器械做陈列，墙上挂置古代养生导引图及《黄帝内经》条屏。

◆ 库房：这里展示有古代酒器、陶器、地下银库、家居日用品等，周边设货架，墙体设有挂具。

---

① （唐）慧立、彦悰著，孙毓棠、谢方点校：《大慈恩寺三藏法师传》，中华书局，1983年，第5页。

◆ 厨房：走进厨房，可以看到这里有古代灶台、炉子、餐具、洗菜池、桌案等传统厨房用具；同时也设有一套现代化的厨房用具，游客可在此按照陈家菜谱做一顿美餐享用。

玄奘故居后院仁和园

仁和园的前厅西厢房，原为陈家居家的餐厅，现辟为玄奘国内游学九年、历经十四师的场景画面，用大型国画形式绘制并镶嵌在正面墙上，用三维动画展现出美丽的山水场景。展厅两端抄制有《心经》《金刚经》全文挂于墙体。中间空间设一投影厅，摆设凳子，定时播放《玄奘之路》《玄奘》《玄奘西游记》《寻觅唐僧的故乡》等视频作品，让人们了解玄奘辉煌而伟大的人生。

仁和园门楼过厅，陈列有工艺品、纪念品及玄奘译著、玄奘画像、光碟等，供游人阅览、购买，以满足各地游客的需求。

3. 明伦园

后院的西院为明伦园。明伦园布局共两进、六个部分。

明伦园原为"陈家私塾学堂"和"陈家祠堂"。玄奘的祖父陈康定居陈河村后，兴教育，明医道，重农桑，在自家西院前厅建私塾学校，名"明伦堂"，后院建陈家祠堂，名"圣德堂"，自任先生，让本村孩子就近读书，让陈氏子孙就近祭祀陈氏先祖。

明伦园前厅原为私塾大教堂，现辟为一大型玄奘译经场的真实场景。按照唐代译场的九道程序，玄奘为主译，两边依次分设证义、证文、书手、笔受、缀文、参译、刊定、润文、梵呗等九组译著学问僧的格局。在这里，今人可领略玄奘主持的国立译经场的宏伟场面。明伦堂内墙正面两侧，左面悬挂唐太宗为玄奘译经作序的《大唐三藏圣教序》全文，右面悬挂唐高宗李治为玄奘译经作的《大唐三藏圣教之序》。东西两边塑有玄奘译经的十二名主要弟子塑像，形象各异，栩栩如生，分别为：窥基、圆测、嘉尚、普光、神昉、道宣、静迈、辩机、道昭、玄觉、慧立、彦悰。

明伦园东厢房设私塾学堂，根据史料《学记》记载，学堂正中墙面悬挂有孔子、孟子画像，南北两侧挂有学子座右铭字画，正中空间自南而北为师席、书案，配有坐垫，以下排列四行八张书案，另有文房四宝、烛台等学习用品。此室用蜡像形式雕塑有一师八生的师生形象，让今人领略古代私塾学堂的真实场面。

明伦园西厢房设私塾先生居室兼学生背书室、小型投影室及触摸屏两部分。

私塾先生居室自然古朴，有简单实用家具及日用品，正面是床榻，墙上挂有字画，中心置备课书案、座椅，案上摆灯台、书籍，另设盆架及面盆。左侧墙上还挂置有背书时体罚学生的戒板、戒杖等物品。

靠南两室布有《三字经》《千字文》全文悬挂图，中间设一小型投影厅，作为国学启蒙教育园地，全天播放《三字经》《千字文》录音及影像，门前设触摸屏。

明伦园后院是圣德堂，是陈氏历代先祖供奉之地。圣德堂主要由古代周易八卦展示、历代先祖牌位等部分组成。

圣德堂除"崇宗祀祖"外，还兼承子孙平常婚、丧、寿、喜等办事场所，族亲们也会利用祠堂商议族内的重要事务。大堂中心设六组圆形桌凳，正面设暖阁，悬有圣德堂匾额，供奉陈氏先祖的塑像和牌位，像前摆供案。东墙镶嵌陈家先祖居官名人版画肖像，像前设供奉案几。西墙设有陈氏家祖牌位挂表及陈氏家祖播迁图、陈氏家谱，墙四方挂"忠、孝、节、廉"四个大字，庄重的场景突出了陈氏家祖庄严的家训与凝聚力。

圣德堂东厢房北部布有中国古代科技展，具体内容为阴阳八卦，包括周易、河图洛书、司南、鲁班尺等。南部置玄奘的祖父陈康和父亲陈慧的半身雕像，像前设案几、祭祀用品。

圣德堂西厢房设三族堂，用泥塑雕像形式供奉陈氏远祖陈寔、高祖陈湛、曾祖陈钦。

走出明伦园、圣德堂之后，如要返回前院，可正南穿过躬耕园直接返回，也可由故居西便门直接进入玄奘故街游览区继续参观游览。

从玄奘故居前院主体建筑慈恩堂和东西两侧的静怡园、躬耕园，到玄奘故居后院的薰风园、仁和园、明伦园，整个故居形成了一堂五园、三进六院的大格局，从建筑风格到内部布展，修复后的玄奘故居典型地再现了玄奘祖居地陈家大院官宦世家的格局和人文情怀，人们仿佛重新穿越历史时空，走进了少年玄奘的老家。

三、陈家花园故址

陈家花园位于玄奘故居正南约八十米处，坐南朝北，背靠凤凰台，面对陈家宅，西临休水河。这里有片密不透风的桐树林，相传这块近五十亩大的黄土地，北齐时为陈家花园，隋代时曾鼎盛一时，到隋末唐初毁于战火。陈家花园原建筑物不多，主要以自然山石、水体为骨架，以花卉树木配置组景造园，花园入口及围墙为青砖、白墙、红柱、彩绘，呈隋唐建筑格调。花园内主要建筑有照壁、慈恩榭、曲廊、佛苑、功德塔、三三亭、放生池、白象牙雕塑等。在放生池的东边，有慈恩榭，是陈家当时举家游园时的休息场所。连接慈恩榭的是曲廊、桥亭，建筑形式为面池单廊，与园内照壁、汉塔、三三亭形成对景，廊墙上有碑刻，间缀景窗、漏窗，以竹林为衬景，有浓荫欲溢之感。花园东南的佛苑，是当初陈家谈经论典、接待文人之场所，也是玄奘从小接受儒家熏陶启蒙的地方。

陈家花园故址，现辟为西行广场

四、凤凰谷

穿越林间小径，登凤凰台极顶，一条蜿蜒曲折的河谷尽收眼底，这便是妇孺皆知的凤凰谷。凤凰谷毗邻是一处长宽近百米，由谷底拔地而起，高约十丈的梯形台地。关于这个神秘的台地曾有过一段美丽的传说。相传，在很久以前，凤凰谷的上空，终年黑雾弥漫，禾稼不丰，草木不旺。有年春天，从东南方飞来一只金色凤凰，在陈村（亦名陈堡谷）上空盘旋之后，栖落在这座高台的一棵梧桐树上。顿时，百鸟群集，铺天盖地，金凤凰振翅长鸣三声，唤来一团天火，用自己的血肉和百鸟的羽毛燃起熊熊大火，化作一堆灰烬，谷中黑雾被烧得干干净净。从此，明媚的阳光洒遍河谷，河谷内五谷丰登，花繁叶茂，树木葱茏。到公元600年的春天，自东南又飞来一只凤凰，在空中盘旋鸣叫，河谷祥光普照，大地普降温馨，就在凤鸣之夜陈家一个娃娃降生了。人们都说："陈家的四公子将来必成贵人。"后来玄奘真的成了一位伟大的旅行家、翻译家、哲学家，千秋独步的佛教学者。预言成了现实，后人怀着对玄奘大师的敬仰之情，在凤凰台上修亭建庙，亭曰"凤凰亭"，庙曰"凤凰庙"，庙内供奉着一只玉石雕刻的凤凰。这个奇妙的传说，至今仍在当地群众中广为流传。

玄奘故里凤凰台

凤凰谷底原是一条浩渺宽大的休水河，当年唐军曾在河上乘船激战。在人们的记忆中，这条小河水深及膝，清澈得鹅卵石间嬉戏的小鱼、小虾清晰可数。河畔的田边，有很多成排成行的老柿树，沙石滩外有成片的芦苇和排排白杨，水草青青，野花飘香。若是夏日，就会从石板小桥向上的水潭中传来孩子们戏水欢笑的声音。沿河的几家水磨坊轰轰隆隆、吱吱呀呀的声音实在动听。这条河谷的水自东向西流，人称四十五里倒流河，都说玄奘为弘扬佛法西天取经，连家乡的水也滔滔向西，真有点天成神助的味道了。

五、晾经台

沿凤凰台的曲径小路向东，逐级而下，在古代休水河（今叫马涧河）由南向西的河湾处，相传便是玄奘的晾经台。这里是古代休水河由陈河村通向缑氏故县的古渡口。据《水经注》载：休水源于少室山北，在佛光峪汇流而下，到大谷口潜流地下，由柏谷坞南复出，入伊水。当年这里大水滔滔，舟楫往来，唐武德四年（621年）秦王李世民和郑王王世充在争夺江山的决战中，在柏谷坞水上一战，击沉战船三十余艘，可见水势之大。贞观十九年（645年），玄奘从天竺取经回来，在东都洛阳谒见唐太宗之后，经恩准回到阔别四十载的陈河村，在通过休水河的石板桥时，部分经书被河水打湿，过河后在一巨石上晾经，石上留有隐约可辨的梵文字样。据传是玄奘从这块石头上拿经书时，最后的一页帛书粘在了石头上。遗憾的是明清时河边架桥，这块石头被炸毁了。目前，晾经台已纳入修复计划，复原后的晾经台将再现当年模样。

六、西原墓地、马蹄泉

西原墓地是玄奘父母合葬之墓，位于陈河村东南一里许。墓地坐北向南，休水河半径环绕，背靠景山，远眺少室山阙，历代称誉其为风水宝地。修复后的西原墓地，呈一长方形墓区，掩映于苍松翠柏之中。陵基用青砖砌成椭圆形，直径五米余，高约三米，冢顶部种植有迎春花。墓前石碑由陈氏四十七世孙和陈河村村民同立，上刻"隋江陵令陈君讳慧及孺人宋氏之墓"。石碑四周镌刻有二十四孝图浮雕线刻，碑的背面记载有陈慧及其宗祖的生平事迹。

碑阴全文如下：

休水之滨，凤凰谷前之西原墓地为隋江陵令陈慧夫妇之合葬坟垅，背靠懊来山余脉，面对嵩岳少室之阙，历代称誉风水宝地。此墓唐显庆二年改葬于此，迄今已一千三百余年，岁月日久，荒芜颓毁，念玄奘法师及其先祖之伟业功德，故在修复玄奘故里之际，乡里同发信善，于辛未年孟秋重修西原墓地，建墓竖碑，以志纪念。

上＼玄奘父母合葬墓——西原墓地

下＼玄奘故里马蹄泉

这里芳草青青，野花簇簇，庄严肃穆，每年清明，陈氏家族和四周村民都到此添土挂纸，祭奠亡灵。据史载，唐显庆二年（657年），玄奘伴驾洛阳宫，乘回洛阳之便，就近回乡省亲，祭扫父母坟茔。玄奘五岁丧母，十岁丧父，时逢隋乱，殡掩仓促，四十余载坟墓颓毁，欲想改葬，未敢专志，于是又进表高宗改葬父母坟茔，经高宗恩准，与其"老姊一人，收捧遗柩，去彼狭陋，改葬西原，用答昊天，微申罔极"[①]。

玄奘这次归里，在民间有着这样的传说，说玄奘回故乡访亲问故之后，就到休水河畔祭扫父母坟茔。他和同行弟子四处找不到坟墓，坐骑白马沿凤凰谷缓行，突然白马嘶鸣，凌空奋蹄猛踏，顿时泉水如潮，淹没了整个山谷。玄奘急忙念佛作法，洪水即逝，正欲起步，父母坟墓就在眼前。后人思玄奘之伟业，就称此泉为马蹄泉。马蹄泉周围种有孝顺竹，泉旁三米多高的汉白玉白马凌空，雕塑形象如龙，跃跃欲飞，白马的左蹄正对着地面的马蹄泉。说来也奇，这个传说中的马蹄泉，一千多年来竟香火不断，四乡的亲友为教导儿孙孝道或成才，都到这泉旁燃香祈祷，有求者必应。这一代乡里尊老爱幼蔚然成风，历史上的秀才举人竟层出不穷，直到新中国成立后，儿女考大学还都到这泉旁祷告。

在西原墓地的下方，过去是一片大小不同的坟墓和舍利浮屠，这便是远近闻名的和尚坟。原来，玄奘天竺取经返回长安后，闻名遐迩，誉满神州，其故里更是声名远扬，千里之外都到此朝拜，他们对玄奘父母更是崇敬得五体投地。在他们心目中，能养育出像玄奘这样的儿子的一定是圣人。和陈河一水相隔有个永庆寺，寺里的和尚一方面对玄奘幼年曾在寺中学经引为自豪；另一方面希望在有生之年修成正果，圆寂后想殁葬于玄奘父母脚下，得日月之精华，借风水之灵气，像玄奘一样归入罗汉之列，或做一个陈门后裔，也感无限欣慰。自唐代玄奘以来，村中陈家每代都有

---

① （唐）慧立、彦悰著，孙毓棠、谢方点校：《大慈恩寺三藏法师传》，中华书局，1983年，第205页。

出家人，直到新中国成立后最后一个和尚陈忠水放弃了青灯黄卷生涯，他们作古也归葬这里，所以这里就出现了一片和尚坟。

离开西原墓地，在回程的路上，一条田野小道把人们带进如画的乡土景致里。登上壁立百尺的古小寨，玄奘故里五个景点尽收眼底，这里休水如镜，瑶台隐现，凤台突兀，云雾缭绕，好一处藏龙卧虎之地，无怪乎这里人杰地灵。

七、玄奘故里的古树名木

◆ 千年长生杨

玄奘故里的景观颇多，令人叹为观止的还有这里的古树名木。在陈河村这个人口不足三千的村子四周，就有数棵年久而形态各异的古树。

在村西南有棵硕大无比的古杨树，村中老叟都记不起它存在多少年了，只知一条千年古路沟都因它而命名为"杨树沟"。这棵古杨胸粗六围，树高五丈，树干银镶玉嵌，繁枝生机盎然，周围覆盖七丈有余，尽管腹中已空，仅留树皮层支撑，但春华秋实照样茁壮旺盛，其树龄千年有余，目前已被定为古树名木。

千年长生杨

相传，少年玄奘常往缑氏县永庆寺学经，一日四次路过此树，尽管陈河村距缑氏县仅一里左右，玄奘总把这里作为小憩乘凉处，有时还摊开经书温习一番，常常乐此不归。咸亨二年（671年），唐高宗李治到嵩山封禅，途经缑氏县，猛然想起玄奘大师的家乡就在此

第二章 玄奘故里陈河村 | 39

地，更想起和玄奘在长安及东都相处的日子，就起驾要到玄奘故宅探访，当行至白杨树下，李治为之一惊，盛赞"好大的参天白杨啊！"，继而曰："国宝已失（指玄奘故），无可挽回，朕封你为长生大将军，以了却朕思念法师之情。"至此，这棵长生杨香火日盛，人们把它作为玄奘的化身，当作神灵，每逢初一、十五，方圆数十里的人们皆来焚香祈祷，寄托他们的希望，所以长生杨终年披红挂幔，甚是庄严。特别到每年的正月十五这一天，鞭炮声此起彼伏，"推小车""踩高跷""撑旱船"等民间社火更是红红火火，人山人海，把陈堡谷和缑氏县都连接了起来。

入夜，念经的、走过场（道教的一种诵经形式，边舞边唱）的彻夜不眠，善男信女们把红灯笼一层层挂满杨树身，甚至挂到四丈高的树尖上，远处望去煞是好看。

◆ "房抱槐"与"盘龙槐"

在陈河村村东古寨堡的拐弯处，一棵古槐在这家姓吕的前临街房中长出，名曰"房抱槐"，只见它铁干繁枝，阔叶飒飒，树粗三围，高逾四丈，树冠遮盖了吕家的四分宅院，有关专家现场测评说："这棵古槐树龄在八百年以上。"可八十六岁的吕家主人

玄奘故里故街千年古槐——"房抱槐"

玄奘故里故街与千年古槐

却说:"听祖上传,这株古槐腹空生槐已再生至第三代了,树龄在一千二百年左右。"说来也奇,这古槐的其中一枝穿过大街,凌空指向东南,酷似凤凰栖枝状,故村中人也都叫它"凤头槐"。

在故居西街,也有棵古槐,现在长在家姓杨的大门前,树粗两人合抱,树干扶摇遮天,树荫郁郁葱葱,可覆盖大街两旁的古宅院。究竟树龄多大,谁也难说究竟。这棵古槐主干呈曲线形,树身突出部分形似盘龙缠树,故名"盘龙槐"。相传此树为玄奘父亲陈慧所栽,儿时陈祎也常为其浇水整枝,故古槐长盛不衰。凡到玄奘故里参观的人,都会依树合影,想带回点玄奘的灵气。

◆ 天下奇树"槐抱椿"

人们常说树古以槐为最,次则银杏树、皂角树,殊不知这里有棵椿树亦古得令人惊奇。玄奘故里西邻一箭之地有个四周悬崖峭壁呈椭圆形的古代小寨,叫花寨。据传,花寨是隋代缑氏县永庆寺僧人种花的寨,因其种花闻名,故曰花寨。此寨不大,住有二十几户人家,寨南设一门,门楼设寨堡。此门只可一人通行,是古时防御外患的绝妙设计。寨上有一古井。井旁有棵古槐,槐树中间长着棵白椿,人们常叫其"槐抱椿"。此树树径五围,树高六丈,两树枝叶交替,几乎半个古寨都有它的身影,加上树干高耸入云,站在景山数里以外可窥。玄奘故里1992年修复开放后,无数国内外游客争相观赏这棵"槐抱椿"的奇景。这棵树究竟树龄几何,已无从考察,只知道1972年河南省古树普查时,已被挂牌录定,据说有

1400年之久。近几年，日本朝祖团体，意大利、印度、美国等国客人到这里参观，见到这株"槐抱椿"都惊呼"了不得"。《今日中国》杂志社、中央电视台、河南电视台、《旅游天地》等都拍摄过它的风姿，并将它介绍到世界各地。

为什么槐树、椿树这种在中原地区很普通的树竟能长成如此庞然大物？不久前，有人专门就此作过一番研究，他发现此树长在井旁，外边看离井一米许，俯首井口用手电向下一照，才发现一个秘密，只见井的四壁皆被粗细树根笼罩，像是织成的一层网，最粗的根有三十厘米粗，而且附在井壁。经测量此井深二十丈，水系和寨边休水相连，泉水极旺，无怪这株"槐抱椿"竟有如此强大的生命力。

八、陈河村四周的佛道遗迹

玄奘故里所处的陈河村是由陈河古寨堡、后街、徐圪垱三块形成的一个自然村，处于景山南麓、休水之滨，向称风水宝地。村子四周沟壑纵横，呈现出既有河湾湿地，也有坡平旱地，还有丘陵地区的地形地貌。因为这村的人民，历史上崇信佛教、道教，所以在沟壑之间建有不少各种寺庙，时至今日，这些遗址还依然存在。

从陈河古寨堡东门出走，有两条大路：一条是通往偃师古县城的大路，一条是通往景山岭顶的农耕大路（俗称古路沟）。在两条沟中大路的交叉口建有一座"山神庙"，进深三米，面阔五间，庙内塑有三尊金身，中为山神爷，两边为两个护法，面目狰狞十分凶煞，儿时伙伴一个人是不敢进庙的。每逢初一、十五，陈河村的乡亲都会打着青龙、白虎、朱雀、玄武四面旌旗，抬着全猪供品，鞭炮齐鸣，敲锣打鼓，前来祭祀山神，祈求保佑一方平安。

顺着通往景山的农耕大路到岭顶路口建有一座"花姑奶奶庙"。这是因为景山岭上村里有上千亩的坡岭平地，种植粮食因缺水收成不好，但种植棉花却长势很好，花白似海。人们为使棉花年年丰收，就盖起了这座"花姑奶奶庙"。此庙不大，是一个面积只有一平方的双檐小庙，庙内塑有一尺有余的神像、一座香炉。每到棉花收获季节，庙前香火鼎盛，供品堆成了小山。

在陈河古寨中，一条东西大街布有三座庙宇，在寨东南高台上建有"魁星庙"，据说"魁星"是上天管文化的"文曲星"，于是每年大年初一或十五，这里香火极盛，人们到这里祈求自家孩子能鱼跃龙门，金榜题名。近年来，尽管此庙早已坍塌，但人们还是在遗址上虔诚地祈祷孩子们的仕途能一帆风顺，心想事成。

古寨中街有一佛教寺院，建在陈家大院后宅，名曰"佛光寺"，是陈祎的母亲宋氏的佛堂。大殿内塑有释迦牟尼佛、文殊菩萨、普贤菩萨，墙上画"佛本生"故事漫画。每到佛教节日，全村佛教信徒、居士都来这里念经、学经，直至深夜。

古寨西街寨门口建有一座"奶奶堂"，庙台高筑，规模亦大，内塑"观音菩萨"和"送子娘娘"像。每到农历三月三，全村妇女都来集会，"念经""走过场""唱呗""起儿子"，利用各种形式的活动来祈盼全村人丁兴旺，家家子孙满堂。

古寨南门外，是一条直通缑氏古县城的大道，因为休水河就在村口流过，所以，路口建有"龙王庙"。此庙全系砖木结构，建筑巧妙，规格很高，而且不怕水淹，庙内塑有四座龙王塑像，有"黑龙王""白龙王""黄龙王""督龙王"。据说，这四龙王性格各异，互有分工。其中，"黑龙王"性情暴戾，行雨时忽大忽小，容易给民间造成灾难；"白龙王"性格和善，分管布风，带给民间尽是和风；"黄龙王"比较公正，分管布雨，带给民间的尽是细雨；"督龙王"据说分管天下分配雨量及监管其他三位龙王的行雨行为是否合理。

据说这座龙王庙特别灵验，人们对其特别尊重。据老人传，人们进庙不敢多言，说话声小，脚步轻移，烧香祭拜者，事办完速速离去，生怕话多有失，得罪了哪位龙王爷，给人间带来灾难。

玄奘故里凤凰台下休水河

据说有一年秋天，天气异常，干旱无雨，秋苗几近枯干，陈河人焦急万分，有位后生到龙王庙把"黑龙王"搬到庙外暴晒半天，让他布雨，临到中午可能忘记搬回庙里。据说"黑龙王"被晒得暴怒，一霎时，狂风大作，黑云密布，暴雨如注，陈河村四周下沟满河平。这时，一个有心人路过龙王庙，看到"黑龙王"还在庙外，大惊，赶紧搬回庙里，大雨也立即停下。这场狂风暴雨使秋庄稼损失惨重，成了一场灾祸。而且这场雨只下到陈河村边界内的地里，四周外村隔一条路的地仍然是干的。后来"黑龙王"太暴太灵，能扎边界下雨的故事一直传到近代。再后来，逢天旱缺雨时，人们只求"白龙王"和"黄龙王"，再也不敢求"黑龙王"了。

陈河古寨堡的北沟是后街，后街住有十几户，七十几口人，是个依古寨沟而建的小村落，东西长百余米，南北宽不足五十米。这个后街，历代重视教育，近代，张氏一家单在北京国家机关工作的就有两个人，是个人才辈出的毓秀之地。后街的西沟口古井旁也筑建了一座庙，叫"井王爷庙"。

陈河村古寨后街

古寨堡出西寨门紧连的就是"徐圪垱",徐圪垱住有五十余户,三百多口人,在村西高台上建有一"关爷庙",是敬奉关帝圣君的,是人们祈求年年发财的神庙。

屈指数去,古时候的陈河村,佛道两家的寺庙建有十余座,一千多年过去,大都变成了遗址,但它们的神奇故事还仍然留在村民的记忆里,一代一代传至今日。

九、唐僧寺

唐僧寺位于缑氏镇东南二公里的唐僧寺村(原名聂林村)北。该寺初创于北魏时期,原名灵岩寺。隋大业年间,幼年的玄奘曾多次到此寺聆听佛学。玄奘西天取经返回后,被誉为大善大德之人,为了弘扬其精神,此寺改名为"兴善寺"。唐太宗曾赐给该寺土地四十顷,并敕令对该寺进行了重修。武周圣历二年(699年),武则天自神都洛阳出发,赴登封中岳时路过该寺,也曾赐金修寺,赐地百顷。明万历年间,该寺又改名唐僧寺,1996年更名为玄奘寺,2014年又恢复为唐僧寺。

唐僧寺古老的玄奘殿

　　唐僧寺原来规模宏大，殿宇壮观。清末寺内尚保存古建筑几十间，山门前有大迎壁，宽约7米，高约4米，上绘太子晋追捕被箭射伤的白鹿的故事；山门内中轴线上，建有天王、大雄、白衣、伽蓝等殿堂；两侧有钟鼓楼、藏经阁，钟上铸有"大明万历"字样；寺内东有僧舍，住禅师及僧徒等；后院有古柏100多株。殿堂内外，保存古碑十余方。寺北墙外即为嵩洛古道，道北为僧人墓地，范围有50余亩。千百年来，几经沧桑，寺院建筑多遭破坏，至民国初年（1912年），寺院仅剩两座殿堂。

　　1990年，唐僧寺重修。重修后的唐僧寺，东西宽90多米，南北长130多米，沿中轴线由南至北，依次为山门、钟鼓楼、玄奘铜像、玉佛殿、大雄宝殿，院西侧为念佛堂、寮房及明清遗留下来的天王殿、玄奘殿，院东侧为客堂、斋堂及寮房，总建筑面积约2300平方米。明清时留下的两座大殿，雕像极精。前是天王殿，面阔三间，进深一间。殿内正中供弥勒佛，满面笑容，赤脚打坐，右手持念珠，左手握口袋，显得十分亲切和善。殿内两侧塑有东方持国、南方增长、西方广目和北方多斗四大天王。后为玄奘殿，又称上殿，面阔三间，进深三间，单檐悬山式。殿内正中供玄奘大师塑像,身披袈裟,端坐莲台,睿智慈祥。

天王殿和玄奘殿前保存古碑多方,分别为:明万历四十三年(1615年)重修唐僧寺碑、清康熙四十年(1701年)建火神庙碑、清同治十三年(1874年)唐僧寺上殿又重修碑、清光绪三十年(1904年)修缮唐僧寺碑、重修唐僧寺伽蓝殿碑、修唐僧神位碑、少林寺方丈行政大师纪念碑,还有出土于玄奘殿前的一块残碑,出土于寺西北玄奘墓侧的两块经幢残石。

唐僧寺大雄宝殿是重修后的主体建筑,面阔九间,进深五间,高约19米,两层结构,上为木雕西方三圣及韦驮玉佛等圣像,下有地藏菩萨、观音菩萨,前有云路台阶,四周青石栏板,五脊之上有兽头镇物,脊鱼海马,八仙造型,殿貌巍峨,金碧辉煌。

唐僧寺玄奘铜像

十、玄奘灵苑

玄奘灵苑位于唐僧寺西邻，呈长方形，南北长 200 多米，东西宽 70 多米。灵苑由三部分组成。前院为花坛及绿化区。中间为碑林区，有党政要员的题词，有书法大家留下的墨迹，有国内外专家学者对玄奘的赞誉。在碑林区东西侧还设有中国十大名僧、玄奘十大弟子的石刻线雕画像及生平简介。后院中为白色方形仿唐式玄奘塔，塔高 5 层，约 20 米；最后为玄奘纪念墓，四周遍植古柏、古松，郁郁苍苍，生机盎然。

玄奘墓呈椭圆形，墓周青石护砌，黄土封顶，墓顶种植迎春花。墓前有碑，额正面篆书"声振五印"，背面为"誉满中华"。碑身正面刻"大唐三藏法师玄奘之墓"，碑阴刻玄奘传记，录自《旧唐书》卷一百九十一。其文如下：

> 僧玄奘，姓陈氏，洛州偃师人。大业末出家，博涉经论。尝谓翻译者多有讹谬，故就西域，广求异本以参验之。贞观初，随商人往游西域。玄奘既辩博出群，所在必为讲释论难，番人远近咸尊伏之。在西域十七年，经百余国，悉解其国之语，仍采其山川、谣俗、土地所有，撰《西域记》十二卷。贞观十九年，归至京师。太宗见之，大悦，与之谈论。于是诏将梵本六百五十七部于弘福寺翻译。仍敕右仆射房玄龄、太子左庶子许敬宗，广召硕学沙门五十余人，相助整比。
>
> 高宗在东宫，为文德太后追福，造慈恩寺及翻经院，内出大幡，敕《九部乐》及京域诸寺幡盖众伎，送玄奘及所翻经像、诸高僧等入住慈恩寺。显庆元年，高宗又令左仆射于志宁、侍中许敬宗、中书令来济、李义府、杜正伦、黄门侍郎薛元超等，共润色玄奘所定之经，国子博士范义硕、太子洗马郭瑜、弘文馆学士高若思等，助加翻译。凡成七十五部，奏上之。后以京城人众，竞来礼谒，玄奘乃奏请逐静翻译，

敕乃移于宜君山故玉华宫。六年卒，时年六十五，归葬于白鹿原，士女送葬者数万人。

洛阳缑氏玄奘墓

此碑立于1986年农历正月，由少林寺大和尚德禅、住持僧行政及全寺僧众同立。

十一、玄奘故里的轶事传说

千百年来，陈河村一带流传着许多有关玄奘的轶事传说，寄托了后人对这位大师的仰慕之情。

（一）宋氏惊梦玄奘降生

隋唐时期，缑氏县境内有两座山：一座叫缑氏山，一座叫白云山（亦称景山）。这两座山，说山亦岭，说岭似山。山下的马涧河将其上下相连。然而山不在高，有仙则名，水不在深，有龙则灵。缑氏山王子晋骑鹤升天的传说，使缑氏山成为千古名山；白云山下的陈河村（亦称陈堡谷）出了个"西天取经"的唐玄奘，使其成为千古圣地。据史载，玄奘的母亲姓宋，是隋文帝洛州长史宋钦之女。宋钦只此一女，爱如掌上明珠，自小就教她琴棋书画，学养很好，加上宋钦为官清正，父女在百姓中口碑极佳。宋氏这位大家闺秀自和玄奘的父亲陈慧成亲后，自是以贤德著称。不过，此时陈慧还在江陵县做官，家中之事全凭宋氏操持。在玄奘之前，宋氏生有三子一女，十余年养家教子，无不含辛茹苦。除了支持这个大家外，宋氏每天还要抽空到东院佛堂念经习佛，修身养性。

有天夜里，宋氏做了一个梦，梦见一团白光耀眼夺目，在雷鸣电闪中从半空进入房中，在绕室三周之后直入腹中，只觉一阵疼痛，好似人已浮在半空，宋氏连呼救命，但苦于无助。朦胧中，只见云端观音菩萨现形，对宋氏道："宋氏莫惊，这是上天安排的，日后你自会知道！"一觉醒来，宋氏浑身大汗，原是一梦。

从这天起，宋氏自觉身体有点异样，饮食起居似有病态。三个月过后，家人请来缑氏县城郎中到家看病，望、闻、问、切诊断病情之后，郎中双手抱拳说："恭喜陈夫人，你有喜了，病无大碍，注意调养身体就行。"

转眼到了隋文帝开皇二十年（600年）的农历三月初九，宋氏十月怀胎临产。就在前一天傍晚，在陈家大院南面的屏山上，百鸟聚会，河谷祥光普照，自东南方飞来一只凤凰，在屏山上盘旋鸣叫，这天夜半后，陈家大院一个男孩降生了。村里人都说："凤凰五百年才叫一次，陈家老四定是贵人降世，将来必定大有可为。"传说，宋氏生下玄奘后，曾梦见玄奘穿一身白衣望西而去，她诧异地问道："你是我儿，你想到哪里去？"玄奘回答："为了求法，我必须去。"宋氏大为不解梦中情景。

婴儿满月时，陈慧为给小儿起个好名，特地在缑氏县城请来三位知名先生，一位是私塾先生，一位是卜卦先生，一位是相术先生。酒过三巡，三位先生分别为小公子看相、卜卦。经过一阵品评推算，相术先生说："此儿面阔、鼻隆、天庭饱而双耳垂，应为贵相，必为栋梁之材。"卜卦先生说："生于午时谓之武，生于丑时谓之文，卦上有'文曲星'降世之说。"根据生辰八字，最后私塾先生推敲后，和陈慧商量说："小儿起名'祎'为好，这样你的四个儿子，长子霖，次子素，三子佑，四子祎，最为完美。"三位先生齐声说好："公子就叫陈祎吧！"至于人们常说的玄奘，是陈祎十三岁出家后的法名。

（二）放生池畔的故事

陈祎（玄奘的俗名）小时候，家境还比较殷实，当时父亲陈慧还在江陵县任上。他家对面八十余步远近，便是自家的花园。这陈家花园坐南朝北，背靠凤凰台，面对陈家大院，西临马涧河，面积三顷。

相传，陈家花园是北齐时玄奘的祖父陈康任国子博士、礼部侍郎，调任周南（古洛阳一带）任职时修建的。园内建筑物不多，较为自然简单，园内有照壁、曲廊、桥亭、放生池等。这里山石玲珑，流水淙淙，曲径迂回，别有洞天。陈祎的母亲宋氏笃信佛教，放生池较大，为陈家当时的放生之处。放生池和马涧河相互连接，陈家在上游处拦起漫水坝，溢洪道设放水闸，能根据放生池需求供水排水。池内植满荷花、睡莲，放养有观赏红鱼，陈祎在此度过了愉快的童年。

唐朝时的陈河村，居住人家不多，据说只有十几户，一百多口人。陈家在临街西院设有私塾学堂，请来私塾先生，全村的孩子也都来陈家的私塾上学。陈祎五岁时就入学读书，和他同时入学的十来个孩子都长他一到两岁。这些孩子皆家境贫寒，父辈们都是守着几亩坡上薄地勉强糊口度日，生活困难，每到春秋两季常有孩子因交不起学费而中途辍学。陈祎看在眼里，记在心上，暗想接济这些小学友重返学堂。后来，五六岁的陈祎和这些伙伴私下商议，说马涧河里小鱼多，让他们到河里捉小鱼小蟹，然后用自家的铜板收买，拿回陈家花园放生。这个办法竟让四五个儿童回到私塾读书。乡亲们对小陈祎的慈善童心无不交口称赞。此事原是瞒着家人的，后来，陈祎的母亲知道后竟高兴得合不拢嘴，告诉陈祎说："好孩子，向善之心人皆有之，你小小年纪竟有此善举，母亲深感欣慰！"后来，陈家大院为此形成了规矩，在每年的农历正月、六月学童开学期，举行两次放生活动，由陈家掏钱买回鱼蟹，由各家自己放生，这样做，一是弘扬佛门普度众生的理念，二是接济穷苦人家的孩子上学。

斗转星移，一晃十数年过去了，这些十年寒窗的学子参加科考，其中薛姓、杨姓的两位学子在殿试中考中进士及第，另两位董姓、张姓的学子也考中文举、武举，引起四乡极大轰动。这些学子金榜题名回乡省亲时，都对陈家当年的善举念念不忘。当时的陈祎已出家为僧，而且踏上了西行取经的征程。他们为表述自己的心愿，都到陈家花园的放生池旁焚香祈祷，祝愿玄奘西行一路平安。

再后来，村人在放生池东边盖了一座"魁星庙"。魁星是天庭上的"文曲星"，每逢初一、十五，四乡村民都到这里烧香许愿，祈求孩子学业有成，将来金榜题名，直到新中国成立后此庙仍香火旺盛。

（三）"摩头槐"的传说

在玄奘出生的陈家大院，有一棵千年古槐。自唐朝以后，关于这棵古槐的传说很多。到明清以后，传说更为神奇，脍炙人口。

传说，北齐天保年间，玄奘的祖父陈康任国子博士，又转礼部侍郎期间，在陈家大院前院西侧新凿井一眼，井深七丈有五，水质清澈透碧，甘甜宜人，且久旱不涸。唐代时，这眼井几乎成了陈河村全村百姓的吃水井。陈康为使盛夏井旁有树荫遮凉，特地亲手栽下槐树一棵。谁知，这棵槐树长得神速，一天一个样，三年长到碗口粗，五年树围已一人合抱。儿时的玄奘，几乎每天都在井台旁摸一摸，抱一抱，靠在槐树上背诵经书。春季时，槐树开满了花，玄奘上树采槐花，家人将其拌面蒸着吃；到秋季，槐树结满了槐籽，玄奘上树采下来，熬汤泡茶喝。玄奘七岁时的一天，上树玩耍，一不小心从槐树上落入井中。当家人将其从井中救上来时，他竟衣履完整，滴水未湿，村中人无不惊讶，都说是老槐树有灵性，和玄奘朝夕相伴，想给他开个玩笑。

后来的几十年间，这棵老槐树更加神奇，树头根据玄奘西行和回国的行程可东西转向，成了有灵性的"摩头槐"。当玄奘西天取经时，树头一直向西生长延伸。而十七年后，玄奘取经归来前，树头却齐刷刷向东转向。不久，有消息传来说，玄奘取经已回到长安，唐太宗亲自召见。缑氏县周边四乡百姓听说后，纷纷赶到陈家大院，观看这一奇观，大家无不对这棵古槐惊叹称奇。

唐麟德元年（664年），玄奘病逝铜川玉华寺，就在这天夜里，陈家大院上空狂风骤起，雷雨交加，在雷电轰鸣中，这棵古槐树骤然倒下。庆幸的是，后来在古槐的根部又长出一株皂荚树和一株槐树，而且相抱生长，生机盎然，枝繁叶茂。这就是现在玄奘故居井旁的"皂抱槐"。

（四）"藏龙寨"的传说

在陈河村东南方不远处，有唐高宗李治敕建的玄奘父母的合葬墓——西原墓地。这西原墓地的北面，有一座高二十余米，突兀而起的古小寨叫"藏龙寨"。藏龙寨的来历是这样的。

隋朝末年，天下大乱。在山西起兵的李渊派秦王李世民领兵攻打洛阳。李世民为摸清洛阳守将王世充的军事布防，屯兵荥阳，亲自到洛阳城微服侦察，没想在傍晚出洛阳东城门时，被守城将士认了出来。于是，他快马加鞭，趁着郊外夜色，望风东奔。在躲避隋将的追杀途中，李世民小腿中了一箭，黎明时分，终因人困马乏晕倒在净土寺的偏门前。这天早晨，天还没亮，玄奘当班打扫寺门，发现门前躺着一个人，俯身看去腿上还带箭伤，他急忙进寺叫来二哥长捷法师（俗名陈素）和师兄们，将受伤的李世民背进寺院。为避免天亮隋将进院追杀，玄奘和二哥立即将受伤的李世民转移到陈府，后再由陈府转到这座小寨。

这座小寨，隋唐时只住有六七户人家，地势险峻，易守难攻，寨门很窄，只容一人通过。隋领兵元帅王仁则得报，带兵将小寨团团围住，玄奘和二哥陈素陪着李世民被困了三天三夜。王仁则见拿不下小寨，就围住玄奘的家，并把村民赶到凤凰台上，说是如喊不开寨门交出李世民，就把全村百姓烧死。玄奘闻讯，急忙和二哥商量，由陈素连夜赶到少林寺搬僧兵，解救李世民和全村百姓。十三棍僧救秦王的故事就发生在这一带，结果王仁则兵败退回洛阳。

之后，李世民伤愈返回大营，经精心策划，一个月后，兵击巩县的"兴洛仓"，三个月后，又击缑氏并直捣洛阳城，隋王朝即土崩瓦解。李世民为报答玄奘兄弟的恩情，贞观初即御敕重修净土寺，重建古小寨，后来人们将此寨改叫"藏龙寨"，沿袭至今。

第三章　国内九年游学路

一、成都寻迹

公元618年初夏，玄奘和二哥抵达长安，暂住庄严寺。关于玄奘此年在长安的活动，《续高僧传》记载稍详："大业余历，兵饥交贸，法食两缘，投庇无所。承沙门道基化开井络，法俗钦仰，乃与兄从之，行达长安，住庄严寺。"①此寺是隋文帝修建的，原名禅定寺，武德元年（618年）刚刚更名。

《慈恩传》说："是时国基草创，兵甲尚兴。孙吴之术斯为急务，孔释之道有所未遑，以故京城未有讲席，法师深以慨然。"由此可知，玄奘与其兄想在长安学习并未如愿，当时大批僧人前往蜀地，玄奘法师对其兄说："此无法事，不可虚度，愿游蜀受业焉。"于是二人相随，经子午谷入汉川，在这里，他们"遂逢空景二法师，皆道场之大德。相见悲喜，停月余，日从之受学。仍相与进向成都"。

在前往成都的路上，玄奘法师仍然向空法师和景法师请教，到达成都时，已经将《摄论》《毗昙》各研习一遍。

当时的成都，已成为全国的弘法中心，在战乱时期，此地大师云集，各种经论都有宣讲弘扬者。据《慈恩传》记载"诸德既萃，大建法筵。于是更听基、暹《摄论》《毗昙》，及震法师《迦

---

① （唐）道宣撰，郭绍林点校：《续高僧传》（上）卷四，中华书局，2014年，第35页。

延》，敬惜寸阴，励精无怠，二三年间，究通诸部。时天下饥乱，唯蜀中丰静，故四方僧投之者众，讲座下常数百人。"① 到成都后，玄奘听宝暹讲《摄论》，向道基学《毗昙》，向道振学《迦旃延阿毗昙》（即《毗昙犍度论》）。玄奘还向震法师学习《迦延》。

玄奘在成都停留的时间，几种史籍记载不一致。《行状》说"四五年间，究通诸部……法师年二十有一，以武德五年（622年），受戒"等。《慈恩传》卷一记载："二三年间，究通诸部……法师年满二十，即从武德五年，于成都受具。"但不管如何，武德五年在成都受具足戒（即大戒）是一致的。按照佛教仪轨，受大戒之后的比丘，需要有两年时间学习戒律，因而玄奘离蜀的时间不大可能是武德五年，应是晚一两年之后的事情。如此推理，两家的记载不见得是矛盾的。总之玄奘在成都受学的时间不会短于五年，离开的年龄应该是二十二岁。

成都古大圣慈寺

---

① （唐）慧立、彦悰著，孙毓棠、谢方点校：《大慈恩寺三藏法师传》，中华书局，1983年，第7页。

上／成都大圣慈寺天王殿
下／天王殿高悬的玄奘来处匾

玄奘在成都由沙弥成为一位比丘，而其兄长捷法师则是一位公认的高僧，对此《行状》如此说：

> 法师兄因住成都空慧寺，即长捷法师焉，其亦风神朗俊，体状魁杰，加之秀美，每出外衢路观者，莫不驻车停盖。讲《涅槃经》《摄大乘论》《阿毗昙》，兼通史传，及善老庄，为蜀人所慕。总管酂公、行台尚书韦云起等，特所钦垂。至于属词谈吐，蕴藉风流，接物诱凡，篇章书疏，和光缊嚎，狎道俗之情，有出于弟。若其亭亭独秀，不杂埃尘，游八宏，穷玄理，廓魔气以为志，继圣达而为心，匡振颓纲，苞挫殊俗，涉风波而意靡倦，临大难而节逾高，通囊哲之深疑，开后贤之未悟，垂义功于来裔，标准的于当今，乃率生而寡俦，非唯兄之弗建也。然昆季二人，懿德清规，芳声雅质，虽庐山将远，无得同焉。

这里将长捷法师、玄奘法师与著名的慧持、慧远兄弟相比较，从历史事实上看，非常恰当。同时《行状》这段记载是长捷法师在所有史籍上记载较为详尽的一段，其他传记只是一笔带过，所以，从研究玄奘家世方面看，弥足珍贵。

唐代介绍玄奘大师生平的早期史料《大慈恩寺三藏法师传》《大唐故三藏玄奘法师行状》《续高僧传·玄奘传》均记载：玄奘法师在唐武德元年（618年）来成都，年二十有一（年满二十），即以武德五年（622年）于成都受戒。

但玄奘在成都哪座寺院受戒文中没有写明，给后世留下了一桩悬案。同时，玄奘在成都学习和受戒前后居住的寺院也有不同说法。

作者三次深入成都考察探讨，以求将玄奘在成都五年游学期间居住的寺院和受具足戒的寺院理出个清晰的脉络。

——玄奘入蜀，居住成都多宝寺

玄奘与长捷法师到了成都，各具抱负。长捷法师想寻找一处利于弘法的环境，玄奘却想寻找一处利于求学的环境。因此，在居住寺院的问题上两兄弟各有所选择，长捷法师选择了城中香火鼎盛、居士众多的空慧寺，而玄奘却选择了城外的多宝寺。选择的理由显然是很充分的。

其一，多宝寺距城东十里，地处郊野，有山有水，环境清幽，利于玄奘在此修学。

其二，当时的多宝寺已成为全国高僧大德汇聚之处，是成都最著名的讲寺。玄奘随景法师到多宝寺听经，也是顺理成章的。《行状》的一段话当是描绘玄奘在多宝寺参学和讲经的情况："诸德既萃大建法筵，更听宝暹《摄论》，道基《毗昙》，道震《迦延》，敬惜寸阴。四五年间，究通诸部。讲座之下，常数百人。领悟之才，众人咸伏。"

其三，多宝寺早在玄奘到达之前，就是道因法师、宝暹法师驻锡之处。宝暹法师素为玄奘仰慕，投奔宝暹法师问道正是玄奘

多宝寺遗址大门被辟为多宝路

第三章　国内九年游学路 | 59

上／成都多宝寺遗址公园
中／多宝寺遗址公园内的多宝亭
下／多宝寺遗址公园碑铭

丝路追梦：探秘玄奘西行

所求，而道因法师精于《维摩》《摄论》《四分律》等，对玄奘大有教益。《大宋高僧传》卷第二《唐益州多宝寺道因传》载："释道因，姓侯氏，濮阳人也……因避难三蜀，居于多宝寺。好事者素闻道誉，乃命开筵《摄论》《维摩》，听者千数。时有宝暹法师，东海人也，学识渊博，尤善大乘。昔在隋朝，英尘久播，学徒来请，接武摩肩。暹公傲尔其间，仰之弥峻。"①

唐贞观十九年（645 年），玄奘赴印度取经回长安后，特请道因法师到长安译场，参与翻译佛经。于是，道因法师"追赴京邑，止大慈恩寺，与玄奘法师翻译校定梵本，兼充证义。奘师偏奖赏之，每有难文，同加参酌，新翻弗坠，因有力焉"，由此可见，玄奘与道因法师早年在成都多宝寺即建立了特殊关系，并有着密切联系。

多宝寺在 20 世纪 30 年代改建为多宝寺小学，在 50 年代初期的戒鸦片烟运动中，曾被作为戒烟所，随后保和乡政府迁于此。2003 年沙河整治工程开始，多宝寺建筑被拆除，地面纳入川西客家文化广场。其遗址在今成都东郊多宝寺路沙河西畔。

玄奘二兄长捷法师居住的空慧寺，是当时成都城西著名的佛教寺院，晋代时名龙渊寺，初唐时名为空慧寺，晚唐名圣寿寺，明代名石犀寺。

明末，石犀寺毁于战火，清初在此设成都将军署，另建石牛寺，清末改为尊经书院，民国改为成都大学。新中国建立后于此建被服厂等。空慧寺遗址在今将军衙门、东胜街、西胜街、君平街一带。

——玄奘受戒寺院的两种推测

《慈恩传》卷一载："法师年满二十，即以武德五年于成都受具。坐夏学律，五篇七聚之宗，一遍斯得。"② 据《四分律》："年满

---

① （宋）赞宁撰，范祥雍点校：《宋高僧传》（上），中华书局，1987 年，第 25 页。
② （唐）慧立、彦悰著，孙毓棠、谢方点校：《大慈恩寺三藏法师传》，中华书局，1983 年，第 8 页。

二十，应受大戒。"受大戒即受具，受具为受具足戒的略称，是佛教徒全面接受戒律的一种仪式。佛教徒受具后，就取得了正式僧人的资格，由礼部发给戒牒，并获得免除国家徭役的特权。坐夏，也叫夏安居，佛教规定夏季三个月不得外出，在寺内坐禅修学。而刚受具的僧人，则在寺内学习佛教戒律，包括深入领悟重要戒律"五篇七聚"的宗旨。五篇，指波罗夷罪、僧残罪、波逸提罪、提舍尼罪、突吉罗罪。此"五篇"外，在波罗夷罪、僧残罪后，加偷兰遮罪称"六聚"，在"六聚"的突吉罗罪中分出恶作恶说罪而成"七聚"。玄奘对所有的戒律，学了一遍之后就能融会贯通，实属难得。

玄奘于成都受具，在唐代早期资料上未阐明受具寺院，这一省略为后世研究玄奘在成都的生活经历带来麻烦。成都调研后笔者推测，玄奘受具的寺院有两种可能。

其一，玄奘受戒于多宝寺。

（1）传戒是佛门中的大事，现今传戒必须是佛教丛林，规矩繁多，当遵循"马祖建丛林，百丈制清规"之遗制。当时佛教丛林规制虽然没有完全形成，但传戒寺院还是必须具备一定的条件。玄奘居住的多宝寺位于成都城的东面，寺中高僧荟萃，声名远播，无论从其人力、财力和影响来看，都具备了传戒的条件。

（2）道因法师（587～658年）比玄奘年长十五岁，精通律仪，当为玄奘学习戒律给予指导。道因早年学律仪于彭城嵩法师。嵩法师"依科戒而为节文，年少沙门且令习律，晓《四分》者，方许入听。因夏腊虽幼，业行攸高，独于众中，迥见推揖"。依此，在律学方面，嵩法师、道因法师，与玄奘当有师承关系。

（3）多宝寺的名称和位置，史料不见记载。但在玄奘受戒后135年兴建的成都大圣慈寺，却有与多宝寺同名的多宝塔，大圣慈寺九十六院中还有一座东律院。这是沿用还是复建，不得而知。总之，这不是偶然的现象。

其二，玄奘受戒于成都大慈寺。

大慈寺和多宝寺都是魏晋以来成都东城范围内的著名佛寺。各种版本的《华阳县志》均载，大慈寺和多宝寺都是宝掌禅师道场。宋代普济《五灯会元》卷二《西天东土应化圣贤附·千岁宝掌和尚》载："千岁宝掌和尚，中印度人也。周威烈十二年（前414年）丁卯，降神受质，左手握拳。七岁祝发乃展，因名宝掌。魏晋间东游此土，入蜀礼普贤、留大慈。"

宝掌和尚唐显庆二年（657年）圆寂，活了一千多岁，显系夸大之语，对此姑且不论，但就"留大慈"而言，说明当时已有大慈寺。此寺即唐至德元年（756年）所建大圣慈寺的前身。大圣慈寺之名一直延续到明成化七年（1471年），叫了七百多年。明成化十七年（1481年），大圣慈寺又更名为"大慈护国禅寺"。清顺治间，成都知府冀应熊书"大慈寺"三字额，恢复了大慈寺古称。清光绪六年（1880年），四川按察使黄云鹄书"古大圣慈寺"额，但至今仍叫大慈寺。沧桑变幻，寺名更替，但时代不能混淆，不能说玄奘受戒时还没有大慈寺，只能说还没有大圣慈寺。

成都近代有资料表明，玄奘在成都大慈寺受戒，如民国年间出版的《成都市指南》第185页"（二九）大慈寺"条载"大慈寺位于本市城东隅，建自隋朝。唐初玄奘法师行脚来蜀，即于该寺受戒。自元迄明，为该寺鼎盛时期。大慈曾有七处开梆、九处过堂之誉"。

2006年成都第三届玄奘国际学术研讨会上，对以上两个问题发表的学术论文集上也都有不同看法。现今成都大圣慈寺的天王殿上方悬挂有《玄奘来处》匾额，似乎证明了玄奘确来此寺住脚。那次学术研讨会就玄奘受戒处有两种结论：一种说法是大圣慈寺，一种是城东多宝寺。

——结语

（1）玄奘在成都的五年间，初到成都应该是住在城东多宝寺，这有利于他求学问道。二哥长捷法师住成都西城空慧寺，利于其诵经弘法。有学者认为，玄奘初至成都住城东多宝寺，受戒后才与兄同住空慧寺。这对《续高僧传》道宣言"晚与兄俱住益南空慧寺"也是个有力的支持。笔者认为这两种说法并无歧义。

（2）关于玄奘受戒寺院。玄奘在多宝寺闻法于宝暹、道基、道震诸法师，学律于道因法师，武德五年（622年）年满二十于成都受戒。受戒的寺院，应具备相当的规模、人力和财力，在当时的成都，首推多宝寺。故玄奘当在多宝寺受具足戒，并坐夏学律。秋天，玄奘回到空慧寺长捷法师身边。至于在成都大圣慈寺受戒说则有些牵强。据史料记载，大圣慈寺大概于至德二年（757年）建成，而此则上距玄奘大师受具足戒的武德五年，已整整晚了一百三十五年。

二、荆州求证

《慈恩传》记载：玄奘法师受具足戒"坐夏学律，五篇七聚之宗一遍斯得。益部（今四川成都一带）经论，研综既穷，更思入京，询问殊旨，条式有碍。又为兄所留，不能遂意。乃私与商人结侣，泛舟三峡，沿江而遁，到荆州天皇寺"。玄奘离开四川，是

古荆州城门

因为研综已穷，多留无益，他离蜀之后想到何处呢？依《行状》和《慈恩传》是因当时天下初定，京城法席更开，便再思入京，由于因缘不遂，为兄所留，只得与兄不辞而别，跟随商旅沿江而下，到达荆州。

道宣的《续高僧传》说："晚与兄俱往益南空慧寺，私自惟曰：'学贵经远，义重疏通，钻仰一方，未成探赜。'有沙门道深，体悟《成实》，学称包富。控权敷化，振网赵邦。愤发内心，将捐巴蜀。捷深知其远量也，情顾勤勤，每劝勉之，而正意已行，誓无返面。遂乃假缘告别，间行江硖。"① 依此说，则是玄奘听说赵州道深之名，想从学于他，因为兄长不同意，他只好偷偷离开。应该说《续高僧传》的说法更准确，因为后来玄奘并未从荆州到京，而是北上求学。依照《行状》和《慈恩传》，玄奘后来从荆州直接北上。依道宣所叙述，则是："途径所及，荆扬等州，访逮道邻，莫知归诣。便北达深所，委参勇铠。"玄奘还顺道访问了扬州等地。玄奘虽称游学访道，然并未遇到真正的高人，于是向北到赵州向道深求学。

玄奘沿江而下，到达荆州的时间，可能是武德七年（624 年）夏。据《慈恩传》卷一记载：

> 时汉阳王以盛德懿亲，作镇于彼。闻法师至，甚欢，躬身礼谒。发题之日，王率群僚及道俗，一艺之士，咸集荣观。于是征诘云发，关并峰起。法师酬对解释，靡不词穷意服。其中有深悟者，悲不自胜。王亦称叹无极，亲施如山，一无所取。

据《旧唐书》卷六十，汉阳王李瑰，武德元年（618 年）封汉阳郡公，武德五年晋爵为王，后代兄孝恭为荆州都督。李孝恭于

---

① （唐）道宣撰，郭绍林点校：《续高僧传》（上）卷四，中华书局，2014 年，第 36 页。

武德五年（622年）四月为荆州总管，武德六年（623年）八月，辅公祏反，李孝恭奉命为行军元帅，前往讨伐。如此李瑰代兄孝恭任，至少是在八月以后。既然玄奘于夏日前来，最早也是武德七年（624年）夏。他在荆州天皇寺至少停留半年以上，因为他在此地讲《摄论》《毗昙》，自夏迄冬各得三遍。

荆州讲学让玄奘声誉鹊起，成为他佛学事业的一个重要转折点。玄奘选择荆州作为他讲学的起点站，可能与他的父亲有一定的关系。其父陈慧早年曾任江陵令，后因无心官场，解缨而返，转而潜心研究儒学。陈慧在江陵出任地方长官时，玄奘应该随其父在荆州生活过，对这里较为熟悉，所以出川后即挂锡荆州，开始弘法事业。

对于玄奘荆州之行，其弟子靖迈亦有记载，据《古今译经图记》卷四：

> 洎武皇定鼎，文轨攸同，沿江询友，途径鄢郢。于时汉阳王以盘石之寄，藩镇荆楚，先闻高誉，殷请敷扬。爰于荆府天皇寺，讲《摄大乘》及《阿毗昙》等论。淮海名僧，钦风云萃，王及群公，亲诣法筵，法师析微通质，妙尽理原，王公硕识，得未曾有。其时大德法师智琰等，并江汉英灵，解穷三藏，既观法师，妙辩兄碍，泣而叹曰："早期以桑榆未光，得遇太阳初辉乎！"遂以纵心之年，师奘卒礼。

靖迈指出，玄奘沿江而下，为的是寻师访友，求道问学。

这里还讲了一个新的说法，即他在荆州说法时，大德智琰（564～634年）等竟为之感泣，说了如上文所说的话语，且以七十之龄拜玄奘为师。《慈恩传》中虽然亦有"深悟者，悲不自胜"之说，但未提具体僧人法号，记载稍显含糊。

智琰于隋开皇九年（589年）陈亡后，隐迹苏州虎丘近三十载，隋末离乱时化行毗陵，在常州前后十载，武德七年（624年）

上 / 荆州天王禅寺大雄宝殿
下 / 荆州天王禅寺碑铭

回到虎丘。如此来说，智琰未曾离开江东，武德七年（624年）时似乎还在苏州。他似乎不大可能跑到荆州听玄奘说法。如此说，玄奘的弟子靖迈此说，似有道听途说的嫌疑。道宣所写的玄奘传记说及玄奘曾经到过扬州，因而玄奘曾与智琰相见倒是可能的。

据史料记载，玄奘在荆州天皇寺开坛讲学时，天皇寺不慎失火，化为灰烬。后灵鉴请回道悟和尚主持天皇寺的修复工作。笔者试图探寻天皇寺的历史演变，但却没能查阅到玄奘的轨迹，倒

第三章　国内九年游学路 | 67

在荆州城中偏南的一个窄巷中找到了近年新修复的天王寺。该寺院很像在寺院旧址上修建而成，寺中只有大雄宝殿，其他建筑似尚在修建中。唯一感到宽慰的是，大雄宝殿右侧殿角下竖立一幢高大石碑，记述天王寺的重建过程，而且明确记载有一段"武德六年（623年）夏，玄奘在此讲经"的经历。

天王寺这段碑文的出现，让人充满联想。其一，现在的天王寺不是唐时的天皇寺，是唐代荆州有天皇寺，近代荆州又新建了天王寺；其二，近代的天王寺就是唐代的天皇寺，因为都有玄奘在此开坛讲经的记载。后来笔者在走访湖北省佛教协会时找到了答案。历史上，荆州天皇寺和荆州天王寺，虽一字之差，但在禅籍史上却都是著名古刹。天皇寺始建在先，天王寺始建在后，曾一度同时存在，如日中天，堪称华夏奇观，后各有兴废，最终合二为一，称天王禅寺。两寺除了有法显、玄奘等国内高僧的大量圣迹外，还有昙鉴、昙摩耶舍、佛陀跋陀罗等一批古印度高僧在此结缘。这样，我们的荆州之行也算画上了句号。

三、扬州疑云

玄奘可能于武德七年（624年）末或八年（625年）初离开荆州，前往扬州。既然在荆州他曾受到汉阳王李瑰的尊崇，由于李瑰与李孝恭的特殊关系，时任扬州大都督的李孝恭自然也会予以其关照。玄奘此次自荆州东下，前往扬州，目的是求师访道，重点是与名僧智琰相悟。

扬州为当时江南一代的佛教中心之一，隋炀帝时为建慧日道场，讲筵颇盛；江南又为南朝涅槃、三轮、成实学派的重镇，以玄奘的向学之忱，岂有不路过之理？故玄奘在荆州讲罢之后沿江东下游历江南。

玄奘于武德八年（625年）先到扬州，受到李孝恭的欢迎，后又游历苏州等地，参见大德智琰等，从智琰习《成实论》，但他似乎对南方的成实学并不满意，不久便北上。他有可能在智琰习经期间听到了道深的名字，对其学问十分敬仰。

玄奘的江南游学各种记载详略不同。《慈恩传》说："讲罢后（指荆州讲后），复北游，询求先德。至相州，造休法师，质难问疑。又到赵州，谒深法师学《成实论》。"这段记载根本就没说他到过扬州、苏州，记载略显简单。《续高僧传》云"间行江霞，经途所及荆扬等州，访逮道邻，莫知归诸，便北达深所"，又载玄奘的自叙云："余周流吴、蜀、爰逮魏赵，末及周秦，预有讲筵，率皆登践。"辩机在《大唐西域记》后记中说："步三蜀而抵吴会。"凡此均指明玄奘的行踪由蜀及吴。《玄奘年谱》载："玄奘二十五岁，自荆州沿江东下经历扬州吴会（吴会谓吴郡与会稽郡，此系泛指今长江三角洲一带江苏省境）等地，与名僧智琰相悟，智琰以六十之年，执礼甚恭。"①智琰俗姓朱，字明璨，吴郡吴人，隋代佛教成实派名僧，于《涅槃》《法华》《维摩》等经有所研究，贞观八年（634年）卒，年七十一。《续高僧传》十四《智琰传》，智琰以武德七年自帝京返苏州，而玄奘自武德七年末在荆州东下，故能与智琰相晤。相见的地点在苏州而不在扬州。综合以上多家史料记载，《续高僧传》的记载最为翔实可靠，应取《续高僧传》为参考依据。

玄奘江南之行的目的很明确，当从智琰学习《成实论》之后，并未被江南的大好景色所吸引，而是匆匆离开扬州继续北上求学，从扬州到苏州吴会一带停留不过数月。经史料查阅，扬州唐代的著名寺院，如白塔寺、栖灵寺（大明寺）、禅众寺、大三寺（后改为龙兴寺）等均未见玄奘的足迹，令人困惑。但令人欣喜的是，笔者在扬州寻迹不成得不到答案的情况下，佛教界的学者同仁提供了一个信息，说远在三百公里外安徽省六安市有个昭庆寺，可能有玄奘当年游学的足迹，笔者遂连夜驱车前往。

---

① 杨廷福著：《玄奘年谱》，中华书局，1988年，第79页。

昭庆寺位于安徽省六安市东南 25 公里的孙岗镇郊，坐落在长江、淮河分水岭之巅，依山傍水、茂林修竹、古木参天、景色优美。该寺始建于唐朝贞观年间，系太宗皇帝亲诏敕建的我国四大昭庆古寺之一。六安昭庆寺由唐朝开国元勋尉迟恭督造，寺庙匾额"昭庆寺"为唐代著名书法家欧阳询所书，后由中国佛教协会会长赵朴初重书。

　　1965 年该寺被定为第一批省级文物保护单位，是全国唐代保存至今的唯一寺院。

上／六安昭庆寺山门

下／昭庆寺玄奘殿前的古银杏树

昭庆寺建寺1300多年来，几经战火，历尽劫难，代有兴衰，先后经过九次重修，特别是于宋端平年间、明成化年间、清光绪年间和20世纪80年代经历4次大修，在保留最初建寺风格的同时，广泛吸收了唐、宋、明、清几代的佛教文化元素，融合了各个朝代佛寺的建筑风格，是世间罕有的保存完好的古代皇封正统古刹。

千年昭庆寺，十古名天下，昭庆寺遍地皆宝，文物古迹甚多，一砖一瓦、一草一木无不折射出唐代以来的文化元素，似乎让人触摸到玄奘武德年间在扬州六安一带求学布道讲经说法的足迹。在昭庆寺考察中你会看到很多惊喜。

（1）古树：昭庆寺原有古银杏树7株，因遭天灾人祸损坏，古银杏树现仅幸存1株，树径1.5米，树围近5米，据鉴定，树龄1000多年，属国家一级古树名木。

（2）古石：这里有举世罕见的柱础石。大雄宝殿中央现有4个特大整石柱础，虽历经战火损毁，却依然保留着唐初建寺的原状，是罕见的稀世珍宝。柱础石外方内圆，上下三层，边长直径依次为150、120、85厘米，是目前国内古寺规格最大的柱础石。

（3）古砖：昭庆寺大雄宝殿地砖，为唐代皇家建筑特有乌金方砖，产于古城苏州东北的御窑村（皇家官窑），光润似墨云，细腻而坚硬，敲之有金玉之声，断之无孔，历千年却没有丝毫松散损坏的痕迹。

（4）古井：在寺内唐僧殿东毗卢阁的东北角，有一眼唐代建的屋拐井，伴随古寺千年不竭，井水清润甘甜。

（5）古塑：昭庆寺有稀有的唐代佛教造像。印度东传的观世音菩萨属男相，在唐朝中后期开始，在传播过程中不断与中华文化碰撞演化，后来逐渐演变成女相。昭庆寺中的男像虽几经整修、重塑，但依然保持着唐初观世音塑像的形态，是国内罕有的传流至今的唐代观音塑像。

（6）古陶：2011年5月文物工作者在昭庆寺开挖厢房地基，在进行考古发掘时发现彩色陶瓷碗一只、黑色瓷罐三只，经鉴定彩色陶瓷碗为唐三彩，黑色瓷罐系宋代"霍山下符桥窑"瓷器。

（7）古碑：寺内现有历代古碑50余幢，质地精良，刻字讲究，是研究书法雕刻历史的重要资料。

（8）古铸：昭庆寺到处能体现出历代精美的铸造艺术。这里有明代万历年间的铸铜观音像、济公相、清代铁铸佛器云板及乾隆御制的铜质观音像，造型逼真、工艺细腻。

（9）古雕：这里的宋代砖雕、明代木雕现镶嵌在十王殿门楣和古大殿的外部装饰上，工艺精美，雕刻工整，运线流畅，主题突出。木雕或圆雕或镂空，布局丰满，气韵灵动，生动传神，特别是那些头大身小的人物、人大房小的衬景，变化适度，很是耐看。

（10）古绘：昭庆寺体现佛道一体的精美绘画更是美不胜收。每年庙会期间，前后十几天，绵延十数里，香客十万众，人流如潮，车水马龙，为皖西一大景观。

在昭庆寺这个古老寺院里遍地皆古，其中最具特色的建筑有二处。一处是唐代寺庙最典型的大雄宝殿或称毗卢阁。此殿青砖青瓦、白墙红柱、砖木构造，主脊高耸，偏脊低平，整体殿宇最具唐代"出檐深远，举折平缓，造型朴实，美观大方"的建筑特

昭庆寺唐代遗存的毗卢阁

色。其殿堂房顶瓦与瓦之间,生长着"瓦松"这一古老植物,既可观赏,也作药用,证明着此殿的古老历史。宋代诗人陆游诗云:"人稀土花碧,屋老瓦松长。"

另一处特色建筑是全国最古老的唐僧殿。和毗卢阁紧连的一座不大的殿宇是唐僧殿,殿前就是那棵一千多年的古银杏树。昭庆寺的这座唐僧殿与众不同,他是按照史实在殿内塑造了三个历史人物,中间为玄奘坐像,光头僧衣,形象年轻而富有生气,两侧站立的是曾秘密护送玄奘离开凉州到瓜州的慧琳、道整两位徒弟,展现的是玄奘西行求法的真景实况。

上 ╲ 昭庆寺唐代遗存的唐僧殿
下 ╲ 昭庆寺唐僧殿门前铭文

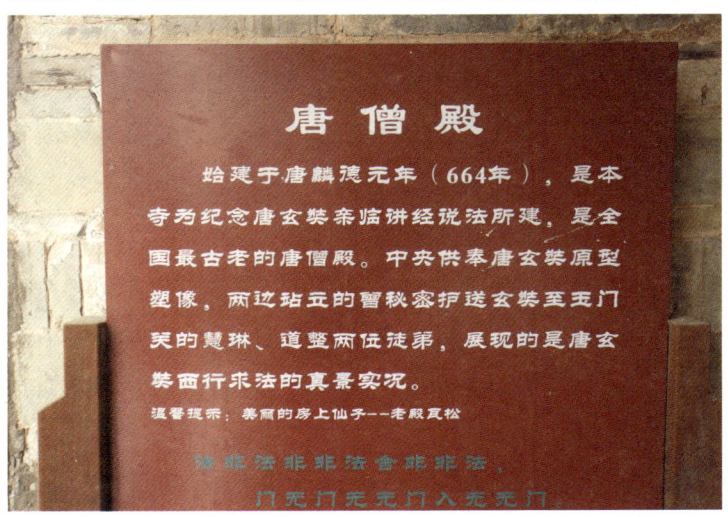

唐僧殿内玄奘和护送他的弟子慧琳、道整

　　据庙史记载，玄奘取经归国后，曾亲临昭庆寺讲经说法，任人问难，无人能诘，产生巨大轰动。唐麟德元年（664年）玄奘圆寂后，昭庆寺特建唐僧殿以示纪念。庙史中说玄奘归国后曾来此寺讲经说法的记载稍显牵强，因为各种史料均无此类记载，故排除之。对麟德元年玄奘圆寂后昭庆寺才建唐僧殿以示纪念，这一说法顺理成章。因为这是对玄奘尊崇的一种纪念，笔者非常欣慰。

　　至于玄奘武德八年离开荆州，前往扬州吴会等地求学问道的经历，根据这次考察，历史应定格为：不是在扬州，而是在苏州和智琰相晤，并习学《成实论》，然后北上继续游学之路。安徽六安昭庆寺的探索亦不虚此行，因为求真的道路本来就不平坦。昭庆寺应该是国内纪念玄奘大师的最好寺院，至于玄奘是否到过昭庆寺就显得不那么重要了。

　　在离开六安昭庆寺继续北上的路上，笔者想起有位研究玄奘的资深智者说过："历史永远没有真相，只留下一个个道理，因为那毕竟是一千三百多年前的事了。"此话说得颇有哲理。

四、相州学经

离开扬州，玄奘北行的具体路线难于悉知，他有可能从江南渡江到彭城，渐次向北，经山东到达河北，大概于武德八年末或九年（626年）初到达赵州。依道宣之说，玄奘先到赵州从学于道深，然后南下到邺，再从学于慧休；依《行状》和《慈恩传》，则是先到相州（今河南安阳），后到赵州（今河北赵县）。这可能是由于所述行程路线不同。玄奘若自扬州北游，必先从河南到河北，则相州是必由之路，不可能绕过慧休北上；若是自扬州而下，则可能经山东到河北，不必路过相州。以地势论，应从《慈恩传》之说，玄奘由南向北先达相州后入赵州，并且相州为南北地论学派的分界，故玄奘先至相州，从名僧慧休学习《杂心论》。《杂心论》即《杂阿毗昙心论》的略称，相传为达摩多罗（法救）增成此论，我国有法显、觉贤共译的十三卷本，还有伊叶波罗等译的十三卷本和僧伽跋摩译的十一卷本，属于佛教一切有部，北朝研究颇盛，谓为毗昙学派。此学派经弟子志念，又传于道岳、慧休、灵润等，均与玄奘有传承关系。

玄奘在相州从慧休听受《杂心论》《摄论》相续八个月，足见玄奘在国内游学时，对小乘佛教毗昙学就研究有素。欧阳竟无先生《法相诸谕叙》谓"法相之学渊源于阿毗达磨，辗转荟萃，大成于《瑜伽师地论》"，这为玄奘日后开创法相唯识学奠定了基础。

玄奘在相州慈润寺除从慧休习学外，还会晤三阶教信行弟子灵琛。据《慈润寺故灵琛禅师灰身塔铭》载：灵琛俗姓周，弱冠出家，即味大品经论，后遇信行，更学当机佛法，相州为其行道之地，贞观二年（628年）卒于慈润寺。其间慧光、道凭、法上、灵裕、慧休等均先后在相州弘法，他们无不相互影响，而诸人对玄奘也有直接和间接的关系。后来玄奘的弟子神昉、嘉尚、慧立也都代有传承，与三阶教有密切的关系。

玄奘在相州从慧休学经的慈润寺，笔者原以为在相州（今安阳市）宝山一带，经寻迹考察方知原来在汤阴，距今安阳市有23公里左右，距安阳市郊西南的宝山古寺区足有30公里有余。

汤阴慈润寺在今汤阴县城大南街南门内路东。依在此发现的明万历三十年（1602年）《汤阴县重修城隍庙记》碑，最迟明嘉靖年间（1522～1566年），这里已是城隍庙。故许多人不知道这里曾是唐代的慈润寺。20世纪中叶起，这里是汤阴大礼堂和党校所在地，西向的山门和对面的影壁墙保存尚好。90年代末，这里被改造成居民小区，旧迹不复存在。

汤阴慈润寺是唐代高僧云集地，在历史上自汉至晋，以汉人佛教领袖释道安的传法为标志，开创了中国化佛教文化的先河，因而可以说安阳一带是佛教中国化的一个重要源头之地。安阳附近较早的寺院和石窟大都在这种背景下发展和产生。东魏武定四年（546年）高僧道凭法师（487～559年）在相州（今安阳）西南宝山创建宝山寺，潜心修禅，著疏佛经，弘扬佛法，并开凿"大留圣石窟"，极负盛名。道凭圆寂后，弟子灵裕继续在宝山弘扬佛教，隋开皇十一年（591年），隋文帝下诏宝山寺住持灵裕法师为国统僧官，并赐额"灵泉寺"。从此宝山寺改名为灵泉寺，一举成为北方的佛教中心。

为了探寻灵泉寺有无玄奘当年求学的足迹，笔者专程赶往灵泉寺。

古相州灵泉寺山门

宝山灵泉寺

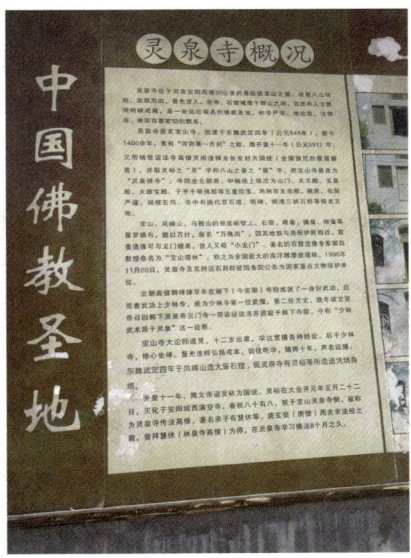

左＼灵泉寺唐代古塔为玄奘建造
右＼灵泉寺概况显示玄奘在此寺学经

灵泉寺位于安阳西南 25 公里的太行山余脉宝山东麓，这里八山环抱，泉水叮咚，山清水秀，景色宜人。人们身临其境大有脱离凡尘、幽深莫测的感觉。笔者依山势起伏寻访灵泉寺，在大雄宝殿后面左右两侧看到两幢北齐道凭法师留下的双石塔，据说是

第三章　国内九年游学路 | 77

寺存珍宝之一，笔者留心要找的玄奘足迹却尚难寻觅，只是在门前寺史介绍中看到"唐玄奘的第八位老师慧休法师都出自于灵泉寺或与灵泉寺有密切关系"的字样。这样的介绍不管有无史实支持，但对玄奘在相州学经的活动也算一种交代。

还有一种现象是，当时相州一带的高僧圆寂后，他们的弟子也会把灵泉寺附近的诸山作为墓地陵园并为他们建造烧身塔、灰身塔、支提塔、像塔、灵塔、散身塔、碎身塔或影塔，使他们与佛（寺）同在。灵泉寺周边现存塔龛156座，其中40座有塔铭题记的石塔，分别属于相州附近的宝山寺、灵泉寺、慈润寺、光天寺、大云寺、圣道寺、妙福寺等著名寺院的高僧。仅汤阴慈润寺唐代高僧塔就有9座。那么这说明两个问题：一是汤阴慈润寺在唐代一定是高僧云集地；二是汤阴慈润寺不是宝山灵泉寺，二者不能混为一谈。

关于玄奘在慈润寺受学的慧休法师，史上多有记载，有关慧休法师的重要资料来源有二：

一是《慈润寺故大论师慧休法师刻石记德文》，越王府文举宋宝撰，贞观二十一年（647年）四月造；

二是道宣的《续高僧传》卷十五《唐相州慈润寺释慧休传》。

《记德文》是贞观二十一年，慧休圆寂后，越王命越王府文举宋宝撰，可以看作是官方所为。

道宣（596～667年），被后世尊为中国律宗初祖，与慧休生活在同一时期，而且与慧休有过交往，对其比较熟悉。道宣写《慧休传》时，慧休健在，可以说是当时佛教界对慧休的评价。

慧休（548～646年），俗姓乐，瀛州（今河北省河间县）人。《慧休传》《灰身塔题记》称其是法师，《记德文》称其是论师。在佛教界，通常精通佛教教义，又能如法修行，并善于演说教法的僧尼称法师，精通论藏的称为论师。可见慧休在这两方面都比较突出。《记德文》"文举让梨之岁，志在出尘；陆绩怀橘之年，便欣入道"就是说慧休六七岁时就欣慕出家。《慧休传》"十六岁（563

年）遇相州沙门巡里行化，谈三世之循，扰述八苦之交侵，雅会夙怀，背世情决，乃伟亲背俗，投勋律师而出家焉"。慧休落发为僧应该在二十二岁（北齐天统五年，即569年），后即事灵裕法师真正开始了僧俗生涯。

慧休的求学经历较简："始守业于僧树律师，习《毗尼》五部。星纪末周，即洞晓玄妙。遂道驰骛三藏（即经、律、论），遨游十门（八方和上下）。"慧休在跟随树律师、灵裕法师学习不到十二年，就已经可以从各个方面理解三藏。《慧休传》记载慧休求学较详：先后往渤海从明彦法师、志念法师受学。开皇十一年（591年），灵裕应隋文帝征召，慧休随同，在长安先后从昙迁、道尼研习《摄大乘论》，从道洪律师听《四分律》，听法励律师讲律，深入律藏。

慧休法师在七十多年的僧侣生涯中，著有许多著作，除了前面提到的《杂心玄章抄疏》《〈摄论〉疏章》外，《记德文》还记载有十余种。时贤张固也先生《唐初高僧慧休记德文考释》得出的结论是《十地》《地持义记》《成实论义章及疏》《毗婆沙论》《伽旃延经》《杂阿毗等疏》《小乘涅槃论义疏》《摄大乘论义疏》，及续远法师《华严疏》《大乘义章》总共四十八卷。可见慧休学识之渊博。

据考，玄奘游学相州，从慧休法师学经八个月的时间，几乎是珍惜寸阴，手不释卷，除精学《杂心论》《摄论》外，其他各类经论也都触类旁通。慧休也为有玄奘这位弟子而高兴，称赞玄奘"稀世若人尔，其是也！"

五、赵州游学

依《慈恩传》说，玄奘离开相州，继续北上，大概是武德八年末或九年初到达赵州（今河北省赵县），谒道深学《成实论》。

《续高僧传》："便北达深所，委参勇铠，素袭嘉闻，纵洽无遗。"①《成实论》相传为印度诃梨跋摩（狮子恺）所造，鸠摩罗什译本共十六卷，据《佑录》十一、梁太子纲《成实论疏序》、僧叡《成实论序》《三论玄义》等，它出现于2世纪中叶，为印度佛教小乘中最后所立的学派，也是从小乘过渡到大乘空宗的一个学派，无我寂灭来叙述苦，又称小乘中的空宗。它包括了佛教许多基本哲学范畴，是佛教徒初学的佛教手册。鸠摩罗什译出后，为门下僧叡、昙影演讲，盛于南朝齐、梁、陈间，研究者相互接轨，为之注疏的颇多，形成成实学派，如僧柔、慧次、道宠、道亮、法云、僧旻、智藏、洪偃、明彦、智脱等均为《成实论》名家。至隋天台宗兴起，成实学派遂衰。

《续高僧传》说，玄奘从赵州道深学《成实论》，"终始十月，资承略尽"。

赵州（赵县）在今石家庄东南约30公里，人口约50万，有21处文物保护单位，天下第一桥"赵州桥"就在这里，桥对面就是玄奘从道深学经的寺院——千年古刹柏林禅寺。

柏林禅寺

---

① （唐）道宣撰，郭绍林点校：《续高僧传》（上）卷四，中华书局，2014年，第36页。

河北赵县赵州桥

据史载，柏林禅寺始建于汉献帝建安年间，距今1800多年，最早称为观音院，南宋时改为永安院，到元代才正式成为柏林禅寺，历经汉、晋、隋、唐、两宋、金、元、明、清等朝代，是继洛阳白马寺之后我国北方建造年代较早的佛教寺院之一，是中国著名的禅宗古刹。历史上这里佛教文化兴盛，经学发达，高僧云集，香火鼎盛。

柏林禅寺几度沧桑，香火绵延。据史料记载，著名译经大师玄奘赴印度取经之前，于唐高祖武德八年（625年）曾驻锡观音院，从道深法师研习《成实论》。晚唐时期（885年），禅宗高僧真际从谂禅师以八十高龄来此弘法，在寺院说法40年，120岁圆寂。禅师以"无"字公案接引四方禅众，形成独具风格的赵州禅，后人视之为"无门关"，影响深远，代有传人，至今中国、韩国、日本等地之禅宗寺院仍遵行不渝。柏林禅寺在宋、元、明、清数百年间，寺、塔不断修建，高僧辈出，屡受帝王敕封，臣民崇仰，宗风未坠，古柏常青。

柏林寺内曾建有真际禅师宝殿，殿内有以奔流江水为题材的著名殿画。河北人曾将"赵州柏林寺的水、曲阳北狱庙的鬼"合称为河北壁画艺术"双绝"，相传此两处壁画皆为唐代画圣吴道子所作。可惜殿坍尽毁，到20世纪80年代末期，柏林禅寺仅存砖塔和数十株古柏。

上／柏林禅寺真际禅师塔
中／柏林禅寺文化院
下／柏林禅寺藏经楼

柏林禅寺全称为"特赐大元赵州古佛真际光祖国师之塔"，建于元天历三年（1330年），为纪念唐代高僧从谂禅师所建，因从谂禅师谥封"真际禅师"，故该塔被称为"真际禅师塔"。塔高40米，分七级，平面呈八角形。第一层四面雕有格子门窗，下有方形塔基。塔基上为束腰式须弥座，座上有两层砖刻图案，上层为伎乐、金刚、力士，下层是龙、象、鹿、牡丹等图案，刻工精细，形象生动。此塔的特点是斗拱雄大，出檐深远，雕刻丰富，为元塔中精品。据传，日本临济宗祖师荣西禅师曾两次来华参学，在柏林寺内植茶学经，后将茶种传播到日本。1980年以来日中友好临济黄檗协会访华团多次组织日本僧众前来拜谒柏林禅寺。

1988年5月，经河北省佛教协会倡导，在净慧法师主持下，柏林禅寺开始重建。首先重修大雄宝殿，继之修葺从谂禅师塔，并重修山门殿、天王殿、藏经楼、禅堂、念佛堂、客堂、斋堂、僧房等，建筑高大雄伟，蔚为壮观，堪称河北首刹。柏林禅寺普光明殿于1991年11月动工兴建，1992年7月底竣工，8月28日举行落成开光典礼，工期仅为八个月时间。中国佛教协会前会长赵朴初为普光明殿题写了匾额与楹联。

据史载，玄奘在苏州从大德智琰学经时，就听到了赵州道深的名字，对其学问十分景仰，所以相州从慧休学《杂心论》之后就马上赶往赵州。在赵州，当时的道深法师精研《成实论》，是造诣极深的成实学派领袖。《隋唐佛教史稿》是这样说的："成实学派，天下式微，唯赵州独盛。"正因为如此，玄奘在国内游学期间，才慕名千里迢迢亲赴赵州拜谒道深法师学习《成实论》。

玄奘在赵州观音院学习《成实论》时间长达十个月，学成后，便离开赵州，再入长安。此时的玄奘通过国内游学声誉日隆，已经成为佛教界学养广博之秀。

六、西赴长安

唐高祖武德八年（625年），玄奘二十六岁，在赵州学毕《成实论》，西赴长安，住大觉寺从道岳学《俱舍论》。《俱舍论》为《阿毗达磨俱舍论》的略称，系世亲根据《大毗婆沙论》参以小乘经量部的教义，对于小乘有宗的《婆沙》教义有所修定而作。《俱舍》意为包藏了根本阿毗达磨的要义，是一部总结小乘各种学说向大乘有宗过渡的宗教论著。我国有真谛译《阿毗达磨俱舍译论》二十二卷（旧俱舍）、玄奘译《阿毗达磨俱舍论》二十卷（新俱舍）等两种。

在长安，玄奘又从名僧法常学《摄论》，僧辩学《俱舍》，玄会学《涅槃》。《慈恩传》说"时长安有常、辩二大德（指法常、僧辩）解究二乘，行穷三学，为上京法匠，缁素所归，道振神州，声驰海外，负笈之侣从之如云，虽含综众经，而偏讲《摄大乘论》。法师（玄奘）既曾有功吴、蜀，自到长安，又随询采，然其所有深致，亦一拾斯尽"[①]。因而，法常、僧辩两大师深深赞誉玄奘曰："汝可谓释门千里之驹。"自此，玄奘"擅声日下"，"誉满京邑"。在长安已是无人不知。

西安碑林一角

[①] （唐）慧立、彦悰著，孙毓棠、谢方点校：《大慈恩寺三藏法师传》，中华书局，1983年，第9页。

从唐高祖武德元年（618年）到武德九年（626年），玄奘在国内的游学历程已历九年，九年间的求学足迹遍及大江上下、纵横黄河南北。他从父母之邑洛阳净土寺出发，先至长安，后达成都，又历荆州、扬州、苏州、吴会、相州、赵州，再回长安，一路拜师学经，讲经说法，遍访国内名师，详研各宗学说，虽已精通多部论著，但精进不息，并不满足，学问越广博，疑问也越多。他发现流传在各地的各种佛教经典，各持己见，互不相同，教理分歧很大，既不系统，数量又少，诸如此类问题，玄奘粗略统计，竟有一百余条，其中很多问题都涉及被称为佛教大百科全书的《瑜伽师地论》。他就教于许多名师高僧，往往令对方无言以对，靠自己查阅经典或论著，苦于传来东土的佛经尚多缺失。诸多疑问使玄奘简直理不清佛陀的本意如何，使得喜爱探本求源的他郁闷不安。

唐高祖武德九年（626年）十二月，中印度名僧波罗颇伽罗蜜多罗（略称波颇），随唐使至长安，敕往兴善寺传译，《续高僧传》说波颇"释门英达，莫不修造"。玄奘亲往向波颇咨询积疑，在交谈中知道了印度那烂陀寺讲学盛况，大本《十七地论》的总摄三乘学说，精通瑜伽学的戒贤，并谙百家，于是更加向往印度，尤其向往那烂陀寺和戒贤法师，发心前往梵土寻觅《瑜伽师地论》全文，以穷究竟。

七、玄奘在国内的师承略考

玄奘在西行之前，在国内四方游学，历经名师，博通经论，尤明唯识，打下了良好的人生基础。对于他早期在国内的师承，有十二师、十三师或十四师的说法，笔者以为是十四师。现就玄奘向学的先后为序，依次予以说明考辨。

1. 洛阳东都净土寺三师：景法师（慧景）、严法师、空法师在有关玄奘的师承中，记载有两位"景法师"。有学者认为，二者是同一位僧人。而笔者经过查考，认为二者是两位僧人。

第一位"景法师"是洛阳净土寺的涅槃师。《慈恩传》记载说："时寺有景法师讲《涅槃经》，执卷伏膺，遂忘寝食。又学严法师《摄大乘论》，爱好逾剧，一闻将尽，再览之后，无复所遗，众咸惊异。乃令升座复述，抑扬剖畅，备尽师宗，美问芳声，从兹发矣。"从玄奘各种传记中知晓，这位景法师就是常住于洛阳净土寺的景法师。从引文中可知，玄奘刚出家为沙弥，就跟随净土寺的景法师学习《大涅槃经》，跟从严法师学习《摄大乘论》。

此外，文献均记载，玄奘在前往成都的路途，曾经向"景法师"学习《摄大乘论》。学界公认，这位"景法师"就是慧景，且住于东都洛阳慧日道场。隋炀帝在东都建立的"四道场"是佛、道都有的，习称"内道场"，正如《慈恩传》卷一记载："初炀帝于东都建四道场，召天下名僧居焉。其征来者，皆一艺之士，是故法将如林，景、脱、基、暹为其称首。"而此道场中的高僧是从全国选拔征召而来的，慧景即是其中最突出的四位僧人之一。由此观之，净土寺"景法师"与内道场的慧景法师并非同一位僧人。

关于慧景，《续高僧传》卷十四《道基传》"附传"中也有简要记载："时彭门蜀垒，复有慧景、宝暹者，并明《摄论》，誉腾京国。景清慧独居，诠畅玄津，文疏抽引，亟发英采。"可见，慧日道场的慧景与此文的慧景同是一僧。

关于玄奘向慧景学习的内容，也许由于文献叙述的原因，当代叙述玄奘事迹的书籍中，常常将其内容写成《大涅槃经》。而从道宣的叙述看，慧景在成都也曾经宣讲过《摄论》，玄奘也曾经向慧景学习此论。

严法师亦明《摄论》，其师承宗系无从查考。

空法师，精《毗昙》，为东都净土寺大德。据《续高僧传》卷十三《神照传》，神照为汴州中牟人，九岁时遇隋乱，亲人俱丧，唯与母流浪，不久母亲又亡，无所安身，只得日求果实，夜返尸所，行人见之，无不流涕；年十二，从尉氏明智律师出家，日负粮供众，夜诵《法华》《胜鬘》；往邺下从慧休法师听《摄大乘论》，一闻便悟，被誉为"河南一遍照"，"又往许州空法师所，听《杂心论》，才始八卷，为师疾而返；后因遂讲之，初后通冠。时人语曰："河南一遍照，英声不徒召。"尔后，《涅槃》《华严》《成实》《杂心》，他随机便讲，曾不辞退。

神照年九岁遇隋末兵乱，则应生于大业五年（609年）左右。他十二岁出家，又六载负粮供众，大约十八岁后前往邺下从学慧休，大概是在贞观元年（627年）前后，如此他与玄奘还有可能相遇。他所从学的许州空法师，很可能就是玄奘之师。二人法名均为空，皆精《毗昙》，时代一致，为一人的可能性很大。或谓空法师已去四川，怎么会在河南许州，其实空法师很可能在天下安定之后回到中原，正如玄奘离蜀一样。

又据《志念传》，志念在汉王谅起兵后乘乱返乡，"与沙门明空等讲宣二论，绍业沧溟，望风总集。大业之始，载荡妖氛，招引义学，充诸慧日。屡诏往征，频辞不赴。以大业四年卒于沧土。"这位与志念一起讲法的明空法师很可能为其亲传弟子，精通《大智度论》和《杂心论》二论，通贯大小，学业优异，故得与师同宣大法。志念以年老，又前为汉主所知，不欲赴诏，明空则可能后来应诏到东都，明空应当就是神照和玄奘同师的空法师，其所精者，亦为《毗昙》，贞观年间神照前往求学时，明空已到晚年，因病未能卒讲，只得八卷，可能后来不久就去世了。

由上述资料可知，玄奘师从的"空法师"，与许州的"空法师"以及沧州的"明空法师"是同一人的可能性很大，但仍然需要更直接的证据。

2. 成都四师：道因、宝暹、道基、志震

道因（587～658年）为靖嵩门人，专精《涅槃》《华严》《大品》《维摩》《法华》《楞伽》等经，《十地》《地持》《毗昙》《智度》《摄大乘》《对法》《佛地》等论，及四分律等，学识渊博，人所共誉。是以虽然宝暹颇以学问自负，对后生道因还是颇为看重，与之论辩，竟然处于下风。

《宋高僧传·道因传》也写到了宝暹。道因至成都之后，多次宣讲《摄论》《维摩诘经》，听者千数。"时有宝暹法师，东海人也。殖艺该洽，尤善大乘。昔在隋朝，英尘久播，学徒来请，接武摩肩。暹公傲尔其间，仰之弥峻。每至因之论席，肃然改容，沉吟久之，方用酬遣。"《道因传》以宝暹法师来说明道因佛学素养之高深。相比于三十余岁的道因，宝暹应该属于前辈。

道因驻锡成都多宝寺，在玄奘到达该寺之后，就全身心就学于道因《维摩》《摄论》《四分律》，对玄奘大有教益。

宝暹师承不明，其《摄论》学可能得自在京传法的昙迁或道尼。宝暹对玄奘的影响不单是在学问方面，他的求法经历对其更有吸引力，后来玄奘决意西行，宝暹的激励肯定起了作用。

玄奘在蜀中所从学的宝暹、道基都是一代名僧。宝暹原为北齐僧人，于武平六年（575年）西行求法。据《历代三宝纪》卷十二：

> 时属相州沙门宝暹（道邃、智周、僧威、法宝、僧昙、智照、僧律等十有一人以）齐武平六年相结西游，往还七载，凡得梵经二百六十部。回到突厥，闻周灭齐，并毁佛法，退则不可，进无所归，迁延彼间，遂逢至德，如渴值饮，若暗遇明。仍共寻阅，所得新经，请翻名题，勘旧录目，颇觉巧便，有殊前人。暹等内诚，各私庆幸，获宝遇匠，得不虚行，同誓焚香，共契宣译。大隋受禅，佛法即兴。暹等赍经，先来应运，开皇元年季冬止，敕旨付司，访人令翻。

如此宝暹是上代求法僧人，他于开皇元年（581年）携经归国，后为东都道场名僧。他到蜀地，应先于道基等人。据《续高僧传》卷十五《志宽传》：

属炀帝弘道,海内搜扬,以宽行解同推,膺斯荣命。既处慧日,讲悟相仍。会枭感作逆,斋事拘缠,宽便下狱待罪。有来饷遗,一不自资,通给囚僧,欢笑如昔。后并配徒,隶役于天路,常令负土,使装满笼,尽力辇送,初不懈息。同役僧曰:"此无监检,当可小停。"宽曰:"业报如此,何能自欺。违心行事,诚未安耳。"未(末)又配流西蜀,行达陕州。有送财帛祖饯者,并即散而不遗,唯留一驴,负经而已。路次潼关,流僧宝暹者,高解硕德,足破不进。宽见卧于道侧,泣而哀焉。即舍驴与乘,自担经论,徒行至蜀,虽有事劳而口不告倦。其仁恕之性,登苦知其人矣。

西安古城墙

如此大业九年(613年)杨玄感作乱时,受到牵连的僧人不少,他们的罪名无非是被迫为杨玄感作斋。炀帝表面崇佛,其实对佛教并不宽容,他以从乱为名囚禁了许多当初亲自招来的高僧,并以苦役、流放待之。志宽(566～643年)、宝通等一批高僧都被流放到西蜀,这是后来蜀中高僧云集的重要原因,后来天下骚乱，唯蜀中丰静，这批僧人反而因祸得福。

据《续高僧传》卷十四：

> 暹神志包总，高岸伦侔，谈论倚伏，态出新异，数术方艺，无学不长。自预比肩，莫有沦溺。末年耽滞偏驳，遂掩徽猷，故不为时匠之所班列。

如此宝暹博闻多识，学兼内外，确实是一代名僧，但晚年有所偏执，故损其盛誉，不为时匠所称。他究竟是在哪些方面得罪时匠，无法得知。道宣不为其作传，只寥寥数语及之，又有所贬斥，确实与其身份不符。

道基（577～637年）是玄奘最重要的师傅之一，他是靖嵩的门人，精《毗昙》《摄论》，大业五年（609年）敕住东都慧日道场，隋末兵乱时西行巴蜀。玄奘在蜀，从之学《毗昙》。

关于玄奘师从道基之事，《续高僧传·玄奘传》叙述得较为详细。玄奘本来与道基一起从洛阳到长安，后来则分头前往成都。玄奘"既达蜀都，即而听受《阿毗昙论》，一闻不忘，见称昔人，随言镜理，又高伦等。至于《婆沙广论》《杂心玄义》，莫不凿穷岩穴，条疏本干。然此论东被，弘唱极繁，章钞异同，计逾数十，皆蕴结胸府，闻持自然。至于得丧筌旨，而能引用无滞，时皆讶其忆念之力，终古罕类也。基每顾而叹曰：'余少游讲肆多矣，未见少年神悟若斯人也。'席中听侣，金号英雄，四方多难，总归绵益，相与称赞，逸口传声"。玄奘在道基门下听其讲授《杂阿毗昙心论》一遍，道基则对玄奘赞赏有加。

志震师承事迹不明。玄奘在成都向"震法师"学习《迦延》。此"震法师"是《慈恩传》的说法，而《续高僧传·玄奘传》作"道振"，《行状》作"志振"，实际上为一人。"振法师"的师承事迹不明，而据《续高僧传》卷十五《玄会传》可知，他曾经是玄会的老师。此文中说："振法师曰：'此公就我学迦延者，之赞成吾学耳。以我小术，不耻下问，乃回龙象于兔径也。吾何言哉！"玄会长期住于长安，"振法师"在去西蜀之前，应当亦在长安传法。《续高僧传·玄奘传》说："又僧景《摄论》，道振《迦延》，世号难加，人推精覆，皆师承宗据，隅奥明铨。"可见，道振的学问很深，对玄奘影响很大。

3. 江南一师：智琰

智琰（563～634年）事迹见《续高僧传》卷十四《智琰传》。智琰系隋代佛教成实派名僧，同时对《涅槃》《法华》《维摩》等经精于研究，玄奘经扬州往苏州的目的是求师访道，闻其未闻，重点是与名僧智琰相悟，受学《成实论》。

4. 北方二师：慧休、道深

慧休（548～646年）事迹见《续高僧传》卷十五本传、《慈润寺故大论师慧休法师刻石记德文》等。他备历诸师，三藏俱明，始投勖律师出家，又从灵裕法师习《华严》等经论，往渤海从明彦法师听《成实论》，明彦去世后又从志念学小论；后从灵裕入关，遇昙迁禅师和道尼论师，从学《摄论》；又从道洪律师听《四分律》，晚年又听法砺讲律。慧休的学问人所罕及，著有《十地义记》《地持义记》《成实论义章》《成实论疏》《毗婆沙论疏》《迦旃延经疏》《杂阿毗昙疏》《摄大乘论义疏》，又续慧远法师《华严经疏》，著《大乘义章》等。玄奘从学八个月，学的内容主要是《杂心》《摄论》。

《慈恩传》卷一记载：武德七年（624年），玄奘"复北游询求先德。至相州，造休法师，质问疑碍"。《续高僧传》卷四《玄奘传》记载得详细些："沙门慧休，道声高邈，行解相富，夸罩古今。独据邺中，昌言传授，词锋所指，海内高尚。又往从焉，不面生来，相逢若旧，去师资礼，事等法朋。偏为独讲《杂心》《摄论》，指摘纤隐，曲示纲猷，相续八月，领酬无厌。"[1]

---

[1] （唐）道宣撰，郭绍林点校：《续高僧传》（上）卷四，中华书局，2014年，第36页。

道深为志念门人，精《成实论》。据志念本传，隋开皇四年（584年），志念告其弟志湛，自谓穷贯小乘，功夫与罗汉齐等，志湛便告当时的《成实论》大师明彦法师，明彦便与弟子洪该等请讲《心论》，又传《迦延》，受学弟子中有"襄国道深"。如此道深为志念早期的弟子，也有可能受过明彦指导，故精通《成实论》。

关于道深的资料很匮乏。《续高僧传·志念传》中记载"受学者数百人，如汲郡洪该、赵郡法懿、漳滨怀正、襄国道深、魏郡慧休、河间圆粲、俊仪善住、汝南慧凝、高城道照、洛寿明儒、海岱圆常、上谷慧藏，并兰菊齐芳，踵武传业。关河济洽二十余年"。道宣在罗列了志念十二位高足之后所说的"关河济洽二十余年"，应该是指志念弘扬毗昙学的时间。襄国指今河北省邢台市。《志念传》中没有志念弘扬《成实论》的记载，而开皇四年（584年），《成实论》大师明彦法师与其弟子洪该等请志念讲《心论》和《迦延》。从这一情形推知，道深可能是明彦的弟子。而明彦当时在渤海弘传《成实论》，而"襄国道深"的称呼不明。所以，依照当时世俗社会的一般习惯，名号前地名是指籍贯，而僧人法号之前的地名一般是指僧籍所在地。现在无法确定的是，道宣在《志念传》中叙述"襄国道深"时是在何种意义上使用的。根据一般的惯例推测，襄国应该是道深出师之后独立弘法时候的住寺。由此观之，道深确是在今河北一带传播《成实论》的大师。玄奘从道深学《成实论》"终始十月，资承略尽"收获颇丰。

5. 长安四师：道岳、法常、僧辩、玄会

玄奘大概于武德九年（626年）前后重回长安。在长安数年中，他先后跟随道岳、法常、僧辩、玄会四位高僧学习《俱舍论》《成实论》和《大涅槃经》等经论。

西安唐高宗乾陵

道岳（568～636年）是以弘传真谛之学为己任的高僧，为道尼弟子，精通《摄大乘论》和《俱舍论》。《续高僧传》卷四《玄奘传》记载："沙门道岳，宗师《俱舍》，阐弘有部，包笼领袖，吞纳喉襟，扬业帝城，来仪群学。乃又从焉，创迹京都，诠途义苑。"《慈恩传》卷一说："又入长安止大觉寺，就岳法师学《俱舍论》，皆一遍而尽其旨，经目而记于心，虽宿学耆年，不能出也。至于钩深致远，开微发伏，众所不至。独悟于幽奥者，固非一义焉。"二者所记载赞语不同，但基本事实一致。看来，玄奘确实曾经跟随道岳法师学习《俱舍论》。

《慈恩传》又记载：

> 时长安有常、辩二大德，解究二乘，行穷三学，为上京法匠，缁素所归。道振神州，声驰海外，负笈之侣，从之若云。虽含综众经，而偏讲《摄大乘论》。法师既曾有功吴蜀，自到长安，又随询采，然其所有深致亦一拾斯尽。二德并深嗟赏，谓法师曰："汝可谓释门千里之驹，再明慧日，当在尔躬。恨吾辈老朽，恐不见也。"

此中是将玄奘从师法常、僧辩学习《摄论》之事一并叙述的。《续高僧传》卷四《玄奘传》则是分开的。

法常（567～645年）初为昙延法师弟子，精《涅槃》学，后学《摄论》，明《成实》《毗昙》《华严》《地论》。《续高僧传·玄奘传》记载："沙门法常，一时之最，经论教悟，其从如林。奘乃一举十问，皆陈幽奥，坐中杞梓，拔思未闻。由是驰誉道流，檀声日下。"[①] 史载法常以《涅槃》《摄论》名世，前者为其所尚，后者为人所称。玄奘从其学习的主要是《摄大乘论》。

---

① （唐）道宣撰，郭绍林点校：《续高僧传》（上）卷四，中华书局，2014年，第36页。

僧辩（568～642年）是智凝的弟子，精通《摄论》。《续高僧传·玄奘传》记载："沙门僧辩，法轮论士，机慧是长。命来连坐，吾之徒也。"道宣的这一叙述，颇显费解。将其与《慈恩传》对照体味，可推知：在玄奘跟随法常学习的时候，僧辩爱才心切，加之僧辩与法常关系非常密切，因此他"命"玄奘"来连坐"，并且说玄奘可堪为"吾之徒"也。如此也可明白《慈恩传》为何将此事合叙。

僧辩事迹见《续高僧传》卷十五本传，他于开皇初年（581年）出家，受具以后从智凝法师广学诸经，尤明《摄论》。他名满天下，而又谦让知足，不求荣势，公卿显贵前来拜谒，则任其去来，曾无迎送。他著有《摄大乘论》《中边分别论》《大乘唯识论》《无相思尘论》《佛性论》《三无性论》等论章疏，对于真谛唯识学有比较全面的把握，名副其实。

僧辩之师智凝事迹见《续高僧传》卷十本传，他是靖嵩的弟子，从学《摄论》，一遍未尽，便了其纲领，并著章疏。他原传法关东，后为《摄论》名家明及法师所邀，承其宗绪，住京师辩才寺，领徒弘法，不求世荣，又移住禅定寺，大业中卒，年四十八。其弟子灵觉、道卓均为蜀地名僧，将《摄论》学传之岷峨。

根据现存文献，玄奘在中土的最后一位老师是玄会。《续高僧传·玄奘传》记载说"沙门玄会，匠剖《涅槃》，删补旧疏，更张琴瑟。承斯令问，亲位席端，谘质迟疑，焕然祛滞"①，可见玄奘向玄会学习的是《大涅槃经》。

玄会（582～640年）事迹见《续高僧传》卷十五本传，他是法总法师的弟子，精《涅槃》学，为昙延、慧远之后第一人，造《涅槃义章》四卷。他又历事诸师，大受称赏，法总、相法师、道岳、振法师都以之为荣，贞观八年（634年）敕住弘福寺，废讲习禅，专修定业。其讲《涅槃》，常感灵瑞，见佛来迎，因而气尽。

---

① （唐）道宣撰，郭绍林点校：《续高僧传》（上）卷四，中华书局，2014年，第36页。

玄会之师法总法师事迹见《续高僧传》卷十本传，他是并州太原人，少以诵《涅槃》为业，后听玄义，便即传讲；开皇年中，敕为涅槃众主，住海觉寺；大业年中卒，春秋七十。他的弟子玄会、行等（570～642年）都是一代名僧。

总之，玄奘在国内游学期间所从十四师，从学说上讲，涅槃学有三人：慧景、法常、玄会；摄论学有六人：严法师、景法师、宝暹、慧休、法常、僧辩；毗昙学有四人：明空、道基、志震、慧休；成实学有三人：道因、智琰、道深；俱舍一人：道岳。可以看出，玄奘所学的重点是摄论学和毗昙学、不出有宗。

十四师中，对玄奘影响最大的应该是道基，昔在东都，玄奘就曾知其盛名，可能亦至其讲筵，其入蜀求法，主要是为了投奔道基。道基为靖嵩嫡传门人，为其行状，其学说亦不出其樊篱。靖嵩从法上弟子融智学《涅槃》《地论》，从道云、道晖习四分律，从道猷、法诞受《成实》《杂心》，又旁通《婆娑》《迦延》《舍利弗毗昙》，又南游江左，从法泰学《摄论》《俱舍》，并精《佛性》《中边》《无相》《唯识》《异执》等四十余部经论，对真谛之学有全面系统深入的掌握。靖嵩学兼南北，是当时最有学问的大师，玄奘历十四师所学，不出其范围。因此靖嵩、道基对玄奘的影响最大，也奠定了玄奘一生的学术旨趣，为其后来远行异域，成为一代大师奠定了基础。

第四章　矢志西行路

一、有诏不允　乘灾西出长安城

通过九年的国内游学，27岁时，玄奘已精通经、律、论三藏，被称为三藏法师，声名远播，享誉京城长安。所谓三藏法师是这样解释的：和尚通常被人们称为法师，法师本是学位的称号，意思是通晓佛法并善于讲解，同时又致力于修行传法的僧人。在传统的佛教学位中，还有比法师更高的学位，其中精通经藏的称为经师，精通律藏的称为律师，精通论藏的称为论师，而通晓经、律、论三藏的，才成为三藏法师。三藏表示佛教学位中最高的等级。

《慈恩传》卷一曰："法师既偏谒众师，备飡其说。详考其义，各擅宗涂。验之宝圣典，亦隐显有异，莫知适从。乃誓游西方，以问所惑。并取《十七地论》以释众疑。"[1]

与此同时，玄奘还认真了解到，前代已经有朱士行、竺法护、法显、智严等西行求法，但因为道路坎坷、困难重重，几乎都是九死一生。玄奘想到前代圣贤的西行壮举，又亲自见到天竺僧人波颇跋涉万里来中国传法，深受鼓舞。前辈僧人可以命舍沙漠，远涉天竺，为的是求取真经；如今真经难求，不万里赴难，焉能

---

[1] （唐）慧立、彦悰著，孙毓棠、谢方点校：《大慈恩寺三藏法师传》，中华书局，1983年，第10页。

得到真经？此时此刻，玄奘坚定了西行印度的决心。

　　长安至印度远隔万里，道路曲折，艰险无数，西行印度说起来容易做起来难，加上当时玄奘所处的唐初时局混乱，尚未完成全国的统一，北方有东突厥把持，陈兵以待，伺机侵袭大唐，西北方中亚诸国则是西突厥一统天下，不时入侵河西走廊。而此时的唐朝统治者根本无力收复河西走廊，所以只有采取闭关锁国的办法，封锁边境，朝廷以玉门关为界，限制百姓出行。凡要经过关隘渡口，没有朝廷发给的通行证（当时叫过所）是一律禁止通行的。

　　为了西行求法，玄奘和几位志同道合的同伴向朝廷上表，陈述西行求法的理由申请出国。就在此时，也就是李世民登基不久，东突厥发兵十万进兵大唐，大军长驱直入，直逼京城长安，唐太宗渭河陈兵，用威武和智慧才求得国境暂时安宁。从安全考虑，唐太宗李世民驳回了玄奘他们的上书请求。

　　在得不到朝廷的批准之后，同伴们纷纷灰心绝念，放弃了原来的打算，唯有玄奘不变初志，他一边积极准备，一边就近向来长安的西域僧人学习梵文。同时玄奘也在静待机缘，他暗下决心，即使"有诏不许"也要寻找离开长安的机会。

　　纵观中国佛教史，历朝历代僧人为什么要历千难万险，九死一生去印度取经？原因有三方面：一是印度是佛教发源地，是释迦牟尼的故乡，佛教徒要求取真经就要到佛国印度去；二是"学问欲"的满足，也就是说，只有到印度才可能满足一切佛教徒求知的要求；三是精神层面的解脱，就是说到了佛国圣地，就接受到了佛的灵感，佛的解脱，此生无憾。

　　因此一个时期以来，不同朝代的人们赴印度留学遂成为一种运动。这个运动前后历五百多年之久。据梁启超先生《千五百年前之中国留学生》一文中列举统计，西游留学者按世纪分：第3世纪（后半）2人，第4世纪5人，第5世纪61人，第6世纪14人，第7世纪56人，第8世纪31人，到8世纪末共约169人。这169

名僧人赴印度求学尽管所行路线不同，他们的最终结局也不同，大体可分为十种情况：

第一种是：终到印度，学成后安全返回中国者有 42 人。

第二种是：已到西域，曾否走到印度未确实考证者 16 人。

第三种是：未到印度中途返回者约 30 人。

第四种是：已到达印度但随即折回者有 2 人。

第五种是：未到印度，死于求学路上者 31 人。

第六种是：在印度留学期间病死者 6 人。

第七种是：学成归国，死于归国路上者 5 人。

第八种是：学成归国后，二次赴印留学者 6 人。

第九种是：赴印求学，学成后留在印度不归者 7 人。

第十种是：只知赴印留学，但多年生死无考证者约 24 人。

从以上我国佛教徒前赴后继赴印度求学的经历可以看出，为追求信念求取真经，这些僧人无不"不辞贱命，忍死西奔"前往佛国，任凭道路艰难险阻，矢志不移，即使知道这是一厢情愿，也在所不惜。

唐太宗贞观元年（627 年），玄奘二十八岁，春，仆射萧瑀向皇帝上表推荐这位年轻有为的和尚担任庄严寺住持，被玄奘婉言谢绝。秋八月，关东、河南、陇右因遭霜灾，粮食颗粒无收，哀鸿遍野。对于大量涌现的饥民，刚刚立国又经历了东突厥侵袭的大唐王朝，根本无力赈灾，朝廷遂下令道俗民众，可以四出"随丰就食"。玄奘等待已久的机会终于来到了，于是便混在灾民之中离开了长安，开始了西去求法步行五万里的孤征。

《续高僧传》《新唐书》《旧唐书》均有这段记载，"八月……关东及河南、陇右沿边诸州霜害庄稼，下敕道俗，随丰四出，幸因斯际"，玄奘遂首途西行。

关于玄奘首途西行的时间，学术界极大重视，历史上专家学者多有争论，有三种说：一说是贞观元年，一说是贞观二年，一说是贞观三年。据杨廷福《玄奘年谱》载：1922 年梁启超首创

"玄奘元年首途留学"之说，①后陈垣（援庵）先生力持三年说不可推翻，②吕澂（秋逸）先生又主张二年西行与三年秋八月高昌发轫之说，③聚讼纷纭，未有定论，兹略举其说以明之。

元年说 梁启超提其四证：据贞观十八年（644年）玄奘回国途中在于阗上表"历览周游一十七载"句，"贞观三年八月至贞观十八年三、四月从何得十七年，其不合一也"；据《通鉴》及《新唐书·薛延陀传》"师曾在素叶城吾突厥之统叶护可汗，而统叶护可汗实以贞观二年夏秋间被弑者，若三年出行，则无从见统叶护可汗，其不合二也"；"师曾在某处留学若干年，若干月，往返途中所历若千里，本书皆有详细记载，非满十七年不敷分配，若出游果在三年，则所记皆成虚构，其不合三也"；据《续高僧传》"唐贞观三年，时遭霜俭，下敕道俗，随丰四出"，而《新唐书·太宗纪》三年并无"霜俭"之事，惟元年《新唐书》云"八月河南陇右边州霜"，又云："十月丁酉，以饥减膳。"《旧唐书》"八月……关东及河南、陇右沿边诸州霜害秋稼"，又云"是岁关中饥，至有鬻男女者"，凡此与记载合。然则何以诸书错误同出一辙？梁启超认为："诸书所采同一兰本，兰本误则悉随之而误矣。再问兰本何故误？则或因逆溯十七个年头，偶未细思，致有此失；甚或为传写之讹，亦未可知也。再问十八年玄奘自上之表何以亦误？则或后人据他书校改，亦在情理之中耳。"近代罗香林《旧唐书玄奘传讲疏》（1955年《学术季刊》四卷一期）与

---

① 见梁启超《中国历史研究法》第五章，又见《支那内学院精校本〈玄奘传〉书后》，中华书局，1989年，第394页。
② 见陈垣《陈垣史学论著选》《书内学院新校〈慈恩传〉后》，上海人民出版社，1981年，第193～202页。
③ 参见吕澂《玄奘法师之生平及其学说》，《大慈恩寺三藏法师传·内学院校刻本刊误》，中华书局，1954年，第1页。

潘国健《玄奘西征年代考》（1972年《新亚书院历史系季刊》）亦力主元年说。

二年说 丁谦云"唐太宗贞观二年，东都僧玄奘遍游五印度，至贞观十九年还，前后凡十七年。"（《大唐西域记考证·自晋至唐游历印度诸僧考》）吕澂先生初从元年之说，（见《大慈恩寺三藏法师传内学院校刻初刊本》）后力主玄奘西游的动机系受到波颇蜜多罗的启示，认为波颇于贞观元年十一月抵达长安，玄奘乃发愿巡往梵土，寻其全文，以穷究竟，如元年启程则无从获见波颇，遂放弃元年说，据《珠林》的记载，定玄奘西域之行在三年三月或四月。《大慈恩寺三藏法师传·内学院校刻本刊误》1954年12月原校者重勘："秋八月三字，据《传》卷五末表文及《法苑珠林》卷二十九，应是四月或三月之误。按《大唐西域记》末卷《纪赞》有贞观三年仲秋朔旦，杖锡遐征之说，乃指从高昌发轫而言。其时高昌已隶唐土，西域之行当自彼始，故行期亦从彼地记之。后人或即据以误改奘师发自长安之时为秋八月也。"唯吕先生近又主张"贞观二年秋（628年）方逢霜灾，政府许四出，前往西域，转辗屯高昌，受各国国王敬重，延留度过了夏坐，再向西行正当贞观三年八月"。

三年说 除吕先生的三年八月高昌发轫说外，陈援庵先生反对元年之说，认为：一、霜俭之说不足据，"据本传则法师出关，迭被留难，一阻于凉州，再阻于瓜州，三阻于一烽，四阻于四烽，若果如《续高僧传》所云'奉敕道俗，随丰四出'，何至被阻若是"；又贞观三年亦有霜灾；二、如以元年八月首途，至迟九月中可到凉州，据《新旧唐书》则九月十二以前凉州都督为宇文士及，假令继士及者为李大亮，然士及奉到诏书，至早需在十月，则李大亮之到任至早亦需在十月后，故元年出游不能见到李大亮；三、据《册府元龟》

及《通鉴考异》统叶护可汗被杀于贞观元年,故玄奘所遇为其子肆叶护可汗。(案玄奘所晤为肆叶护可汗,见文廷式《纯常子枝语》卷三十引《西伯利地志》卷五:"……当时僧玄奘赴印度到天山伊什克里泊之近傍于明伯罗克宫揭见西土耳格尔国肆叶护汗。明伯罗克,土耳格语,千泉之义。")最后认为玄奘上表"十七载"的"七"字误,而贞观三年的"三"字不误;如欲保存于阗上表十有七载,则必须推翻《圣教序》及诸书的十有七载。(《书内学院新校〈慈恩传〉后》)近孙乐斋《玄奘法师年谱》未刊稿和石万寿《玄奘西游时间的探讨》(1971年3月《大陆杂志》第四十二卷,第六期)均主三年说。

综上三说,迄未论定,故依《旧唐书·玄奘传》作贞观初。当代学者为审慎计或作贞观初年出国以概之。但三说中必有一是,兹旁证史实,以求得比较可靠的结论,以元年说为当,考释如下。

(1)玄奘首途年月,唐人著录大都作贞观三年(629年),唐人叙唐事,似较可信。但《广弘明集》卷二十二玄奘《请御制三藏圣教序表》(以下简称《表》)云:"奘以贞观元年往游西域,求如来之秘藏,寻释迦之遗旨,总获六百五十七部。"唐人记载玄奘事迹,辗转相承,难免有所伪误,不如本人的自道为可信。

此《表》系贞观二十年(646年)玄奘译竣《菩萨藏经》后与《西域记》同时奏上,然则何以《西域记》辩机的《记赞》作"贞观三年",而此《表》为元年?考宋《开宝藏》(917年)为刻本《大藏经》的祖本,可知《西域记》在唐代还是写本流传。就现存的敦煌唐写本、日本古写本和刻本互校就有出入,甚而一字之差关系綦钜。至于宋、元、明刻本的伪误和臆改就更多了。玄奘出国的年月唐人多以《西域记·记赞》为据,这就可能当《西域记》成书后,因写官过录或相互传抄时,从校勘学来说,行草"元"与"三"的字形相近,最易讹伪,以致"贞观元年"误为"贞观三年",如玄奘返抵长安的日期,《慈恩传》为"春正月景(丙)

子"，《续传》《行状》均作正月，而《塔铭》则作"春三月景子"，"三"明系"正"之误，这也可旁证"元""三"因字形相近而传抄舛误。复查《慈恩传》与《续传》《行状》的前半部分，均取材于《西域记》，其间虽有详略疏密之异而无龃龉，故其著录玄奘首途年月似均以《西域记·记赞》为据，以讹传讹，相互承袭，后人又同一祖本，遂众口一词，形成历史上的一桩疑案。

（2）玄奘西行获得西突厥叶护可汗的支持始逾铁门而平安到达北印度境。但此叶护可汗究竟是统叶护可汗，还是其子乙毗钵肆叶护可汗？如证实玄奘所晤为统叶护，则元年说的前提成立，而陈先生的"三年说不可推翻之一铁证"，未有着落，这是必须考证的。

首先，关于统叶护的被杀年代，《旧唐书》卷一九九下《铁勒传》《新唐书》卷二一七下《薛延陀传》均明载"贞观二年"，《通鉴》卷一九三《唐纪》九系于二年十二月，唯《册府》卷九七四与《旧唐书》卷一九四下作元年，《通典》卷一九九则叙其事于元年后，以故陈垣（援庵）先生据《通鉴考异》卷十"《旧唐书·铁勒传》云：'贞观二年，叶护可汗死，其国大乱，夷男始附颉利。'按《突厥传》，元年薛延陀已叛颉利，击走其欲谷设，安得二年始附于颉利乎？"，认为两《唐书》误，统叶护实死于元年，故玄奘所见为肆叶护。因之，岑仲勉谓："按统叶护之死，或谓贞观元年，或谓二年，尚无定论。"①

案铁勒起源漠北，游徙分布甚广，据两《唐书》《北史》《隋书》《通典》《太平寰宇记》等所载，其"姓氏各别"，种落名称不下四十，隋末一部分西迁西域准噶尔盆地的属西突厥。故《通典》一九九谓薛延陀"部落中分，在喻督军山者（一作乌德健山），东属于始毕，在贪汗山者西属于叶护。"《旧唐书·铁勒传》曰"西突厥射匮可汗强盛，延陀、契苾二部并去可汗之号以臣之。回纥

---

① 岑仲勉著：《突厥集史》上册《编年》卷五，第175页，又见下册第685页《铁勒传校注》。

六部在郁督军山者东属于始毕，乙失钵部在金山者，西臣于叶护"，是可证两《唐书》与《通典》所谓"贞观二年，叶护死，其国大乱，乙失钵曰夷男率部帐七万，附颉利可汗"，当系指西臣属于叶护可汗的种落。而《旧唐书·突厥传》所谓"贞观元年，阴山以北薛延陀、回纥、拔也古等部相率背叛，击走其欲谷设"，当系指东属于颉利可汗的种落，二者并不抵牾。《通鉴考异》误混二事为一事，而怀疑"安得二年始附于颉利乎？"。马长寿《突厥人和突厥汗国》第四章《薛延陀汗国的始末和突厥人的南迁》注1谓："贞观元年叛颉利者，为漠北之薛延陀；二年归颉利者，为西域之薛延陀，二者不相抵触。其他铁勒诸部亦然，我们不能以刻舟求剑之见以窥游牧部落之历史。"①

其实，东突厥自武德七年举国入侵后，唐太宗（时为秦王）因感国力不足，阳与盟和而阴纵反间，加上颉利"法令滋章，兵革动岁，国人患之，诸部携贰"的不仅贞观元年一事。②《通鉴》载"初，突厥突利可汗建牙直幽州之北，主东偏，奚、霫等数十部多叛突厥来降，颉利可汗以其失众责之，及薛延陀、回纥等败欲谷设，颉利遣突利讨之，突利兵又败，轻骑奔还。"此亦足以旁证薛延陀、回纥之"叛"，系役属于颉利的东方种落，固统叶护在世之日，显与其死后的薛延陀"叛"为两事，反之，即如《通鉴考异》所怀疑的，而西突厥的部属背离，不一定在统叶护死后，《旧唐书·突厥传》载"时统叶护自负强盛，无恩于国，部众咸怨，歌逻禄多叛之"，《新唐书》略同。故《通鉴》云"统叶护势衰"，并没有说在他卒后。《册府》尤其明确地记载："唐高祖武德末，突厥阿史那社尔入侵中国，归而遇延陀、回纥等部皆叛，攻破欲谷设。社尔击之，复为延陀所败。遂率其余众保于西偏，依可汗浮屠，后遇颉利而西番叶护又死。"《旧唐书》卷一零九《阿史那社尔传》作："贞观二年，遂率其余众保于西偏，依可汗浮

---

① 马长寿著：《突厥人和突厥汗国》，上海人民出版社，1957年，第53页。
② 参见《旧唐书》卷一九四上《突厥传》，又见《通鉴》卷一九七。

屠。后遇颉利灭而西番叶护又死。"……所有这些记载都已清楚地交代薛延陀、回纥等部击走欲谷设,不仅属于颉利的东方种落,而且在统叶护统治之时,可知史载统叶护被杀在贞观二年是正确的。因之,似不能拘泥于薛延陀一词而谓两《唐书》为误。此其一。

同时,《旧唐书·铁勒传》《新唐书·薛延陀传》叙述其事,层次井然,因贞观二年叶护可汗死,其国大乱,臣属于统叶护的薛延陀部乙失钵之孙夷男始东逾阿尔泰山依附于颉利可汗。"于是西突厥汗国中之铁勒诸部与东突厥汗国之薛延陀、回纥、拔也古、同罗等部合流。"[1]夷男东附颉利后,率所部攻破东属于颉利的薛延陀、回纥、拔也古诸部,势骤强盛,诸部共推其为真珠毗伽可汗建牙于郁督军山下,故《新唐书》承上文叙在明年(案即贞观三年),太宗方有图颉利……册拜夷南为真珠毗伽可汗,《旧唐书》《册府》《通典》均同。夷男东附与其薛延陀汗国建立的开始,年代的先后厘然可考。此其二。

北朝时突厥兴起,为患甚烈,隋代长孙晟行反间之计,突厥分为东西。唐初为对付东突厥的侵扰,唐朝执行远交近攻政策,从武德元年到贞观二年和西突厥的信使频繁,络绎不绝。可是从贞观三年十一月直到贞观七年,人们就很少见到西突厥遣使的明文。这里透露了二个消息:第一,当东西突厥分裂后,统叶护在唐朝的笼络下一直是倾向于唐朝的;第二,贞观二年统叶护死,国内大乱,兵革连岁,道途梗阻,唐使既不能远达,唐朝亦无须借助于它,故自"俟毗可汗请婚,不许"后,接连几年就没有信使往返。这就可反证统叶护被杀于贞观二年。此其三。

武德五年,统叶护遣使求婚,到武德八年始权宜允婚,遣高平王至其国,一直到"贞观元年遣真珠俟斤与高平王道立来献万钉宝细金带、马五千匹"(《旧唐书》卷一九四下《西突厥传》)。《新唐书》说"以藉约",《通鉴》卷一九一作元年十二月并说明"以

---

[1] 马长寿著:《突厥人和突厥汗国》,上海人民出版社,1957年,第53页。

迎公主"，证以《续高僧传·波颇传、慧颐传》与《出三藏记集经序续编》《开元录》《贞元录》，可见《通鉴》的记载是正确的。《通鉴》下文谓："颉利不欲中国与之和亲，数遣兵入寇，又遣人为统叶护曰：'汝迎唐公主要须经我国中过。'统叶护患之，未成婚。"①此可证统叶护贞观元年十二月后犹健在，颉利阻挠之下，以致迎娶公主未果，则其被杀当在贞观二年。此其四。

以上看来，《新唐书·薛延陀传》《旧唐书·铁勒传》和《通鉴》的明确记载，是不能轻易推翻的。

虽然《通典》《册府》的成书早于《通鉴》《新唐书》，但《通典》《册府》与《旧唐书》的误载颇多。例如，《旧唐书》卷一九四下谓统叶护死于贞观元年，而卷一九九则说死在二年，即已自相矛盾。至于《册府》系杂采诸书而成。虽"故可以校史，亦可以补史"，但其纪年颇有伪误之处，何况历来只见明末黄国绮一个刻本，清初续有补版，实同出一源，其间难免有传抄、刊板等舛谬，即以记载突厥"朝贡"而言，竟有贞观二十三年（649年）"西突厥肆叶护可汗安国王并献方物"极其错误的著录，则其他可知？似不能仅凭其双词据为典要。《通典》叙西突厥事在贞观元年条下兼叙其他年代的事件，实不能认为系确指元年之事。综上探讨，统叶护被杀的年代，似以《通鉴》和两《唐书》所载为当，而玄奘在元年八月起程，约于二年初夏到达素叶城，故和他会晤是不成问题的。

其次，西突厥称叶护可汗的，有统叶护可汗、乙毗钵罗肆叶护可汗、毕贺咄叶护（亦名乙毗沙钵罗叶护）等。统叶护据《通鉴考异》《实录》均作"叶护可汗"，"统"字为修唐史者所加，通观唐宋文献记载，对于统叶护可汗大都省称叶护可汗或叶护，此冯承钧先生亦曾言及，对于其他叶护可汗则否。玄奘本人的著作和玄奘的《传》《状》，叙事行文就是这样区分的。例如，《大唐西

---

① （宋）司马光著，萧枫主编，《资治通鉴》第一百九十二卷，延边人民出版社，1999年，第1013页。

西安玄奘法师铜像

域记》卷一"缚喝国"条追叙云:"近突厥叶护可汗子肆叶护可汗……";《慈恩传》卷五叙玄奘归国时至活国"因见叶护可汗孙乌王睹货罗自称叶护"①,文字中"叶护可汗"与"肆叶护可汗"父子关系的分别极为清楚,足以证明玄奘出国时所遇必为统叶护,否则无须如此叙述。

再者,统叶护可汗为西突厥由盛极而衰的统治者,大业末继射匮可汗位,数年之间兼并铁勒,攻下波斯和罽宾,西域诸国无不受其役属,在原有的三弥山裕尔都斯谷牙庭外,更在千泉建一夏都,对"西域诸国王悉授颉利发,并遗吐屯一人监统之,督其征赋",凡此均与《慈恩传》所述玄奘出国时的西突厥情况相合。

隋唐时,从陆路通往印度的道路约有三道,玄奘西去之路,本由北道,但"时西域诸国,咸服属突厥,非得突厥护照,不能通行,乃持文泰介绍书,诣突厥可汗牙所,得其许可乃行"。梁启超《饮冰室文集·中国印度之交通》"玄奘"条:"六世纪则突厥骤强,交通路梗,诸求法者欲往末由,观玄奘之行,必迂道以求保护于叶护,可窥此中消息。"②《大唐西域记地理考证·附录》:"案唐初西突厥统叶护方强,西域诸小国,皆为所役属。奘师欲赴

---

① (唐)慧立、彦悰著,孙毓棠、谢方点校:《大慈恩寺三藏法师传》,中华书局,1983年,第116页。
② 梁启超著:《饮冰室文集·中国印度之交通》,天津古籍出版社,2005年,第98页。

印度，势非借其保护不可。"因为"雪山北六十余国，皆叶护部统，故高昌王重遣为奘开道"。这些足以证明玄奘出国正当西突厥统叶护可汗统治之时。

根据以上论述，可证玄奘西行邂逅的必为统叶护可汗，则其首途当在贞观元年。

（3）从玄奘的"历览周游一十七载"来探讨。玄奘于贞观十九年（645年）正月返京，各本记载略同，核诸史实，殆无疑义。由此上推，玄奘在于阗上表太宗，听候发落和访求渡河时失落经本，至"使还蒙恩敕迎劳"始进发。玄奘"既至沙州又附表，时帝在洛阳宫"，据两《唐书·太宗纪》当在十月，以玄奘行程来计算，推知从于阗起程约在九月间；而在于阗上表云"停滞七八月"，则在于阗当在贞观十八年春。梁启超的这一推论是正确的。《表》文的"历览周游一十七载"不仅为玄奘旅行十七年的最原始文献，也是《大唐三藏圣教序》周游西域十七年的所从出。据此上推至贞观元年适为十七足年，如以三年出游则为十五足年，即令首尾兼顾也只有十六个年头，与《表》文及旅行"十七年"之说明不相侔。

玄奘行程与在各地求学的年月，据《支那内学院精校本〈玄奘传〉书后》考"非满十七年不敷分配"。兹据各本细核，玄奘至于阗共计行五万一千余里，在各地淹留约计十四足年，合计所需时日在十七年左右。如以三年秋西行，十八年春初返抵于阗，无论如何与所需时日有矛盾。

《慈恩传》卷五与《续高僧传》等均载玄奘晤戒日王，王问："师从支那来，弟子闻彼国有《秦王破阵乐》歌舞之曲，未知秦王是何人，复有何功德，致此称扬？"[①]玄奘就大肆宣扬唐太宗的英武，于是戒日王即遣使来唐上书。核之《册府》卷九七零《外臣

[①] （唐）慧立、彦悰著，孙毓棠、谢方点校：《大慈恩寺三藏法师传》，中华书局，1983年，第106页。

部》"朝贡"第三，贞观十五年"是年天竺国王尸罗逸多遣使朝贡"。《旧唐书》卷一九八《天竺传》："贞观十五年尸罗逸多自称摩伽陀王遣使'朝贡'。"《新唐书》卷二二一上略同，并谓："会唐浮屠玄奘至其国，尸罗逸多召见曰：'而国有圣人出，作《秦王破阵乐》，试为我言其为人。'玄奘粗言太宗神武，平祸乱，四'夷'宾服状。王喜曰：'我当东面朝之。'贞观十五年，自称摩伽陀王，遣使者上书。"唐太宗即命梁怀璥持节慰抚，尸罗逸多遣使入朝。贞观十七年三月，太宗命李义表、王玄策奉使，至十二月达摩伽陀国。① 案玄奘应命至戒日王处参与曲女城大会，《慈恩传》卷五云"法师自冬初共王逆河而进，至腊月方到会场"，是可推知玄奘晤戒日王当在贞观十四年秋末，戒日王即遣使入唐，于十五年冬末到达长安。玄奘于曲女城会毕即启程返国，经二年余至于阗上表。由此推算他游历五印度和在各地请业问学的年月，以元年首途大体均能符合，如在三年则绝不可能于十四年秋末会见戒日王。

此外，据《慈恩传》所载玄奘自兰州至凉州，停月余日，为道俗讲经说法，"葱右诸国商侣往来，无有停绝。时开讲日，盛有其人，皆施珍宝"云云，一片和平雍熙景象。如果玄奘三年出国，据《通鉴》卷一九三载贞观三年"冬十一月，辛丑，突厥寇河西，肃州刺史公孙武达，甘州刺史成仁重与战，捕虏千余口"。至庚申李世勣、李靖、柴绍率十余万众，分道出击突厥，到四年二月战争结束。这时陇右河西诸州正当兵戈纷扰之际，玄奘西行绝无如此安谧，于玄奘传记中亦必有徵录。又《通典》卷一九一载，麴文泰于贞观四年来朝，《通鉴》卷一九三亦谓贞观四年"甲寅，高昌王麴文泰入朝"。如果玄奘于贞观三年秋启程，以沿途留滞时日考之，抵高昌已贞观四年，在高昌留滞五十日结为兄弟，《续传》

---

① 参见（法）烈维《王玄策使印度记》，录于《西域南海史地考证译丛》第七编；冯承钧《王玄策事辑》，见《西域南海史地考证论汇集》；岑仲勉《王玄策〈中天竺国行记〉》，见《中外史地考证》上册等。

上＼天水麦积山石窟
下＼麦积山石窟雕像

并谓延留夏坐，何以于麴文泰之来朝一无道及，此均可见玄奘于贞观元年西行。

从以上三方面来探讨，玄奘西行当在贞观元年。

二、智渡黄河　孤僧独行河西

玄奘离开长安开始西行不久，有一位秦州僧孝达，在长安学习《涅槃经》，刚好课毕还乡，玄奘就和他一起先到秦州，并在此住了一宿。《慈恩传》卷一："时有秦州僧孝达在京学《涅槃经》，功毕返乡，遂与俱去。"《旧唐书·玄奘传》作"贞观初随商人往游西域"，似以《慈恩传》记载为当。唐代秦州即今甘肃天水，为陇南重镇。汉武帝时，置天水郡，一说因地裂成湖，天河注水的传说而得名。其地跨长江、黄河两大水系。冬无严寒，夏无酷暑，四季分明，物产丰饶，历来被誉为"陇上江南"。

这是玄奘离开长安西行的第一站，在这里，玄奘看到了在山峦叠翠，群峰环抱之中，陡然出现一座奇峰，峰巅状若麦垛，峭壁上密布着蜂巢般的石窟群和巨大的雕塑，还有很多不规则层次，造型各异的壁画和群雕，堪称鬼斧神工。同路孝达向玄奘介绍说：这就是有名的"麦积山石窟。"古人称："其青云之半，镌石成佛，疑是神功。"

麦积山，又称麦积崖，石窟始创于十六国后秦（384～417年）时期。区内松竹丛生，群峰环抱，麦积一秀崛起，古称"秦地林泉之冠"，是中国秦岭山脉西端小陇山中的一座奇峰，海拔1742米。山的形状奇特，孤峰崛起，犹如麦垛，人们便称之为麦积山。山峰的西南面为悬崖峭壁，著名的麦积山石窟就开凿在这峭壁上，有的距山基二三十米，有的达七八十米。在如此陡峻的悬崖上开凿成百上千的洞窟和佛像，在中国的石窟中是罕见的。

"麦积山者，北跨清渭，南渐两当，五百里冈峦，麦积处其半，崛起一石块，高百万寻，望之团团，如农家积麦之状，故有此名。"周围山奇林郁，溪石联映，风景优美，有"小江南"之称。麦积山山势陡然起独峰，最初有许多天然之岩洞，妙趣天成，美不胜收。山顶距地面 142 米，现存佛教窟龛 194 个，泥塑石雕、石胎泥塑 7200 余身，壁画 1300 余平方米，全部窟龛开凿在山崖峭壁之上，分布于东、西两崖。东崖现存 54 个洞窟，西崖现存 140 个洞窟。

麦积山山体为第三纪沙砾岩，石质结构松散，不易精雕细镂，故以精美的泥塑著称于世，绝大部分泥塑彩妆。雕塑家刘开渠誉其为"东方雕塑陈列馆"。它的开凿年代，大部分学者认为始于后秦，历经北魏、西魏、北周、隋、唐、五代、宋、元、明、清，历代都有不断地开凿和修缮，现存造像中以北朝造像原作居多。

玄奘刚离开长安，只顾寻路西行，对于荒坡秃岭之中这一奇景并无心绪停留观景，他继续心急赶路，只在秦州住了一宿。(《慈恩传》卷一："至秦州，停一宿，逢兰州伴，又随去至兰州。")

兰州，始建于公元前 86 年。据记载，因初次在这里筑城时挖出金子，故取名金城，还有一种说法是依据"金城汤池"的典故，喻其坚固。两汉、魏晋时此处设置金城县。隋开皇三年（583 年），隋文帝废郡置州，在此设立兰州总管府，"兰州"之称，始见于史册。后来虽然州、郡数次易名，但兰州的建置沿革基本固定下来，相沿至今。

市区南北群山环抱，东西黄河穿流而过，枕山带河，依山傍水，平均海拔 1500 米，具有盆地城市的特征。早在 5000 年前，人类就在这里繁衍生息。自汉至唐、宋时期，随着丝绸之路的开通，这里出现了丝绸西去、天马东来的盛况，兰州逐渐成为丝绸之路重要的交通要道和商埠重镇，是联系西域少数民族的重要都会和纽带，在沟通和促进中西经济文化交流中发挥了重要作用。古丝绸之路也在这里留下了众多名胜古迹和灿烂文化，吸引了大批中外游客前来观光旅游，使兰州成为横跨 2000 公里，连接敦煌莫高窟、天水麦积山、张掖大佛寺、永靖炳灵寺、夏河拉卜楞寺等著名景点的丝绸之路大旅游区的中心。随着新欧亚大陆桥的开通，特别是西部大开发战略的实施，现代丝绸之路重新构筑，兰州作为我国东西合作交流和通往中亚、西亚、中东、欧洲的重要通道，战略地位更加突出，正发挥着承东启西、联南济北的重要作用。

古人从长安前往西域，首先遇到的最大障碍是黄河，黄河这条孕育中华文明的大河，从巴颜喀拉山流下来，在青海转了个大"S"形弯，然后横穿甘肃，向北直上宁夏和内蒙古，正好将通往西域的通道挡住。兰州依山作障，控河为险，自古就是主要的渡口之一。历史上多种史料记载，汉代大将军霍去病出征西域，唐代玄奘西行就是从兰州渡黄河前往的。

古代从长安去西域，要渡过黄河才可进入河西走廊。史书上没有记载玄奘是如何渡过黄河的，但据今学者推断，玄奘肯定是从兰州渡过黄河西行而去的，而且应该是乘羊皮筏渡过黄河的，因为那是古代唯一的渡河工具。为此笔者在兰州考察了多个黄河古渡口，经查阅大量资料，并和专家学者座谈，探讨玄奘有可能从哪个渡口过河。

唐代黄河在兰州有著名的四大古渡口。经勘查得知，兰州黄河铁桥，又曰"镇远桥"，始建于明洪武年间。兰州中山桥约建于明朝洪武年间，清光绪年间历经修复改建。在这两个古渡口上建的桥，由于年代比较近，只有500多年历史，故排除之。兰州新圩古渡口，黄河在这里比较窄，水流湍急，皮筏渡河风险较大，亦予以否定。兰州河古镇渡口，黄河水面宽200多米，水流平缓，而且1000多年来黄河故道在这里无大变化，因此当年玄奘乘羊皮筏过河，最有可能是在兰州河口古镇渡口过河的。

玄奘从长安到兰州的这段行程，尽管他没有唐朝廷的"过所"（即出境通行证），但有"奉敕道俗，随丰四出"的指令作保护，一路得以畅通无阻。所以他很可能选择白天渡河，因为这样风险较小。但过了兰州，抵达凉州后就要被朝廷阻难了，因为凉州已临国境，牵涉到偷越国境的问题。

据过去常在黄河上摆渡的老人回忆，古代乘羊皮筏或牛皮筏

玄奘渡黄河曾用的羊皮筏

过河有两种过法：一种是人坐在筏子上，用绳子系腰间，将另一头固定在皮筏子的木架上，即使渡河中皮筏被风浪打翻，只要紧抓木架，艄公仍可以让皮筏重新浮起；另一种过法是用绳索系腰间，另一头固定在皮筏的木架上，人半潜入水，紧抱皮筏和木架，在艄公操作下，由皮筏带动行人过河。这位摆渡老人说："玄奘在白天渡河选择的肯定是前者。"

岁月已历一千三百多年，当年玄奘是如何渡过黄河的，让人想起来，至今仍忧心忡忡，给后人留下了无尽的思念……

《慈恩传》卷一载："一宿，遇凉州人送官马归，又随至彼。"

过了黄河，就算是离开关中，进入河西走廊了。这里是自汉代以来的著名要道，北依浩瀚无际的腾格里沙漠，南邻层峦叠嶂的祁连山脉，向西经凉州、张掖、酒泉直通玉门关，又有合黎、龙首两脉夹峙，是一条绵延数千里的狭长通道，酷似一条长长的走廊，"河西走廊"因此而得名。

这是古代长安去往西域的唯一通道，自古就是兵家必争之地。玄奘在兰州停了一宿，翌日启程赴凉州。

三、凉州受阻　在迷茫中探路

玄奘约在九月初抵凉州（今甘肃武威）。

凉州地处河西走廊东端、丝绸之路之要冲，是唐朝西北的边防重镇，是西域各国商贾往来的必由之路。凉州历史悠久，早在4000年前的新石器时代，中华民族的先人们就在这里繁衍生息，创造了群星灿烂的远古文化。2100年前匈奴人修筑的故臧城，成为今天凉州城最早的雏形。自汉代张骞"凿空"西域，开通"丝绸之路"，绵延万里的丝绸古道孕育了波澜壮阔的历史风云。

公元121年，雄才大略的汉武帝派骠骑大将军霍去病率万骑出陇西，大败匈奴，占领了整个河西地区。为显示汉军的武功军威，汉武帝在这里设置武威郡。三国时，魏文帝因这里地处西方，气候寒冷而设置凉州，上升为全国十三个州之一，凉州从此在历史上奠定了它的重要地位。东晋十六国时期，前凉、后凉、南凉、北凉这四个凉国都曾在这里建都兴国，加之隋末唐初李轨在这里建立大凉国，凉州成为显赫一时的"五凉古都"。在这块土地上萌生繁衍的五凉文化、佛教文化、西夏文化都曾在中华民族的历史上激起过多彩的浪花，西凉乐舞，以及李益、阴铿等著名诗人，都曾对中华历史文化产生过深远的影响，谱写出无数壮丽的篇章。那巍峨峭拔的祁连山、麦黍飘香的走廊绿洲、秀丽多姿的山崖草原、恢宏浩瀚的腾格里沙漠，绘成了这方独具特色的水土、千姿百态的地形地貌。由25个民族组成的百万凉州人民创造了亘古未有的现代文明。

凉州历史悠久，人文荟萃，境内自然景观和人文景观交相辉映，文物古迹众多。这里的中国旅游标志——铜奔马、稀世珍宝西夏碑、天梯山石窟、武威文庙、佛教圣地鸠摩罗什寺塔等不胜枚举。

古时的凉州，已是一个有两万多人口的繁华城市，居民多为外国商人，他们占据了城里七个区的五个。玄奘到达凉州后，在城内外的寺院、庙宇和石窟里，碰到不少来自印度以及西域各国的僧人，感到无上新奇，从他们那里打听到他们国家的情况和如何出关事宜。当地人听说玄奘自京城来，遂恳请玄奘讲经说法。《慈恩传》卷一曰："……遇凉州人送官马归，又随去至披。停月

凉州城

余日，道俗请开《涅槃》《摄论》及《般若经》，法师皆为开发。"[1] 玄奘在凉州停留月余，为道俗开讲《涅槃》《般若》等，名声大噪，听众越来越多，因而玄奘往印度求法之愿为西域各国来往商人所褒扬，以是葱岭以西西域诸国无不期待玄奘的到来。散会之日，西域诸国的商贾施奉珍宝无数，玄奘受一半作燃灯费，余数尽施诸寺。

凉州鸠摩罗什寺始建于东晋南北朝（384～403年），东晋太元八年（383年），太祖吕光为安顿著名的西域高僧、佛教翻译家鸠摩罗什专门修建了这所寺院，距今已有1600多年，寺内雄立的罗什寺塔是为纪念鸠摩罗什而建的，塔内供奉有鸠摩罗什的舌舍利。鸠摩罗什在进入内地前，这里曾是他驻锡过十七年的地方。

鸠摩罗什是世界著名的佛学家、哲学家和翻译家，他和玄奘、不空、真谛并称为中国佛教四大翻译家之一，据《出三藏纪集》卷十四、《高僧传》卷二等载，其父原籍天竺，生于西域龟兹国（今新疆龟兹一带），父名鸠摩罗炎，母名耆婆，合称父母名为罗

---

[1] （唐）慧立、彦悰著，孙毓棠、谢方点校：《大慈恩寺三藏法师传》，中华书局，1983年，第11页。

什。他七岁随母出家，初学小乘，后到罽宾、沙勒，遇莎车国大乘名僧，改学大乘，博读大小乘经论，名闻西域诸国，"每至讲说，诸王长跪高座之侧，令什践其膝以登焉"。前秦建元十八年（328年）吕光破龟兹，以龟兹王女妻罗什。后秦弘始三年（401年）后秦王姚兴派人将其迎至长安（今陕西西安），请入西明阁及逍遥园，待以国师之礼。从弘始三年至十一年的八年内，他与弟子共译出《大品般若经》《金刚经》等经和《中论》《百论》《十二门论》《大智度论》《成实论》等论，系统地介绍了龙树中观学派的学说。译经总数说法不一，据《出三藏纪集》，为三十五部二百九十四卷；《开元释教录》作七十四部三百八十四卷。罗什所译经论，义皆圆通，"众心惬服，莫不欣赞"，对后世影响很大。其中三论，为三论宗所依主要经典；《成实论》流行于江南，为成实学派主要依据；《法华经》为天台宗所依主要经典；《阿弥陀经》是净土宗所依"三经"之一。据传，罗什弟子三五千，著名者数十人，其中道生、道肇、道融、僧叡，称"什门四圣"。

武威文庙

第四章 矢志西行路 | 117

右／鸠摩罗什铜像
左／凉州鸠摩罗什塔

　　凉州城北有鸠摩罗什砖塔。塔呈八角形，共十二层，每层悬有铜铃八枚，微风吹来叮咚作响。塔顶是葫芦形的铜制宝瓶，在阳光照射下，金碧辉煌。

　　玄奘在凉州为道俗讲经月余，引起了河西地区的极大轰动，同时也暴露了赴印度求法的志愿，为西域各国来往的商人所传扬，"以是西域诸城无不愈发欢心，翘首以待"。此事亦为凉州新任都督李大亮所闻。《慈恩传》卷一载："时国政尚新，疆场未远，禁约百姓不许出蕃。时李大亮为凉州都督，既奉严敕，防禁持切。有人报亮云：'有僧从长安来，欲向西国，不知何意。'亮惧，追法师问来由。法师报云：'欲西求法。'亮闻之，逼还京。"[1]

　　凉州都督李大亮闻知玄奘有志于西行求法，但又无出国文书，劝说玄奘速回长安为好，并严令表态："如果矢意西行，休怪我李

---

[1] （唐）慧立、彦悰著，孙毓棠、谢方点校：《大慈恩寺三藏法师传》，中华书局，1983年，第12页。

大亮无礼。"

玄奘的西行之志在凉州受阻，并身陷随时被抓捕送回长安的危险。正在他进退两难之际，凉州有一位慧威法师，系河西一带僧众的领袖，他一来器重玄奘品德，二来同情他求法心切，就密遣他的二个徒弟慧琳、道整二人，夜半暗中护送玄奘离开凉州。自此玄奘昼伏夜行，跋涉在河西走廊。

《慈恩传》卷一对玄奘凉州受阻，又摆脱离走的这段经历有明确记载："彼有慧威法师，河西之领袖，神悟聪哲，既重法师辞理，复闻求法之志，深生随喜，密遣二弟子，一曰慧琳，二曰道整，窃送向西。自是不敢公出，乃昼伏夜行，遂至瓜州。"

四、再阻瓜州　玄奘西行的转折点

笔者踏着玄奘的足迹，从凉州（武威）西行，走出绿洲就进入戈壁沙漠，等再见到绿洲时，就到了河西走廊另一重镇——甘州（今甘肃张掖）了。张掖为河西走廊四郡之一，取"张国臂掖（腋），以通西域"之意，故名张掖。在古代，张掖是东西和南北两条大道的交汇点，以至于在隋代成为西域诸国悉来互市的地方，是当时全国最大的国际交易市场。

东西大道是中原通往西域的要道，南北大道则是从青海西宁通往居延和蒙古的大道。由祁连山冰川供应水源的黑河，浩浩荡荡经张掖绿洲，直下沙漠中的居延海。黑河灌溉的绿洲是风光绮丽的地带，孕育了底蕴深厚的河西走廊文化，古人描写张掖："一城山光，半城塔影，苇溪连片，古刹处处。"今日看来，河西走廊中的张掖依旧是最美丽的城市。

笔者既是跟着玄奘上路，也就顺道采辑了张掖其他独特的自然景观。境内有气势磅礴的彩色丹霞地貌、中国最美的油菜花海、亚洲最大的军马场、独特的裕固族风情、祁连山草原风光、沙漠冰川奇景……雪山、冰川、森林、草原、湖泊、碧水、沙漠相映

张掖丹霞地貌

成趣，南国风韵、塞上风情兼得，有"不望祁连山顶雪，错将张掖当江南"之美誉。

张掖丹霞地貌就是其山川壮丽、物华天宝的例证。张掖丹霞地貌位于临泽倪家营南台子村，距张掖市40公里。在广阔的山地丘陵地带，有造型奇特、色彩斑斓、气势磅礴的丹霞地貌。丹霞是指红色砂砾岩经长期风化剥离和流水侵蚀，形成的孤立的山峰和陡峭的奇岩怪石。这里的丹霞地貌发育于距今约200万年的侏罗纪至第三纪。

张掖丹霞地貌分布广阔，场面壮观，造型奇特，色彩艳丽，是我国干旱地区最典型的、面积最大的丹霞地貌景观，具有很高的科考价值和旅游观赏价值。张掖丹霞地貌集中分布在临泽、肃南两县境内，面积达300平方公里，是中国丹霞地貌发育最大最好、地貌造型最丰富的地区之一，以层级错落交替、岩壁陡峭、气势磅礴、形态丰富、色彩斑斓而称奇，有七彩峡、七彩塔、七彩屏、七彩练、七彩湖、七彩大扇贝、火海、刀山等奇妙景观，令人不得不赞叹大自然的鬼斧神工。

张掖的这些自然美景，想当年玄奘经过时是无暇光顾的。他迫于凉州都督李大亮的抓逼还京，幸赖当地慧威法师帮助，密遣二弟子窃送向西，仓皇离开凉州，自此昼伏夜行，不敢公然经行官道，却又须依傍官道，穿插绕行在官道与小道交叉中行进，穿越肃州（今甘肃酒泉）辗转安全到达瓜州。

《慈恩传》卷一载："时刺史独孤达闻法师至，甚欢喜，供事殷厚。"瓜州刺史独孤达是一个虔诚的佛教徒，他对玄奘的到来非常高兴，对其所需一应供奉，尤其优厚。

瓜州是大唐西部边疆最后一个军事重镇，屹立在大漠深处。而今，当重走玄奘路，踏上这片土地时，你就会联想到唐代边境上金戈铁马的边塞岁月。

玄奘当年到达时，游牧的突厥人就在瓜州城外，这里的气氛比凉州的更为紧张，城门紧闭，飞鸟不出，想要出境，插翅难逃。玄奘在城东找到阿育王寺（塔尔寺），在此他一面为众僧讲经说法，一面打听西行路上的情况，这一住就是一个多月。

瓜州塔尔寺遗址

玄奘讲经的塔尔寺，位于古代瓜州锁阳城内，其遗址在今甘肃省酒泉市瓜州县锁阳城东南戈壁荒漠中，海拔1358米的山前冲积带、大片茂密的红柳从中，掩映着一座庞大的古城。这，就是锁阳城。

公元前111年，对于锁阳城来说，充满了无限的机遇。这一年，汉王朝置敦煌郡冥安县；《晋书·地理志》记载："元康五年，

第四章　矢志西行路 | 121

瓜州锁阳城遗址

惠帝分敦煌郡之宜禾、伊吾、冥安、渊泉、广至等五县，分酒泉之沙头县，又别立会稽、新乡，凡八县为晋昌郡。"由此冥安县治升格为晋昌郡治，这就不免对城址的规模、建筑规格、防御功能等方面提出新的要求，于是城址就从原来低洼潮湿、不利防守的旧城冥安县治迁到了锁阳城新址。

　　一座城池从此掀开了辉煌的一页，那时候的锁阳城，居于阡陌纵横、绿荫绕野的古绿洲中心，是丝绸之路上雄踞酒泉（肃州）与敦煌（沙州）之间，西通伊吾、北庭，南通青海的政治、经济、文化中心。

　　锁阳城，其名称的来历，始见于清代小说《薛仁贵征西》，因锁阳曾解救过被困锁阳城的三军将士的性命而得名。这是一个惊心动魄的故事，说是初唐时，太宗李世民命太子李治和名将薛仁贵进征西域，兵临城下，一举攻克此城。不料，却被哈密国元帅苏宝同大军层层包围，虽经苦战仍不能突破重围，只能固守待援，苏宝同一看不能即刻取胜，便下令断绝上流水源、逼河改道，使锁阳城一带的田园荒芜。在外无援兵、内无粮草的情况下，薛仁贵发现城区内外遍生锁阳，块根肥满，既可充饥，又可解渴，便令士兵掘而食之，一直坚持到援军赶来解围之时。为纪念锁阳城解救三军将士性命一事，苦峪城被改为锁阳城。

　　鸟瞰锁阳城，内城是不规则四边形，长宽竟有一里许，面积

上｜锁阳城古城墙
下｜锁阳城角楼

第四章 矢志西行路 | 123

28.5万平方米。残存的墙基宽19米，残高9～12.5米不等，顶宽34.5米。城内偏东筑有一道隔墙，将内城分为东城和西城两个部分，隔墙北段设有城门，是通往内城东西两部的通道，东侧和南墙各有5个马面，内城四角均有角墩，西南角和西北角各设一个瓮城，西墙中段和北墙中段各开一城门。城门处均有瓮城护卫。从四个瓮城设置的方位看，这里是城市建筑的重点防区，这一独特的形制在国内尚属首例。在内城的西北角，有用土坯砌成的一座瞭望墩，高达18米，这是锁阳城遗址的标志性建筑，也是该城瞭望敌情、俯瞰全城的制高点。

东距锁阳城城址1公里，现存大塔1座，小塔11座，寺门南向，东西两侧保存了鼓楼及钟楼建筑台基各1座、僧房数间，院墙平面呈正方形，面积10000平方米，这就是塔尔寺。

寺院前部中心位置有大型庙宇建筑台基，其北面有一座高14.5米的大塔，用土坯砌成，白灰抹面，大塔的造型与高昌古塔较为相近。塔形庄严雄浑，十分壮观。据当地老人说，20世纪40年代，俄国人拆开塔身，盗走大量的经卷及字画，数月内，散落的经卷还遍地飘零。据《慈恩传》记载，高僧玄奘法师赴印度取经路过瓜州，确考，就是在此寺讲经说法月余。塔尔寺遗址是唐、五代时期瓜州城官员和居民进行宗教活动的重要场所，据说"凡有许愿，莫不灵验"。

据考证，玄奘在讲经期间，还到离塔尔寺20多公里处著名的东千佛洞朝拜，对那里的2、5、7窟"涅槃变"和壁画等赞不绝口。

从公元4世纪开始，中国僧人就结队前往印度，也大都经过瓜州出境。在玄奘之前，东晋的法显是史料记载第一个到达印度的探险者。但绝大多数朝圣者，都死在了瓜州这无水、无食、无草、险恶的沙漠中。

作为违禁西行的人，玄奘的境遇比先驱者更为艰难。正在他不知何去何从，无计可施的时候，凉州的访牒又前来捉拿西游的

榆林窟壁画唐僧取经图

僧人,李大亮命令沿途各州县严密查访,务必将其解送京师。瓜州州吏李昌,也是一位崇信三宝的居士,接到公文后,经和刺史独孤达沟通,立即带着公文秘密拜访玄奘,并将访牒呈上,轻声问道:"法师可是这僧?"玄奘迟疑未答,李昌又说:"法师不必多疑,尽管实说,如果确是此僧,弟子一定设法。"

于是玄奘把西行取经的意愿全盘告诉李昌。李昌闻言十分感动,将文书当场撕毁,并对玄奘说:"法师西行,心诚意真,难能可贵,但瓜州万不可久留,恐夜长梦多,请法师立即动身,一切

第四章 矢志西行路 | 125

由我负责，小弟就此告别。"

李昌辞别后，玄奘暂就附近寺院住下，但他感到十分为难，因和他同来的两个和尚，道整已经先去了敦煌，慧琳太年轻，人又孱弱，已被打发回了凉州。他在瓜州另外买了一匹马，但不识路途，茫茫沙海，孤身一人有谁带路呢？

隋唐时从瓜州往中亚、印度次大陆有南北两条道路。

南道由此越敦煌，沿着今天的阿尔金山脉，经鄯善、于阗，而后转西北至莎车，由附近的巴达克山（阿富汗西北与新疆接壤），南下越大雪山（兴都库什山）而进入中亚克什米尔（唐时伽湿弥罗），再进入北印度。

北道从瓜州经唐玉门关北进，过五烽，经伊吾、吐鲁番、焉耆、龟兹而至疏勒，沿天山北道渡葱岭西南进入克什米尔，再进入北印度。

南北二道大体是南道沿新疆天山山脉的大戈壁沙漠的南沿，北道是沿其北沿，两条道均至帕米尔高原附近向南进入克什米尔。其中北道的龟兹、南道的于阗，以及克什米尔，自汉代以来为中国通往西域各国的三大交通重镇，当地的佛学对我国影响甚大。

玄奘研究中心部分成员在瓜州考察

玄奘西行路线采取的是走北道，当时认为北道比较安全。

关于玄奘当年从瓜州西行，到底走的是南道、中道还是北道，历史也有明确记载，据《玄奘年谱》载："贞观十五年以前，吐蕃尼波罗道未劈，故裴矩所云，北中两道实即道宣所载的北道，裴矩的南道实即道宣的中道。道宣所叙东道，即吐蕃尼波罗道。"玄奘出国的行程参照上述和《元和郡县志》："出阳关谓之南道，西趣鄯善、莎车，出玉门关谓之北道，西趣车师前庭及疏勒。"黄文弼《罗布淖尔考古记》："至唐玉门关稍东北移，故唐时北道，由玉门关稍西行，即折西北行，穿噶顺沙碛，即莫贺延碛至高昌，其路线与《魏略》所述之新道略同。"① 由上可知玄奘西行，当由北道。

玄奘在瓜州打听到，从瓜州向北五十多里，有一条瓠芦河，这条河上游狭窄而下游宽阔，水深流急，无船可渡。河上虽有一桥，但河南岸桥头就是唐代的玉门关。玉门关有军队严守，不能随意通过，这是通向西域的咽喉要道。

玉门关外阳关故址

---

① 黄文弼著：《罗布淖尔考古记》，北京大学中国西北科学考察团丛刊（复印本），1948年，第一篇第三章第42页。

第四章 矢志西行路 | 127

古时候，跨出玉门关就是出塞。玉门关在玄奘时代是边关，对当时的中国人来说，它是"中土"与"蛮荒"、"文明"与"野蛮"的分界线。多少世纪以来，许多诗人倾诉着他们对关外那个未知世界的恐惧。王之涣的《凉州词》就是其中有名的一首：

　　黄河远上白云间，一片孤城万仞山。
　　羌笛何须怨杨柳，春风不度玉门关。

在古人的心目中，玉门关外的情景是多么凄凉，连春风都吹不到呀！但是玄奘不觉如此，对他来说，玉门关外是一个充满知识、学问和智慧的世界，他迫不及待地要走入这个新世界。这大概就是智者与凡人、思想家与诗人的区别吧。

当时的玉门关外，几百里内设有五座烽火台，每座相距百余里，都驻有守兵，专防出境之人。这五烽设在沙漠中，等于五个警报站，每烽都筑有高土台，发现敌情或其他紧急状况告警时，白天燃烧狼烟，晚上则举火为号。五烽之间绝无水草，五烽之外，便是八百里莫贺延碛大沙漠。莫贺延碛大体在今天的星星峡到哈密东南的长流水之间，过了莫贺延碛便是伊吾国境了。这数百里的莫贺延碛，上无飞鸟，下无走兽，水草皆无，环境特别恶劣；白天酷热难熬，时有狂风飞沙，夜里又寒冷难挡，点点闪闪的磷火令人毛骨悚然，途中常可见到一堆堆尸骨，那些都是企图穿越戈壁沙漠而遭遇不幸的人的遗骨。瓜州刺史独孤达恳切地对玄奘说："法师执意西行取经，弟子不敢拦阻，但道路上充满危险，望您三思而行。"

这些天，玄奘一直为如何渡过戈壁五烽而忧愁。这天早晨，玄奘正在寺院中礼佛，一个西域人跑来礼拜，自称叫石槃陀，愿意受戒拜玄奘为师。玄奘见他言辞真诚，就为他授了五戒。胡人十分欢喜，复又出来奉上素斋、果饼供养。玄奘见他三十多岁，身体结实，容貌恭敬，就把要西行取经的事讲给他听，石槃陀立即满口答应做向导，护送玄奘过五烽。

玄奘喜出望外，为他置衣买马，约期出发，次日傍晚时分，见石槃陀带着一位白发红颜的西域老翁，骑着一匹又瘦又老的赤马前来。玄奘见了，心下怀疑，不知何意。石槃陀告诉玄奘："这位老人来往伊吾国三十多趟，对此路极为熟悉，所以约他来商量进止，别无他意。"老翁劝说玄奘："西路险恶，沙河阻远，鬼魅热风，遇无一免，成群结队的尚多迷失、冻死路上，况师单身子影，何必冒生命危险呢？还是打消西行的念头吧！"玄奘道："贫僧为求大法发趣西方，若不至婆罗门国，终不东归，纵死中途，非所悔也。"胡翁曰："师必去，可乘我马。此马往返伊吾已有十五度，健而知道。师马少，不堪远涉。"[①]

玄奘谢过了老翁一番好意，当下两边换了马匹，礼敬而别，之后装束行李，和胡人石槃陀星夜出发，三更时分到了瓠芦河边，远远望见了玉门关，只见城楼高耸，矗立在河边上。两人不敢在玉门关正面渡河，在离关上游十里的地方，河面只有一丈多宽，旁有梧桐树丛，他和石槃陀砍树搭桥，铺草垫沙，骑马过了瓠芦河，这时已经深夜，遂找一个地方休息。两人在相去五十来步的距离各自找个休息处。这石槃陀翻来覆去不能入睡，原来他后悔答应为玄奘带路。不多时，石槃陀突然拔刀慢慢向玄奘走来，走了十多步，徘徊无主，忽又折回。他的这一举动早为玄奘发觉，玄奘晓得他已有异心，就起身落座，默念佛经，诵起观世音菩萨的名号。石槃陀见此情景，只得转身走回去躺下。

天快亮时，玄奘叫醒石槃陀，打水洗脸，吃过干粮便要出发。石槃陀迟疑道："弟子眼看前途险恶，又无水草，只有五烽下面有水，必须夜间偷水而过，只要一处被人发现，便要送命，不如回去为妙！"玄奘决然不为所动，坚持前行。石槃陀没法，只得硬着头皮，勉强行进。又行数里，石槃陀停住，跳下马恳求玄奘说："师傅，弟子实在不能前去，一来家累太重，二来王法森严不可违

[①]（唐）慧立、彦悰著，孙毓棠、谢方点校：《大慈恩寺三藏法师传》，中华书局，1983年，第13页。

背,请法师原谅放我回吧!"玄奘知道无法勉强,只得叫他回去。

但石槃陀不肯就走,说:"西行路上关卡太多,我看师傅此去一定不能到达,万一被官府和守军捉住,供出我的名字,王法森严,我家中还有妻儿老小啊!"

玄奘微微叹了口气,遂对天发誓,决不连累他人,并让石槃陀速速离去。

在瓜州,笔者除了探秘玄奘西行在这里受阻的种种险情以外,还重点考察了玄奘是如何偷渡玉门关的;同时,还就玉门关的历史沿革作了一些探讨。据瓜州李宏伟先生《中国之最话瓜州》一书,对唐玉门关作了精辟的论述:

> 唐玉门关是中国历史上最著名的关隘,也是中国历史上延续时间最久的关城,它是中国边塞诗中出现频率最多的关城(唐代大诗人李白、王昌龄、王之涣、岑参等对玉门关的吟咏都成为千古不朽的名篇),更是古代边关的标志物;是历史上热血青年报效祖国、杀敌立功的誓师之地;是中国人精

玉门关遗址

神家园中的一部分；是中国人西部情结中永远难以磨灭的历史丰碑。这样一座名震华夏的名关，这样一处中外驰名的著名关城，承载了华夏的荣耀和屈辱，是历代各族人民用鲜血和生命浇灌滋养的土地。

著名学者李正宇先生在 1997 年发表于《敦煌研究》第三期《新玉门关考》一文中写道"新玉门关"的位置明清以来有三说：一说在"故瓜州西北一十八里"，此说见《大明一统志》卷 37 "陕西行都指挥使司·关梁"条；二说在今瓜州县东百余里之双塔堡东北，此说以陶葆廉为代表；三说"唐初玉门关在瓜州西北五十里之瓠芦河上，后迁至瓜州城近处"，此说见严耕望著《唐代交通图考》。[①]

笔者认为严耕望先生的观点"初唐玉门关在瓜州西北五十里之瓠芦河上"较为可靠。根据地面遗址的情况和位置来看，瓜州县锁阳城镇常乐村的破城子就是唐代的玉门关所在地，该城位于唐瓜州城西北 50 里，城址南北 250 米，东西 144.7 米，残高 8～12 米不等，原留有西、北两门，四周有壕沟，城南、城西分别有 3 处弩台，还筑有 2 处小城堡，是一处完备的具有军事防御特点的城防遗存。据甘肃省考古所吴礽骧先生考证：从该城的文化堆积物看，该遗址主要是属于汉、唐两个时期。从吴先生打的探坑我们知道，该遗址文化堆积中下层为汉代的文化面貌，上层为唐代的文化面貌。另从城址的做法看，夯层、夯窝均为唐代的做法，城门的做法也为典型的唐代做法。从出土的花砖、陶质扁壶、陶灶、陶器看，它们也是唐代的遗物。从唐代诗人岑参的《玉门关盖将军歌》当中我们知道，这是一座设在偏远、险峻之处的孤城，驻守的将士有五千人，诗中写道："玉门关城迥且孤，黄沙万里白草枯。南临犬戎北接胡，将军到来备不虞。"诗中点明了唐玉门关

---

① 严耕望撰：《唐代交通图考》卷二，上海古籍出版社，2007 年，第 436～440 页。

是一座偏远的孤城，一面是百草繁茂的沃土，一面是黄沙漫漫的大漠，南北两面均为少数民族统治的辖地，诗中的景象与破城子遗址周围的情形也极为相合。

从以上各类资料，我们可以得出结论：无论从破城子的位置、形制、规模，还是从出土文物的文化面貌来看，这里就是唐代的玉门关所在地。

李宏伟先生的论点与《慈恩传》卷一"夜发三更许到河，遥见玉门关"亦相合。

玉门关，自西汉设置以来，已有2100多年历史。自20世纪初以来，学术界有关玉门关设置的时序、地域变迁等问题，一直争论不休，各持己见，有些问题似已定论，但新的疑问又被勾陈出来。近现代以来，研究玉门关的专家学者有30多位，他们把玉门关设置划分为西汉、东汉、隋代、唐代、五代宋初、明朝等六个历史时期，提出了20种以上的学术观点。

（1）西汉时期：玉门关或设嘉峪关市石关峡、玉门市赤金峡口、敦煌小方盘城、敦煌马圈湾、敦煌大煎都候官附近、敦煌羊圈湾、小方盘城西侧150米处的长城线上、瓜州布隆吉古城等8处。

（2）东汉时期：玉门关或设瓜州县马圈村小古城1处。

（3）隋朝时期：玉门关或设安西以东晋昌一带（瓜州锁阳城一带）、瓜州锁阳城内城东北角外、常乐县（今锁阳镇破城子，即为玉门关所在镇戍主要关城）、瓜州县马圈村小古城、瓜州县马圈村大古城5处。

（4）唐朝时期：玉门关或设瓜州县破城子、瓜州县马圈村小古城、瓜州县双塔堡附近、瓜州县马圈村大古城4处。

（5）五代宋初时期：玉门关或设嘉峪关市石关峡1处。

（6）明朝时期：玉门关设在嘉峪山麓西北余脉处1处。

综上各家学术观点，在中国六个历史时期中，玉门关累计设关约20处。

时至今日，专家学者还没有对玉门关的各个历史时期有个确切定位，只是初步拟定或推测。作为对玄奘研究的探讨者，笔者认为，不管玉门关六个历史时期设了多少个玉门关，那都是那个历史时期的需要，但笔者最关心的当年玄奘西出玉门关过的是哪个玉门关，因而更偏重于瓜州县锁阳镇长乐村的破城子就是玄奘经过的唐代玉门关。因为这和《慈恩传》卷一的记载略同。

2016年，在中国玄奘研究中心、甘肃敦煌学会、瓜州县人民政府主办，瓜州县文化局、瓜州县文物局、瓜州县历史文化研究会承办的"中国瓜州第五届玄奘文化国际学术研讨会"上，笔者发表了《玄奘西行求法与瓜州一段行程的历史地位——从重走玄奘路所想到的》学术论文，从不同层面论述了瓜州与玄奘西行的重要性，摘其要者有以下三个方面突出了瓜州的历史地位。

瓜州玄奘取经博物馆大门

1. 瓜州是玄奘犯禁出关免遭唐朝遣返的福地

在瓜州塔尔寺，玄奘一面为众僧讲经说法，一面打听西行路上的情况。走哪条路，怎么走，是玄奘打探的两大主题。"淹留月余，而凉州的追捕牒文又至，幸得州吏李昌的曲法成全，嘱令即速离境。"

在瓜州应该说玄奘是幸运的。尽管唐朝的公文接二连三下至

第四章　矢志西行路 | 133

凉州，追至瓜州，但玄奘遇到了办事草率的都督李大亮，又遇到了尊信佛教，崇拜玄奘，根本不与过问的瓜州刺史独孤达，更遇到了手捧唐朝追捕牒文的州吏李昌，当问明玄奘就是西行的玄奘法师后，李昌竟当面撕毁追捕文书，不顾唐朝的追责而请法师早去。

应该说瓜州是玄奘的福地。三级唐朝的官吏都能网开一面放玄奘西行出关大概有两个原因：一是瓜州是通往西域的门户，这里佛教盛行，这些官吏也都是虔诚的佛教徒；二是玄奘冒千难万险，敢于西行求法的壮举感动了这些官吏，起决定作用的是后者。如果这些官吏有一人遵照唐朝公文将玄奘遣返长安，那玄奘的西行求法就绝对被扼杀于瓜州。

2. 瓜州是玄奘西行求法成败的决策地

在瓜州，玄奘为众僧讲经，其间不忘打探西行路上的情况，如何出境，与谁结伴，由谁带路，是这期间玄奘考虑的重点。这时朝廷公文又至，他时时有被抓捕的危险，一面是惊恐万状的处境，一面是未知的漫漫西路，在这将发未发万般无奈之时，他意外地收取了徒弟石槃陀，愿为玄奘过五烽带路，又置换了识途的枣红马，这成了决定玄奘西行求法成功的重要决策条件。

尽管刚刚过去玉门关，"石槃陀惧前途险远，又无水草，惟五烽下有水，必须夜到偷水而过，但一处被觉，即是死人，不愿前往，玄奘乃纵之还"。事实上石槃陀的中途变节，更坚定了玄奘只身西行的决心，"宁可西进一步死，决不东归半步生"。

3. 瓜州是玄奘西行求法的信息站、补给站和转折点

在瓜州，玄奘通过讲经说法，结交了不少往来西域的商人和佛教徒，从他们口中，玄奘得知从瓜州前往中亚有三条道，即南道、北道和中道。玄奘选择了走北道，即经吐鲁番、焉耆、龟兹而至疏勒，再经葱岭西南行而进入克什米尔，再进入北印度。实践证明，玄奘的选择是正确的，北路比较安全。

在瓜州，玄奘还捕捉到一个重要信息，偷渡玉门关，必须在瓠芦河上游十里余的地方过，那里河面只有一丈多宽，可在夜间搭桥偷渡。

同时，在瓜州玄奘置衣买马准备过五烽的物资所需。这里成了玄奘西行的补给站和转折点。

在瓜州，当一切条件具备之后，玄奘作出重要决策："偷渡玉门关，穿越大沙漠。"

以上这些足以显示出瓜州在玄奘求法途中具有里程碑意义，是后世不能忘却的圣地。

五、三阻五烽　九死一生过大漠

石槃陀走后，玄奘单人独马，进入烽火台防区，这是玄奘西行途中第一段最艰苦的旅程；但见黄沙茫茫，一望无际，长途漫漫，渺无人烟，唯望那一堆堆白骨和马的粪便为路标，寻迹而前；一路凄凉冷落，正自纳闷，忽然看见有军士数百队，满布沙漠间，忽行忽止，都是穿着羊皮裘骑着骆驼马匹，拿着旌旗戈矛，一队队在远处沙漠里行进。可是这些人物易貌易形，千变万化，远看非常清楚，渐近渐渐消失。玄奘起初看见，以为是强盗来了，又以为是妖魔鬼怪，后来渐近渐灭，才知道是沙漠里远处景物倒映空中，由于气流的急剧变化，瞬息万变，幻出种种形象。这在海上叫"海市蜃楼"，在沙漠叫作"沙漠幻景"。玄奘这才安定情绪，遂壮胆前进，这样走了八十余里，老远望见了第一座烽火台（今沙井子）。他唯恐被守兵发现，便躲在沙沟里，等到天黑再取水偷越。天黑以后，玄奘悄悄地走近烽火台，果然见一泓清水，下马就饮，刚洗了手脸，取出皮囊盛水，忽地一支暗箭，飕的一声射来，接着又是一箭，几乎射中膝部。

玄奘知道他的行踪已被守军发现，索性大声呼道"请不要射了，我是从长安来的和尚！"，一面叫着，一面牵马向烽火台走去，烽火台上守兵亦开门出见，知是和尚，便带他去见校尉王祥。王祥叫掌灯来看，知不是河西僧侣，像是从京师来的，因问行意。玄奘答道："校尉可曾听人说，有僧玄奘要西向婆罗门国求佛法的事吗?"校尉道:"闻法师已回东土,怎么会到这里?"玄奘取出章疏度牒,给他看自己的名字,众人这才相信。校尉道:"西路艰难,师终不能到达,现在亦不同你为难,弟子敦煌人,意欲送师回去,那里有张皎法师,钦贤尚德,见师必喜,请向那边小住如何?"玄奘答道:"我是洛阳缑氏人,从小喜欢从师学道,两京

玉门关外第一烽火台

的宗师、吴蜀的高僧,无不负笈从游,登门求教,在求学谈说中,亦颇谬窃时誉。如要修名立业,哪有不赴敦煌之理?然生平所恨,自佛灭度后,经论有所不周,胜义有所残缺,所以不顾一己性命,无视前途的艰危,誓往西方,遵求遗法。施主不加勉励,反来相阻,恐非助人为善之道?必欲拘留,甘受刑罚。但是贫僧决不东移一步,以负初心!"

　　校尉听了十分感动,说道:"弟子多幸,得遇吾师,怎敢相强?吾师今天疲倦了,且请安置,待明天我亲自送师一程,指点路途!"第二天早起斋罢,王校尉派人盛水及带些麦饼,自送玄奘十多里路,指向法师道,"师从此路径向第四烽,彼人亦有善心,又是弟子宗骨,姓王名伯陇,至彼可言弟子遣师来"①,说罢依依洒泪拜别而去。

　　玄奘继续行进,走了几天总算到达第四烽火台(今大泉)。玄奘生恐又被留难,打算偷偷取水过去,正走到泉水边,冷不防一

---

① (唐)慧立、彦悰著,孙毓棠、谢方点校:《大慈恩寺三藏法师传》卷一,中华书局,1983年,第16页。

支飞箭已到头上来。玄奘吓了一跳,急忙向前打招呼,大声通报,烽火台上派人来迎,听说是第一烽火台守将王祥遣来的和尚,烽火台守将王伯陇格外款待,留他住宿。第二天早晨,更取大皮囊和马麦相送,临别叮嘱道:"法师此去,莫向第五烽(今马莲井)行,守台校尉性情粗野,恐生异图,可以抄路绕过,百里之外有野马泉可以取水,还要再走过几百里的大沙漠,方可到达伊吾城,法师须多加小心。"

玉门关外第四烽火台

　　玄奘告别王伯陇向野马泉进发,再往前行便是有名的莫贺延碛大沙漠。此地古名沙河,长八百余里,上无飞鸟,下无走兽,更无水草,伴随玄奘的只有那匹老马和自己的影子。玄奘此时履影吊心,更无别念,日夜兼程,不觉已走了百余里;带来的水眼看着就要喝完,仍觅野马泉不得,但见大碛连天,风沙漠漠,沙漠中卷起阵阵热风,刮得漫天沙土;玄奘走得乏了,口渴难当,想拿下饮袋取水,哪知一不小心,袋重失手,一霎间竟将饮水全都没在地下,完全渗入沙中,滴水未剩;又见路途绕来绕去,完全迷失了方向,不免心中焦急,想返回第四烽火台取水,他顺原

第四章　矢志西行路 | 137

路走回十多里，意又自念"我曾发誓愿，不达目的决不东归一步，宁可西进而死，哪可东归而生？"，于是勒回马头，向西北方向迈进。

玄奘在白茫茫的沙漠中艰难地一步一步前进，放眼望去，四周尽是黄沙荒碛，死一样的沉寂；白天偶尔能见到的也是在漫漫黄沙中一堆堆人马的骷髅，夜里则到处是一点点青磷鬼火，闪烁在荒沙白草之间。从古以来，在这条路上，不知牺牲了多少客商，埋葬了多少香客和传教的僧人，这些人马遗骨便是他们留下来的唯一纪念物。

在人类社会里，尸骨是恐怖的死亡信息，在渺无人烟的荒漠，尸骨是人类灵魂的慰藉，即便是干巴巴的马粪，那也是生命的气息。也多亏了这些尸骨和马粪，才使玄奘驱赶了生命最厉害的杀手——孤独。

就这样，玄奘坚定信念，心中念着观音菩萨及《般若心经》继续前行。这《般若心经》是他多年前从一个受他护理的病人那里学到的。《般若心经》是佛经中较短小的经，但却是佛经精髓的一部分。那个病人告诉他，要在危难无助时诵读此经。此刻对于他来说，比任何时候要危险。他一遍又一遍地念，尤其是后边的一段："依般若波罗密多故，心无挂碍，无挂碍故，无有恐怖。远离颠倒梦想，究竟涅槃……"

玄奘单人匹马一连走了四夜五天，没有滴水入口。他劳累至极，喉咙里冒火，眼睛也睁不开，终于连人带马昏倒在沙漠中。玄奘在昏倒前曾默默祷告菩萨："玄奘此行不求财利，无冀名誉，但为无上正法来耳，仰唯菩萨慈念群生，以救苦为务。此为苦矣，宁不知耶？"到了第五天夜半，忽有一股凛冽的寒风吹醒了昏迷中的玄奘，马亦站起。玄奘打起精神爬上马背，行了十里左右，红鬃老马儿好像有预感似的，忽然调转方向狂奔起来。玄奘控制不住，只得信马由缰，径行数里，这时一片碧绿的青草和一汪甘澄清澈的清泉展现在眼前。玄奘喜出望外，下去就痛饮一顿，生

上／玉门关外的浩瀚沙漠
下／玉门关外第五烽火台

命重获安全,人马俱得更生。玄奘兴奋地拍着马儿的脖子:"老马果然识途,好马,好马!真乃天无绝人之路啊!"水把玄奘从死亡的边缘拯救回来。

玄奘和老马在水草边美美地休息了一天,第二天备足水草继续西行,两天后走出这莫贺延碛大沙漠,来到西域的伊吾(今新疆哈密)国境。途中种种危难,所述不及万一。出关到此这不过是玄奘万里孤征的第一步罢了。

玄奘在瓜州过瓠芦河(葫芦河),出玉门关之后,如何穿越沙漠五烽是玄奘西行生死攸关的大事。关于五烽所在何处,近代有不少学者进行过探讨、考证与综述。

关于五烽所在何处,兹录如下。

(1) 斯坦因《玄奘沙州伊吾间行程》和《慈恩传》的记载,并对瓜州到哈密的地形作一比较,认为极为相符,第一烽即今白墩子,第四烽为今马连井子,第五烽为今星星峡。

(2) 向达先生发现的五烽所在,也比较含糊,他在《中西交通史》上注云:"玉门关外有五烽,苜蓿烽其一也,瓠芦河上狭下广,回波甚急,深不可渡上置玉门关,即西域之襟喉也。"他认为斯坦因"所取者即沿今安西经星星峡以至哈密大道,其言甚辩。唯斯氏不知唐代瓜州治晋昌县在今瓜州县东,必以今安西西南七十里之瓜州故城为即唐代瓜州治所,则不无千虑之失也"①。但他也没有考证出五烽究竟相对于今何处。

(3) 杨廷福先生在综合了斯坦因、向达的观点后认为,由于唐代遗迹久已化为烟云,在未有考古实物证实之前,只有根据《大慈恩寺三藏法师传》的记载,参考《辛卯侍行记》和常钧《敦煌随笔》上"哈密"条的记载,还有黄文弼等的考古专著和现在的地理对勘,玄奘也只有从安西的白墩子、小红柳园、大泉经马连井子、博罗砖井、白石头、镜儿泉、北苦水、塔尔纳沁、黄卢冈到达哈密。

(4) 宁瑞栋先生于1957年来瓜州,几十年来对玄奘在瓜州的足迹做了考证,他在《玄奘与瓜州二三事》一文里提出了五烽的位置:今瓜州县城北30公里的涧泉子最有可能是第一烽。涧泉子西偏北距白墩子(第二烽广显驿)16.5公里(约29唐里),北偏东距石板墩(汉代烽燧)12公里(21.4唐里),东南距南干沟口39公里(约60唐里)。从涧泉子向西北72公里(128唐里)可径直抵达第四烽(双泉驿)。此泉水量充沛(据50000:1地形图标注,该泉可供100人饮用),且地势险要。

---

① 向达著:《中西交通史》,中华书局,1941年,上集。

（5）近年来，李正宇教授经过实地勘察，用确凿的地标依据和历史遗存，雄辩地颠覆了斯坦因对瓜州五烽的论述，并对瓜州城、瓠芦河、玉门关、五烽提出了准确的地理位置，他在《玄奘瓜州·伊吾经行考》一文中就以下三个方面进行了阐述：

一是考证莫贺延碛道的取线及沿途驿站，二是弄清玄奘这段行程中几个关键性地点处所，三是讨论玄奘此行怎样同官道离合交叉。

◆ 莫贺延碛道名称由来及沿革

传统文献关于莫贺延碛道的记载皆疏略欠详，令人难以把握，幸得敦煌遗书《沙州都督府图经卷第三》对此道诸驿及里程有详细的记载，可据以考证落实"关外五烽"之所在及玄奘旅行的进程和路线。该《图经》载：

> 新井驿、广显驿、乌山驿右在州（此指沙州）东北二百廿七里二百步，瓜州常乐（县）界。同前奉敕置（引者按，此谓天授二年（691年）沙州刺史李无亏奉敕置），遣沙州百姓越界供。奉如意元年（692年）四月三日敕，移就稍竿道行。至证圣元年（695年）正月十四日敕，为沙州遭贼、少草，运转极难，稍竿道停，改于第五道（引者按："第五道"即莫贺延碛道。初唐时，与伊吾国不相交通，此道封锁不通。唐朝据有此道之南段，并在所控路段递置五所警烽，其最临前线、最关紧要、驻军最多、最为著名的一所警烽名第五烽。当地以第五烽名此道，故称"第五道"）来往。又奉今年（所谓"今年"，笔者考为武周万岁登封元年，即696年）二月二十七日敕，第五道中总置十驿，拟供客使等食。付王孝杰并瓜州、沙州审更检问。令瓜州捉三驿，沙州捉四驿。件检瓜州驿数如前。

本条所列"新井驿、广显驿、乌山驿"三驿为瓜州所捉（"捉"即经管、掌控）驿，乌山驿以北之第五驿、冷泉驿、胡桐驿三驿归沙州越界捉，胡桐驿以下有赤崖驿及失名二驿归伊州捉。

又"双泉驿"条载："唐仪凤三年（678年）闰十月奉敕移稍竿道就第五道莫贺延碛置，沙州百姓越界捉。"

莫贺延碛大沙漠

所谓"稍竿道"，是指从敦煌向西北，经齸泉戍、稍竿戍抵伊州之路。唐仪凤三年（678年）以前，从瓜州往伊州，官道是先抵沙州，然后循稍竿道而往。仪凤三年（678年）闰十月以后，改由常乐县直趋西北，穿过莫贺延碛而抵伊州，此即所谓"莫贺延碛道"。莫贺延碛为今瓜州县马莲井以北、哈密北山（古亦名天山）以南的戈壁大漠，伊吾绿洲即镶嵌在此戈壁大海之中。汉代，这一带为匈奴呼衍王领地。"呼衍"，又作"呼延"，本匈奴贵姓，世与单于联姻，见《史记·匈奴传》。盖此地既属呼衍王，故以"呼衍"名其地。西汉末又译"呼衍"作"五船"，"五船"一名见《汉书·西域传·车师后城长国》及《三国志·魏志·乌丸传》注引《西戎传》。"船"字古当读"延"音。（"五延"即"呼衍""呼延"）。西汉末以来，或称此道为"五船道"或称"伊吾路"（见《周书·

异城下·高昌传》），或称"新道"（见《汉书·西域传·车师后城长国》及《三国志·魏志·乌丸传》注引《西戎传》），学界习称"新北道"，唐代始称"莫贺延碛道"，"莫贺延"为"呼衍""呼延""五船"之又一异译。唐代文献最早出现"莫贺延碛"之名，见于麟德元年（664年）僧冥祥撰《大唐故三藏玄奘法师行状》。"莫贺延"又别译作"拔河帝"，《新唐书·地理志》载：瓜州常乐县"有拔河帝山"是也。拔河帝山即莫贺延山，为今之星星峡山。

隋末丧乱，鄯善人割据伊吾称王时，唐朝初立，以今甘肃、新疆交界处星星峡山为界，彼此隔绝，禁断往来，莫贺延碛道因而封闭不通。唐朝为了防控此道，乃在星星峡山以东至瓜州常乐县间分设五处烽戍以为警戒。五烽以西，过莫贺延山属伊吾国境，非唐所管。玄奘于贞观元年（627年）秋末傍此道西行，此道犹闭不通。贞观四年（630年），伊吾国首领石万年奉伊吾七城归唐（见敦煌遗书S.367号《沙州伊州志》），唐于伊吾之地置伊州，始在五烽以西继置五烽，此道总有十烽。高宗仪凤三年（678年）闰十月，此道正式开通；武周万岁登封元年（696年）又于各烽置驿，乃有十驿，于是形成驿戍并置的格局。上引《图经》"新井驿、广显驿、乌山驿"条所记，大体反映了高宗及武后时此道开通及置驿的情况。

初唐在瓜州常乐县以北到莫贺延山的段路上置五烽，其第五烽置在莫贺延碛头，为最北面的一座烽燧；后于烽侧置驿，即名"第五驿"。

玄奘于贞观元年从瓜州起程往伊吾，即傍循此路。是时，第五道不通，故不置驿。唐朝在其所辖段仅置五所警烽，即《行状》所谓玉门关外"凡有五烽，五烽之外，无复戍逻"，《慈恩传》亦云"关外西北，又有五烽……五烽之外，即莫贺延碛"，《行状》及《慈恩传》又多次说到五烽中的第一烽、第四烽及第五烽：

《行状》："于是夜发，见第一烽。""第五烽外，有野马泉。""法师过第五烽，遇风沙大起，不知泉处。"

《慈恩传》："径八十余里，见第一烽。""师从此路，径向第四烽，彼人亦有善心，又是弟子宗骨，姓王名伯陇。至彼，可言弟子遣师来。""既去，夜到第四烽，恐为留难，欲默取水过。""第一烽王祥校尉故遣相过。""师不须向第五烽，彼人疏率，恐生异图。""又路盘回，不知所趣，乃欲东归，还第四烽。"

以上所谓"第×烽"诸名，除"第五烽"确为此烽真名之外，其余第一至第四烽并非各烽燧之名。第一烽名新井烽，第二烽名广显烽，第三烽名乌山烽，第四烽名双泉烽，第五烽则确为真名。玄奘只是听人说"关外西北，又有五烽"，并不详知五烽各有烽名，遂历数其烽第而称之曰"第×烽"。幸得《沙州都督府图经》有载，方知五烽各自有名。

玉门关前瓠芦河

◆ 莫贺延碛道之取线及驿站

《沙州都督府图经》对此道"十驿"有颇为详细的记述，请参阅，这里笔者简述于下。

新井驿 置于第一烽处，在瓜州常乐县北27里，其地今名沙井子,位于戈壁南缘、瓜州绿洲之北缘,北4里有疏勒河从东向西流过。此河一路渗漏,至常乐城北已成干河,只在山洪暴发季节方有洪水通过。山洪暴发皆在七八月份,每年多不过两次,每次洪流一二日即过。洪水过后,仍为干河一道。驿道由此过河,无须于河上架桥,最为省便。烽火台西侧有水泉,可供人马饮用。西北地区驿戍选址,水源为必要条件之一,《慈恩传》记石槃陀云"前途险远,又无水草,唯五烽下有水"是也。同《慈恩传》又载,玄奘见第一烽,恐候者见,乃隐伏沙沟,至夜方发。到烽西见水,下饮盥手讫,欲取皮囊盛水,有一箭飞来,几中于膝,须臾更一箭来,知为他见,乃大言曰:"我是僧,从京师来,汝莫射我。""第一峰"即此烽。武周万岁登封元年(696年)于烽旁置驿,名新井驿。

广显驿　置于第二烽处,在新井驿北(略偏东)79里,今名白墩子,原为汉代所筑,北朝及唐代均曾重修。烽火台及坞垣建在小山丘上,今存,残高犹达7米。烽台西北有水泉,可供人马饮用(清代始筑水坝蓄水)。武周万岁登封元年于烽旁置驿,名广显驿,驿垣建在峰台所在山丘东北脚下,距烽台不过50米,今颓毁成方形土台,纵广各20余米,土台南、东二面墙体尚在。清代在此置白墩子军塘,故今名白墩子。

乌山驿　置于第三烽处,在广显驿西北70里,今名红柳园。烽火台今已坍毁,残高3.5米,台基东西宽11米,南北长13.5米,细土夯筑,层厚10厘米,形制规格表明为汉代旧燧,唐代续修沿用。烽台西北200米芦苇丛中有水泉一泓,可供人马饮用。武周万岁登封元年在烽台之南百米、古驿道西侧置驿,名乌山驿(驿西北有山,隋唐名乌山,故烽名乌山烽,驿名乌山驿),今存驿垣遗址,南北长55米,东西宽80米。墙垣虽已颓毁,而轮廓规模及房屋基址显然可见。驿垣外东南隅见有多处马粪及垃圾堆积,于中发现汉简、汉半两铜币、王莽泉货、开元通宝、乾隆通宝及古代麻布碎片。清代于此置红柳园军塘。

双泉驿 置于第四烽处,在乌山驿西北69里,今名大泉。烽火台建在驿道东侧小山头上,用土墼砌垒,夹层用芦苇三层作米字形叠压;驿道西侧坡下有大泉二眼,二泉南北相距不过30米,水质甘甜,可供人马饮用。烽有二泉,故名双泉烽。武周万岁登封元年在烽燧所在小山头北脚下、驿道东侧置驿,即名双泉驿。今存驿垣残址,驿垣西侧有多处大堆生活垃圾及马粪堆积,从中发现有开元通宝、麻布碎片、麻鞋、铜箭头等。清代于此置大泉军塘。《慈恩传》记玄奘"夜到第四烽,恐为留难,欲默取水而过。至水,未下间,飞箭已至,还如前报,即急向之,彼亦下来。入烽,烽官相问,答:'欲往天竺,路由于此,第一烽王样校尉故遣相过。'彼闻欢喜,留宿。更施大皮囊及马、麦相送,云:'师不须向第五烽,彼人疏率,恐生异图。可于此去百里许,有野马泉,更取水。'"从此,玄奘离开官道,凭感觉、取捷路前行,导致失路困顿,觅水不得,"四夜五日,无一滴沾喉。口腹干焦,几欲殒绝"。双泉驿处的第四烽,对玄奘此行最关紧要。

第五驿 置于第五烽处,在双泉驿东北64里(北多东少),今名马莲井。烽火台建在驿道东侧,土墼垒砌而成。政府于20世纪50年代于烽台南侧修建商店,烽台被平毁,今仅可见台基遗痕。烽台东北百米许有驿垣废城;北有水泉,可供人马饮用。泉在涧沟内,涧沟宽20米许,深6米,向东延伸,长约3里,疑即《魏略》引《西戎传》所谓"横坑"。武周万岁登封元年在泉东南置驿,名第五驿,驿垣废墟至今仍在。自此以北即莫贺延碛。清代于此置马莲井军塘。玄奘当年,仅闻此烽,并未身至其处。因第四烽校尉王伯陇告其勿经第五驿,免生不测故也。

以上五驿,分置于"关外五烽"处。玄奘经行时,此路封闭,故不置驿,其后七十年,至武周万岁登封元年(696年)始置驿。

下面介绍万岁登封元年于此道下段,即第五驿以北至伊州间所置五驿——冷泉驿、胡桐驿、赤崖驿及失名二驿:

冷泉驿 《图经》记此驿在第五驿西北68里,余考为今星星峡。开元、天宝年代于此兼置冷泉戍。

胡桐驿 《图经》记此驿在冷泉驿西北 84 里，余考为今哈密市沙泉子。开元、天宝年代于此兼置胡桐戍。

赤崖驿 《图经》记此驿在胡桐驿西北 80 里，余考为今哈密市天生墩。天生墩又名红山墩（见祁韵士《万里行程记》及林则徐《荷戈纪程》），这一带为丹霞地貌，土色丹红。驿道南侧有一红土高崖，平地突起，"高三丈余"（《辛卯侍行记》），驿名"赤崖"，显然因此红土高崖得名。烽火台建于崖顶，驿垣当在高崖下。开元、天宝年代于此兼置赤崖戍。

笔者多年来对此道进行研究，反复勘查寻找，《图经》所载之八驿幸得全部找到，每处皆有烽火台、驿垣、水泉（或古井）。除某些烽火台毁坏太甚仅存基址者外，保存较好的烽火台大都有唐代补修的痕迹；某些驿站还发现唐代遗物，表明武周年代以来每一站点上都有烽有驿，驿戍并置。

瓜州抵赤崖驿为 656 唐里，由赤崖驿往伊州（今哈密），尚余 244 里，中间当置有二驿，《沙州都督府图经》失载其名。余比定其一为今哈密市格子烟墩，在赤崖驿西北 80 唐里；其二为今哈密市黄芦岗，在格子烟墩西北 103.5 里，唐里为 92 里。又西北去伊州 70 里。自瓜州抵伊州，经此十驿，总里程为 900 唐里。

◆ **玄奘瓜伊段行程考证中三个坐标**

1921 年，英国考古学家斯坦因出版了他关于中亚及中国西部考古成果的巨著《西域考古图记》，又在同年的《通报》上发表《玄奘沙州伊吾间之行程》，曾对玄奘这段路上的旅行进行讨论。他在上述撰著中，正确地判断出玄奘这段旅行所循行的道路为莫贺延碛道，但他对玄奘经行的一处处相关地点的指认，却几乎一无是处。具体地说，他对玄奘这段行程的起点瓜州城、夜间偷渡的瓠芦河以及初唐时期这条路上诸烽第位置的比定都是错误的。他的一系列错误，起始于对唐瓜州城的误断，由此导致对瓠芦河及第一烽位置判断的失误。可以说，瓜州城、瓠芦河及第一烽位置的判定,是玄奘瓜伊行程考证中三个关键性坐标,不可马虎出错。

先说瓜州城。斯坦因在《西域考古图记》第三卷第二十六章《前往古代瓜州》中说:

> 在经过头工村(它无疑代表的就是疏勒河的老河床)附近的一条宽阔、弯曲的沟谷之后,道路接下来就通过了那座废弃的以"瓜州城"命名的古城。这名字来自整个绿洲的古代名称。其夯土的围墙成了一个大约1/2英里长、1/3英里宽的长方形墙圈子,但是里面很少有房屋遗址,据说这里面曾做过一个军事指挥的衙门,后来又迁到敦煌去了……然根据此城在绿洲的中心位置以及某些接下来将进一步讨论的考古学迹象来判断,它以前曾经很重要,可能就是古代瓜州的首府地。

他又在《玄奘沙州伊吾间之行程》一文中说:

> 安西城南,在河流(引者按:此指疏勒河)同南山(引者按:此指瓜州县南之截山子)的中间,遍地荆棘,耕种的地方很少,荒芜的地方很多,城的周围,有不少的废迹,其间居中而最重要的,尚名瓜州城,相传是古瓜州的治所……玄奘所到的瓜州,好像就是此地。

斯坦因这里说的"古代瓜州的首府地""玄奘所到的瓜州",根据他上面的叙述及《西域考古图记》所附第81号《安西地图》的标示,可以得知是指瓜州县西南三十里的新瓜州城,如今当地俗称"瓜州堡子"。此城筑于清雍正十一年(1733年),并非唐代古城。是时,吐鲁番维吾尔人不堪准噶尔部的蹂躏,逃难于酒泉、安西境,朝廷命于安西境筑五堡以居之,拨给土地耕种,置"瓜州营"就近弹压,更就五堡近侧又筑一堡作"瓜州营"驻地;又将安西州同知移驻此城,此城因而蒙有"瓜州城"之称。清乾隆二年(1737年)分巡肃州道兼署安西兵备道印务黄文炜编纂《重修肃州新志》,在《安西卫册》中有明确的记述,该册《文》部载雍正十一年(1733年)八月署陕西总督刘于义《请添筑瓜州城堡疏》云:

> 臣等前因瓜州安插回民,凡及万口,请于安插回民五堡之外再添筑一堡,添设参将一员,守备一员,千总二员,把总四员,兵丁六百名,就近居住弹压,并请将安西同知移驻瓜州,同教导回民之部即侍卫亦居堡内……奉旨依议,钦遵在案。臣等即檄饬安西兵备道王全臣切实料估。……今据安西兵备道中称:"查得瓜州地方,奉旨允准添设官兵,建筑营堡。遵即于回民头堡正南八里建筑城堡一座,计城内应建文、武、大、小衙署十座,仓廒一处,庙宇二座,神器库一座,小教场一处;兵六百名,每名给房二间,该房一千二百间,便拟将来招户民数百家居住,须多留余地。其城周围,估四里一方,较回民头堡稍大。"

所说"于回民头堡正南八里建筑城堡一座"即是此城,斯坦因以为"可能就是古代瓜州的首府地",又说"玄奘所到的瓜州,好像就是此地"。从所谓"可能就是""好像就是"的措辞看,斯坦因本人并不肯定此城就是唐瓜州城,但他在接下来的叙述中却径将此城认定为唐瓜州城,并以此城为坐标,对瓠芦河及第一烽、第四烽、第五烽的位置进行一系列的比定,不免令人匪夷所思!

那么,唐瓜州城究竟在什么地方呢?回答是:在今瓜州县城东南75公里锁阳城。

此城"东去肃州四百八十里,西去沙州三百里",与《元和郡县志》关于瓜州城位置的记载相合。其城占地约 30 万平方米，今瓜州县境内所存汉至清代 50 余座古城堡中此城规模最大，足以表明此城等第必不低于州郡一级。城内外散布大量汉唐以来陶片、五铢钱、剪边五铢、开元通宝及铜箭头。其外城城垣夯筑规制符合唐代建筑特点；城东南有汉唐水利工程，其河道、斗门、干渠、支渠、子渠遗迹及农田分布宛然而在；城南屡屡发现唐代墓葬，且出土有唐三彩马；瓜州县博物馆李春元先生说，20 世纪 40 年代城内还出土过"沙州都督之印"铜印一枚（其后此印下落不明）。上述种种，表明此城非唐之瓜州城莫属。

此城约废于元代，明代则称"苦峪城"。宣德十年（1435 年），沙州卫被哈密侵扰，不能自立。沙州都指挥佥事困即来率其部众"二百余帐走附塞下"（见《明英宗实录》卷十二），朝廷命边将率兵缮治苦峪城安置其众，正统六年（1441 年）冬，城成；十一年（1446 年）秋，甘肃镇将任礼"收其全部入塞，居之甘州，凡二百余户，千二百三十余人"（见《明史·沙州卫传》），此城遂空。

成化九年（1473 年）后，哈密亦屡遭吐鲁番人攻袭，难以安存，明王朝乃将哈密流亡部众安置在此城，复于成化十二年（1476 年）及弘治七年（1494 年）对苦峪城进行过两次重修（分见《明宪宗实录》卷七及《明孝宗实录》卷九十五）。明代所筑的苦峪城，是在唐瓜州城废址上缩小规模重新筑造的，新城北、东两面，唐代城垣仍存残段。清代以来此城荒芜，遍生锁阳，遂被称为锁阳城，瓜州县博物馆径称为唐瓜州城，尽管不太准确，其所在位置却是肯定无疑的。

次说"瓠芦河"。斯坦因既将清代瓜州营所驻城当成唐瓜州城，于是，又根据《慈恩传》的记述，判断此城以北"八英里"的疏勒河为瓠芦河。按照斯坦因的说法，疏勒河乃在清代瓜州城以北 40 里。而居临瓠芦河岸的东迁的玉门关，当然也被判断在清瓜州城以北 40 里疏勒河边了。但清瓜州城以北 40 里左右的疏勒河上，毫无玉门关踪影可寻，文献上也不找到任何线索，连斯坦因也不得不说:"玄奘时代的玉门关确在何处,我现在还不能说。"

斯坦因只知清"瓜州城"北有条疏勒河,不知唐代瓜州城北还有另外的两条河:一名"苦水"(见《沙州都督图经卷三》),一名"白水"(见《通典·州郡·瓜州》),便率而断言:"瓠芦河只能是疏勒河,也就是蒙古人的布隆吉河。"

经文献查阅,历代关于疏勒河的各种称名中,从来不见有"瓠芦河"之名。可知"瓠芦河"并非疏勒河。

《慈恩传》说自瓜州城"北行五十余里有瓠芦河……上置玉门关,路必由之,即西境之襟喉也"。《沙州都督府图经卷第三》载瓜州城北有条"苦水",同《慈恩传》所载"瓠芦河"方望相当。其文云:

> 苦水 右源出瓜州东北十五里,名卤涧水;直西,流至瓜州城北十余里;西南流一百二十里,至瓜州常乐县南山南(引者按:常乐县南山即瓜州县南之截山子),号为苦水;又西行卅里,入沙州东界故鱼泉驿南(引者按:"南"字,依实校之,应勘正为"北");西北流十五里,入常乐山;又北流,至沙州阶亭驿南,即向西北流,至廉迁烽西北二十余里散入沙卤。

苦水从瓜州城东北十五里发源,西北流,抵常乐山南麓,沿山西流百二十里。此河南距瓜州城的里数虽短于《慈恩传》所说的"五十余里",但考虑到传闻之言非实及道路曲折之不同,仍可说得过去。字面上看,"苦水"与"瓠芦河"二名不同,实则可通。已故著名历史地理学家严耕望先生就曾指出:"余颇疑'苦'为'瓠芦'之合音。"从音韵学原理而言,严先生的推测完全可以成立。《广韵·模韵》"瓠,户吴切。"其吐气音作"苦吴切",方言中"户""苦"不分及"户""苦"互换的现象屡见不鲜,至今豫南及湘鄂方言仍读"瓠芦"为"kúlòu",由此可知"苦水"之

第四章 矢志西行路 | 151

"苦"，确有可能是"瓠芦"二字的合音。

常思北方之河，多有以"瓠芦"为名者。第考"瓠芦"二字，实即突厥语"哈喇"之转音，其义谓"黑色"。瓜州之苦水，所过多为沼泽地，草木繁茂，腐殖沤沃，水色黯黑，此所以受名"哈喇"也，汉译其音，稍变为"瓠芦"。清代径名此水曰"黑水"，水上之桥则名"黑水桥"。而清代"黑水"之名，自当有所传承，似非凭空而来。元、明时期，此河附近有城，明佚名《西域土地人物略》载其城名为"哈剌兀速城"。"哈喇"，黑色也，"兀速"亦作"乌苏"，蒙语谓水也。看来"黑水"一名，或是当地固有旧称，今此河上游因水源萎缩，已断流；中游以下赖多泉水出露汇入此河，故未断流而名芦水沟。芦水之"芦"何义耶？曰：谓黑水也。胡渭释《禹贡》梁州黑水云"《禹贡》梁州之黑水，汉时名泸水"，又云："泸本作卢，如卢弓、卢矢、卢橘之类，皆训黑。刘熙《释名》土黑曰卢。"沈括《笔谈》云夷人谓黑为卢，汉中山卢奴县有卢水。郦道元云："水黑曰卢"……尤卢水为黑水之切证也。余颇疑"芦"为"哈喇""胡卢"之省音，亦犹"苦（水）"为"瓠芦"合音之比。则"苦水""芦水"即"瓠芦河"，即"哈喇河"亦即"黑水"是也。

余考此河，起瓜州城东北，趋向西北之马圈村，至马圈村西南二里北折，行约300米，左岸有古烽火台及小城遗址，笔者考为东迁之玉门关，今有玉门关烽燧残址在焉；小城西二十步有一大城废墟，笔者考为唐晋昌县城。《元和郡县志》瓜州晋昌县载："玉门关，在（晋昌）县东二十步。"二者完全契合。玄奘从玉门关上流十里许渡过此河，所渡之处当在今桥子村与马圈村之间，东南距瓜州城30余里。

若如斯坦因所说"瓠芦河"系清代新瓜州城以北的疏勒河，试问玉门关及晋昌城又当向何处安置？

复次，说第一烽。据《沙州都督府图经卷第三》载，莫贺延碛道上的第一烽，不在瓜州城与常乐城之间，而在常乐县北二十七里。余考其地，在今瓜州县四工农场西十里沙井子处，东南距瓜州城 142 唐里（驿道从瓜州至常乐城 115 唐里，常乐城至新井驿 27 唐里，合计 142 唐里）。根据什么将第一烽定在常乐城北的新井驿而不定在常乐城与瓜州城之间呢？主要依据有两点。

第一，瓜州往伊州的驿道并不起自瓜州城，而是起自瓜州所属常乐县城。常乐县城在瓜州西北 115 唐里。瓜州至常乐这一段路，属瓜州境内官道，又是瓜州往沙州官道的首段，自然不属莫贺延碛道。从常乐城趋西北，才算踏上莫贺延碛道。所以莫贺延碛道（即瓜伊驿道）的起点是常乐城。其第一烽则自当置在常乐城以北。

西北郡县，多为大戈壁包围中的小绿洲。绿洲之内，有村落、居民及耕田，谓之"内境"；绿洲之外，茫茫戈壁，无村落、居民及耕田，谓之"外境"。常乐城北 27 里之沙井子，为瓜州绿洲之北沿，自此即进入戈壁荒漠。此处有泉而无人烟，为贼人出没之所，故须于此设烽警戒。此烽既为北出首途之烽，必即第一烽。武周万岁登封元年（696 年）于莫贺延碛道总置十驿，其第一驿（新井驿）亦在沙井子。则新井烽、新井驿同在一处，当非巧合。

第二，玄奘时代，瓜州在其北境（今星星峡山以南）总置五烽。其最北之峰为第五烽。伊吾归唐以后，此道交通恢复，武周时于第五烽处置驿，名"第五驿"。考第五烽乃在今之马莲井。从马莲井往南数，第四烽为今之大泉，第三峰为今之红柳园，第二烽为今之白墩子，第一烽适为今之沙井子。这就是说，以第五峰为坐标往回数，同样得出沙井子为第一烽的结论。

斯坦因以为莫贺延碛道起自瓜州城，不知此驿道起自常乐城；又以清代所筑瓜州堡子为唐瓜州城，于是误将清瓜州堡子及疏勒河以北的白墩子定为第一烽，他说："至若玄奘所说从河径八十余里见第一烽，也同我们从旧河床（引者按，此指疏勒河旧河床）算到第一站白墩子十六英里之数正合。"

这一判断，是在以清瓜州堡子为唐瓜州，又以"瓠芦河即疏勒河"为前提而作出的，前提错误，结论必然出错，后续的一系列判断也就跟着一错到底。

近来，有研究者鉴于截山子南麓苦水河北岸之八楞墩（墩形立体八楞，故名。当地讹称"八龙墩"），在唐玉门关与常乐城之间，以为其有可能是玄奘所说的"第一烽"，这也是不对的。

（1）八楞墩烽火台始建于清雍正年代，为清代安西镇置在截山子（唐常乐山）南麓的警烽。唐代尚无此烽，玄奘无由得见，故知此烽绝非玄奘所说的第一烽。

（2）玄奘从唐玉门关东十里许（今桥子村与马圈村之间）渡过瓠芦河，理应从今之桥子口子穿过常乐山向西北，《慈恩传》明言"径八十余里，见第一烽"。这个"第一烽"必在常乐山北数十里，不在常乐山南。而八楞墩不仅在常乐山南，又傍近瓜州往常乐县的官道，玄奘必不敢行由此道。由此亦可断知八楞墩非第一烽。

（3）《慈恩传》载，玄奘于偷渡瓠芦河后第二天，在前往第一烽的途中，曾遥见戈壁幻景，所谓沙碛间"军众数百队，乍行乍息，皆裘褐、驼马之像，及旌旗矟纛之形"。若从瓠芦河往八楞墩，必是沿常乐山南麓向西，这一路水草滋茂，并非茫茫戈壁，不可能出现戈壁幻景，至今依然。从玄奘在瓠芦河与第一烽间遇见戈壁幻景的记述，亦可推知八楞墩绝非玄奘所说的第一烽。

（4）《慈恩传》载，玄奘渡过瓠芦河后，第二天奔波八十余里，一路无水，遥见第一烽，欲取水，"恐候者见，乃隐伏沙沟，至夜方发。到烽西见水……欲取皮囊盛水，有一箭飒来，几中于膝。须臾更一箭来，知为他见"，吓得玄奘赶紧大喊出首："我是僧，从京师来，汝莫射我！"而八楞墩就在唐瓠芦河（今名黄水沟）北岸，俯临水溪。此水从东流来，向西流去。若八楞墩果为唐第一烽，玄奘一路走来，皆傍此河而行，并不乏水，何必独于此烽之西取水，还要"隐伏沙沟"夜间才敢露头？就此而言，亦可断知八楞墩并非唐第一烽。

◆ 玄奘此行怎样同官道离合交叉

关于玄奘远傍官道而行具体路线的推定，首先，必须弄清官道的取线若何；其次，必须弄清玄奘所行同官道发生交叉与分离的情况及其对玄奘行进路线发生怎样的影响。下面就后一问题加以探讨。

《慈恩传》关于玄奘经行中同官道发生交叉与分离的情况，有以下三点须认真加以琢磨。

（1）玄奘是从玉门关上游即玉门关以东十里许渡过瓠芦河的。玉门关作为关卡，必临大道。玄奘从玉门关以东十里许渡河，这就意味着在开始的一段行进中，玄奘是在官道以东前进的。结合附近地形具体言之，则是从锁阳城出发，傍官道东侧向北，在马圈村及桥子村之间渡过瓠芦河；又西北，经土疙瘩湾向北，入十工山南干沟（又名"桥子口子"），循南干沟穿过十工山，向西北直趋第一烽（沙井子）。从南干沟出山往第一烽，当经过今瓜州县十工农场及瓜州乡一带。这一带，唐代尚未开发，到清雍正十一年（1733年），吐鲁番人"二千三百八十余户，九千二百余名"逃难出来被安置在这一带居住垦种，此后才成为人口繁盛之区。而玄奘当年，此地仍属荒地及戈壁，时常出现戈壁幻影，所以玄奘在这一带行进中"忽见有军众数百队，乍行乍息，皆裘褐、驼马之像，及旌旗槊纛之形。易貌移质，倏忽千变；遥瞻极着，渐近而微"（《慈恩传》卷一）。

（2）玄奘到第一烽（新井烽）旁水泉处取水，被守烽者发现带进戍堡，校尉王祥问明情况后，心生敬佩。次晨，"使人盛水及麨饼"，并亲自送行十余里，嘱"径向第四烽"，告以第四烽之烽官王伯陇将会给予帮助。玄奘经行路线同官道发生交叉，此第一烽为首次。从第一烽向第四烽，为程220里，少则二日、多则三日可到。玄奘之马驮有足够的干粮及饮水，两三天的需用当不成问题。第四烽（双泉烽）在第一烽西北，最便捷的取线当然是循官道西侧而行。释以今地，则是从沙井子出发，指向西北，直趋大泉。

（3）次日晨（自瓜州出发之第三日），玄奘从第一烽出发，大约第二天夜间到达第四烽附近，"恐为留难，欲默取水而过"，却又被烽卒发现，射来"飞箭"，同样被带进戍堡盘问。玄奘告以王祥之言，果然得到王伯陇的关照。次日，王"更施大皮囊及马、麦相送"，且嘱"师不须向第五烽，彼人疏率，恐生异图。可于此去百里许，有野马泉，更取水"。王伯陇的建议，是说此后的行进不必依傍官道，可从官道以西不设防处走出唐界，直奔伊吾国境。王伯陇所说的"野马泉"不知今为何所。但有两点可以肯定。

一是王伯陇所提供的路线，除了要避开第五烽的不虞之外，还要选择伊吾边界距离第四烽最近之处，尽可能少走弯路，同时又必有饮水补给处。今知第四烽（今大泉处）西北80公里即入伊吾国境，而且这地段之内唐朝不设防戍，第五烽（今马莲井处）又远在东北。据此，似可确定野马泉必在官道以西。

二是《慈恩传》载野马泉距第四烽"百里许"。考虑到此泉当与伊吾国境相去不远，故其泉亦须于大泉西北求之。

过五烽之野马泉

从今之大泉（即双泉烽，《慈恩传》所说的第四烽）向西北，确有便道，人马可通行。在今照西车站附近穿过照壁山，到达红柳河，为程恰合"百里许"（按五万分地图比例尺量之为49公里）。红柳河为山间季节性河流，平时虽无长流水，但多有泉水出露。王伯陇所说的"野马泉"，或即红柳河附近诸泉之一。比例尺上标有此一便道，古代亦当有之。不可想象王伯陇会建议玄奘走一条从不通行的无路之路。

据此，笔者判断玄奘取道应是从今之大泉向西北，经照东车站及照西车站附近，向西北穿过照壁山，又过红柳河车站，到达红柳河。此处有泉，可补给人马饮水。红柳河以西，便入伊吾国境。则第四烽处为玄奘此行与官道的第二次交叉。从此烽开始，玄奘便离开唐境官道，循便道直指西北而行。

从红柳河向西北，百余里可抵新疆哈密之苦水（在赤崖烽以东50里），苦水就在莫贺延碛道上，从此，玄奘可以公然行走伊吾大道直抵伊吾，而无须躲避矣。以上，应当就是王伯陇指示的捷路。此道多穿行山丘中，无奈玄奘于穿插中迷路，突生不测，未能预期到达苦水。

此后的旅行中，玄奘又多次望见戈壁幻景（《慈恩传》所谓"至沙河间（沙碛中），逢诸恶鬼，奇状异类，绕人前后"），由于"失道"迷路，"觅野马泉不得"，所备饮水，不慎失手倾尽，"又路盘回，不知所趣"，只得返回第四烽；东返"十余里"，"自念我先发愿：'若不至天竺，终不东归一步。'今何故来，宁可就西而死，岂东归而生？"，遂旋辔掉头西行；"于是时四夜五日，无一滴沾喉，口腹干焦，几欲殒绝。不能复进，遂卧沙中"，以致晕厥不省人事；"至第五夜半，忽有凉风，触身冷快，如沐寒水。遂得目明，马亦能起。体既苏息，得少睡眠……法师惊寤进发，行可十里，马忽异路，制之不回。经数里，忽见青草数亩，下马恣食，去草十步欲回转，又到一池，水甘澄镜澈，下而就饮，身命重全，人马俱得苏息……即就草池，一日停息。后日，盛水取草进发。更经两日，方出流沙，到伊吾矣"。（以上引文，俱见《慈恩传》卷一）此云玄奘得水草处，距伊吾仅二日程，推测其地约在今新疆哈密市格子烟墩附近。由格子烟墩往哈密，林竞《西北丛编》载其实测里程为165.5里，正合"二日"程。

总括玄奘此行，日程大致如下。

第一日夜晚，从瓜州起程，傍官道之东向北，在唐玉门关以东十里许渡过瓠芦河，从南干沟（桥子口子）入常乐山中，小睡片时。

第二日，晨起，出常乐山西北行（西多，北少），戈壁途中惊见幻景。晚抵第一烽（常乐城北新井烽，今瓜州县沙井子）。

第三日晨，离第一烽，傍官道西侧北行，遥越第三烽，直向第四烽（双泉烽，今名大泉）。

第四日晚，抵第四烽。校尉王伯陇告以勿向第五烽（今马莲井），可直趋西北，由野马泉（约为今红柳河车站西之红柳河）向伊吾之苦水（今地名），即可踏上莫贺延碛古道。

第五日，自第四烽出发，往野马泉。行百余里，觅野马泉不得。所携水囊又不慎倾覆，无水可饮。欲暂返第四烽。东行十余里，复忆当初不达天竺，决不东返之誓言，乃掉头向西，继续西进。终因无水补给，"渴不能前"，"遂卧沙中，默念观音，虽困不舍"。此后，终因脱水而致昏厥。

第六、七、八、九日，恒在昏厥睡卧中。第九日夜半，"忽有凉风触身"，竟得苏醒。复稍睡眠，体力有所恢复，乃起强行。"行可十里"，老马嗅知近有水源，遂异路强向水源处行，"制之不回"。法师随行数里，果有大片茂草，马恣食之，边食边行，竟至池水处，玄奘"下而就饮"，"人马俱得苏息"。

第十日，就水池边休憩一日（笔者推测此处水池，约在今哈密市格子烟墩附近）。

第十一日，"盛水取草"，继续向西北进发。

第十二日晚，到达伊吾。

法师自瓜州抵伊吾，首尾为十二日。笔者推考其时，约在贞观元年（627年）十一月底至十二月初。

在整理、考证玄奘过五烽这段文献资料时，笔者发现在近现代众多学者中，对于玄奘过五烽的这段经历少有涉及，多无考记，或记载较为含糊，唯李正宇教授考察详备，其观点有文献支撑和理论根据，具有很强的说服力。笔者认为，在没有新的文献资料发现之前，可作为研究成果传世。

三阻瓜州，是玄奘西行求法之路最为艰险的路段，是从瓜州（今甘肃省瓜州县锁阳城）到伊吾（今新疆哈密市）的一段。在这段长达九百里的旅途中，玄奘法师"渡瓠芦河，出玉门关，经莫贺延碛，艰难险阻，仆而复起者，何止百十耶！"[①]。玄奘西行的艰难在这一段戈壁大漠中密集出现，最生动地体现了玄奘百折不挠的精神，给后世留下一连串荡气回肠的故事。

六、探源高昌　西行之旅的奠基礼

玄奘过五烽时失道，后识途老马觅得野马泉，"人马俱得苏息"。玄奘和老马在水草边美美休息了一日，第二天备足水草继续西行，两天后方走出这莫贺延碛大沙漠，抵达伊吾国（今新疆哈密）的一座佛寺。

《慈恩传》卷一载："既至伊吾，止一寺，寺有汉僧三人，中有一老者，衣不及带，跣足出迎，抱法师哭，哀号哽咽不能已已，言：'岂期今日重见乡人！'法师亦对之伤泣。"是说玄奘到达伊吾的一座小寺庙，庙里只有三个僧人，而且都是汉人。他们听说从汉地来了一个法师，悲喜交集，"衣不及带，跣足出迎，哀号哽咽不能已已"。此外，伊吾的胡僧、胡王也都来拜见玄奘，还把他请到王宫里盛情款待。

伊吾，《后汉书》为伊吾卢，《晋书》作宜禾县。据《旧唐书》

---

① （唐）刘轲：《大唐三藏大遍觉法师（玄奘）塔铭》。

卷十四《地理志》，"后魏、后周鄯善戎居之。隋初始于汉伊吾城之东筑城为伊吾郡，隋末为戎所据，贞观十四年款附，置西伊州"。《史记·李将军列传·正义》引《括地志》"伊州在京师西北四千四百一十六里"，今新疆维吾尔自治区哈密市。

据《玄奘年谱》载："玄奘在伊吾停留十余日，本拟逾天山循道西行经可汗浮屠直奔突厥王庭，请得统叶护可汗的保护以达印度北境，但为高昌王麴文泰所闻，遣使殷勤请至其国，'不获免，于是遂行涉南碛，经六日到高昌国境白力城'。"①

那时高昌（今新疆吐鲁番）国王麴文泰，因听凉州商人说玄奘法师将路过伊吾去西天取经，早已几次派人沿途探访。法师刚到伊吾几日，高昌国驻伊吾使者，把玄奘到达伊吾的消息就飞报国王，麴文泰闻讯喜极立即命伊吾王把玄奘送来高昌，同时安排了几十匹好马和一干贵族大臣沿路迎候。

《慈恩传》亦载："既为高昌所请，辞不获免，于是遂行，涉南碛，经六日，至高昌界白力城……时日已暮，法师欲停，城中官人及使者曰：'王城在近请进，数换良马前去，法师先所乘赤马留使后来。'即以其夜半到王城。"②

唐贞观二年（628年）年初，时年二十九岁的玄奘被迫来到了高昌。

按照《玄奘年谱》的记载，玄奘西行自贞观元年（627年）"八月起程，约于九月初抵凉州，在凉州说法月余，去时约十月中，至瓜州又停月余日，启程当在十一月末，越莫贺延碛十余日，则至伊吾约在十二月中旬，又停十余日，行南碛六日，到白力城当已岁尽"。《玄奘年谱》的记载与《慈恩传》略同。

据笔者推算，"也就是说，玄奘西行，从长安抵伊吾四千四百一十六里，伊吾到高昌故城七百四十二里，五个月的时

---

① 杨廷福著：《玄奘年谱》，中华书局，1988年，第117页。
② （唐）慧立、彦悰著，孙毓棠、谢方点校：《大慈恩寺三藏法师传》，中华书局，1983年，第18页。

间，玄奘走了五千一百五十八里的路程。待到达高昌国的白力城（唐·蒲昌县）当已岁尽"①。

这高昌国在伊吾之西，处于丝绸之路的中路上，历史上唐朝前后共建立了四个高昌国，国王均为汉人，其中麴氏高昌国影响最大。隋朝统一中原后，麴氏高昌国与内地中央政权关系很好。隋炀帝西巡到甘肃河西走廊时，当时的高昌国王麴伯雅亲去张掖迎谒，后随隋炀帝到长安遍游中原，三年后回国时娶隋宗室女华容公主为妻。

唐朝取代隋朝不久，麴伯雅去世，继承王位的就是麴文泰。麴文泰在政治上反复无常，一面与唐朝廷维持朝贡关系，一面又依附西突厥对抗唐王朝，阻截丝绸路上的来往使臣和商贾，破坏东西交通，唐太宗下诏麴文泰进京问罪，他佯称疾病缠身，不能前往。

唐贞观十四年（640 年），唐太宗任命侯君集为交河大总管，率数万骑兵经伊吾进入高昌，麴文泰见兵临城下，惊悸而死。之后不久，他的儿子也投降。这件事发生在玄奘西行取经途经高昌十二年之后了。

玄奘原想从伊吾出发，经过可汗浮屠（今新疆吉木萨尔北）前往印度，但使者再三陈述高昌王要见他的迫切心情，使玄奘感到盛情难却，不得不改道前往高昌国。

高昌的历史还可以上溯到西汉武帝时期，公元前 104 年，大将军李广利西讨大宛（今中亚费尔干纳盆地），见胜金口木头河流下的清流浇育出一片绿洲，地势高敞，人丁昌盛，遂筑了屯驻士兵的营地"高昌壁"，后这里建起一个个小王国。640 年，唐朝军队拿下高昌，设立西州都督府。元朝时，高昌因兵乱荒弃。高昌国国王麴文泰的先世本是河西金城榆中（今甘肃兰州东）人，在

---

① 据《史记·李将军列传·正义》引《括地志》"伊州在京师西北四千四百一十六里"（长安至今新疆哈密），《释迦方志》卷上《遗跡篇》"伊州又西七百余里至蒲昌县又西百余里至西州，即高昌故地"（即今新疆哈密至吐鲁番）。

后魏末年，立国高昌，到此已经数世。高昌国四面环山，气候温和，土地肥沃，谷麦一年可收两季，还产棉花、蚕丝、葡萄及哈密瓜，当年东晋的法显西行求法时曾受到当时高昌王的大力资助。这一国家受汉文化的影响很深，官方所用的文字完全同中国一样，民间也读《毛诗》《孝经》。男子虽穿胡服，妇女却穿汉装。全国上下，信奉佛教，这里还是连接东西方贸易的十字路口，据说唐时这里的税收可以满足整个西域地区的军事和行政等所需费用，是西域道上的一个大国。

高昌国故城遗址离现在的吐鲁番市东约四十公里，一边是皑皑白雪的天山，一边是温暖如春的吐鲁番盆地。故城西北就是有名的绵延九十余公里的火焰山。一千三百多年前玄奘就是从火焰山的峡谷山口胜金口南下到达吐鲁番盆地的。如今，中央电视台"玄奘之路"考察团经过这里时，和吐鲁番市当地政府在胜金山口共同立下"玄奘之路"纪念碑。

笔者亲自在高昌国遗址考察时，发现高昌故国城墙至今还清晰可见。四面遍布断垣残壁，全是城墙、房屋、殿堂的残迹。唐时的高昌故城总面积有二百多平方公里，城墙周长五公里，人口三万七千人，全城分外城、内城和宫城三部分，是一个规模相当大的都城，其布局仿唐朝的京师长安。外城的东南和西南部各有一处寺院遗址，西南部寺院遗址上的大殿前矗立的塔柱记录着当年玄奘来这里时佛教兴旺发达的情况。据说这就是玄奘当年在高昌国讲经说法的场所。城中偏北有一个红土坯筑成的高台，残存台基高达十五米，附近曾发现有美丽图案的石础碌、琉璃瓦片，这里可能就是当年麴文泰的王宫所在。由于几经战乱和其他原因，王宫早已不复存在了。

玄奘由高昌王使者陪同，由伊吾王派人护送，在沙漠中走了六天，在第六天晚上才到高昌国界白力城，时已近黄昏，法师欲停鞭暂住，城中营官及使者都说："王城在近，务请前进"，于是遂把自己骑的瘦赤马留下，另换一匹好马，兼程前进，当天夜半

上／高昌故国遗址
中／高昌故国大佛殿
下／高昌故国讲经堂

高昌故国佛塔遗址

到达王城。城门官启奏国王，破例开门，请法师进城。

高昌王带领大臣和侍从亲自出宫迎接，又亲自与侍人们举着蜡烛，把玄奘迎入王宫一座重阁宝帐之中，恭敬地拜问说："弟子自从听见法师大名，高兴得废寝忘食，预料今晚必到，所以和妻子都未入睡，诵经念佛，专程在此等候。"玄奘称谢。接着，王妃同几十个宫女都来礼拜，兴高采烈，一直谈到东方发白。国王见玄奘鞍马劳顿，方告辞还宫。

第二天一早，玄奘尚未起床，国王带领王妃已到门下，前来请安。玄奘起身相见，国王说"弟子心里想着沙路遥阻，碛路艰难，师能独来，真是奇迹！"，流泪感叹，不能自已，并设食慰劳，同时在王宫侧别设道场，高昌王亲引法师入座，并派人服侍。那儿有一象法师曾留学长安，善知法相，国王视为珍宝，请他前来和玄奘相见；又命八十岁高龄的国统王法师与玄奘同住，代为劝阻他在此留住，勿往西天取经。玄奘不许，留十余日，法师辞行。

王道："已叫国师请问老师，师意如何？"

玄奘答道："留住实是王恩，但于来心不合！"

王道:"朕曾随先王东游大国,从隋帝遍历东西,走遍燕代汾晋之间,多见名僧,心无所慕;自见得法师尊容,身心喜欢,手舞足蹈,满望老师安心留住,受弟子供养以终一生,且令一国之人,皆为师弟子听师讲授。这里僧徒虽少,亦有数千,都可使之执经,充师听众;还望察纳微心,勿西行为念!"

玄奘谢道:"大王厚意,贫僧实不敢当。但贫僧此行不为供养而来,只因本国现有的佛法教义不周,心有疑难无从辨释,所以发愿到印度取经,求得大乘正法,遍洒于东土,这种求道之心,只能日月增强,哪可中途而止?愿大王收回此意,不要对我过分爱重!"

王道:"弟子爱慕法师,必须留住供养,葱岭可转,此志不移。务乞相信弟子一番愚诚,勿疑不实!"

玄奘报道:"大王深情,岂待多说?但是玄奘此来,是为取经,现在经还未得,岂可中道而废?况大王素信佛法,福报已多,理应助扬善举,岂可从中阻碍?"

王听到这里,接着说:"弟子何敢阻碍,只因敝国无导师,所以要屈留法师,引导众生!"

几次恳请,法师都辞谢不许。这时王不免动色,大声说道:"师不肯留,弟子自有办法,不得弟子准许,岂能要去就去?法师面前有两条路:一送师返国,一坚留此间,还请三思,相顺为妙。"

玄奘打定主意,毫不为动,坚定地说"贫僧西行求法的决心是谁也动摇不了的,如一定要留下,留下的只能是我的骸骨,绝留不住贫僧的灵魂",说罢,泣不成声。

高昌王坚决挽留,终不采纳其言,更令增加供养,每天玄奘用餐时,亲自捧盘进食,表示礼敬。玄奘自知无法理喻,决定绝食,以感动国王。于是他端坐法床滴水不进,这样一连三四天。到了第四天,国王见他气息渐微,生命垂危,也深自懊悔,赶快叩头谢罪说:"务请进食,任法师西行。"玄奘恐怕空口无凭,要求国王对天发誓。高昌王就同法师共入道场礼佛,并在其母张太后前与玄奘结为金兰兄弟(高昌王年长玄奘一岁为兄,玄奘为弟），然后准许他西行求法，但希望他从印度回来时务必在本国住上三年，受其供养。最后高昌王仍请玄奘留住一个月，讲《仁王般若经》，以便为他准备行装。玄奘一一答应，开始进食。

《仁王般若经》中的仁王是指印度十六大国的国王，经中说，凡讲说这部经，并能领受在心，忆而不忘的国家，必能灾害不生，万民康乐。开坛讲经的那天，隆重无比，从太后以下，国王大臣一律列席。每次玄奘前去授课，国王亲捧香炉迎接，每当玄奘步上台时，国王就跪下，弓着背，让玄奘从他背上踩过去，天天如此，毫不怠慢。一个月过去，玄奘讲完《仁王般若经》，国王又替法师剃度四个沙弥，以充路上侍候，并制袈裟三十套，因西行气候寒冷，又造面衣、手衣、靴袜等，并送黄金一百两，银钱三万，绫及绢等五百匹，以充法师往返二十年的费用；此外，还给马三十匹，手力二十五人；另派殿中侍御史欢信护送玄奘到突厥统叶护可汗王廷；又写了二十四封书信，照会龟兹等二十四国，每一封信都附大绫一匹，作为信物；另以绫绢五百匹，果味两车献给统叶护可汗，并附国书道："玄奘法师系臣之弟，今欲往婆罗门国求法，路过西方各国，愿可汗怜师如奴，仍请敕以西诸国，给邬落马（指驿传马）迁送出境。"玄奘见国王如此殷切，而且赠送甚厚，当即把笔写了篇《谢高昌王启》。

《慈恩传》卷一曰：

奘闻江海遐深，济之者必凭舟楫；群生滞惑，导之者实假圣言。是以如来运一子之大悲，生兹秽土；镜三明之慧日，朗此幽昏。慈云荫有顶之天，法雨润三千之界，利安已讫，舍应归真。遗教东流，六百余祀，腾、会振辉于吴洛，谶、什钟美于秦、凉，不坠玄风，咸匡胜业。但远人来译，音训不同，去圣时遥，义类差舛，遂使双林一味之旨，分成当现二常；大乘不二之宗，析为南北两道。纷纭争论，凡数百年。率土怀疑，莫有匠决。玄奘宿因有庆，早预缁门，负笈从师，

交河故城遗址

年将二纪。名贤胜友，备悉谘询，大小乘宗，略得披览，未尝不执卷踌躇，捧经侘际，望给园而翘足，想鹫岭而载怀，愿一拜临，启伸宿惑。然知寸管不可窥天，小蠡难为酌海，但不能弃此微诚，是以束装取路，经涂荏苒，遂到伊吾。伏维大王禀天地之淳和，资二仪之淑气，垂衣作王，子育苍生，东祗大国之风，西抚百戎之俗，楼兰、月氏之地，车师、狼望之乡，并被深仁，俱沾厚德。加以钦贤爱士，好善流慈，忧矜远来，曲令引接。既而至止，渥惠逾深，赐以话言，阐扬法义。又蒙降结娣季之缘，敦奖友于之念，并遗书西域二十余蕃，煦饰殷勤，令递饯送。又愍西游茕独，雪路凄寒，爰下明敕，度沙弥四人以为侍伴，法服、绵帽、裘毯、靴袜五十余事，及绫绢、金银钱等，令充二十年往还之资。伏对惊惭，不知启处，决交河之水比泽非多，举葱岭之山方恩岂重。悬度凌溪之险不复为忧，天梯道树之乡瞻礼非晚。傥蒙允遂，则谁之力焉，王之恩也。然后展谒众师，禀承正法，归还翻译，广布未闻，翦邪见之稠林，绝异端之穿凿，补像化之遗阙，定玄门之指南，庶此微功，用答殊泽。又前涂既远，不获久留，明日辞违，预增凄断。不任铭荷，谨启谢闻。

高昌王含泪读完书信，说道："法师既与弟子结为兄弟，则国家所有，即与法师共之，何必道谢？"

诸事准备就绪，玄奘择日起身。出发那天，国王与僧侣、大臣、百姓等倾城出送，国王和玄奘相抱大哭，道俗大众，莫不泪下。最后国王先叫王妃同百姓回去，自己和几位高僧各骑马又送了几十里，方才含泪拜辞回去。

高昌国结义，对玄奘之能够完成西行之旅具有重大的意义。如果没有高昌王的鼎力相助，玄奘的西行或许是另外一种结局。因为从现在起，有两个重要变化：一是玄奘西行已不再是单枪匹马，而是有一个团队；二是有了充分的物资储备和精神层面的支持，更有沿途各国的照应，玄奘对完成西行更有信心。玄奘不情愿的高昌之旅，成了他完成西游的奠基礼。

七、凌山远眺　大雪山上的生死劫难

由于高昌王麴文泰周到而极其细致的安排，玄奘一行离开高昌国都继续西行。此时的玄奘，与当初乘灾西出长安和偷渡玉门关的情况已大不相同，装备齐备，粮草充足，资费充裕，马匹健壮，又有25名随从，4个小和尚伴从，齐齐整整一个取经团队。加上高昌国的通关文书，以及麴文泰的书信关照，一路应该是非常顺利的。行二十多里，到高昌国境内的伯孜克里克石窟。据笔者两次赴吐鲁番高昌故地考察，得知古高昌国分布有雅儿崖石窟、吐峪沟石窟、伯孜克里克石窟、胜金口石窟等四个石窟，其中伯孜克里克石窟是古代中国丝绸之路新疆境内最著名的石窟之一。

伯孜克里克石窟在吐鲁番县城东北四十余公里的木头沟中。由胜金口沿木头沟水上溯约六公里，便见河道西岸拐弯处的土崖上，有许多洞窟，大小不一，延续约半公里，这就是伯孜克里克

伯孜克里克千佛洞

石窟群。窟群上面是平坦的戈壁滩，滩地上有一座古庙，如今已全部坍毁，只剩下东西横卧着的一封土堆。土堆两边，还可见一排土坯做的围墙痕迹，因此这里连同崖下的石窟一起，可能是古代一所很大的佛教寺院。戈壁滩下，溪水东流、绿树成荫，古庙庙门紧接河水，使对岸的石窟寺显得非常庄严肃穆。

伯孜克里克石窟1953年曾编为51个石窟，但大部分都已坍毁，完整的很少。就石窟性质来说，其亦可分为支提窟与毗诃罗窟两种。毗诃罗窟大都为正形斗室状，支提窟的形式却是多种多样的。这里既有如克孜尔和库木吐拉等处石窟中多见的长方形纵券顶、正中作方形柱、左右开甬道以通后室的西域式窟，也有雅尔湖和吐峪沟那种长方形或方形纵券顶、后壁塑像不开左右甬道、没有后室的石窟；既有方形穹庐顶窟，也有长方形纵券顶、中间设坛的窟；既有小型方形平顶窟，也有长方形纵券顶、窟后或边壁修有密室的窟。特别是最后一种窟形，几占全石窟群的三分之一，而且密室都相当大（如前所述，吐峪沟石窟和雅尔湖石窟也有这种情况），使人怀疑当时修窟时这是否已成了一种风气。

关于石窟的建筑方法，伯孜克里克亦有其特殊性。这大致亦分为两种：一种如新疆其他石窟一样，凿崖成洞；另一种却是就崖用土坯砌起土窟。这后一种形式，是古龟兹地区石窟寺中没有见到过的。特别像第14号窟，方方圆顶，洞顶不靠崖土，全用土坯券成，历千百年而不坏，不能不使人叹为观止。

伯孜克里克石窟的壁画，于新中国成立前的四五十年间，被西方所谓探险者偷盗甚多，如德人勒柯克就曾把伯孜克里克石窟壁画盗走数十箱，带回柏林，并于1913年出版了他的名为Chotscho的画集巨著。因此残存到现在的石窟壁画多已残破不堪，无完整者。经过两次调查，但见壁画旁多古回鹘文与汉文对照的榜书以及梵文、吐火罗文的题词，可见此处乃是高昌盛世至西州回鹘时期居住在吐鲁番地区的各族人民团结合作、共同创造的文化遗产。

伯孜克里克石窟建造于何时，今天已无可考，从壁画风格看，大概初建于南北朝末期（即公元6世纪），而盛行于唐宋时期，元末明初已近尾声，开始废弃了。

滩地古庙后的第19号石窟，是一个沿崖凿室和土坯垒砌相结合的西域式石窟，中心方柱前的横券顶已坍毁，无壁画。左、右甬道壁画也已漫漶不清，后室甬道顶作斗四式平棋图案，中为莲花图案。后室两壁可见千佛，着通肩大衣装，与克孜尔石窟中南北朝末期至初唐时期的壁画相似。这是伯孜克里克石窟寺中开凿较早的一座石窟，时间约为6世纪末至7世纪初。

盛唐和中唐时期即7世纪至9世纪前期的壁画，在伯孜克里克石窟中很容易分辨，其主要表现是：其一，出现了众多的佛、菩萨像和西方净土变相以及经变故事画。净土变相的佛画的出现是佛教净土宗信仰流行的结果。佛经中讲说什么西方有净土，是什么永无痛苦的极乐世界，人死后可以往生。净土变相的佛画就是表现想象中的西方极乐世界的楼台、伎乐、水树、花鸟、七宝莲池等美丽的事物，以劝诱人们信仰阿弥陀佛，它的巨大的构图是绘画艺术发展的一个巨大成功。净土佛画的形式也是观音经变相、弥勒变相、药师变相、报恩经变相等的基本部分。而这些变相又都有自己的内容表现。在西方净土变的四周，其中有些是生动的小幅故事画，如佛传故事、法华经变故事、地狱经变故事等，各种经变和经变故事画所表现的佛、菩萨、天王、金刚、罗汉、伎乐天人以及鬼怪等，其动作表情亦是多种多样的，或坐或立，或行走或飞翔等种种姿态，色彩鲜丽，往往有丰腴艳丽的肉体表现和平静安详的精神状态。这是唐代高度发展的思想文化和佛教文化相结合的一种创造，充分地体现在伯孜克里克的石窟艺术中。

其二，在壁画旁大多为单一的汉文题字，它说明这些石窟的创建年代，应在西州回鹘统治此地以前。盛唐、中唐阶段的石窟较多，第 14 窟、第 15 窟、第 16 窟、第 17 窟、第 31 窟、第 33 窟、第 36 窟、第 38 窟、第 39 窟等，可视为此时的代表窟。

第 14 窟为方形穹庐顶窟，第 15 窟如焉耆七格星明屋大殿遗址一样的大型穹庐顶窟。其窟形虽与敦煌莫高窟五代、宋的窟形相同，但从其穹庐顶上的四角凹入处不画天王像而画坐佛及供养菩萨，以及左、右和后壁又各画数铺立体背光的佛说法像来看，用笔及着色均遒劲有力，应为盛、中唐所作。尤其是第 14 窟左壁右侧故事画旁和穹顶下边的汉文题记"常生善国""诸罗诃眷属"，书法更为遒劲，似出名家，也可断定为盛、中唐时代的产物。

第 16 窟为大型长方穹顶窟，穹顶为说法图，南北壁分上下两层各画大说法图六铺。龛壁画涅槃，后室涅槃台已毁，涅槃台下画涅槃经故事画。窟中央有一台，可能为置立佛处。

第 17 窟为穹顶长方形窟，窟顶画有"西方净土变"与可能是"地狱变"的图像。这在新疆石窟艺术中是颇为特殊的。"地狱变"是唐代佛教寺院壁画上主要题材之一，唐朝两京长安和洛阳的著名寺院如慈恩寺、福先寺的院壁上都有当时大画家画的"地狱变"。如果这里果真为"地狱变"，那么这不仅是新疆石窟，而且是全国石窟寺中唯一的一处。窟顶"西方净土变"和"地狱变"左右，还有供养菩萨和天王像。南北壁除各有三座佛说法图和供养菩萨外，南壁中央还有一手执梨花式武器的天王像。窟室正面为突出背光及灵鹫山浮雕，顶上说法图见汉文题记：

"兹北方相德佛像""无非功德说此是纪耳"。

第31窟即德人勒柯克盗去大批壁画材料以印行《火州画集》的洞窟。①此窟乃巨型长方形纵券顶窟，窟身甚为高大，宽2.66米，长13.95米。窟顶为千佛，后壁塑像，像已无存。南北壁各有大立佛八铺，高2.98米，宽1.84米，雄伟庄严，各配合菩萨天神。像下又画有各种供养人。佛菩萨及人物像组织紧凑，线描生动有力，颜色鲜艳如新，新疆石窟现存壁画中富丽精致到如此程度的，它处还未看见，亦为伯孜克里克劫后现存洞窟中优良壁画的代表窟。中央正壁画的涅槃像早已被勒柯克等人剥去。壁左右尚有二小龛，似曾为埋藏盛舍利之所。

第33窟亦为大型长方形纵券顶窟，窟顶为千佛，南北壁各有药师立佛十铺，色彩明显，线描遒劲有力，与第31窟同样可视为伯孜克里克的代表窟。

第36窟为一长方纵券顶大型窟，窟身可分前后两部分，前部分为窟室，后部分为密室。前室窟顶为千佛，旁有汉文题记，唯已熏烝，难于辨认。北壁上段佛像下似为经变，下段为故事画，细辨之可认出为尸毗王本生，即其以身贸鸽故事。其余壁画均已残毁，密室亦被盗窃一空。

第38窟原来为一大长筒形窟，后被分隔为前后二间，前间较小，后间较大。大窟正壁尚残留一菩提树下的供养少女及一老人像。用笔简朴有力，极似敦煌莫高窟初唐画法，与斯坦因在高昌窃去的《桃花美人》和现存日本东京国立博物馆的《树下人物图》作风极为近似，可认为皆7世纪左右所作。前间似为后来改修者，时间在9世纪左右，南北壁各画地藏佛一躯。

---

① 郑振铎编：《域外所藏中国古画集·西域画》下辑，成都古籍书店，1990年。

少数民族歌手在洞窟前歌唱

第39窟为长方纵券顶窟，窟顶画千佛，北壁画天王及大供养菩萨五身，中央画一文殊菩萨。南壁相对处则有一普贤菩萨，左列榜书横条一，汉文，可辨识部分为：

"而诸众生不劫不口菩萨……"

正壁中央有莲花浮雕背光图案，可能过去此处有一立佛，残留壁画极为精湛。

伯孜克里克晚期石窟为9世纪后半叶至14世纪元末明初时期的石窟。此时石窟的形制多沿袭前期石窟式样，长方纵券顶，后多开密室。窟顶多画千佛，佛像下的供养人多着回鹘和蒙古人服装，极具特色；壁画的题记多是汉文和回鹘文对照；壁画风格亦与中原地区宋、元时期的画法相类似。属于这一时期的石窟有第28窟、第40窟、第41窟、第42窟和第45窟等。

第39窟保存了一幅完整的《各国王子举哀图》，极为精美，线条勾勒精细，色彩明丽，仿佛昨天刚刚完成。壁画上各国王子及高昌王、王后、公主、印度僧、波斯和罗马商人都身穿礼服，虔诚地站在两边墙上，他们的脸形、头饰各不相同。表情生动地显示出西域各民族的特点。

第四章 矢志西行路 | 173

唐太宗贞观二年（628年），时年二十九岁的玄奘，离开高昌国后参拜了伯孜克里克石窟，应该说，那时的石窟规模宏大、洞窟完整、雕像及壁画皆金碧辉煌，玄奘仔细参拜了大部分洞窟，特别对39窟的雕像和精美绝伦的壁画赞叹不已。待到笔者去考察时，时光已过去了1300多年。遗憾的是，这么珍贵的石窟，现在几乎空无一物，只有几丝壁画的模糊痕迹，能看清楚的只有德国探险家勒柯克和他的同伙将这些珍品掠夺到欧洲时用凿子留下的痕迹。

19世纪末和20世纪早期，入侵新疆的欧洲列强，疯狂地掠夺伯孜克里克石窟和新疆其他石窟的珍贵文物，在长达半个世纪的时间里，俄国、英国、瑞典、德国、法国、日本、美国的探险家纷至沓来，竞相挖掘被塔克拉玛干沙漠封尘千年之久的失落文明古迹。许多文物带有希腊、罗马风格的特征，他们因此抢得更加放肆。数以吨计的被掠文物，运往了世界各地，现仍在这些国家的博物馆中向世人展示着丝绸之路文明和佛教的光辉历史。

玄奘一行离开伯孜克里克石窟不远，就看到了《西游记》里提到的火焰山。在《西游记》里，唐僧取经在火焰山受阻，方圆八百里全是烈焰，火焰有千丈之高。要经过火焰山，必须向铁扇公主借芭蕉扇，扇一下，烈火熄灭，扇两下，凉风习习，扇三下，天降细雨。经过三调芭蕉，终于熄灭了火焰山的大火，孙悟空才得以护送三藏法师通过火焰山向西而去。

玄奘通过高昌国地域时，也不能避开火焰山。这是高昌国最明显的标志，而且就位于丝绸之路上。

火焰山在高昌国都城（今吐鲁番一带）西北，是我国西部最低的一个盆地，北边有终年积雪的天山山脉，中间横着火焰山，最高海拔才851米，由于地面低于海平面，所以其山显得格外峻峭。陡峭的山势和深红色的岩石构成的涧谷犬牙交错。山峰在烈日灼晒下，看去真的要喷出火焰。事实上，火焰山并不喷火，山上还流着无数潺潺清泉，集流成河，在山谷里哺育着幽静的绿色。

火焰山

　　《西游记》虽然与史实相差甚远，但它的流传，使得玄奘取经的故事广为人知，虽然在书中，玄奘变成了软弱无能的唐僧，但也从某种意义上再现了取经之艰难，以及唐僧百折不回的意志。

　　离开高昌国后，玄奘继续向西进发，一路风餐露宿，过无半城、笃进城，进入焉耆国。无半城即今托克逊东北三公里的布干，笃进城即今天的托克逊县。

　　由托克逊去塔里木盆地到焉耆有两条路。一条路南下，穿过没有水草的山沟。另一条由托克逊西行，顺着一条流水湍急的阿拉沟进天山腹地，爬坡到海拔三千米的青海高原，再沿着另一条乌拉斯台河南下，进入焉耆。后一条线沿途水草丰茂，看来玄奘是从这条路去焉耆的。

　　如今，沿着这条路线已修建成南疆铁路，不再是当年玄奘来这里的情景了。

　　离开火焰山不远，玄奘一行不知不觉间就到了阿耆尼国（今焉耆）。这个国家非常重要，因为它是《大唐西域记》这部举世名著的第一卷第一国。

第四章　矢志西行路　｜　175

玄奘在《大唐西域记》里这样记载：

阿耆尼国东西六百多里，南北四百多里。此国的大都城方圆六七里。（这个王国）四面有山作为屏障，道路艰险难行，因而易于防守。境内泉水溪流交织如带，水便被引来灌溉田地。这里的土质适宜种植叫作糜黍的一种糜子、黍子、冬小麦以及香枣、葡萄、梨、沙果（槟子）等各种果品。四季气候温和，舒畅宜人。风俗淳朴，人们真挚相处。所用的文字取法于印度字母而稍加增减。居民用粗细毛织品做衣装服饰，剪发，不束巾帻。通用的货币有金钱、银钱和小铜钱。国王是本国人，有勇但少智谋，喜欢炫耀自夸。国家缺少纲常法纪，政令也不完备严肃。（境内）有寺庙十余座，僧徒有两千多人。他们研习的是小乘教说一切有部。此地研习的佛经教义、戒律仪轨完全遵循印度，所以，所有的研习者也就都根据印度原文来进行潜研揣摩了。这些信徒恪守戒律仪轨，持身清洁，刻苦勤奋。然而吃食却夹杂了名为"三净"的肉类（只要是没有眼见牲畜的被屠宰、没有听见被屠宰的牲畜嘶叫、也不被怀疑是我所杀的牲畜的肉类就可以照吃），这就未免是拘泥于小乘"渐教"的教义了。

玄奘一行经过焉耆国，宿阿父师泉侧，次日又过银山（今库木什阿克玛山）。玄奘一行过银山时，在山西遇到群贼，众人投以钱物方能前进。时同行者胡商数十人，抢先要到王城去做生意，几十个人结伴夜里出发，前去十余里遇到强盗，财物被劫，几十个人全部被杀，无一幸免。第二天一早等玄奘经过时，只见遗尸纵横，财物荡然，为之伤叹，又走一程遥见王都，焉耆国王和诸臣来迎，并进城安歇。该国不久前被高昌侵扰，记恨不肯给马，玄奘停了一宿而去。

"玄奘离开焉耆西南行，逾一小山，越两大河，西得平川……""小山"就是库鲁克山，"两大河"就是开都河和孔雀河。从当年玄奘来到这里到现在已过去一千三百多年了，玄奘当年对这里的描述和今天笔者见到的情况多么一致啊！

玄奘从焉耆西行七百里入屈支国，我国古代称龟兹（今新疆龟兹县），将近王都，国王率群臣和高僧木叉毱多等来迎。此外，僧侣数千都在城东门外，大张布幔，安奉佛像，作龟兹乐迎接。玄奘到了王城，国王及众僧又前来慰问，依次就座。一个和尚捧着一盘鲜花献与法师，玄奘接受了鲜花，到佛前散花礼拜，然后坐在木叉毱多之下，坐罢又去散花，散花罢又献葡萄浆，至夕阳西下，僧徒始散。

龟兹地区的音乐歌舞自古以来就久负盛名。这一方面可从龟兹附近千佛洞壁画和出土骨灰盒上画的乐队歌舞场面清楚看到，另一方面也可以从汉文史籍中得到证明。历史上龟兹音乐曾给内地汉族音乐以很大影响。据《晋书·吕光传》，晋太元九年（384年）吕光伐龟兹，曾把龟兹的乐人带到凉州。这是龟兹音乐正式传入内地见诸正史的最初记载。在凉州，龟兹乐与内地汉族固有的音乐及其他少数民族音乐相混合，产生了所谓西凉乐。在北魏和北齐时这种音乐不论在宫廷和民间都十分流行，到处可听到胡乐的演奏，看到胡舞的表演。在北齐时，除西凉乐外，还有独立的龟兹乐。它分为四部（部此处为乐队之意），由一伶官领导，隶属中书监。当时龟兹琵琶大师曹妙达享有盛名。

6世纪龟兹音乐大师苏祗婆的七调也对我国的音乐理论产生了一定的影响。《隋书》卷十四《音乐志》载称："先是周武帝时，有龟兹人曰苏祗婆，从突厥皇后入国，善胡琵琶。听其所奏，一均之中间有七声。因而问之，答云：'父在西域，称为知音。代相传习，调有七种。'以其七调，勘校七声，冥若合符。"

隋时七部乐中有部是龟兹乐（其他六部是：国乐、清商乐、高丽乐、天竺乐、安国乐、文康乐）。龟兹乐又分为西龟兹、齐龟兹和土龟兹三部。所谓西龟兹应指西魏或北周时传入的龟兹乐，齐龟兹指北齐时传入的龟兹乐，而土龟兹则应指当时直接从新疆传入的龟兹乐。

605年至618年隋炀帝大业年间，七部乐又扩大为九部乐，增加了康国伎和疏勒伎，到唐代，又增加了高昌乐。这样，唐代十部乐中仅新疆乐就占了三部（三个乐队）。由此可见古代新疆（包括龟兹）音乐对内地音乐影响之大。

龟兹是中西交通重镇之一，在《大唐西域记》里，玄奘是这样来描写龟兹的："屈支国东西千余里，南北六百余里。国大都城周十七八里。宜穈麦，有粳稻，出葡萄、石榴，多梨、柰、桃、杏。土产黄金、铜、铁、铅、锡。气序和，风俗质。文字取则印度，粗有改变。管弦伎乐，特善诸国。服饰锦褐，断发巾帽。货用金钱、银钱、小铜钱……"有人说，作为出家人，并不需要这些信息，这些记载都是为中国军队提供的。事实上，在序言里玄奘就承认他是应皇帝的要求才写这本书的。书中的内容主要是讲佛教，但也有很多一般佛教徒不感兴趣的东西，书中的内容无疑对唐太宗建立东方帝国的宏愿是有帮助的。

最令玄奘激动的是，龟兹是他崇敬的晋代高僧鸠摩罗什的出生地。鸠摩罗什的父亲是印度人，母亲是龟兹王的妹妹。他七岁时赴克什米尔学习梵文和佛经，回到西域后说法传教，声名鹊起。后秦王姚兴特意请他到长安讲学译经，极尽礼遇，奉为国师。在他之前，翻译到内地的佛经是零散的，且数量不多。鸠摩罗什翻译的经文之多，尤其是大乘佛教的经典，质量之高，开历史之先河。自弘始三年到十三年（401年至410年），十年间译经逾三百卷。直到今天，中国僧人读的《阿弥陀佛经》《金刚经》和《大智度论》，依然是鸠摩罗什的译本。中国佛教最早是从印度传来的，在玄奘之前，鸠摩罗什是中国佛教重要的传播人。

在龟兹玄奘被引进城西北的阿奢理儿寺。住持木叉毱多系龟兹国高僧，曾经到印度游学20多年，博览众多佛经，尤其对《声明》一门理解最为深刻，号称独步，受到国王与龟兹国信众的拥戴。见到玄奘来寺拜见，木叉毱多以礼相待。得知玄奘西行求经，木叉毱多对玄奘说："我们这里《杂心》《俱舍》《毗婆沙》等诸经应有尽有，足够你一辈子学习的，不必远涉万里，西行受累。"玄奘问道："那么，龟兹国有《瑜伽论》吗？"木叉毱多不屑一顾："那是一部邪恶的书，真正的佛教弟子是不学的。"玄奘开始还对木叉毱多心存敬意，听他这么一说，心目中的景仰陡降。他反驳木叉毱多："《俱舍》《毗婆沙》等经，大唐就有，只是理疏言浅，说理也不透彻，所以我才千里迢迢远去天竺，为的是学习大乘佛教的经典《瑜伽论》。《瑜伽论》系弥勒菩萨的学说，你说是邪书，就不怕轮回到九层地狱？"备受国王和黎民百姓尊敬的木叉毱多，何曾受过这番抢白，于是反驳玄奘："这是因为你对《毗婆沙》一知半解，你才无法理解其中的深刻哲理。"玄奘针锋相对，毫不示弱，说："既然如此，那么，法师是深刻理解这些佛经了？"木叉毱多颇为自负，以他在龟兹国僧人中至高无上的地位和钻研佛经几十年的学问，又如何能让东土大唐来的僧人问倒？他回答道："贫僧当然理解，而且自有一番心得。"于是玄奘引《俱舍论》破题部分发问，但是木叉毱多对经文的解释却谬误很多。玄奘接二连三的提问，将木叉毱多问得理屈词穷，渐渐木叉毱多的脸色变了，他感到对玄奘的发问无法招架了，就说："你问别的。"于是玄奘又问了一处经文，木叉毱多的回答更是不通，还狡辩："《俱舍论》中，没有这段文字。"

此时，国王的叔叔智月长老也在旁边，智月长老出家多年，也精于经论，对于木叉毱多的强词夺理，也看不下去，就证实《俱舍论》中有这段文字，还拿出佛经进行验证。木叉毱多顿时羞愧得无地自容，连忙给自己下台阶："年龄大了，记不清了。"玄奘再问其他佛经，木叉毱多都以年老健忘搪塞，玄奘便不继续与他辩论了。

玄奘本来想在龟兹国休整几日，养足精力，便翻过葱岭去。

可是正逢大雪封山，道路不通，玄奘一行只得在龟兹的城中住了下来。这一停就是六十多天，每天除了在寺院内远眺城外的雪山，就是礼敬佛陀，诵读经文，也时常与木叉毱多交流，参悟对佛教的体会。经过上次的辩论，木叉毱多不得不对玄奘另眼相看，他私下对玄奘颇多敬意，遂对弟子们说："这个中国僧人好学问，不简单，如果他到了印度，像他这样年轻的学问僧，怕是难找到第二个了，就是学问高深的高僧也未必是他的对手。"

玄奘在龟兹逗留期间，有幸游览了龟兹的佛教艺术圣迹，这里的佛教石窟如克孜尔千佛洞、森木赛姆千佛洞、库木吐喇千佛洞的壁画和雕塑让玄奘倾慕不已。

克孜尔千佛洞有编号的共二百三十六个，分布在悬崖上，东西排列，约两公里长，在石窟的壁画上，描绘着佛陀讲经或打坐时，旁边多有天女散花，飞天起舞，音乐鸣奏。在第69号窟里，只见后壁顶上一幅尤为美丽的壁画上，一个"飞天"吹奏着笙笛，他半身赤裸，腿上莎笼旋转开来，绕在脖子和手臂上的一条长带飘曳着，看似有"天衣飞扬，满壁风动"之感。

库木吐喇千佛洞21号洞窟里的壁画是整个龟兹佛教艺术的明珠，在所有相关的书上都能看到复制品。十二位菩萨围成圆圈站在一个巨大的莲花座上，他们头戴王冠，神情舒展，裸露的半身装饰着流苏、珠宝、手镯。他们有独有的八字须，半开半闭的眼睛里透露出梦幻般的神情和冥思的满足。龟兹石窟的艺术风格深受印度的影响，他们的佛教艺术传入内地后，被内地的石窟、寺庙所吸收，并进一步发展，敦煌石窟、龙门石窟内一些早期的作品就直接继承了这种形式。

两个多月后，玄奘一行方整装出发，国王拨给驼马人夫，所有道俗人等倾城送别；从此行二日，逢突厥寇贼二千余骑，不由分说，把玄奘一行包围起来，把所有财物争为分派，因分赃不均，互相打了起来，一哄而散。

上／凌山雪峰
下／翻越大雪山

又前行六百里[①]，渡一小沙漠，到跋禄伽国（今新疆拜城、阿克苏一带），即汉朝的姑墨国，停一宿。又行三百里，登葱岭北部的凌山（今新疆乌什别迭里山口）。这座山汉人叫天山，回人叫腾格里山。此山高耸入云，险峭异常，万年积雪，积为层冰，春夏不解，上接云天，仰视无际，只见白皑皑一片。其冰峰摧落横于路侧的，或高百尺，或横数丈，因之蹊径崎岖，登涉更觉险阻。

---

① 全书凡是出现此类"里""尺"等计量单位皆是沿用古籍中的原始论述，与今计量单位有异。

第四章 矢志西行路 | 181

加上风雪杂飞，寒冷特甚，煮饭时须凿开冰块悬在半空，且久煮不开。晚上玄奘一行只能睡在冰雪之上，用皮衣把身体裹得严严实实，仍然抵御不了寒冷，所有的人都冻僵了，只能颤抖着抱在一起取暖。马蹄上裹上毡布，可还是在冰面上打滑，踉跄难行。如遇雪崩，人则九死一生，陷进冰洞则绝无生还之机。玄奘他们用长索相互缠绕，一步步爬行，七天后，终于翻过这令人胆寒的凌山。徒侣中冻饿死伤者十有三四，驼马死得更多，这是玄奘西行途中最艰难的路程之一。

第五章　穿越西域及西亚、中亚

一、入西突厥境　经美丽的伊克塞湖

玄奘一行在翻越凌山天险的七天中损失极大，三十多号人马，走出雪山的只有八九人，死于冰窟雪峰下的超过了三分之二，幸存者腿脚手脸也都有冻伤，至于驮运物品的骆驼、马匹损伤就更大了。千辛万苦，九死一生，他们庆幸走出了这大雪山，同时也为死难者深表哀痛。

他们走出凌山不远就进入了西突厥国境，行四百余里，经过了一些黄沙白草，到了大清池。这大清池，又名热海，一作咸海（今吉尔吉斯斯坦的伊克塞湖）。据《大唐西域记》记载：大清池方圆一千多里，东西宽阔，南北窄狭，四面环山，许多河流奔注池中，（池中）呈青黑色，味道又咸又苦。池中波涛汹涌，汪洋无际，巨浪激荡，水流湍急。鱼龙杂处其中，有时还有灵怪出没，所以往来的行人都向这些灵怪祈祷，求它们庇佑赐福。因此，池中水族生物虽然很多，却没有人敢于捕捞。

伊克塞湖屡见于中世纪早期的穆斯林文献中。既早且详的，当以玄奘为第一人。

玄奘一行沿着湖岸向西北行，欣赏着这山清水秀风景无限的伊克塞湖。走五百余里，到达素叶城（即碎叶城，今吉尔吉斯斯坦的托克马克），遇西突厥统叶护可汗。《慈恩传》一："至素叶城，逢突厥统叶护可汗，方事畋游，戎马甚盛。"

美丽的伊克塞湖

西突厥统叶护可汗是闲暇来此打猎时遇到了玄奘。只见可汗大约五十开外，身披绿色绫锻袍子，前额缠着一丈多长的素绸，两端拖在背后，足蹬乌皮战靴，看去虎虎生威。随侍的有两百多位官员，也都穿着锦袍，拖着长长的发辫，环绕在可汗左右。此外还有许多兵士，穿着羊毛短袄，各持不同武器，或跨马或骑骆驼，大小旗子随风飘扬，军容整齐，威风凛凛。

玄奘刚出长安城时，属于私自闯关，没有通行证，旅行非常困难，其中的滋味只有玄奘清楚。在高昌国，幸运地得到国王麹文泰的支持，给西域二十四国都发了公函与私信。玄奘考虑到西行经过的大部分地区都属于西突厥势力统治范围，他绕道碎叶城，就是为了拜见统叶护可汗，取得他的庇护。后来的经历，说明玄奘的做法是正确的，因为有统叶护可汗的关照，玄奘西行遇到的阻碍少了许多。

高昌国使臣引玄奘面见可汗，呈上高昌王的亲笔信函，又把驼马驮来的礼品献到可汗面前。可汗见了麹文泰的信，知道玄奘要去天竺求经，高兴地对玄奘说"我现在要到远处狩猎，两三天便回，法师一路辛苦，请先回王府休息"，随即命一近身侍臣送玄奘回宫。

玄奘看这素叶城乃是一片土城，城池并不很大，"周围六七里，诸国胡商杂居也。土宜糜，麦，葡萄，林树稀疏，气序风寒，人衣毡褐"。骆驼队进进出出，扬起漫天尘土，完全是异国情调。

素叶城是中亚草原通向中国西北沙漠的捷径，也是古代丝绸之路上的重镇。唐朝势力扩展到中亚后，素叶城就成了唐朝安西都护府最西边的城镇，它与龟兹、疏勒、于阗并称为唐代"安西四镇"。据说唐代大诗人李白就诞生在素叶城，比什凯克的人文大学2006年还举办过一次纪念李白诞辰1300周年活动，吉尔吉斯斯坦的国家总统还作过关于李白的学术报告。

三天后，西突厥国王统叶护可汗猎游结束，传令召见玄奘，把玄奘及随行人员请进帐篷。举目看，大帐内排着两行长筵，帐篷金碧辉煌，灿烂夺目，王公大臣、达官贵人两旁侍坐，仪仗队环立于后，全场气氛极为庄严。法师缓步而入，离帐三十多步，统叶护可汗出帐欢迎，特为玄奘设一铁交椅，上铺锦褥，请玄奘入座。在筵会上，可汗与大臣自饮一种马乳做成的酒，另以葡萄浆进奉玄奘，更进素斋，有饼饭、酥乳、石蜜、刺蜜、葡萄等，甚是丰盛。席间，可汗还传旨奏起胡乐，虽是异国之乐，听起来却铿锵悦耳。散席后，可汗请法师讲说佛法，玄奘毫不推辞，讲了如何诚意修行，向往解脱，以及波罗蜜多经一些浅显道理，可汗举手叩额，欢喜信受。过了数日，可汗劝法师道："不须去印度了。印度多暑日，十月天气如同此间五月，观法师容貌，恐怕经不起骄阳的炙晒，还是留这里为好！"

玄奘答道："贫僧西行，志在追寻圣迹，严寒和酷热都不能阻挡我，还望可汗见谅准行。"

叶护可汗知道难留玄奘，便物色通汉语和西域诸国语的人，同时修下番书致诸国，护送玄奘到迦毕试国（阿富汗喀布尔城）；又送玄奘绫罗法服一套，绢五十匹，与群臣亲送十余里，方珍重道别。

这次与统叶护可汗的会见，对于玄奘有着重大意义，为玄奘今后的行程开了一路绿灯，也提供了物质保证。

玄奘离开素叶西突厥王廷，西行四百余里，抵达千泉（屏聿，今吉尔吉斯斯坦库穆阿赛克），是西突厥可汗夏天避暑的地方，这里数百里内既多池沼，又林木茂盛，气候凉爽，仰望不见天日，玄奘心中想道："想不到沙漠之外，还有这样好的地方。"

玄奘著述的《大唐西域记》在描述千泉时写道："千泉者，地方二百余里，南面雪山，三陲平陆。水土沃润，林树扶疏，暮春之月，杂花若绮，泉池千所，故以名焉。"

《玄奘年谱》记载千泉曰："其故地在吉尔吉斯斯坦北部吉尔斯山脉的北麓，库腊加特河上游地方，为中西交通的要道，并有林泉之胜，公元657年唐设濛池都督府辖其地。"

由千泉西行约一百五十里，就是呾逻私城，玄奘听说有这座城，但没有进去。这座城方圆八九里，杂居着各国商胡，是当时西域重要的商业城市。此城在今哈萨克斯坦南部的江布尔城。

这座城在玄奘路过之后的一百二十二年，发生了一件大事。唐玄宗天宝九年（750年），唐朝以石国（今塔什干）谋叛，派大将高仙芝往讨，石国王子向大食求得援兵，大食援兵与高仙芝所属的三万蕃汉步骑在呾逻私相持五天，因高仙芝所属的突厥人叛变，唐军遭内外夹击而大败。大食掳获唐兵数千，其中有造纸工匠，大食把他们集中在萨马尔罕设厂造纸，使得中国造纸术因而西传。由呾逻私城往南走十多里，有一座小孤城。该城是当初被突厥人掳掠来的三百多户中国人建造的。

玄奘从这里西南行二百里，至白水城；又西南行二百余里至恭御城；又南行五十里，至笯赤建国，今乌兹别克斯坦塔什干地区的汗阿巴德；再西行二百余里至赭时国（即石国），今乌兹别克斯坦，都城在今塔什干附近。赭时国方圆一千余里，国西临叶河，东西窄，南北长。这里土地肥沃，耕作完备，草木茂密，花果繁盛，盛产葡萄。国中有城镇几十个，各自立有君长，都臣属突厥，听说突厥可汗派遣使者护送中国法师前来，各自恭敬迎送。

二、穿昭武九姓国　越铁门关天险

据《玄奘年谱》记载，"玄奘至赭时国，已进入西域当时所谓昭武九姓国的范围。它在公元5世纪至8世纪时，为今中亚阿姆河、锡尔河之间九个王国的总称，在唐代为康国、安国、曹国、石国、米国、何国、火寻国、伐地国、史国九国，5世纪中期属于嚈哒，6世纪中期隶属于西突厥。昭武九姓国，以康、石两国最大，而康国又是诸国的宗主。永徽时康国内附，诸国均随同内附，唐以其地为康居都督府，隶安西都护，至公元712年九姓诸国为大食所并。

玄奘又向西走千余里，至窣堵利瑟那国（一曰东曹国，这是中古时代锡尔河以南诸地总名），今乌兹别克斯坦北部。该国方圆一千四五百里，居民多从事畜牧，迁徙无常，国王也臣服于西突厥。该国东临叶河（今锡尔河），叶河出葱岭北原，西北而流，土宜风俗同赭时国。

玄奘又西北入大沙漠，绝无水草，路途漫漫，疆境难测，望着大山及人马遗骸觅路前进。走出沙漠，到了飒秣建国（唐称康国），今乌兹别克斯坦撒马尔罕，玄奘在《大唐西域记》中这样记载："周千六七百里，东西长，南北狭。国大都城周二十余里，极险固，多居人，异方宝货多聚此国，土地沃壤，稼穑备植。"这里还盛产良马，气候温和宜人，民风猛烈，邻国都把飒秣建国看作榜样，国王非常勇猛，邻国都不得不顺从听命。他麾下兵马强盛，大多由赭羯族人组成，性格暴躁，打起仗来不惜命，所向披靡。这是个农业发达、工商繁荣的强国，更是西域各国商贸的枢纽。

飒秣建国（今撒马尔罕）是有着二千五百多年历史的中亚城市，有着数不尽的辉煌。公元前329年，亚历山大大帝抵达此地，曾与月氏人交战。那时这里被称为"玛拉坎达"。此国为古代丝绸之路天山北路的必经之地，汉代时称此地为"康居"（康国）。成吉思汗攻入花剌子模时，此地曾遭屠城。飒秣建国通过古丝绸之路与中国早就有了来往。唐贞观九年（635年）十一月，飒秣建国的使臣再次到长安。此前的七月，他们已经献给李世民一头凶猛的雄狮，而这一次，他们带来的是金桃树和银桃树。李世民把金桃树和银桃树都种植在皇宫的御苑里，金桃金黄如黄金，银桃洁白如白银，但它们没有留传下来，后人无福品尝到它们的美味。

上／汉长城
下／西域河仓城

该城市由于融合了印度、波斯、突厥等古文明特色，所以现在被联合国教科文组织列为世界人类文化遗产保护城市。

飒秣建国的国王和百姓都不信佛法，而信奉拜火教，国内只剩下佛寺两所，也无一个和尚敢住。玄奘到时，国王接待较为傲慢，但碍于西突厥可汗的关照，不冷不热。玄奘为国王说人天因果，赞佛功德，国王才渐对佛教有所好感，对玄奘也恭敬有加。

一天，和玄奘同行的两位和尚在不知情的情况下到佛寺礼拜，立即被手持火把的当地人包围，险些遇难。国王知道后，下令抓捕肇事者，欲当众砍掉暴徒的手，玄奘不忍毁其肢体，出来求情解救。国王就将肇事者改为笞刑，用竹棍重打，逐出都城。这件事很快地使城内外的教徒对玄奘肃然起敬，纷纷要求信奉佛法，皈依佛门。国王也设法会，准许剃度僧人于寺中居住。就这样，玄奘依靠个人的力量，改变了人心，改变了飒秣建国的信仰，使佛教在此地又恢复了勃勃生机。

从飒秣建国往西，玄奘走进了昭武九姓国的中心范围。原来这国的国王，本来姓温，是月氏人，旧居在祁连山北的昭武城，因被匈奴所破，逃到葱岭以西，建立了月氏国。到了隋朝，月氏又分为九国，各姓昭武，表示不忘本的意思。

玄奘从康国西行三百里，先经过屈霜你伽国（即何国），今乌兹别克斯坦喀桑城；又西行二百余里至喝捍国（即东安国），今乌兹别克斯坦泽拉夫善河之北；又西行四百里至捕喝国（即中安国），今乌兹别克斯坦布哈拉城；又西行百余里，到伐地国（即西安国），今乌兹别克斯坦蔑尔甫城；又西南行五百里，至货利习弥伽国（即火寻国），今乌兹别克斯坦基华城；又西南行三百里，至羯霜那国（即史国），今乌兹别克斯坦加尔支城；然后转向东南，重登帕米尔高原。

帕米尔高原，是有名的世界屋脊。玄奘是世界旅行家中到过帕米尔高原的第一人。玄奘翻越葱岭北面大山到西突厥去的时候，曾走到它的东北边沿，现在要越过铁门关到印度去，就必须经过它西部边沿。

帕米尔高原地处中亚东南部、中国的西端，横跨塔吉克斯坦、中国和阿富汗。"帕米尔"是塔吉克语"世界屋脊"的意思，高原海拔 4000～7700 米，是亚洲多条主要山脉的汇集处，群山连绵逶迤，雪峰耸入云天，山高林深，人迹罕至，环境恶劣。中国汉代称之为"葱岭"，因多野葱或山崖葱翠。帕米尔高原属大陆性高山气候，特别是东帕米尔。这里冬季漫长（十月至翌年四月），一月平均气温零下 17.8°C，最低气温零下 50°C。帕米尔是古丝绸之路上最为艰险和神秘的一段，当地有一民谣："一二三雪封山，四五六雨淋头，七八九正好走，十冬腊月已开头。"西汉时期，汉朝国力强盛，中原开始大规模对外通商，商人沿丝绸之路往来地中海各国，必须穿越帕米尔高原。由于此地地势高寒，行旅艰难，因此沿途设置帮助行人住宿和给养的驿站就显得格外重要。至今在帕米尔高原上还有多处驿站遗址。

玄奘一行在帕米尔高原的山路上走了三百里地，到达了西突厥要塞——铁门（今阿富汗巴达克山）。铁门地处中亚南北交通要道上，地势险要。两侧高山绝壁，危崖的岩石富含铁元素，因此山体呈赤色，在阳光照射下，阴森恐怖。最为惊险的是两山峭壁之间只有一条狭窄的通道，山路的入口，有铁门一扇，在两侧还悬挂铁铃，一有动静，铃声大响，铁门因此而得名。因为手上有统叶护可汗的通关证，玄奘沿途走来倒畅通无阻。

在我国历史上对铁门关多有记载，在汉代时已可见到，到了唐代对它的描述则更多。蒙古大军横扫中亚时铁门关是通向伊朗和印度的咽喉要道。成吉思汗本人也曾指挥军队在此南下。元朝的道教领袖丘处机奉诏西行也曾取道铁门关前往兴都库什山，进谒成吉思汗。

《玄奘年谱》对铁门关的记载曰："铁门关故址在乌兹别克斯坦南部杰尔宾特之西约十三公里的地方，为帕来尔高原的险要隘口，左右皆山，长约三公里，宽仅十二到二十米，是古代中亚至

铁门关天险

南亚的交通孔道……"① 这与《大唐西域记》卷一:"铁门者,左右带山,山极峭峻,虽由狭径,加之险阻,两傍石壁,其色如铁,既设门扉,又以铁锢,多有铁铃,悬诸户扇,因其险固,遂以为名"。② 这与《新唐书》卷二二一下"有铁门山,左右峻峭,石色如铁,为关以限二国,以金锢阖城"所记载的可相互印证。

玄奘到了关上,验过了护照才可通行,出铁门,过呾密,就到了睹货罗国,旧曰吐火罗,亦叫活国(今阿富汗地)。计自高昌至此,已经一十六国。睹货罗国是古时伊朗文化和印度文化融合的区域,也就是东方文化与西方文化融合的地区,是个西亚大国,东西三千多里,南北一千多里,东陟葱岭,西接波剌斯,南抵大雪山,北据铁门关。国内有一条大河,叫缚刍河,发源于帕米尔高原,自东向西流入碱海。这个国家,中国历史上并不生疏,古时叫大夏,汉时臣属大月氏,到唐初又叫吐火罗。这里就是高昌

---

① 杨廷福著:《玄奘年谱》,中华书局,1988 年,第 127 页。
② (唐)玄奘、辩机原著,季羡林等校注:《大唐西域记校注》,中华书局,2000 年,第 98 页。

第五章　穿越西域及西亚、中亚 | 191

王的妹夫，即统叶护可汗的长子呾度的封地。

玄奘带着高昌王的亲笔信去见呾度并住了下来，正赶上一场家庭悲剧。玄奘到达时，高昌王的妹妹已经去世，呾度续娶一位年轻貌美的王妃（突厥语叫贺敦），呾度的长子（非高昌王妹所生）与这个王妃私通，毒杀呾度，且自立为王，并立其父王续娶的王妃为王妃。

玄奘为此事在活国耽搁了一个多月，他等待政治斗争平息后，求见新王，请派遣使臣及马匹好到印度求经。王向他推荐其属国缚喝国（今阿富汗的巴尔夫市）。

从此前进数百里，渡缚刍河到缚喝国。城中佛教极盛，寺宇繁多，塔顶多饰黄金，太阳一照，光耀夺目，所以有"小王舍城"之称。城内有一百多所寺庙，三千多名僧侣都学小乘。玄奘到城西南的一座叫纳缚僧伽蓝去观光释迦牟尼的遗迹，瞻仰了寺中三宝：一是佛澡罐，二是佛牙，三是佛扫帚，皆为佛陀真迹。在这里，玄奘还遇到了从北印度来的年轻僧人慧性即般若羯罗。慧性天资聪慧且博学多才，玄奘与他结为益友，在这里住了月余，同他就读"一切有部"的论著《毗婆沙论》《毗婆沙海》。伽蓝内还有北印度磔迦国的小乘三藏法爱、法性二位法师。

所谓三藏，是指经、律、论三藏。佛的教"法"叫作经，佛的教"戒"叫作律，佛弟子学者研习经律而有所著述叫作"论"，也就是定学、戒学、慧学。因为此三者"包藏"一切法义，所以叫三藏。而通三藏达三学者就称为"三藏"。

玄奘向他们学习小乘佛典并讨论问题，结果他们都自叹不如，四人从此成为好友，这是玄奘所做中印文化交流工作的开始。

三、临梵衍那　沙落迦寺露"法力"

玄奘一行自缚喝国南行，路过锐秣陀国、胡寔建国。国王请法师到那里讲经，住了些时日，与慧性法师相随入揭职国，今阿富汗的达拉哈斯城,从这里再向东南行,入大雪山,到了梵衍那的国境,也就是今阿富汗喀布尔以西的巴米扬城了。

梵衍那国是一个山国,地处雪山之中。居民依山傍谷,依地形营建城镇,都城长六七里,就建在山崖之上。那大雪山山高谷深,峰峦险峻,四季风雪接连不断,人行小道崎岖难走,比起凌山、沙碛更为险阻,积雪最深达数丈,行旅非常危险。玄奘一行历尽艰辛,方才翻过大雪山到达梵衍那国的都城。国王亲自出迎,玄奘在王宫住了几天,还在该国圣使、圣军两位高僧陪同下到各地巡礼参观。

此国有伽蓝数十所,僧侣数千人,都学小乘说出世部。在都城东北有个大佛谷,山岩石上有立石大佛像,高一百五十尺,宝饰灿烂,气魄伟大,雕刻生动,是此国先王所建。据学者实地考察,该佛像高五十三米,它就是2001年不顾全世界佛教徒和考古界的强烈反对,阿富汗前塔利班政权用大炮和火箭摧毁的巴米扬大佛。

大佛东边有一佛寺,寺东有一铜铸释迦牟尼像,高一百多尺,寺内有佛涅槃卧像,长一千尺。可惜玄奘到时这些遗迹早已荡然无存了。

玄奘巡礼后即起身南行,行二百余里,将要走完大雪山时,又遇大雪,迷失了道路,天黑时且找一处山坳暂避风雪。第二天微明,玄奘在寒冷中惊醒,发现同伴们都被埋在积雪中,于是赶紧叫起大家,吃了些干粮,牵着马匹继续赶路;再前行时,找到一小溪,顺着小溪走了半天才见一猎人,打听道路方知道已经走出了大雪山;又翻过一重黑山,约十五天后,到了西突厥的最南疆迦毕试国境,即今阿富汗首都喀布尔。

到此统叶护可汗派来的翻译使者,完成了护送玄奘的任务返回国去。

这迦毕试国,方圆四千多里,北靠雪山,其余三面环绕着黑岭。国王是刹帝利种姓,很有智慧计谋,勇猛暴躁,威镇邻国,

上／巴基斯坦佛寺遗址 1
下／巴基斯坦佛寺遗址 2

统治属国十余个。国内有寺院一百多座，僧徒六千多人，信奉大乘教。因接近印度，街上到处可以见到婆罗门教徒，他们听说中国有一位玄奘法师到时，王与诸僧出城门迎接，各寺院争相迎接到自己寺内。其中城东有小寺庙叫沙落迦寺，据说是从前中国汉朝皇帝有一个王子在此国时所造。寺僧说道："我们这寺本是一位汉朝王子在迦毕试作人质的时候，由汉天子出钱所造，法师既然来自中国，当然应该先住我们寺里。"后来玄奘才知道他们所说的汉朝天子只是中国西境中某国的国王,他们的容貌和服饰都很像汉人,所以一直误传至今。

传说中的那位作人质的王子,曾在寺里的一座大神像右脚下,埋藏了一大批财宝,并刻下铭记:"若伽蓝腐损,可取脚下之财宝用以修复。"但历代从未有人能成功地加以挖掘,每次都被些奇异的景象吓退,如突然地震或神像顶上之鹦鹉像展翅惊叫等。玄奘既被认为同那王子来自同一国度,寺中僧侣就鼓励他试试。玄奘在这座沙落迦寺露了一手佛教徒所称的惊人的"法力"。

玄奘在神像前焚香祷告"这地下财宝原是王子殿下为修理寺庙而准备的,现正好急需,请容许我亲自指挥挖掘及清点移交,且遵照殿下的意思使用,愿殿下神灵谅鉴",祷告毕,即命人挖掘,果然顺利地在地下七八尺处掘出装有黄金数百斤和珠宝数十颗的大铜器,众僧皆欣喜而赞叹不已。

佛陀说法图

关于沙落迦寺,笔者考察探索了各家学说对玄奘在这段历史足迹的考定。

《慈恩传》卷二:"有一小乘寺名沙落迦。相传云是昔汉天子子质于此时作也。其寺僧言:'我寺本汉天子儿作。今从彼来,先宜过我寺。'"[1]《大唐西域记》卷一:"闻诸耆旧曰,昔健驮逻国迦腻色迦王,威被邻国,化洽远方,治

---

[1] (唐)慧立、彦悰著,孙毓棠、谢方点校:《大慈恩寺三藏法师传》,中华书局,1983年,第35页。

兵广地至葱岭东。河西蕃维，畏威送质。迦腻色迦王既得质子，特加礼命，寒暑改馆，冬居印度诸国，夏还迦毕试国，春秋止健驮逻国。故质子三时住处，各建伽蓝，今此伽蓝，即夏居之所建也。故诸屋壁，图画质子，容貌服饰，颇同中夏。"①

印度虽是传说流行之地。玄奘虽是有闻必录的人，此种传说必有所本。丁谦《大唐西域记地理考证》："考迦腻色迦王即《后汉书·大月氏传》之阎膏珍，为贵霜王邱就卻子，其灭中印度而称霸也，正与汉光武帝同时。河西蕃维，当是窦融。融在河西，中间隔于隗嚣，不能与通连，其势颇孤，或送质子以求外援，亦未可知。"丁谦说系假设之词，别无佐证，可不具论。

羽溪了谛从堀谦德《解说西域记》所提出的加以考证，以玄奘所载与《后汉书·西域传》所谓"安帝元初中，疏勒王安国以舅臣盘有罪徙于月氏，月氏王亲爱之"的记录两相对照，得出结论："今以此两记录相对照，此大伽蓝之名沙落迦，据马贵特之见解，此中文名词之意味。《后汉书》所谓月氏王者与《大唐西域记》所谓迦腻色迦王相当。《后汉书》所谓臣盘者与《大唐西域记》质子相当。"②冯承钧全本其说，著《迦腻色迦时代之汉质子》③，其于迦腻色迦王在位年代取符舍《希腊与佛教参合的艺术》页五〇五之说，以牵合《后汉书·西域传·班超传》月氏用兵西域事，并以为"沙落迦"即"疏勒"之异译，疑玄奘所闻建沙落迦寺之质子，即《后汉书·疏勒传》的臣盘。向达先生认为"《后汉书》明言臣盘有罪，徙居月氏；《西域记》明言质子，二者有所不同"。冯承钧主张《慈恩传》中的"沙落伽"即为"疏勒"异译，显误。"玄奘在《西域记》卷十二里记到疏勒，称为佉沙国，……于疏勒的国名以及文字等等知道得很清楚。他到迦毕试国，在沙落迦寺

---

① （唐）玄奘、辩机原著，季羡林等校注：《大唐西域记校注》，中华书局，2000年，第139页。
② （日）羽溪了谛著：《西域之佛教》第二章《大月氏国之佛教》，商务印书馆，1933年，第90～91页。
③ 冯承钧撰：《西域南海史地考证论著汇辑》，中华书局，1967年，第97～101页。

挂过单，同寺院的僧人交谈过，听到僧人提及本寺历史。如其沙落迦即是疏勒，他为什么一字不提，而另出沙落迦之名？……《梵语千字文》之娑罗诋也就是《西域记》中之沙落迦，在古音上以及《西域记》的记载上，都很通顺，用不着绕弯儿。《后汉书·西域传·疏勒传》所记，臣盘徙谪月氏一事，用不着与沙落迦寺比附。"[1] 兹从向达先生之说。

关于在沙落伽寺夏坐，案指玄奘从贞观二年（628年）春初离高昌，在龟兹六十余日，统叶护可汗处十余日，活国一月，缚喝国学习一月余，又从高昌至此共经行六千多里，需时二月左右，共计需时半载以上。《大唐西域记》载印度僧坐雨安居，或前三月，或后三月，前三月当此五月十六日至八月十五日，后三月当此六月十六日至九月十五日，故凭此"夏坐"记载，亦可考见玄奘的行程日期，抵沙落迦寺适逢众僧安居，玄奘亦随喜夏坐，当在后期，即在六月十六日至九月十六日的时间中。此间，玄奘又为国王所邀请到大乘寺说法五天，当时名僧秣奴若瞿沙（如意声）、阿梨耶伐摩（圣胄）、求那跋陀（德贤）"咸皆惬服"（见《慈恩传》卷二）。安居讫，慧性重为睹货罗王所请回，玄奘与别，乃东进六百余里，《续高僧传》作七百余里。越黑岭（今阿富汗东部兴都库什山一带），向南再折向东南行了六百里。玄奘经过一年多的长途跋涉，途经包括高昌国在内的二十四个西域国，终于进入北印度，来到滥波国。

---

[1] 见夏鼐《中巴友谊的历史》注释，载《考古》，1965年第7期。

第六章 古印度印象

一、初入北印度 探小石岭佛影岩窟

玄奘越过了黑岭之后，首先进入北印度。他初入印度，感受到印度文化的新鲜，加之南国的风光、热带葱郁的树木，这些异国情调使他无限兴奋。那时的佛国印度，正是佛教最后的一个全盛时期。

走进印度，就要首先认识印度。

印度泰姬陵

在一千三百多年前的隋唐时期，中国人习惯把印度叫作"天竺"，自玄奘西行后，在他著述的《大唐西域记》中指出："详夫天竺之称，异议纷纷，旧云身毒，或曰贤豆，今从正音，宜云印度。"玄奘告诉我们，以前所用的"天竺"或"贤豆"都不准确，按照正确的发音应该为印度，所以，很少有人知道全世界现在通用的印度这个名称是玄奘大师定名的。

古印度疆域辽阔，包括了今天的印度、巴基斯坦、阿富汗、尼泊尔在内的广大地区，时间是距今五千多年到公元 6 世纪之间。古印度当时分为东、南、西、北、中五个部分，也叫天竺，又叫五印度。在《大唐西域记》中玄奘这样记载："五印度之境，周九万余里，三垂大海，北背雪山。北广南狭，形如半月，画野区分，七十余国。"玄奘进入印度，是先由北印度转入中印度，再由中印度转入东印度，又沿印度东海岸而南，到了南印度，然后由南印度绕行西印度，最后又回到中印度。在印度，他所历经的共有七十多国。

泰姬陵花园南门

北印度大国有迦湿弥罗国、滥波国、健陀逻国、乌杖那国、乌刺尸国、磔伽国，而以迦湿弥罗国为最大。这些国家，大多在现今的巴基斯坦、克什米尔及印度旁遮普邦一带。

中印度大国有羯若鞠阇国、秣菟罗国、萨他泥湿伐罗国、禄勒那国、秣底补罗国、垩酰制怛罗国、劫比他国，而以羯若鞠阇国为最大。这些国家大多在现在的印度北方邦，恒河中游两岸，这一带佛迹最多，释迦牟尼诞生的迦毗罗卫国（现在尼泊尔南境）、胜军王曾经建都的舍卫国，以及阿育王曾建都的摩揭陀国和王舍城，都在中印度一带。

东印度大国有伽摩缕波国、伊烂拏钵伐多国、瞻波国、奔那伐弹那国、三摩怛咤国，而以迦摩缕波国为最大。

南印度也有许多国家，以达罗毗荼国为最大。

西印度也有许多国家，以摩诃剌陀国为最大。

玄奘周游五印度，一一访问了这些国家，是中国历史上周游五印度的第一个旅行家。

季羡林先生在《大唐西域记校注》一书中，对公元六七世纪的印度作了比较精细的分析和解释，现在我们要认识印度需要了解的有两个问题：一是印度社会发展的历史，二是印度佛教的发展与衍变。

（一）印度社会发展的历史

一般研究印度历史的学者，特别是苏联的学者，大都认为，印度封建社会到了公元六七世纪才开始形成。季先生认为，这个看法是有问题的。许多历史事实证明，随着土地私有制的出现，农奴和地主的矛盾形成了，在生产中农业所占的比重逐渐超过了牧畜业，生产力因而大大地提高，从公元前五六世纪起，印度就开始向封建社会过渡。到了 6 世纪末 7 世纪初，也就是中国隋末唐初的时代，印度正处在封建社会高度发展的阶段。政治上比较统一，经济上很繁荣，对外关系加强了，在土地方面，出现了大规模开垦的情况；只是到了后期，政治上才又开始分崩离析，经济、贸易又开始衰退。印度封建社会的高度发展，既不能用欧洲社会发展的情况来衡量，也不能用中国发展的情况来衡量。在普遍规律的指导下，印度社会自有其发展的特点。

　　从印度历史总的发展趋势来看，印度当时正处在由合到分的过渡阶段。世界各国的历史都表明了一个共同的现象：分久必合，合久必分。在印度历史上，外族的入侵往往引起分合的变化。公元前4世纪，希腊马其顿亚历山大大王入侵印度以后，结束了长期分的局面，产生了比较统一的孔雀王朝（合）。公元后五六世纪，白匈奴族入侵北印，又在印度社会里促成了一个转折点，继阿育王之后，从320年起比较大规模地统一了北印度的笈多王朝，被称作印度历史上的"黄金时代"。法显到印度去的时候，正是旃荼罗笈多二世（超日王）在位的时候。他提倡文学艺术。印度古代最伟大的诗人迦梨陀娑可能就生活在他的朝廷上。对于白匈奴（嚈哒）的入侵，笈多也成功地抵挡了一阵子。但是笈多王朝渐渐又衰落下来，到了6世纪中叶终于崩溃。印度社会又开始分裂。英国史学家史密斯称之为社会方面的一次革命。统一的大帝国从

拜火教遗址前的菩提树

内部瓦解了，北印度各地又纷纷独立，出现了不少小国，互相攻伐，连年征战，造成了整个印度分崩离析、动荡不安的局面。

◆ 后期笈多王朝

在笈多王朝根据地的那些省份里出现了一系列的统治者。他们的名字都以"笈多"收尾。史学家因此称之为后期笈多王朝。但是他们是否真正是笈多王族的后裔，现在还说不清楚。他们是否从一开始就统治摩揭陀，现在也还说不清楚。反正他们后来统治了摩揭陀。有人甚至说，他们的统治一直扩大到摩腊婆地区，直到戒日王时期才结束。这个世系出了几个很有力量的大王，打过许多胜仗。在五六世纪的混战中，后期笈多王朝有时参加这一边，有时又参加那一边，在混战中苟延残喘。公元500～570年之间，最后的大王幼日王曾成功地抵御了白匈奴的入侵，打败了摩酰罗矩罗，把他俘虏，又释放了。玄奘对于这件事有比较详尽的叙述。650～670年，还有人自称皇帝，并与穆克里族结盟。

◆ 梅特腊卡

在纷纷独立的小国中，最先挺身出来反对笈多王朝的是梅特腊卡部落。他们在索拉什特立（玄奘译为"苏剌侘"）建立了一个王国，还包括案达罗在内，定都于伐腊毗。玄奘在《大唐西域记》卷十一中描绘这座城市说"居人殷盛，家室富饶，积财百亿者乃有百余室矣。远方奇货，多聚其国"，又说："今王，刹帝利种也，即昔摩腊婆国尸罗阿迭多王之侄，今羯若鞠阇国尸罗阿迭多王之子婿，号杜鲁婆跋咤。"这一座城市后来在7世纪结束时成为商业、贸易、文化、学术的中心。8世纪50～75年之间这个小王国被信德的阿拉伯人推翻。

◆ 耶输达曼

在曼达索，有一个耶输达曼王，曾打败过白匈奴王摩酰罗矩罗。

◆ 穆克里族王国

穆克里族在恒河领域上游建立了一个强大的王国，领地包括今天的北方邦等地，首都是曲女城。《大唐西域记》卷五对这座城市也有生动的描绘"其长二十余里，广四五里。城隍坚峻，台阁相望，花林池沼，光鲜澄镜。异方奇货，多聚于此。居人丰乐，家室富饶。花果具繁，稼穑时播。气序和洽，风俗淳质"，可见这里风光之美、贸易之兴隆、人民之富庶。这个王族的成员征服了摩揭陀的部分地区。有一些成员自加尊号曰"大王中之王"。他们的统治直扩展到伽耶地区。他们也成功地抗御了白匈奴的侵扰。另一方面，他们也同后期笈多王朝又斗争，又联盟，约在7世纪初覆亡。

◆ 高达族

孟加拉和阿萨姆曾经包括在笈多帝国之内。笈多帝国一衰落，孟加拉也分成了几个国家。约在公元525年，鸯伽国建立。这些事实多半是由碑铭来证明的，其他历史资料非常少。因此对这一地区的详细情况，到现在还不十分清楚。

到了7世纪上半叶，这里出了一个国王名叫设赏迦。对于这个人我们所知甚少。他属于哪一族，也不清楚。他简直像是一颗彗星，一霎时发出耀眼的光芒，立刻就又消逝了。玄奘对于这位国王有相当详尽的记述。《大唐西域记》卷六，拘尸那揭罗国："其后设赏迦王毁坏佛法，众僧绝侣，岁月骤淹，而婆罗门每怀恳恻。"卷八，摩揭陀国："近设赏迦王者，信受外道，毁嫉佛法，坏僧伽蓝，伐菩提树，掘至泉水，不尽根柢，乃纵火焚烧，以甘蔗汁沃之，欲其燋烂，绝灭遗萌。"在这里，设赏迦王是一个仇视佛法的国王。《大唐西域记》卷五，羯若鞠阇国，讲到他谋害王增的情况。在这里，他又是一个阴谋家。他定都于羯罗拏苏伐剌那（金耳，今穆尔希达巴德附近），穷兵黩武，四出征讨，吞并了奥里萨，他同戒日王打仗，胜负不分，一直到619年，他还是气焰万丈。戒日王起兵复仇。他的死年不详，大概在637年以前不久。当时玄奘还在印度。死后孟加拉为戒日王所并。

根据《大唐西域记》的记载，当时在印度西北部、西部和北部，还有几个比较大的国家。迦毕试国是一个大国，被玄奘置于

上／印度古建筑——阿格拉堡
下／印度古建筑——阿格拉堡一角

印度范围之外，但是印度境内却有几个国家役属迦毕试国，比如滥波国、那揭罗曷国、健驮逻国、伐剌拏国等。呾叉始罗国"往者役属迦毕试国，近又附庸迦湿弥罗国"。磔迦国也有许多属国：茂罗三部卢国、钵伐多国。迦湿弥罗国是一个大国，属国有：呾叉始罗国、僧诃补罗国、乌剌尸国、半笯蹉国、曷逻阇补罗国。摩腊婆国是西印大国，有契吒国、阿难陀补罗国作为属国。信度国也是西北印大国，属国有阿点婆翅罗国、臂多势罗国、阿軬荼国。

◆ 普西亚布蒂王朝

5世纪末或6世纪初，乘白匈奴骚乱之际，普西亚布蒂（可能为传说）在萨他泥湿伐罗建立了普西亚布蒂王朝，初期的历史，我们不十分清楚，到了波罗羯罗伐弹那（光增）自加尊号曰"至高无上统治者大王中之王"。领土包括整个旁遮普。他死于公元

第六章 古印度印象 | 205

606年。他的儿子曷逻阇伐弹那（意思是王增）时代，因为有了玄奘的记载，历史就豁然开朗。玄奘说："今王，本吠奢种也，字曷利沙伐弹那（唐言喜增）。君临有土，二世三王。父字波罗羯罗伐弹那（唐言光增）。兄字曷逻阇伐弹那（唐言王增）。王增以长嗣位，以德治政。时东印度羯罗拏苏伐剌那（唐言金耳）。国设赏迦王（唐言月）。每谓臣曰：'邻有贤主，国之祸也。'于是诱请，会而害之。人既失君，国亦荒乱。时大臣婆尼（唐言辩了）职望隆重，谓僚庶曰：'国之大计，定于今日。先王之子，亡君之弟，仁慈天性，孝敬因心，亲贤允属，欲以袭位。于事何如？各言尔志。'众咸仰德，尝无异谋。于是辅臣执事咸劝进曰：'王子垂听：先王积功累德，光有国祚。嗣及王增，谓终寿考；辅佐无良，弃身雠手，为国大耻，下臣罪也。物议时谣，允归明德。光临土宇，克复亲雠，雪国之耻，光父之业，功孰大焉？幸无辞矣！'王子曰：'国嗣之重，今古为难，君人之位，兴立宜审。我诚寡德，父兄遐弃，推袭大位，其能济乎？物议为宜，敢忘虚薄？'"

下面讲到，戒日王到观自在菩萨像前去祈请。菩萨允许他继王位，"即袭王位，自称曰王子，号尸罗阿迭多（唐言戒日）"。中国史籍里也有关于他的记载。《旧唐书》卷一九八说："当武德中，其国大乱。其嗣王尸罗逸多（即尸罗阿迭多——引者）练兵聚众，所向无敌。象不解鞍，人不释甲。居六载，而四天竺之君，皆北面以臣之。威势远振，刑政甚肃。"《新唐书》卷二二一上说："武德中，国大乱。王尸罗逸多勒兵，战无前。象不弛鞍，士不释甲。因讨四天竺，皆北面臣之。"

两个《唐书》所记相同。可见戒日王确实统一了北印度，成为笈多王朝以后的一个大国。同玄奘的记载完全一致。

《释迦方志》卷上说：

号尸罗逸多，吠奢姓。初欲登位，殑伽岸有观自在像，乃请之，告曰："汝本此林兰若比丘。金耳月王既灭佛法，王当重兴；愍物在怀，方王五境。慎勿升师子座及称大王号也。"王乃共童子王，平殄外道月王徒众。又约严令：有啖肉者，当截舌；杀生者，当斩手。乃与寡妹共知国事。

关于戒日王的妹妹，《慈恩传》卷五也讲到了她：

王有妹，聪慧利根，善正量部义。坐于王后，闻法师序大乘，宗涂奥旷，小教局浅，夷然欢喜，称赞不能已。

这里讲得很仔细，连她崇信哪个宗派都提到了。

总起来看，尽管当时北印度小国林立，但是戒日王确实可以算是一个盟主，有点像春秋战国时齐桓、晋文一类的国王。他的领土包括东旁遮普、北方邦、比哈尔邦、西孟加拉、奥里萨，迦湿弥罗、西旁遮普、信度国、古扎拉特、拉吉普坦、尼泊尔、迦摩缕波都保持独立。玄奘在《大唐西域记》里描述他的战绩说：

遂总率国兵，讲习战士。象军五千，马军二万，步军五万，自西徂东，征伐不臣。象不解鞍，人不释甲，于六年中，臣五印度。

关于印度的社会情况，玄奘在《大唐西域记》中有比较详尽的描述。他谈到印度的名称、疆域、数量、岁时、宫室、衣饰、馔食、文字、教育、佛教、族姓、兵术、刑法、病死、赋税、物产等方面。谈到印度社会，还需要了解的就是族姓。

族姓，我们现在通称为种姓。种姓制度是印度特有的，至少是特别发达的一种社会等级制度。在几千年的印度史上有极大的作用和影响，一直到今天仍然如此。但是这个制度并不是一成不变的。玄奘说："一曰婆罗门，净行也，守道居贞，洁白其操。二曰刹帝利，王种也，奕世君临，仁恕为志。三曰吠奢，商贾也，贸迁有无，逐利远近。四曰戍陀罗，农人也，肆力畴垄，勤身稼穑。"（《大唐西域记》卷二）但是，从印度种姓的发展来看，婆罗门不总是净行，刹帝利不总是王种，吠奢（吠舍）不总是商贾，戍陀罗（首陀罗）也并不总是农人，这里有一个演变的过程。在公元前二千纪末期或一千纪初期，种姓刚刚系统化的时候，吠舍大概是物质财富生产者，特别是农民、牧人或者商人。首陀罗大概是手工业者和其他为前三个种姓服役的人。到了公元前几世纪，情况变化不大。这种明确的四个种姓职业的划分大概是出于婆罗门之手，目的是想把这种制度永久化、固定化，以保留自己的特权。但是，社会中实际分工情况却不是这样。根据职业划分的清规戒律早已为事实所粉碎。在这四个种姓里面，变动最大的是吠舍和首陀罗。特别是吠舍这个种姓更是很不固定的。佛经中关于种姓的记载多如过江之鲫，但排列顺序却与婆罗门教截然不同。他们总是把释迦牟尼出身的刹帝利排在首位。这是完全可以理解的。至于吠舍，连这个名字出现的次数都不多。它总是为居士、长者所代替。所谓居士、长者以商人为多。吠舍种姓的这种情况，继续发展下来。到了玄奘时期，在有些著名作家的著作中，这个名称几乎消失不见了。比如在檀丁的著作中，吠舍这个词儿不见了，代之以商人，好像在这个时期第三个种姓主要是商人。商人的地位更加提高了。

　　虽然玄奘的《大唐西域记》中四个种姓仍然井然俱在，他说吠舍是"商贾也，贸迁有无，逐利远近"，这与檀丁的著作是相适应的，但是种姓却是混乱不堪。大名鼎鼎的戒日王，并非出身刹帝利，而是出身吠舍。还有一些国王出身首陀罗，比如《大唐西域记》卷四秣底补罗国的国王。《慈恩传》里说"遇一婆罗门耕地"，可见婆罗门也有变成农民的。这个现象是"古已有之"的，不过"于今为烈"而已。

　　在经济方面，笈多王朝与孔雀王朝大不相同。孔雀王朝强迫首陀罗定居下来，从事农业劳动。国家垄断了金属生产。国家参与生产和贸易，需要大量的流通的货币。笈多王朝则是鼓励在新开垦的土地上建立农村公社，收实物地租，不再使用武力强迫首陀罗定居。因为疆域辽阔，使用武力是不可能的，而且没有开垦的土地很多，也不容易把采集食品的野蛮部落从他们的土地上赶走。国家只能利用宗教伴随着贸易深入蛮区，把土地私有制和在种族制度掩护下的社会阶级结构带到那里去。国家制止地方首长的战争，抗御蛮族入侵，管理灌溉工作，调整贸易，巡逻商路。这些都通过臣属的封建官吏或省长来执行。自给自足的农村公社的增长削弱了商品的生产，贸易衰退，许多大城市衰落，贸易集中到港口城市。在朝廷上却有新的奢侈的挥霍。政权衰退时，文艺往往发达。迦梨陀娑之所以出现在这个时代，是有其规律的。

法显到印度去的时候，正值笈多王朝全盛时代。法显在《佛国记》中有段描绘当时印度情况的记载，其中有这样两句话："王之侍卫、左右，皆有供禄。"那么这可以和中国唐代的情况来对比一下，情况很相似。唐代是中国封建社会高度发展的时代。为皇帝服务的官僚们都有俸钱（供禄）。

此外，玄奘在《大唐西域记》卷二有一段描绘印度当时经济情况非常重要的记载：

> 户不籍书，人无徭课。王田之内，大分为四：一充国用，祭祀粢盛；二以封建辅佐宰臣；三赏聪睿硕学高才；四树福田，给诸异道。所以赋敛轻薄，徭税俭省，各安世业，俱佃口分。假种王田，六税其一。

这一段话把当时印度的土地制度讲得非常具体、准确。其中有句话"各安世业，俱佃口分"，过去都完全被理解错了。外国《大唐西域记》的翻译者和注释者没有一个人译得对、注释得对的。按唐朝的均田法：男丁十八岁以上给田一顷，其中十分之二是永业，十分之八为口分。"永业"就是"世业"。当时的印度土地制度，不可能同唐朝完全一样。玄奘也可能是借用中国现成的名称。但是，很可能，印度土地所有者一部分田地是世袭的，一部分是临时的，也可能有一部分人占有世袭的田地，而另一部分人则是临时租佃的或国家分配的。这个问题有待于进一步探讨。

（二）佛教的发展与衍变

从宗教，特别是佛教发展的情况来看，玄奘留学印度的时期是一个具有关键性的转变时期。从笈多时代起，印度教开始同化正在变化中的佛教，大乘萌芽于公元前3世纪阿育王时代。到了公元二三世纪，所谓空宗的学说才开始建立。又过了约二百年，到了四五世纪，所谓有宗的理论才形成。大乘的出现标志着佛教的发展，但同时也孕育着衰亡的因素。小乘不承认印度教的一些仪式、恶习，而大乘佛教逐渐承认下来。这是佛教衰落的征兆之一。到了后来，释迦牟尼被承认为印度教十大化身之一，被请进了印度教的神殿，佛教也随之而逐渐消失了。

玄奘于7世纪20年代末到了印度，40年代初才回国。他周游印度各地，对佛教和其他印度教派有细致周密的观察。《大唐西域记》卷二对当时印度佛教有一个概括的论述。他说：

> 部执峰峙，诤论波腾，异学专门，殊途同致。十有八部，各擅锋锐；大小二乘，居止区别。

这里讲的是部派的分歧。下面又讲道：

> 讲宣一部，乃免僧知事；二部，加上房资具；三部，差侍者祇承；四部，给净人役使；五部，则行乘象舆；六部，又导从周卫。

可见僧伽内部，待遇已大相悬殊。这是社会上封建等级制在僧伽内部的反映。

舍卫城精舍遗址

在以后漫游印度各地时，他又随时随地记述印度佛教和其他教派的情况，从中可以看出当时印度佛教与"异道"（多半是印度教）势力分布的情况，也可以看出佛教内部大小乘势力消长和宗派分布的情况。

为了醒目起见，根据玄奘在《大唐西域记》里的记载，笔者将五印度佛教与异道作一简略统计。

北印度十五国二城，有伽蓝（指寺院）二千七百余所，僧侣三万余人；信奉大乘的有十国，小乘的五国，大小二乘兼信的二国；有天祠（外道）二百九十余所，信徒一千一百多人。

中印度三十一国三城，有伽蓝一千九百余所，僧侣五万二千五百余人；信奉大乘的有六国（城），小乘的有二十二国，大小乘兼信的六国；有天祠异道一千三百余所，信徒一万三千三百余人。

东印度六国一城，有伽蓝一百三十余所，僧侣一万五千余人；信奉大乘的有二国，小乘的有五国；有天祠异道六百五十余所，

第六章 古印度印象 | 211

信徒四万余人。

南印度十五国,有伽蓝九百七十余所,僧侣八万九千余人;信奉大乘的有六国,小乘的有六国,大小乘兼信的三国;有天祠异道一千四百四十余所,信徒众多。

西印度十五国,有伽蓝四百三十余所,僧侣三万一千多人;信奉大乘的三国,小乘的六国,大小乘兼信的六国;有天祠异道四百九十余所,信徒二千余人。

玄奘是一个非常细心的观察家。他对宗教现象观察记录得特别细致。所到之处,不管停留时间多么短暂,他对当时各宗教力量的对比都详加记录。可惜"十余所""千余所""数十"等数字太多,无法加以详细的统计。粗粗一看,也可以看到佛教与外道,有的地方是势均力敌,有的地方是一方占优势。看来外道的力量并不小。在外道中,玄奘有几个地方特别提到事自在天(湿婆)的涂灰之侣,还有露形的尼乾,也就是耆那教的天衣派。可见印度教和耆那教等在佛教徒眼中的所谓外道在当时是有相当大的力量的。

不管玄奘观察得多么仔细,在当时的情况下,有些数字说不清楚,是完全可以理解的。因此,我们要想作一个十分精密的统计,是不可能的。粗略地看一看:崇信大乘的"国"或伽蓝共有十六个,崇信小乘的有三十七个,崇信大小二乘的有十二个,没有说明或"学无专习"的有十七个。至于信徒人数则无法准确统计。从单位数字看来,大小二乘五天竺都有,而小乘的力量,要比大乘强大得多。有一种情况值得注意:在一些"国"内,大小二乘都有,有一句话含义不太清楚:"大乘、小乘,兼功习学"(阿逾陀国),"大小二乘,兼功习学"(契吒国),这是指的一个人呢,还是一个地方?看来专指一个地方的可能性更大一些,不是一个人既学小乘,又学大乘。

关于佛教内部部派分布的情况叙述如下。

在大乘方面大概是空、有两宗都有,因为有些地方没有明确说明,无法统计。至于小乘,大家都知道,部派是非常多的,《异部宗轮论》共记述了十八部。但是这个数目并不是固定的。而且部派的名称也异常复杂，时有异名同部的现象。根据《大唐西域记》的记载，小乘提名的基本上共有上座部、大众部、说一切有部、正量部四部，五印度的分布统计如下：

- ◆ 崇奉上座部的是：

    三摩呾吒国（东）

    达罗毗荼国（南）

- ◆ 崇奉大众部的是：

    迦湿弥罗国（北）

    秣底补罗国（中）

    驮那羯磔迦国（南）

- ◆ 崇奉说一切有部的是：

    至那仆底国（北）

    秣底补罗国（中）

    羯若鞠阇国（中）

    伊烂拏钵伐多国（中）

    摩揭陀国（中）

    迦布德迦伽蓝（中）

    瞿折罗国（西）

    波剌斯（西）

- ◆ 崇奉正量部的是：

    垩醯掣呾逻国（中）

    劫比他国（中）

    阿耶穆佉国（中）

    鞞索迦国（中）

    室罗伐悉底国（中）

    劫比罗伐窣堵国（中）

    婆罗痆斯国（中）

    吠舍厘国（中）

    羯罗拏苏伐剌那国（东）

摩腊婆国（南）

伐腊毗国（南）

阿难陀补罗国（西）

信度国（西）

阿点婆翅罗国（西）

臂多势罗国（西）

阿軬荼国（西）

伊烂拏钵伐多国（中）

总起来看，上座部流行于南方和东方；大众部流行于北方和中部；说一切有部流行于北方、中部和西方；正量部流行于中部、南方、东方和西方，而以中部和西方为主。

小乘部派既然那样多，为什么当时在印度只有四个部派流行呢？看样子恐怕是部派虽多，有的徒有其名，未必有多少信徒。在玄奘时代，印度流行的除了大乘佛教外，小乘就只有以上四部。《大唐西域记》还记有说出世部，但那是在梵衍那，玄奘不把它算在印度境内。玄奘的记载和观察是非常正确的。最有力的旁证，就是晚于玄奘几十年到印度的义净在《南海寄归内法传》的叙述。也和玄奘的记载相同。

迦毗罗卫王宫遗址 1

迦毗罗卫王宫遗址 2

　　玄奘进入北印度，首先到滥波国，今阿富汗贾拉拉巴德以西喀布尔河北岸的拉格曼。该国信奉大乘教，虽在阿富汗境内，但在文化上完全属于印度的体系，风俗习惯也和印度大同小异。玄奘在此停住三天，参观了十来所佛寺，后又到了那揭罗喝国，今阿富汗东境。这国不大，但它是北印度佛教较发达的一个国家，都城周围二十多里，在城东南二里许，有一浮屠，高三百多尺，是阿育王所造，塔上金顶闪闪发光。玄奘问起建塔缘起，有老僧道："这是释迦牟尼佛在第二代转世时，遇着燃灯古佛，替他把鹿皮铺在地上，用身体和头发盖住泥土，然后请燃灯古佛坐在上面讲话。后经多次坏劫，遗迹却仍存在，所以阿育王就在上面建塔。"玄奘听了，点头赞叹。

　　玄奘继续往前走，到处可见佛陀的圣迹，包括佛买花的地方、供奉佛顶骨的佛塔及灯光城。最令玄奘感兴趣的是有关瞿波罗岩窟的传说。传说中的这个岩窟，上面是百丈悬崖，下面临着深涧，涧西沿有一条瀑布，飞流直下，泄下涧中。东岸石壁上，有个大石窟，洞口正对着那瀑布，据当地传说是瞿波罗龙王住的地方。当年佛陀到此，降伏了这条孽龙，因而在洞口石壁上留下了佛影。这个传说虽然荒诞不经，可是由来已久，在法显的《佛国记》

第六章　古印度印象

里，也记载着这一神话。玄奘在佛顶骨城打听到这个石窟便要前去巡礼。

这条路异常荒僻，又多强盗，久已无人问津，玄奘让频频劝阻他的随行人员先行回去，自己一个人找到一老人做向导往山里走，果如传闻所说，有山贼挡路，走不到几里，一声呼啸，道旁转出五个强盗，他们手里各拿钢刀，高声问道："和尚哪里去，没听说山里有贼吗？"玄奘道："我知道为了膜拜佛影，即使毒蛇猛兽挡前，我都不怕，何况山贼也是人身！"强盗们听了，深受感动，当场表示悔悟，并愿跟随玄奘前往。

到岩窟面前看时，洞口在石洞东壁，门向西开，玄奘往里探了一探，只是漆黑一片，不免有点困惑，老人告诉他，摸黑往前直走会碰到洞东壁，碰到以后再往后退五十步，向东方注视，便可看见佛影。玄奘依言向正东方拜了一百多次，可还是黑沉沉的，一无所见，心想是自己前世罪孽深重，还是自己诚心未至，于是更至心礼拜，念着胜鬘等经，赞着诸佛偈颂，又拜了一百多拜，看见东壁忽然现出佛光，有钵盂大小，但转眼即逝。玄奘信心大增，继续不停地膜拜，并发誓不见佛影绝不离开。忽然岩窟大放光明，释迦牟尼的像清晰地浮现在东壁上，佛的面孔好比拨云见日般地散发出耀人的光辉，佛身和袈裟呈赤黄色，膝部以上较为清楚，莲花宝座以下稍觉模糊，其左右背后，还有诸菩萨、圣僧等身影。玄奘大喜，招呼洞口六人把火进来烧香，但火把一进洞，佛影忽然不见。玄奘急令灭火再拜，才又重现。六个人中除一人之外都看到佛陀的影像。这样约有一顿饭光景，玄奘焚香散花，礼拜已毕，佛影方才不见。出得洞来，山贼被感动得立刻"放下屠刀"，皈依佛门。

这次佛影记可说是玄奘游记中最为神奇的一段。有人说这是一种光学的反光作用，有人说这就是玄奘与佛陀有缘，是也，非也？不敢妄加臆测。

有关小石岭瞿波罗龙王窟的佛影传说，笔者在探秘玄奘西行途中就特别予以关注，并查阅众多文献予以求证。

玄奘弟子慧立的《慈恩传》与玄奘撰述的《大唐西域记》资料记述略同，并较为详尽。《释迦谱》卷三："佛入窟坐已，窟中作十八变，踊身入石，犹如明镜在于石内，映现于外，远望则见，近则不现。石窟高一丈八尺，深二十四步，石清白色。"《法苑珠林》卷三十六引《观佛三昧经》谓：佛影石室在那乾诃罗国中，阿那斯山南石壁上毒龙池侧。《洛阳伽蓝记》卷五："至瞿罗罗鹿见佛影窟。入山窟，十五步，四面向户，遥望则众相炳然，近看瞑然不见。以手摩之，唯有石壁，渐渐却行，始见其相。"《法显传》："那竭城南半由延有石室。博山西南向，佛留影此中。去十余步观之，如佛真形，金色相好，光明炳著。转近转微，仿佛如有。诸方国王遣工画师摹写莫能及。彼国人传云：千佛尽当于此留影。"足立喜六《法显传考证》云："石窟在石山之绝壁，西南向，入口狭小，内深，有不完全之采光窗，斜阳射入，津滴内壁，故投映影像。"足立喜六认为这是一种物理光学作用，一无神秘可言。笔者亦认为，足立喜六的认识或许是正确的。

二、健陀逻寻圣　伽湿弥罗国学法

玄奘从这里辞别了众人，又与他的随行人员会合向东南走了五百多里，到健陀逻国，其国东临信度河，都城布路沙布罗，即今天巴基斯坦的白沙瓦。白沙瓦是今巴基斯坦的西北边防重镇，是当年佛教东传和丝绸之路的文化中心。这是个具有光荣历史的国家，国多圣哲，古代印巴次大陆的佛教著名论师如那罗延天、无著菩萨、世亲菩萨、法救、如意、胁尊者等都出生于此地。同时，健陀逻又是印度佛教艺术的发源地之一。公元前2世纪，佛教艺术盛行于印度河流域，南北朝时期随佛教输入我国，对我国影响极大，在建筑和雕塑方面，它是一种融合古希腊艺术与印度艺术为一体而产生的"健陀逻艺术"。

通常人们把佛像和寺庙联系在一起，很难想象没有佛像的寺庙。然而释迦牟尼涅槃后五六百年里寺庙没有供奉任何佛像。这是因为佛陀在世时就不同意偶像崇拜，他曾一再告诉弟子们，他的法比他的人更重要，佛陀让弟子们用菩提树或油灯来代表他。因为菩提树是他成道的象征，而油灯则是佛法为众人带来光明的象征。这就是至今人们在寺庙里燃灯或者蜡烛的原因。

印度教师和高中学生

随着佛教的发展，人们希望能见到佛陀的形象，于是公元前1世纪第一尊释迦牟尼的佛像诞生了，卷曲的头发、高直的鼻梁，身着古代希腊人宽松的外袍，生动表现了佛陀的庄严、安详、宁静、平和、慈悲且充满爱心与智慧。这就是健陀逻艺术的伟大和对人类文明做出的杰出贡献。

在王城的东北，有一座置放佛钵的宝台，后来佛钵被流动性地移放各国供养，玄奘到时，正放在波剌斯国（西印度），不在此台。在此城外东南八九里处，有一棵毕钵罗树（即菩提树），高一百多尺，过去四佛均坐在此树下成佛，现在塑有四尊如来像。树的旁边又有一座塔，是迦腻色迦王所建造，高四百尺，塔基周围有一里半，高一百五十尺，塔顶起金刚相轮二十五层，其中藏有如来舍利一斛。塔的西南百余步处，又有白石佛像一座，高一丈八尺，向北面立，灵感事迹很多，往往有人见到佛像夜绕大塔经行。向塔东北行百余里，渡过大河，至布色羯罗伐底城（今斯瓦特河与喀布尔河交接处附近）。城东亦有宝塔，为阿育王所建，是过去四佛说法的地方。城北四五里寺院内，还有一塔，高二百多尺，也是阿育王所建，这是为了纪念释迦佛过去行菩萨道时，在这个国家千生为王，千生舍眼的地方。这里圣迹实在太多了，玄奘一路参观礼拜，将高昌王所施金银绫绢衣服等物，一一供养所经过的大塔大寺。

玄奘接着又到了乌铎迦汉荼城（今印度河与喀布尔河会合点的东北），由城北涉履山川，行六百多里，便至乌仗那国（今斯瓦特河流域苏婆萨堵河），这里过去曾有一千四百所寺院、一万八千余僧徒，可是玄奘去的时候，佛教已经衰落，寺宇大半荒芜，僧徒也大大减少。其所传律法主要有五部：法密部、化地部、饮光部、说一切有部、大众部。该国国王多住在瞢揭厘城，城里人才辈出，物产丰盛。城东四五里处有一大塔，多有奇异瑞相，这是释迦世尊在过去作忍辱仙人时，被羯利王（又译歌利王）割截身体处。往城东北行二百五十里，经大山来到阿波逻罗龙泉，此即苏婆河（今印度河）之上源，向西南流时，其地寒冷，春夏常冻，入晚即飘五色雪花，霏霏乱舞，如落杂花。龙泉西南三十里处北岸，有一磐石，上有佛的足迹，是释迦世尊以前降伏阿波逻罗龙时所留下的足迹。再顺流而下约三十里，有一块佛陀濯衣石，释迦世尊曾在此洗濯袈裟，石上还留有条纹痕迹。

瞢揭厘城往南行四百多里便是醯罗山，这是释迦世尊过去为求闻半偈，报药叉之恩，舍身弃命的地方。

由瞢揭厘城往西行五十里，渡过大河，到了庐醯呾迦，有一座阿育王所造的宝塔，高十余丈，是阿育王为纪念释迦世尊前世为慈力王时，用刀刺身流血，布施给五药叉的地方。出城东北三十多里至遏部多，有石塔高三十尺，昔日世尊曾在此为人天说法，离去后忽然出现此塔。塔西渡大河三四里有精舍，供奉观自在菩萨（观世音菩萨）像，非常威灵。

从城东北，登越山谷，逆河而上，一路非常危险，不是栈道，就是绳索，行千余里，至达丽罗川，这里是乌仗那（今斯瓦特河流域）的旧都。其川中有一座大寺，供有一座木刻的弥勒菩萨像，金色庄严，高百余尺。据说是末田底迦阿罗汉所造，他以神通力将雕匠带到睹史多天（又译兜率陀天），亲睹圣容，往返三次才告完成。

玄奘自乌铎迦汉荼城（今印度河与喀布尔河会合点的东北）南渡信度河，河宽三四里，水流清澈，可是异常湍急。据说河中有毒龙恶兽，假若有人拿着印度的奇宝名花，或带着佛教舍利子渡河的，船只往往便会覆没。玄奘渡过此河，到了北印度的呾叉始罗国（今塔克西拉）。城北十二三里处又有阿育王建的塔，常放神光，这是释迦世尊昔日行菩萨道时，号为战达罗钵剌婆（月光）的大国王，志求菩提舍千头处。塔的旁边有一寺院，过去经部师拘摩逻多（童受）曾在此制造众论。

印度称牛为"神牛"，牛可在大街上任意行走

从此东南行七百余里，有僧诃补罗国（今傑鲁姆河北岸）。又从呾叉始罗北界渡信度河，往东南行二百余里，便到了大石门，

这是从前摩诃萨埵王子舍身饲饿虎的地方。其地因为王子血渍所染，至今还作斑斑的殷红色，血渍洒在草木上，连草木也都是红色的。

玄奘再往前行，又向东南走进山道，走了五百多里，到乌剌尸国（今白沙瓦以东哈扎拉附近）。

玄奘又向东南攀登高山，过了一座铁桥，沿着崎岖栈道，走了千余里，到了迦湿弥罗国（今克什米尔地区）。其都城西临大河，有寺百所，僧伽五千余人。有四座大塔，崇高壮丽，也是阿育王所建，塔内各藏有如来舍利斗余。玄奘初入其境，至石门，即彼国西门时，国王派遣国舅率车马来迎。进了石门，遍历诸寺一一礼拜后，玄奘到一寺院住下，寺名护瑟迦罗。这一夜寺内众僧皆梦神人告曰："此客僧从大唐国来，欲在印度求法学经，观礼圣迹，此人因为求法而来，所以有无量护法善神跟随，现在也随师进驻本寺。诸师等由于宿生福德因缘得以出家，为人所羡慕，如今应该精勤诵习，令诸护法善神赞仰，怎么可以懈怠昏睡？"众僧个个从梦中惊醒，经行禅诵直至天亮，不敢再眠。第二天众僧把梦中因缘告诉众人，大家对法师就更加恭敬了。

玄奘随国舅参访了一百多所寺院后已接近王城，国王率领臣吏及城内的僧侣前往达摩舍罗迎接，沿途都是幢幡宝盖，香烟缭绕，国王见到玄奘后，先虔诚礼赞，亲自散花供养，再请玄奘乘坐大象入城，将其送到阇耶因陀罗寺（此寺为国舅所建）安歇。

第二天，国王迎请玄奘入宫供养，并请大德僧称法师等数十人作陪。用餐完毕后，国王请玄奘开讲，并请僧侣们向他问难。只见玄奘酬答自如，国王在一边听后，非常高兴。国王知道玄奘此次前来，就是为了取经，于是便派了二十个人为法师抄写经论，另外又派了五个人侍候法师的生活起居，供法师使唤。

僧称法师是一位知名的高僧，他看重玄奘德行，把法师当作上宾看待。玄奘也虚心请教，请他讲授各种佛经。这僧称法师虽年逾七十，气力已衰，犹自勉力传授，立下课程表：每天上午讲《俱舍论》，下午讲《顺正理论》，初夜后讲因明论、声明论，谆谆讲授，诲人不倦。这时境内学者听说王城大开道场，都来参加法会。玄奘格外用心听讲，聚精会神，细细加以领会。僧称法师非常欢喜，叹赏不已，对众人说道："这位唐国法师年纪虽轻，聪明绝顶，学力很深，你们大家，没有人能赶得上他。照他这样聪明，道德又高尚，定可以大扬佛法，可继承无著、世亲菩萨兄弟二人遗风，可惜他生在远国，不能早一点亲近圣贤遗芳。"

此时，大众中有大乘学僧毗戍陀僧诃（净师子）、辰那饭荼（最胜亲），萨婆多部学僧苏伽蜜多罗（如来友）、婆苏蜜多罗（世友），僧祇部学僧苏利耶提婆（日天）、辰那呾逻多（最胜救）等多人，都是来这里留学已久、道业坚贞、多才善解的优秀僧徒，听到僧称长老对玄奘的这般称扬，心里很不服气，纷纷向玄奘诘难。只见玄奘气定神闲，舌战群僧，酬对应答，无一不恰到好处，使得诸僧全部心悦诚服。

据说迦湿弥罗国原是龙潭，佛涅槃后五十年，阿难弟子末田底迦阿罗汉，教化龙王弃舍此潭，改建为五百所寺院，召请各方贤圣来住，受龙王的供养。其后至健陀罗国（今巴基斯坦白沙瓦）迦腻色迦王时（约在如来灭后第四百年），胁尊者召集诸圣贤众四百九十九人，都是内通三藏、外达五明的人，连同胁尊者在内共五百名贤圣，在此结集三藏，先造十万颂邬波第铄论，释素呾缆藏（经藏）；次造十万颂毗奈耶毗婆沙论，释毗奈耶藏（律藏）；次造十万颂阿毗达磨毗婆沙论，释阿毗达磨藏（论藏）。总共三十万颂，九十六万言，迦腻色迦王以赤铜为鍱，镂写论文，以石函封缄，建塔珍藏，命药叉神守护，不许往外流传，要学习的人都必须亲自到这里受业。玄奘得国王之助，在迦湿弥罗国前后一共停留了两年。在这两年中间，他朝礼寻圣，学诸经论，不但梵文大进，印度语言也能熟练应用，为日后他周游五印度和回国翻译佛经打下了基础。

关于迦湿弥罗国，我们还需要进一步认识，因为它是玄奘步入印度求学的第一站，而且在这里一学就是两年。历史上各种文

印度乡镇市井

献记载亦较多。《大唐西域记》卷三载：

> 迦湿弥罗国。周七千余里，四境负山。山极峭峻，虽有门径，而复隘狭，自古邻敌无能攻伐。国大都城西临大河，南北十二三里，东西四五里。宜稼穑，多花果。出龙种马及郁金香、火珠、药草。气序寒劲，多雪少风。服毛褐，衣白氎。土俗轻僄，人多怯懦。国为龙护，遂雄邻境。容貌妍美，情性诡诈，好学多闻，邪正兼信。伽蓝百余所，僧徒五千余人。有四窣堵波，并无忧王建也，各有如来舍利升余。

迦湿弥罗国：据我国旧译，汉、魏南北朝时均作罽宾。但以后的罽宾则指别的国家，如《隋书》中的罽宾即指漕国，唐代的罽宾指迦毕试国。《新唐书》卷二二一下《西域传》下迦湿弥罗国译作箇失密，义净作羯湿弥罗，慧超《往五天竺国传》作伽叶弥罗，唐礼言《梵语杂名》作迦闪弭，《慧琳音义》作羯湿弭罗，即现代的克什米尔。沙畹认为汉代罽宾一词系该国古名，但也有人不同意这种意见，认为汉代的罽宾指喀布尔河流域。

迦湿弥罗的领域和我国古籍的记载颇有出入，例如《魏书》卷一〇二："罽宾国都善见城，在波路西南……其地东西八百里，南北三百里。"《新唐书》卷二二一下："箇失密或曰迦湿弥逻，北距勃律五百里，环地四千里。"七世纪时迦湿弥罗的领域，除克什米尔本身外，还兼有印度河与契纳布河间的山岳地带。玄奘则称迦湿弥罗国"周七千余里"。这一估计似乎过大，也可能是包括某些属国的缘故。近代实测该地大体上呈椭圆形，中部是平原，东南至西北向长约85英里，宽25英里。面积约2000平方英里。

迦湿弥罗位于南亚次大陆西北，群山环绕，地势高峻，易守难攻，在军事上极为重要。《新唐书》所谓："山回缭之，他国无能攻伐。"《悟空行记》也指出该地形势："总开三路以设关防，东接吐蕃，北通勃律，西门一路通干陀罗，别有一途，常时禁断，天军行幸，方得暂开。"①

在印度哲学、宗教以及文学发展史上，迦湿弥罗的地位也很重要。古代迦湿弥罗国的佛教僧侣以虔诚、博学、善辩著称。据说阿育王曾邀请该国僧侣多人参加其发起的佛教第三次结集。佛教史上有名的第四次结集，所谓"迦湿弥罗结集"也在此地举行。所以佛教文献中提到迦湿弥罗国时，经常是用赞美的言辞。

迦湿弥罗也是南亚次大陆上最早和我国建立友好关系的地区之一。《汉书》卷九六《西域传》称罽宾国："户口胜，兵多，大国也。"在汉武帝时该国就和我国有使节往还，与我国贸易的往来也相当多。唐时迦湿弥罗相当强大，据《新唐书》记载，呾叉始罗、僧诃补罗、乌剌尸、半笯蹉、曷罗阇补罗，都是其属国。唐时除玄奘到过该国以外，悟空于唐玄宗年间，当该国使者萨婆达干归国时随同中国使者张韬光等四十余人往迦湿弥罗，并在该国受戒出家。玄奘之后慧超也到达过该国，称为伽叶弥罗。（参见慧超《往五天竺国传》）②

《玄奘年谱》曰："玄奘在缚喝国安居迄启程已在九月十六日之后，途经六国经行三千五百多里，约需时三月，故到达迦湿弥罗国当在贞观二年十二月左右。是年约计亲践二十四国，行程一万三千八百余里。"③

梁启超《支那内学院精校本〈玄奘传〉书后》卷二："案《传》于'迦湿弥罗'条下云'如是停留首尾二年学诸经论'当是去年到（贞观二年），今年年杪行，首尾合两年也。"

三、波罗奢大林遇险　磔迦国初识《吠陀》

唐贞观三年（629年），玄奘三十岁。他从迦湿弥罗国启程向

---

① （唐）圆照撰：《悟空行记》，见于《大藏经续正藏·佛说十力经》，文物出版社，第2089页。
② （唐）慧超著，张毅、张一纯笺注：《往五天竺国传》，中华书局，2006年。
③ 杨廷福著：《玄奘年谱》，中华书局，1988年，第138页。

西南行七百里来到半笈蹉国，在今斯里那加西南的帕隆茨；又向东行四百余里到曷逻阇补罗国，今克什米尔南部的拉加奥利一带；再东南下山渡水七百余里抵磔迦国，即今巴基斯坦的锡亚尔克特，一说在今印度与巴基斯坦两国北部旁遮普一带。

自滥波国到磔迦国，都属北印度境，是印度边荒地带，这里的风俗礼仪，稍殊于印度内地，民风尤其凶悍，在这一带，玄奘一行曾遭到一次要钱也要命的洗劫。

在磔迦国他们巡礼了有世亲菩萨制《胜义谛论》处及过去四佛说法处，从此出那罗僧诃城，到了波罗奢原始大森林，一望郁郁苍苍，无边无际，还有一些千年古藤纠缠树枝垂下百丈长条，林中不时大象出没，群猴跳跃。他们在林中走了好几里，忽然一声呼啸，林中冲出五十多个强盗。强盗们不仅将法师和同伴们所带衣物钱财抢劫一空，而且还穷追不舍要他们纳命。强盗们将他们追到一个已经干枯的水池旁，要一总加以杀害。玄奘看见池旁一些荆棘树丛，上面长满藤蔓，池水将枯，只剩得池底一洼死水。玄奘和同来的小和尚伏在地上，往荆棘丛中一望，见池那厢有一水穴，可容一人匍匐而过，二人趁着嘈杂混乱之际，靠池底草木掩护，偷偷从小水穴口逃出，一口气飞跑了二三里；出了森林边缘，恰好碰着一个正在耕地的婆罗门，婆罗门弄清他们是被强盗追赶后，大惊，马上解下耕牛，向村中吹起螺号，村人闻警，便打起鼓来，集合了八九十人，拿着兵器，一窝蜂向林中跑去。强盗们一看村中自卫队人多，纷纷逃入林间，一霎间无影无踪。玄奘和村人们到水池旁，救了被绑而未被杀的同伴，各自安慰一番，又把剩下的衣物分给众人，大家在回村路上人人抱怨，个个悲泣，只有玄奘若无其事，并无忧色。众人问："衣物钱财全被洗劫，只剩得个光身子，大师您怎么毫不在乎？"玄奘心平气和地回答道："我们中国有句古话叫'天地大宝谓之生'，这世上最宝贵的无非生命，生命保住了，其他身外之物的损失，又算得了什么？"众人听了稍为宽解。

第二天他们来到磔迦国的东境一大城，在城西一个大庵罗林中，晤见一位据说已有七百岁的老婆罗门，他是印度哲学大师龙树的学生。这位婆罗门学识渊博，相貌魁梧，看上去不过三十来岁，他的两个侍者也已一百多岁。他对印度最古老的宗教典籍《吠陀》极为精通。《吠陀》学为印度宗教哲学及文学之基础，是属国民的、民间的自然宗教圣典，最初的婆罗门阶级即因师弟相传背诵这个被民间认为具有超人咒力的经典而受到尊重，并被视为与神同等，终而获得无上的地位和势力，这部《吠陀》等于是他们这个阶级的权力源泉。玄奘与之相见，对谈十分投机。他闻法师一行遇盗，于是在镇里号召大家施敬，不几天，人们捐献来许多衣物、布匹和素食、果品，玄奘一一分给伙伴。玄奘在此停留一个月，跟他学了《经百论》《广百论》《吠陀经》以及《奥意书》，才离开这里继续他的旅行。

玄奘离开磔迦国，告别老婆罗门，向东行五百余里到至那仆底国，在今旁遮普邦阿姆利则附近。至那仆底国和中印文化交流颇有关系。"至那仆底"的意思是"支那的封地"，所以又叫"汉门"。从前迦腻色迦王在位时至那仆底国武力极盛，号令西域各国。中国河西地区（甘肃凉州一带）有一个王国，就是前面在迦毕试国时曾提到的，送王子到这里当人质的王国。迦腻色迦王当时非常高兴，给予这位王子优厚的赏赐和隆重的接待：一年之中按照热、雨、寒三时调换处所，并派步、马、车、象四兵种担任警卫，这里是人质王子冬天居住的地方，所以此国叫至那仆底国。还说，印度原来不产桃和梨，是这位王子把桃和梨带来印度种植。古印度文把桃称支那你，意思是中国传来的，管梨叫支那罗阇弗呾逻，意思是汉朝王子。因此，这个国家的人民非常敬重唐王朝，他们指着玄奘说："这是我们先王的同国之人。"

从迦湿弥罗国开始，玄奘西行的行程放缓了，他清楚自己的使命，是到佛国印度取经，所以每到一国，他都会拜访当地的高僧大德，向他们学习佛教典籍。玄奘到至那仆底国，住突舍萨那寺，寺里有一名大德毘腻多钵腊婆（此云调伏光），本是北印度一位王子，美丰仪，通三藏，著有《五蕴论释》《唯识三十论释》。玄奘因此住下十四个月，向调伏光学习《对法论》《显宗论》《理门论》等；往东北行一百五十里，至阇烂达罗国，在今北印度遮兰达城，住四个月，从这国的名僧旃达罗伐摩学《众事分毗婆沙》。

玄奘从此东北攀登险径，行七百余里至屈露多国，今北印度；又南行七百余里，涉水渡河，至设多图庐国，今北印度；西南行八百余里，至波理夜呾罗国，今中印度境，方才走出北印度，到了中印度境内。

第七章　中天竺巡礼圣迹

一、临印度母亲河源头　观恒河夜祭

为了探秘玄奘西行，跟着玄奘的足迹，自踏入中印度后，笔者也自然地放慢了考察的步伐，因为这里遍地皆是佛陀的圣迹。为弄清玄奘当年求学佛国时的漫长足迹，笔者甚至在三年内两至印度，因为生怕漏掉了玄奘在这里的活动身影，同时更注重玄奘在中印度的文献搜集。

中印度，是释迦牟尼诞生和成道的地方，是印度佛教重要的传播中心，几乎到处都有圣迹可寻。玄奘一路礼拜，心中十分虔诚，在此先后游历三十多国。他往东行五百余里到了古印度十六大国之一的秣菟罗国，即今印度首都新德里东南之穆特拉，我国东晋法显也曾来这里访问，这里的近护寺在印度佛教史上有着非常重要的地位。在这里玄奘礼拜了释迦如来诸弟子的遗身浮屠，有舍利子（即舍利弗）、没特伽罗子（即目犍连）、呾丽衍尼弗呾罗（即满慈子）、优波离、阿难陀、罗怙罗（即罗睺罗）及曼殊室利（即文殊师利）菩萨等舍利塔。这些佛教圣迹，当时都还保存完好。每年举办修福法会之日，四众弟子随着自己所修学的宗派而各修供养。学论者供养舍利子，修习禅定者供养没特伽罗子，诵诗经者供养满慈子，学律者供养优波离，诸比丘尼供养阿难陀，未受具戒者供养罗怙罗，学大乘者供养诸菩萨。

距离城东五六里山上有一寺院，是当年尊者乌波毱多（即近护）所建，其中供养有释迦牟尼的指甲和头发舍利。在寺院的北沿有一间石室，高二十余尺，广三十余尺，其中填满四寸长短的细筹（古时计数用的小木棍）。乌波毱多尊者在此说法，听法悟道证得阿罗汉果的弟子中，如果是夫妻的，才可以放下一筹；如果不是夫妻的，虽也证得阿罗汉果但是不放筹。可见当年证果圣者之多。

玄奘再往东北行五百多里到萨他泥湿伐罗国（今塔内瑟尔），又东行四百多里，到窣禄勤那国（今卡尔西附近）。此国东临恒河，北靠大山，阎牟那河中境而过。顺阎牟那河东行八百多里，至恒河源头，源头广三四里，东南入海处广十余里。《大唐西域记》中说恒河"水色沧浪，波流浩汗，灵怪虽多，不为物害，其味甘美，细沙随流"。

恒河是一条长二千七百公里的大河，源于喜马拉雅山，东南流入孟加拉湾，自古被印度人民尊为母亲河，人们认为恒河水是"福水"，在恒河里沐浴可消除罪孽。古时当地人甚至有自溺习俗，他们认为，轻生投河者可升天享福，死后尸体被扔到河里不会堕入下劣转生中；掀起水波，拍击水流，可使亡魂得到济度。后狮子国（今斯里兰卡）提婆菩萨深知实相，怜悯人们愚昧无知，来到这里讲明正理，进行劝导，这些异教徒才知难谢罪，抛弃异教邪说，改过自新，方始停绝。此国有大德，名阇耶毱多，通三藏，玄奘遂住学习一冬半春，听他讲《经部毗婆沙》。

上面提到的狮子国的提婆菩萨，有必要作进一步的了解。

提婆：约三世纪南印度狮子国人，出身于婆罗门家庭，为古代印度佛教哲学家。提婆继承龙树之学，宣扬大乘佛教中观宗教义，游历印度各地，破折小乘，降服外道，著有《百论》《外道小乘四宗论》《外道小乘涅槃论》《四百论》等。《大唐西域记》卷五、卷八、卷十均载有提婆的故事。生平详见《提婆菩萨传》《付法藏因缘传》。提婆的弟子罗睺罗多承传其说，其后有青目、坚意、清辩等。清辩弟子智光在那烂陀寺讲学，盛倡中观宗学说，与戒贤相颉颃。智光弟子师子光即与玄奘在那烂陀寺为同学，而教义见解则不同。提婆之学承传至七世纪末有胜光，此外还有智护、进友、智友等人，以后就无所闻了。

上／印度的母亲河——恒河

中／瓦腊纳西恒河码头

下／恒河中的沐浴者

第七章　中天竺巡礼圣迹 | 231

上／恒河岸边印度教出家人
下／恒河上的游客

　　在恒河考察期间，笔者曾两渡恒河到恒河西岸的冲积平原，寻迹玄奘曾经辉煌无限的曲女城圣会遗址。一千三百多年过去，在这十数里的冲积平原上，笔者看到的只是一望无际的沙滩平原、寥寥几棵沙地小草和欢欣戏闹的观光人群。那数万僧众参加的曲女城辩经盛会，只是留在了历史的记忆里，哪里还有玄奘登台讲经的英姿和乘象舆环游会场数十万僧众高呼的场面！但作为玄奘故乡的中国人，此时此刻站在异国他乡，笔者内心五味杂陈，感慨万千，不仅为有玄奘这样伟大的历史名人激动无限流下的满脸

上／恒河夜祭宏大场面

中／恒河夜祭乘船观看者

下／恒河夜祭表演者

第七章 中天竺巡礼圣迹 | 233

泪水，更为玄奘作为中国人感到骄傲。

深秋时分，在这古老的恒河岸边，入夜，笔者目睹了古印度传统的"恒河夜祭"。夜七时，在古印度窣禄勤那国的贝拿勒斯城（即今瓦腊纳西）的恒河古渡口，开始了一年一度的祭河活动。只见岸上数千米内灯火通明，恒河北岸坐满了黑压压的人群，紧靠岸边集合起近千艘大小不一的游船、渔船或货船，占据了恒河近大半水面，船上坐满了来观看表演的人群，一个个像过节一样戎装锦绣，打扮成各自的民族形象。在岸边依岸搭起一座高二米余，宽五米，长十五米的长形高台，有六位男性表演者，着类似菩萨穿着的艳丽无比的民族服装，手执一米高造型奇特的铜器，和着音乐鼓点，载歌载舞，每表演至高潮时，岸上水中欢呼一片。据说，这种夜祭活动是婆罗门教徒祈祷恒河天神除妖去邪降福人间，保万民平安的一种祭天活动。两个多小时后活动方结束，人们脸上带着满意的笑容离场。

二、参劫比他三宝阶　首临曲女城

暮春三月，玄奘渡河东岸至秣底补罗国，即今中印度弥鲁特城，停半春一夏向德光论师的弟子密多斯那学习《怛埵三第铄论》《随发智论》等；往北行三百里到婆罗吸摩补罗国，即传闻中的东女国，在今西藏南面北印度坡里布希特城。东女国东西长，南北窄，在大雪山中间，传说该国国王世代均由女人担任，男人不问政事，只从事战争及农耕。因为还有一个西女国，所以称此国为东女国。

关于东女国，玄奘西行并未亲至，得之传闻。各种文献资料记载颇多。慧超《往五天竺国传》记载："又一月过程，雪山，东有一小国，名苏跋那具呾罗，属吐蕃国（今西藏地区）所管，衣着与北天相似，言音即别，土地极寒也。"《新唐书》卷二二一上《西域传》上则称："东女亦曰苏伐剌拏瞿呾罗，羌别种也，西海亦有女自王，故称'东'别之。东与吐蕃、党项、茂州接，西属三波诃，北距于阗，东南属雅州罗女蛮、白狼夷。东西行尽九日，南北行尽二十日。有八十城。以女为君，居康延川。"以上所记与玄奘所记《大唐西域记》"东西长，南北狭"不同。另外，克什米尔古籍中也有该国北方隔山有女国的记载。近代有些学者对此国作过一些考证。一般认为东女国是古代西藏西北部地区的一个小国，尚处于母系氏族制度时期，地理位置应在今喜马拉雅山以北，于阗以南，拉达克以东。

从这里玄奘又回到中印度，向东南行四百余里，达中印度的垩醯掣呾逻国，南行二百余里，渡恒河更西南行至毗罗删拏国，又东行二百余里，至劫比他国。

劫比他国城东二十余里有大伽蓝，院内有著名的"劫比他三宝阶"，是佛教的圣迹之一。

这三宝阶，南北排列，向东而下，是如来佛从忉利天降还人间的地方。据佛教传说，当年如来佛的母亲在生下他后即去世，依其生前造业，死后在忉利天，如来后来升到忉利天为母亲说法，三个月后准备降还人间，上天中央的统御者天地释以其神力为他造三列台阶，中央用黄金铸成，左阶用水晶，右阶用白银，如来从善法堂起身，率领诸天神从中阶走下来，第九重天的大梵天王手执白佛走右侧银阶；天帝释持宝盖，走左侧水晶阶一起陪同下来；众天神凌空散花，齐声赞美如来功德。玄奘到时的几百年前那些台阶还在，但均遭破坏，玄奘见到的是后世国王在原地以砖石砌成，用珠宝装饰的著名的劫比他三宝阶，台阶七十多尺宽，上建有精舍，精舍里有石佛像，佛像左右的台阶上侍立着天帝释和大梵天王走下来的像，形态酷似当年。旁有七丈高的石柱，是阿育王所建。

关于三宝阶宗教传说遗迹的建筑格局，诸史书记载各异。竺法护译《佛升忉利天为母说法经》作中央阎浮檀金，左琉璃，右玛瑙；《法显传》作中道七宝，右边白银阶，左边紫金阶；《大唐西域记》作中阶与左阶水晶，右银阶；慧超《往五天竺国传》作中吠琉璃，左金右银。

从劫比他国起身，往西北行二百里到羯若鞠阇国。它的都城曲女城，也就是今天北方邦的坎诺吉。这个国名是个坚固音义的译名：羯，公羊割其势而为羯，意思是女性；鞠，弯曲也；阇，城门台。合起来的意思就是"曲腰女之城"，即曲女城。这是玄奘至中印度首进曲女城。

这是一个生机勃勃的国家，方圆四千余里，西临恒河，国势十分强盛，是印度的政治中心。伟大的护教者、印度的中兴明君戒日王，是这个国家的统治者。都城曲女城方圆二十余里，玄奘在《大唐西域记》里这样描述："城隍坚峻，台阁相望。花林池沼，光鲜澄镜。异方奇货，多聚于此……气序和洽，风俗淳质，容貌妍雅，服饰鲜绮。笃学游艺，谈论清远。"为什么叫曲女城呢？玄奘在这里听到一个传说——

原来这座城市的旧名叫"花宫城"，神话中有个叫梵授的国王生有一百个妍雅出众的女儿。在王城附近的恒河畔，住着一位已经好几万岁的大树仙，身体像一棵大枯木。一天，他看见国王的女儿在河畔追逐游戏，顿生爱意，便来到王宫向国王求婚，要求国王把一个女儿嫁给他。国王惧怕他的威力只好应允，但对他说先要征求女儿的意见，回宫后便问众女，九十九个王女不同意嫁大树仙人，只有一个年龄最小的女儿，不忍父王为此忧虑表示说："我愿应婚，以救国家。"国王没法只好带她去见大树仙。大树仙一看是个毛丫头，很不满地问国王为何带这么小的来，国王据实说明其他女儿都不愿意。大树仙闻而大怒说："好个不愿意！那我就咒诅其他九十九个王女全部变成丑陋又曲腰驼背的丑女人，看她们这辈子还嫁不嫁得出去！"国王大惊，赶忙回宫一看，果真九十九个王女都已变成驼背。自此以后，这花宫城就改名为曲女城。

据考古发掘，曲女城遗址在今印度国北方邦卡瑙季县，恒河的西南岸，长约一千五百米，宽约五百米，与玄奘的记载大致相合。古城八十四个堡寨，今犹有二十五个遗迹，依稀残存。《大唐西域记》详细记载了普西亚布蒂王朝的历史和戒日王的事迹以及曲女城的神话传说。玄奘首抵曲女城时，正值戒日王的全盛时期。

三、戒日王世系业绩　玄奘恒河险遇难

羯若鞠阇国那时在位的国王戒日王，出身于吠奢种姓。名字叫曷利沙伐弹那（即喜增）。他的家族已经有两代三个君王治理这块土地。他的父亲名叫波罗羯罗伐弹那（即光增）。哥哥叫曷逻阇伐弹那（即王增）。父王逝世后，王增以长子的身份继承了王位，他以贤德治理国家。当时东印度的羯罗拿苏伐剌那（金耳国）设赏迦王常常对大臣们说："邻国有位贤明的君主，他对我们国家可是个祸害啊！"于是他采取诱骗的手段，把王增请去，在会面时将王增杀害。羯若鞠阇国的百姓失去了君主，整个国家也陷于慌乱之中。当时有个大臣叫婆尼，职高望重，他对其他大臣说："继承王位是件大事，应该今天就决定。我看，先王的次子，亡君的兄弟，本性仁爱慈善，虔心孝敬父母，敬重长者，任人唯贤，对下平等公允。我想请他继承王位，不知诸位意下如何？请各抒己见。"大家都很敬仰王子喜增（即戒日王），平素对他没有不同的议论，于是大臣执事都去劝说喜增继承王位，他们说："恭请王子听臣等陈述：先王积累功德，致使国家光耀兴盛。传位给王增后，原想他能耄耋善终，由于我们辅佐不力，以致王增落到仇人之手，惨遭谋害。这是国家的奇耻大辱，也是我们当臣子的罪过。现在外界议论纷纷，还流行着歌谣，说英明的王子自应继承王位。如果能蒙王子亲自治理天下，报杀兄之仇，雪国家之耻，光复先王之业，有什么功德比这更大的呢？望不要推辞。"王子回答说："国嗣之重，今古为难。兴立君主，更应该慎重。我自为缺乏修养，父兄又早去世，大家推我承袭王位，我哪有能力担当重任呢！大家认为我合适，我怎敢忘记自己虚薄呢？现今，恒河河畔，有观自在菩萨像，非常灵验，愿往请辞。"随后，他就来到菩萨像前，不吃不喝，一心祈祷。菩萨感念他一片诚心，显出本相问道：

"你这样勤恳求佛，有什么要求吗？"王子回答说："我的灾祸太多了，父王驾崩，兄长被害，残酷的打击一次又一次降临。我自觉缺才少德，可是国人一定要推举我继承王位，光复父业。我自己愚昧无知，斗胆前来，祈求菩萨指点！"菩萨告诉他说："你原本就是住在这个山林里的比丘，精心苦修，勤恳不懈，承借这个福分，得以转生为这个国家的王子。如今金耳国的国王既然破坏了佛法，你继承王位后，一定要注重佛法的兴盛，以大慈大悲为志，以同情怜悯为怀，那样，不久就可统治五印度全境。如果要使王位保持下去，那就要听从教导，这样，神明就会暗中给你大福，你们将无敌于天下。不过你勿登国王宝座，勿称大王之号。"王子接受了菩萨的教诲，回去以后，承继王位，但自称王子，号尸罗阿迭多（即戒日）。他命令大臣幕僚："我兄长的仇还没报，邻国也不肯归顺，我们还没有正常、安定的生活，希望你们同心协力。"他统领国家的军队，加紧训练士兵。当时，他们只有象兵五千，骑兵两万，步兵五万。他带领军队，从西往东，用武力讨伐不臣，于是象不解鞍，人不释甲，经过六年，终于征服五印度国，既扩大了领土，又补充了军队，象兵增至六万，骑兵达到十万。以后连续三十年，天下太平，政局稳定。王子厉行节俭，为人行善造福，乃至废寝忘食的地步。他命令五印度国，百姓不准吃荤，谁若杀生，格杀勿论。他在恒河沿岸建立了数千座佛塔，各高一百余尺。在五印度国的城镇、乡村、闾里、街道都修建起漂亮的房屋，储藏饮食，储备医药用品，并把这些东西施舍给外乡和贫苦的人民，普遍施舍，毫不疲殆。还在有佛祖遗迹的地方，都建立了寺院。每五年召开一次无遮大会，倾竭府库，惠施群有，唯留兵器，不充施舍。另外，每年还召集一次各国佛教徒都参加的大会，在逢三、七这两天，供给他们衣服、卧具、饮食、汤药等四项物品，并且把法座装饰起来，还为参加集会的佛教徒们准备了筵席，让他们开展辩论，比较谁优谁劣，评论谁善谁恶，把正大光明者提升上位，把邪行昏暗者罢黜下级。如果是恪守佛教戒律，信仰坚定忠贞，并且对佛教教义见解精深，品德纯正的教徒，就推举他坐在狮子之座，戒日王亲自听他讲授佛法；对于那些信仰佛教，但学识比较浅薄的教徒，也以礼相待，表示尊重；而对那些不遵守佛教法规、道德败坏、劣迹昭著的教徒，就把他们驱逐出境，既不再听他们说话，也不想再见他们。对于邻近小国的国王和辅佐他的大臣，能为百姓造福不懈，求善忘劳，就与他们携手并坐，称之为好友；如果不是这样，则拒不面谈，如有事商议，则通过使者往来办理。王子还经常巡视各地，察看民间，不安居在一个地方。在外出巡视期间，到了什么地方盖起一间茅屋就当居室。一年之中，唯有三个月的雨季不能远行。每当这时，他就在行宫里摆出山珍海味，请各教派的人吃饭，计有僧侣一千，婆罗门五百。他常把一天的时间分成三部分：用三分之一的时间处理国家大事，而用三分之二的时间造福行善，孜孜不倦。

戒日王弘扬佛法的功德可以和阿育王媲美。玄奘到达时，恰适戒日王用兵在外，未及相见。他在此住三个月，从毗离耶犀那三藏研究佛法，学习佛使《毗婆沙》、月胄《毗婆沙》。

玄奘从曲女城东南行六百余里，渡恒河，南至阿逾陀国，都城为今中印度法特浦尔一带。此国为印度佛教徒的六大圣地之一。城西北有高百余尺的佛塔，为阿育王所建，据说，佛陀在此地说过法。城西南五六里有古寺，据说是无著菩萨说法处。无著菩萨为健陀逻国人，佛陀灭度后一千年出世，从化地部出家，后弘大乘。弟弟世亲菩萨于说一切有部出家，后亦改宗大乘。无著菩萨据说晚上升天直接受教于弥勒菩萨，白天再回到这古寺为众说教，弥勒传给他的正是玄奘到印度中心要学的《瑜伽师地论》。他们兄弟出生的年代大约比玄奘早两个世纪。在六朝乃至隋唐间中国佛教的十三个宗派中，有七个以他们兄弟为远祖或远祖之一，如涅槃宗、地论宗、净土宗、禅宗、俱舍宗（以上以世亲为远祖）、摄论宗、法相宗（以上以无著为远祖），以上除俱舍宗外，均属大乘教。他们著述极丰，才气横溢，造诣极深，影响甚巨，为印度佛学的一代宗师。如《摄大乘论》《显扬圣教论》《对法论》《唯识论》《俱舍论》等，都出自他们的笔下。

玄奘自阿逾陀国瞻礼圣迹后，即顺恒河和八十余人同船东下，向阿耶穆佉国进发。这恒河是印度第一大河，两岸亚热带丛林非常繁茂，葱郁幽深。忽然一声锣响，两岸各十余条贼船迎流而出。玄奘坐的船上大家慌作一团，有几个胆小的，急得投河。贼拥船上岸，令八十余旅客尽脱衣服，搜求珍宝。原来这伙强盗信奉突伽天神，每年入秋都要物色一体壮貌端的人，杀后祭神。今见玄奘生得仪容伟丽，体骨壮美，正合标准。于是，贼人相视而笑，便不容分说拉过玄奘，要拿他来当祭品。玄奘此时倒很镇定，十分婉转地对贼徒解释道："玄奘这具秽陋的身体，居然得充祭神的供品，原不该吝惜，只是我不远万里，意欲参拜圣迹，求取佛经，流传东土，素愿未达就被杀害，恐怕对你们来说也不吉利。"同船旅客齐声跪下，请求饶命，亦有愿以身代之的，贼众都不允许。

贼人在林中空地上筑起祭坛，由两个贼人胁迫玄奘走上祭坛，预备动手。在这生死关头，玄奘更加镇定，贼徒大为惊异。玄奘自知难免，从容不迫地向贼徒扬言道："别无要求，请给片刻时间，使我安心喜欢地死去！"强盗们答应，玄奘遂闭目静坐，全神贯注地向弥勒菩萨祷告，祷告完毕，端坐默念弥勒菩萨法号，很奇妙的是他忽然觉得自己的身体轻轻往上飘，飘向须弥山上空，玄奘感到自己上了须弥山，而后一重天、二重天、三重天，直升到弥勒菩萨居住的兜率天，见到弥勒菩萨及随侍的诸位天神，心情极为欢喜，完全忘了自己被绑在祭坛上，贼匪们的喧嚷及同伴们的哭泣，他浑然不知。

正在恍恍惚惚之际，突然黑风四起，狂飙过处，折树拔木，飞沙走石，恒河水激起的巨浪吞噬了河上所有船只。土匪们大惊失色，忙问："这个人是谁？"有人说："他就是从支那来求法的高僧，你们如果杀死他，会受无量罪的，你们看天神已经发怒，赶快忏悔吧！"贼徒大惧，一个个跪倒在玄奘面前膜拜忏悔。玄奘这个时候哪里知道心外的世界正在发生什么事情，等到贼人为他松绑，触到他的肌肤才惊醒过来问："时候到了是吗？"贼众齐说："不！不！不！我们不敢杀害法师，请原谅我们吧！"

玄奘知道这是弥勒菩萨的法力已经发生作用，就接受了他们的忏悔，并当场为他们说法，劝他们弃邪归正，免受恶报，贼徒们也承认受邪神迷惑而坠入罪恶深渊。他们果断地把所有作恶的兵器丢入河中，把劫来的财宝衣物各归原主，然后接受玄奘的五戒。霎时间风平浪静，一切如初。

第八章　寻迹释迦六大圣地

一、圣地之一——舍卫城"祇树给孤独园"释迦常住地

玄奘又向东行三百余里，渡过恒河，北至中印度的阿耶穆佉国；又向东南行七百余里，再渡恒河以南阎牟那河以北，至钵罗耶伽国，今北印度北方邦阿拉哈巴德一带。在城西南瞻博迦花林中，有宝塔一座，也是阿育王所造，是释迦世尊曾经降服外道的地方。旁有一寺院，是提婆菩萨作《广百论》以及挫败小乘外道的地方。大城东面，是恒河、阎牟那河及地下的色罗斯瓦底河三河的汇合处，自古以来为印度的圣地。在三河交汇处的沙滩上，是戒日王每五年举行一次无遮大会的大施场，方圆十四五里，玄奘在贞观十七年（643年）初回国前也曾在此参加过一次。玄奘至此，恰巧遇上戒日王在此施行大布施，将五年积财，作七十五日之散施，上从三宝，下至贫苦无依者，无不施与。

玄奘从此西南行，进入恐怖的原始大森林，这里多有恶兽出没，走了五百多里，有惊无险地来到憍赏弥国，大约在今哥森一带，是释迦佛经常去的地方，玄奘到的时候，已经荒凉得不堪入目；再东行五百里，到鞞索迦国。这国信奉小乘教，释迦佛在此说法六年，又是护法菩萨七日中摧伏驳倒小乘论师一百多人的地方。护法菩萨的得意弟子正是日后在那烂陀寺传法给玄奘的戒贤大师。

从这里向东行五百多里，至室罗伐悉底国，一名舍卫国，在尼泊尔和印度的边境一带（今沙赫特-马赫特），玄奘到这里时舍卫城已经荒芜，不过城中还有居民。从前有伽蓝好几百所，现大

半已经荒废,僧徒无几。从这里向南走五六里,有逝多林,这就是闻名于世的"祇树给孤独园"了。

"祇树给孤独园"又名"祇园精舍",关于它的兴建缘起,玄奘记载的传说是这样的:大约在公元前526年,舍卫城里有一位家财万贯却仁慈悲悯的长者,名叫苏达多,乐善好施,经常济助贫困人民,因此大家都称他为"给孤独长者",意思是"无可比拟的布施者"。有一次,他前往王舍城做买卖,巧遇佛陀居住于寒林丘冢间说法,当下就皈依了三宝,成为一名虔诚的在家居士,并告诉佛陀他将终生虔敬供养僧团,包括衣被、饮食、房舍、床卧、随病汤药等一切所需,希望世尊能到舍卫城净住说法。佛陀接受后,给孤独长者回到舍卫城立刻物色合适的土地,以便建造精舍请佛陀前来净住。舍卫城南端一座美丽的花园吸引了他,那是舍卫城王子的"祇陀洹花园",他就直接向祇陀王子表明想要购买花园的心意。

然而王子相当喜爱这座林园,又不想明确地拒绝这位仁厚善良长者,就故意刁难道:"要买祇陀洹花园可以,但价码是铺满整座花园的金币。"虔敬的给孤独长者并未因此退缩。

他打开家中的金库,变卖所有值钱的资产换成金币,一块一块地铺在花园之中,最后,还差一小块空地未能铺满,但金币已用尽了。此时祇陀王子来到花园中,他告诉长者:"既然这块土地和旁边的树木都未铺上金币,那么它们仍然是属于我的。不过看到你如此诚心尽力,我深深感动,这件事也算我一份,就用我的树木在这块空地上盖一座精舍,献给那智者吧!"

就这样,由祇陀王子捐树,给孤独长者献地造就的这所林园精舍,普遍被称为"祇树给孤独园"。

释迦牟尼后半生曾在这座"祇园精舍"居住了二十五年,不少佛教经典如《金刚经》《阿弥陀佛》都是在这里诞生的。

玄奘到了园中,不胜恋慕,礼拜了许多佛迹,睹物思情,想起释迦佛祖在祇园的种种教论,又想到预言所说"佛灭后一千五百年，其教法将在印度绝迹"之说法就在眼前，不禁黯然神伤。

舍卫城祇树给孤独园

在"祇树给孤独园"的东门，左右各立石柱一根，高七十余尺，为阿育王所建。园中所有房屋，玄奘到时，唯独一砖室尚存，中有一尊金像，也是因释迦佛升天为母说法，钵罗斯那恃多王久别佛陀，非常想念，他听说邬陀衍那王曾请巧匠刻紫檀佛像，故亦造此金像供奉，至今尚存。

寺院后不远处，是外道梵志杀妇谤佛的地方。寺院东百步余有大深坑，是提婆达多以毒药害佛而生身入地狱的地方。这个提婆达多旧译调达，意译天授，乃斛饭王之子、阿难尊者之兄、佛陀之堂兄弟。他曾修行十二年，诵八万法，得五神通，在阿阇世王的支持下，大张其教权，以毒药涂置手指中，欲在作礼时伤害佛陀。提婆达多害佛之心由来已久，基于此因，地遂开裂，使其生陷地狱，于是此处变成了大深坑。

其南又有大坑，是瞿伽梨比丘谤佛生身入地狱的地方。坑南八百余步，是战遮婆罗门女谤佛生身入地狱的地方。这三处大坑都深不见底。

二、圣地之二——迦毗罗卫蓝毗尼 释迦诞生地

笔者曾两至蓝毗尼考察，每次都悉心寻访释迦佛诞生地的种种神化遗迹。当年玄奘来时，还可以看到遗址上有砖块堆和地基，距玄奘来时又一千三百多年后，笔者所看到的是遗址上蓝毗尼大片的绿地树林，还有根据近年来的考古发掘，在遗址上新建的象征性的王宫遗址。这里是尼泊尔的巴拉瓦区，距离印度北方邦的小镇塔帕尔四十余里。在这里之前发现有阿育王石柱，笔者所见到的可能是近年来重新复制的，但人们还是很虔诚地祈祷礼敬。

从舍卫城"祇树给孤独园"遗址东南行八百余里，到劫比罗伐窣堵国，即迦毗罗卫国（今尼泊尔），都城在今尼泊尔南部蓝毗尼园遗址周围。这是印度的一个古国，是释迦牟尼的诞生地。

玄奘怀着十分崇敬的心情走进了这座古城。自释迦佛灭度到彼时已有一千五百多年；406年东晋法显来时，这里已是人烟稀少，路上常有白象、狮子伤人；到玄奘来时，这里荒废的程度较舍卫城有过之而无不及，剩下的只是筑墙的砖块堆而已。宫城尚在，周围十五里，完全用砖建成，极为坚固。宫城之中，便是释迦牟尼的父亲净饭王故宫遗址，正中有地基隆起，这便是当年大殿所在。此地盖有一座精舍，玄奘进去看时，中间供着净饭王像，往北去是释迦牟尼的母亲摩耶夫人的寝宫遗址，上面也盖有一座精舍，中间供着摩耶夫人像。旁边不远，又有所精舍，便是释迦牟尼诞生的地方，里面供着释迦降生之像。紧靠摩耶夫人寝宫西行约五十米，有一方形水池，是现代人建的，据说是摩耶夫人的沐浴池，池边有一棵巨大的菩提树，笔者亲自测量，树围有三人合抱，树冠铺盖方圆三十余米，据说是当年净饭王所栽。寝宫北面约五米有一阿育王石柱，高四米余，上边隐隐约约刻有阿育王铭文。

在故城北面有阿育王石柱，高数十尺，据说是阿育王从前作地狱的地方。玄奘在这里一住七天，到处巡礼圣迹。

上｜净饭王宫遗址外景
中｜净饭王宫释迦诞生地
下｜净饭王宫门前菩提树

第八章　寻迹释迦六大圣地 ｜ 247

关于阿育王石柱，《法显传》只记载了六根，而玄奘在《大唐西域记》里说见到了十六根，其中尼泊尔佛陀的故乡有三根。

原来阿育王（公元前272～前232年）在位的日子里，他曾经命人雕造了一批石柱竖立于次大陆各地，包括今天的尼泊尔境内的一些地方，这批石柱被称为阿育王石柱。阿育王石柱往往刻有铭文，并把自己下达的有关诏书刻于柱上，被称为阿育王铭文。现在发现的这些阿育王铭文成了重建印度古代史的一个重要参考。

1896年西方考古学家在这里发现了一根石柱。不久，石柱上的铭文被解读出来，上面写道："天爱喜见王（即阿育王）于罐顶二十年后亲自访问此地，并在此地进行了礼拜。由于世尊诞生在这里，所以他下令蠲免蓝毗尼村的土地年贡并废除普通税率，厘定只缴收成的八分之一。"这根石柱的发现证明了这样几个问题：一是印度的释迦牟尼确实系真人存在，不是传说中的神，是他创立了佛教；二是铭文证明了阿育王这个国王的存在以及他的基本业绩和治国方略；三是可以确定释迦牟尼的出生地就在蓝毗尼；四是释迦牟尼的出生地蓝毗尼就在迦毗罗卫国。

在蓝毗尼，笔者从净饭王宫遗址向西行四百米，有一大道，大道中央有近年来建造的释迦牟尼出生时象征性的小金像，金像约为三米高，右手指天，左手指地，童子形象栩栩如生。这里有则传说说释迦牟尼出生后即下地走路，而且上指天，下指地，口中念道："唯我独尊。"

在此大道的中轴线上再西行四百米，有一中华寺，是中国深圳本焕大和尚出资修建的中式寺院，依次为山门兼天王殿、大雄宝殿、藏经楼，两边有寮房、斋房、客房等配套设施一应俱全，赵朴初为寺院提名。这座典型的中国式寺庙在尼泊尔堪称一流。

据佛经说，释迦牟尼是公元前565年印度历四月三十日晚上降生，即中国阴历五月十五日，但也有说是四月二十日，即中国阴历五月初五，比孔子早十四年出生。"释迦"是种族名，"牟尼"是寂默的意思。释迦牟尼是他成佛以后的名号，关于佛陀寂灭的

上 / 蓝毗尼释迦小铜像
下 / 蓝毗尼释迦讲经台遗址

年代，多数学者认为当为公元前486年左右。

释迦牟尼的名字叫瞿昙（又译乔达摩），俗名叫悉达多，父亲净饭王、母亲摩耶夫人生下他七日即死，姨母摩诃波阇波提将其抚养成人。从小净饭王即聘请婆罗门学者教其文学、《吠陀》等，又请人授以武艺，十七岁娶耶输陀罗为妃。某日释迦牟尼偶乘车出城，见衰病及死者，深悟世界之无常，遂决意出家，但父亲不准，不久耶输妃怀孕，他认为已可告慰父王，于十二月八日，乘白马飞奔出城，入蓝摩国剃发，到摩揭陀国王舍城边求道，边修习各种禅定，先后苦修六年仍感难以悟道，乃起身沐浴于尼连禅河，在一棵毕钵罗树下打坐默想，发誓不成正觉终不起坐，至二月八日夜忽睹启明星而大彻大悟，从而成为佛陀，那棵毕钵罗树，因此更名"菩提树"，时年三十五岁。于是他周游四方，化导众生，凡四十余载，最后在拘尸那揭罗城金河河岸的娑罗双树间寂灭。这是佛陀的简要经历。

围绕释迦佛在印度有六大佛教圣地：一是迦毗罗卫国释迦的诞生地，二是菩提树释迦得道的地方，三是鹿野苑释迦初转法轮的地方，四是给孤独园释迦常住的地方，五是灵鹫山释迦说教的地方，六是拘尸那揭罗城释迦涅槃的地方。

这六大佛教圣地，都是释迦佛本生故事所从出的地方，也是后世佛教艺术的主要题材，到目前玄奘已经看了两处。

在这座古城里，释迦牟尼早年活动的遗迹传闻还有许多，宫城故基东北有一座塔，据说是"阿私陀仙"相太子（释迦佛）处，宫城左右两面，则是太子同诸释种角力的地方。城门四门遗址还在，是当年太子驾车出巡的时候，看见老者、病者、死者，见人不能摆脱生、老、病、死之苦，因此悲哀回驾的地方。和玄奘同来的一位印度朋友指着一处说道："这就是太子骑马逾城出家逃跑的地方。"玄奘看了，点头赞叹。古城里的斑斑遗迹，引起了玄奘无限的思慕与依恋。

玄奘从古城向东五百多里，穿过一座大荒林，便到了蓝摩国，在今尼泊尔南部的达马普里。此国人烟稀少，在故城东边，有一砖塔，高一百多尺，传说在释迦涅槃之后，这国的国王，分得一份舍利回来，遂造了这座砖塔，以后常放光芒。再往东走百多里，穿过一片大森林，又有一座塔，是阿育王所建。相传太子逾城出走至此，决心出家为僧，他解下宝衣，卸下天冠髻珠，把骑来的白马交给他的随从带回去报告净饭王知道，说的便是这个地方。另外还有太子剃发处，也盖有塔作为纪念。

在尼泊尔蓝毗尼，笔者考察发现，这里到处都有释迦诞生的传说，多为神话故事，在现代人看来颇有费解，好像五里云雾般让人难以置信，但佛教传承两千多年过去，就是在这种传说中延续传播，固化为佛教徒们的虔诚信仰，或许这就是佛教的魅力所在。

据史料记载，玄奘虽已进入尼泊尔境，并且在蓝毗尼到处巡礼圣迹，但是否到过加德满都谷地，现尚未有定论，如以玄奘的行程与时间推测，似未进入。《大唐西域记》七载尼波罗国，俗语译为泥婆罗、你婆罗、尼八刺，指今尼泊尔国加德满都谷地。据《慈恩传》说，玄奘到吠舍厘国巡礼之后，即南渡殑伽河至摩揭陁国，未提及尼波罗国。《大唐西域记》在"弗栗恃国"条末又说："从此西北千四五百里。逾山入谷，至尼波罗国。"据此笔者认为玄奘应该到过该地。

玄奘时代尼波罗国臣属吐蕃，唐朝使者李义表曾三次到过该国，唐代的玄照和宋代的继业也来过此国，《旧唐书》卷一九八、《新唐书》卷二二一上均有尼波罗国传。

笔者一行沿着玄奘当年的足迹，认真考察巡礼了尼泊尔国今天的加德满都。在加德满都的所见所闻令人惊讶不已，因为这里遍地皆是文物古迹，身临其境，让人感觉似乎到了中国的古都北京；沿街布满了有两千多年历史的各种圣迹，这里看到的尼泊尔皇宫、佛教猴庙大白塔、大教堂、庙宇等，和北京的故宫相比，建制很全，只是规模小得太多，但其建筑技艺巧夺天工，精美绝伦。尤其是这些古迹的浮雕、木雕、圆雕及人物、动物所表现的

上\\尼泊尔节日风情
下\\在尼泊尔大象成了农民的托运工具

尼泊尔加德满都猴庙大白塔

内容充满着印度佛教、婆罗门教和各种外道的文化；人物神情舒展，很受健陀罗艺术的影响，和中国西域诸多石窟艺术的表现形式非常相似。笔者设想，这是否早在宋、元、明、清时期，中国的古建技艺就由西域经吐蕃走蕃尼古道传入了尼泊尔，然后和印度的民族艺术、欧洲的古罗马艺术以及健陀罗艺术相互融合，形成了尼泊尔今日独特的艺术风格。在那窄小的古街上，这样的古典建筑，纵横交错，一栋连着一栋，让人目不暇接，叹为观止。

遗憾的是，尼泊尔这些民族瑰宝，在2015年2月上旬的一次大地震中完全崩塌殆尽，惜哉！

据《大唐西域记》卷七载，加德满都有很多佛教传说故事。"都城东南有小水池，以人火投之，水即焰起。更投余物，亦变为火。"

又《法苑珠林》卷二十四引《王玄策西国传》云："唐显庆二年（657年）敕使王玄策等往西国送佛袈裟，至尼婆罗国西南，至

第八章 寻迹释迦六大圣地 | 253

上／加德满都故宫木雕
下／尼泊尔王宫大门

颇罗度来村东坎下，有一水火池。若将家火照之，其水上即有火焰于水中出。欲灭，以水沃之，其焰转炽。汉使等曾于中架一釜，煮饭得熟。使问彼国王，国王答使人云：'曾经以仗刺着一金匮，令人挽出，一挽一深。相传云是弥勒佛当来成道天金冠，火龙防守之。此池火乃是火龙火也。'"所记与《大唐西域记》略同，王玄策在此国亦曾见此奇特景象。

上／加德满都故宫建筑群
下／加德满都俯瞰

三、圣地之三——拘尸那揭罗城 释迦涅槃地

玄奘巡礼毕尼泊尔释迦胜迹及加德满都后,复还吠舍厘国,再渡殑伽河,朝着摩揭陀国的方向走去,出了大林即入拘尸那揭罗国(今伽西亚)。

拘尸那揭罗国,旧译拘尸那伽罗、拘夷那竭、拘尸那、俱尸那等,义译上茅城、香茅城、茅堂城,又译角城,是佛陀示寂的

第八章 寻迹释迦六大圣地 ｜ 255

国度，如今城郭颓毁，邑里萧条，居人稀旷，闾巷荒芜，故城周十余里。这一佛教圣地也是我国赴印高僧必然要去巡礼的地方。例如，《法显传》中有记载："复东行十二由延，到拘夷那竭城。城北双树间希连禅河边，世尊于此，北首而般泥洹及须跋最后得道处，以金棺供养世尊七日处，金刚力士放金杵处，八王分舍利处，此诸处皆起塔，有僧伽蓝，今悉现在。其城中人民亦希旷，止有众僧民户。"玄奘之后，朝鲜僧人慧超也到过其地。其《往五天竺国传》云："至拘尸那国，佛入涅槃处，其城荒废，无人住也。佛入涅槃处置塔，有禅师在彼扫洒，每年八月八日，僧尼道俗，就彼大设供养。"北宋乾德二年（964年）赴印的继业法师也曾到过此处，并由此取道尼泊尔归国："至花氏城，育王故都也。自此渡河，北至毗耶离城，有维摩方丈故迹，又至拘尸那城及多罗聚落，逾大山数重，至尼波罗国。"

虽然拘尸那揭罗是这么重要的佛教圣地，但现代对其地望的考证却有不同的说法。先是威尔逊比定伽西亚村为此城遗址，该村在廓拉克浦尔以东三十五英里处，在两条大道交叉处。康宁汉姆也表示赞同。这一说法与我国高僧的记载不符合，但此后在该村附近的涅槃寺后面的窣堵波内出土一铜盘，上有铭文：般泥洹寺铜盘。这一出土文物为拘尸那揭罗在伽西亚村提供了强有力的佐证。因此上述比定目前已为学术界广泛接受。其他各种不同的说法如史密斯主张在尼泊尔境内的小拉普特河与干达河汇流处，足立喜六主张在拉普特河沿岸的地方，以及戴维支应求之于释迦族土地以东，弗栗恃国以北的说法，均不如威尔逊与康宁汉姆的主张那样有说服力。

拘尸那揭罗国是释迦的涅槃地和焚身之地，就在今印度尼泊尔边境一带。所谓"寂灭""圆寂""灭度"相同，均为"涅槃"之意译。在有关释迦牟尼的传说中，"佛""佛陀""佛祖""如来""世尊""释迦佛"均为释迦牟尼的简称。所谓"涅槃"，梵语为"涅槃那"，本意是熄灭，也就是永离诸趣，入于不生不灭之门。凡人不论圣贤与否皆难免一死，但对菩萨而言，死去的只是他的幻身，至于他的本性本体，则不生不灭，所以他们死去就叫"涅槃"。

玄奘来到这个国家时，它已经极为荒凉。城内东北角有一座塔，便是阿育王所建的"准陀故宅"，宅中有一口井，井水还很清澈，说是为释迦牟尼做饭而凿。西北三四里渡无胜河，离河边不远，便到了娑罗树林。这里长着四棵一般高的娑罗树，皮青叶白，叶阔光润，娑罗树下便是如来涅槃处。又有大砖精舍，内安如来涅槃像，北首而卧，双目微闭，神态安详。旁有大塔，高二百余尺，阿育王所造。前立石柱，记佛涅槃事，不书年月。相传，佛处世八十年，以二月十五圆寂；说一切有部则云，九月八日圆寂。自佛涅槃以来，到玄奘到时，有人说一千二百年，有人说一千五百年，或云九百年未满千年。除此大塔之外，还有许多小塔，分别纪念"释迦坐金棺为母说法"、"出臂问阿难"（阿难是释迦十大弟子之一，也是他的堂弟）、"现足示迦叶"、"香木梵身"、"八王分骨"等。

释迦坐金棺为母说法 所谓"释迦坐金棺为母说法"是讲如来寂灭，棺敛已毕，时阿泥律陀上升天宫，告摩耶夫人曰："大圣法王今已寂灭。"摩耶闻已，悲哽闷绝，与诸天众至双树间，见僧伽胝、钵及锡杖，拊之号恸，绝而复声曰："人天福尽，世间眼灭，今此诸物，空无有主。"如来圣力，金棺自开，放光明，合掌坐，慰问慈母："远来下降，诸行法尔，愿勿深悲。"阿难衔哀而请佛曰："后世问我，将何以对？"曰："佛已涅槃，慈母摩耶自天宫降，至双树间，如来为诸不孝众生，从金棺起，合掌说法。"

香木梵身 如来金棺已下，香木已积，火烧不燃，众咸惊骇。阿泥律陀言："待迦叶波耳。"时大迦叶波与五百弟子，自山林来至拘尸城，问阿难曰："世尊之身可得见耶？"阿难曰："千氎缠络，重棺周殡，香木已积，即事焚烧。"是时佛于棺内为出双足，轮相之上，见有异色。问阿难曰："何以有此？"曰："佛初涅槃，人天悲恸，众泪迸染，致斯异色。"迦叶波作礼，旋绕兴赞，香木自燃，大火炽盛。故如来寂灭，三从棺出：初出臂，问阿难治路；次起坐，为母说法；后现双足，示大迦叶波。

八王分骨　佛入涅槃后，涅叠般那已，诸八国王备四兵至。遣直性婆罗门谓拘尸力士曰："天人导师，此国寂灭，故自远来，请分舍利。"力士曰："如来降尊，即斯下土，灭世间明导，丧众生慈父，如来舍利自当供养，徒疲道路，终无得获。"时诸大王逊辞

上 ／ 拘尸那揭罗国八王分骨地
下 ／ 释迦牟尼涅槃佛殿

上／娑罗树下释迦涅槃
下／释迦牟尼涅槃卧像

第八章 寻迹释迦六大圣地 | 259

以求,既不相允。重谓之曰:"礼请不从,兵威非远。"直性婆罗门扬言曰:"念哉。大悲世尊忍修福善,弥历旷劫,想所具闻,今欲相凌,此非宜也。今舍利在此,当均八分,各得供养,何至兴兵?"诸力士依其言,即时均量,欲作八分。帝释谓诸王曰:"天当有分,勿恃力竞。"阿那婆答多龙王、文邻龙王、医那钵呾罗龙王复作是议:"无遗我曹,若以力者,众非敌矣。"直性婆罗门曰:"勿喧诤也,宜共分之。"舍利即作三分,一诸天,二龙众,三留人间,八国重分。天、龙、人王莫不悲感。

以上三则均为佛教传说,实际上"八王分骨"是释迦牟尼涅槃后七天,就在拘尸那揭罗国城北河边"荼毗"(梵语之火化)。荼毗后,由摩揭陀、毗舍离、迦毗罗卫、拘尸那揭罗等共八个国家平均分配,是为"佛骨八分"之由来。

玄奘来到这里,在佛祖寂灭处跪拜,感叹不已,面对佛祖涅槃像沉思良久,感到心灵震颤。他突然感悟道:"佛未在,法犹在。佛即法,法即佛,佛法一身。弘扬佛法,法即永存。"

我们现在到印度能看到的这座"佛祖涅槃像"是英国的考古学家康宁汉姆依据玄奘《大唐西域记》的记载于1875年发掘出土的。他惊呼:"毫无疑问这就是玄奘当年目睹的那尊塑像了。"康宁汉姆在发掘报告中兴奋地说:"我们无论怎么样夸大玄奘的重要性都不为过,中世纪印度的历史漆黑一片,他是唯一的亮光。"

自从康宁汉姆发掘出佛陀涅槃像之后,这个当年的拘尸那揭罗便走出了历史的墓葬,世界各地的佛教徒又开始到此朝圣了。

从拘尸那揭罗国再往前走五百多里,玄奘来到婆罗疙斯国,也就是今天印度北方邦的大城市瓦腊纳西了。

四、圣地之四——瓦腊纳西鹿野苑 佛陀初转法轮地

婆罗疙斯国是中印度的一个大国,周四千余里,都城瓦腊纳西,古称迦尸,是光明之城的意思。法显西行求法时称它为波罗

奈城。玄奘在《大唐西域记》里这样描述瓦腊纳西："……国大都城西临殑伽河，长十八九里，广五六里……居人殷盛，家积巨万，室盈奇货，人性温恭，俗重强学……"

瓦腊纳西是一座典型的印度教城市。全印度最著名的迦尸印度教大学就坐落在这里。玄奘看见大城中有天祠二十所，这些天祠盖得十分宏丽，多为亭台楼阁，雕石文木，里面供着"大自在天"，即婆罗门教所奉世主，亦称"湿婆天"。直到现在，此地的庙宇，仍被认为是最神圣的地方，而流经城外的这段恒河也是印度人民最崇拜的圣水。当年释迦牟尼选择这个城市作为初转法轮的圣地，是很有深意的。

瓦腊纳西东北十多里便到了有名的"鹿野苑"了。这是佛祖初转法轮的地方，也是佛教六大圣地之一。原来佛祖释迦牟尼在菩提树下得道后，最先来到鹿野苑为曾经追随过自己的乔陈如等五人传道说法。这五个人原来都是释迦佛的侍从，随他外出修行，因久未得道，就背弃了他来到这里，佛陀找到他们后，乔陈如等五人就成了佛陀的第一批弟子。所谓初转法轮，就是指释迦牟尼首次讲述佛教教义。

鹿野苑到处都是佛陀的圣迹，这个寺院分为八个部分，由围墙连接，只见台观连云，长廊四合，高楼重阁，穷极宏丽，寺内僧侣一千五百多人，都学小乘正量部法。在大围墙内有精舍，高二百余尺，上面有黄金做的芒果浮屠，有陛基数层，每层数十级，上面是许多砖龛，都隐隐刻着黄金佛像。佛龛一座连着一座，密如蜂房，在主要的一座佛龛中，有黄铜佛像，和如来真身一样高大，作转法轮的姿态。

精舍西南有石塔，为阿育王所建，高二百余尺。玄奘来巡礼时，塔基已倾陷，塔身尚余百尺。前面有一根石柱，高七十多尺，像玉一样润洁，映照清澈，如殷勤祈请，可以看见众生相，这是如来初转法轮的地方。当早玄奘二百多年前法显来时只有两所佛寺，玄奘来时已有三十多所，规模也比法显来时大多了。

关于鹿野苑得名的由来，《大唐西域记》作了极为动人的描述。

据说，释迦牟尼和提婆达多生前都做过鹿王，各带领五百头鹿。当时，有一位不仁慈的国王每天轮流从两群鹿中取一头以充膳食，提婆达多的那群鹿中有一头怀孕的雌鹿，这次轮着她被呈献给国王，她对提婆达多说："虽然今天轮到我死了，但我腹中的小鹿却不该死。"鹿王提婆达多说："有谁不珍惜自己的生命？"怀孕的鹿叹道："我的大王不仁慈啊！死难就要降临到我们头上了。"随后雌鹿向鹿王如来告急，鹿王如来很同情她，愿代替她献给国王充食就死。这事感动了国王，从此不再要他们献鹿。至此，这个地方就被称作施鹿林，也称鹿野。

在鹿野苑寺院内的南面，有过去四佛经行处石刻画像，寺西有如来澡浴池，又有涤器池、浣衣池，池水很深，水色澄清皎洁，味又甘美，大旱不涸，久雨不溢。据神话传说池内有神龙守护，所以永久保持这样清洁。池侧不远有塔，这是如来修行菩萨时变为六牙白象施象牙于猎人处，又有度乔陈如等五名弟子处。

鹿野苑

鹿野苑东行二三里，有传说中的"烈士池"，池西有"三兽塔"，这是释迦牟尼修菩萨行时烧身的地方。

左 / 鹿野苑佛塔遗址
中 / 鹿野苑遗址一角
右 / 鹿野苑古建筑散件

这"三兽塔"流传着一个美丽的神话传说。据《大唐西域记》记载，从前有狐、兔、猿三兽生活在这片森林中。其中兔是释迦牟尼的前身。天帝释为考验它们是否真心修行，便变成一位老者向它们求食。狐沿着水边叼到一条鲤鱼，猿在树林中采集奇花异果赠予老者。只有兔子空手而返，回来后便对狐和猿说："请你们为我找些柴草来。"点燃后兔说"我没有什么拿来给老人充饥，只有我这微弱的身体可供老人一餐"，说罢跳入火中，于是天帝释恢复原身，从余烬中收拣起骸骨把它安放在月亮里，以便传给后世知道。从此，月亮中便有了兔子，后人便在这里建塔纪念。

阿育王石柱遗存残柱

第八章 寻迹释迦六大圣地

玄奘依依不舍地离开鹿野苑，沿恒河东下，行三百余里，到战主国，其都城在今北方邦的甘吉浦尔；从此东北渡恒河四五十里，至毗舍离国，即今印度比哈尔邦巴特那北。此国周围五千余里，土壤肥沃，多产杧果、香蕉，玄奘来时都城已经荒毁，居人甚少。原有的一百多座佛寺都已倾颓，树林形迹全无，池水干涸几成平地。毗舍离国残破的景象令玄奘十分感慨。不过，不少圣迹在玄奘时代还可以见到，玄奘一一巡礼参拜。玄奘从这里南渡恒河，上了岸就至摩揭陀国，在今比哈尔邦巴特那一带。

五、圣地之五——摩揭陀国菩提树 佛陀成道地

笔者循着玄奘的足迹，两赴印度考察期间，在摩揭陀国逗留时间最长，因为玄奘在这个古老的国度学习巡礼的时间最长，在留学印度的十七年里，在这个国家生活、学习长达八年之久，因而这里遍布玄奘的典迹和故事，这国也是玄奘西行求学的"启蒙地、成道地、扬名地"。摩揭陀国把玄奘的名字镌刻在了印度的历史里和印度人民的心中，千百年来对其充满无限敬仰。

摩揭陀国是中印度的一个大国，在今比哈尔邦南部，是玄奘跋涉千山万水来印度取经的主要目的地。国周五千多里，自古即为印度水陆交通之重地，历史悠久，文物昌盛，人民崇尚学术，礼圣敬贤。境内有伽蓝五十余所，僧侣万余人，多学大乘教，是当时少数几个佛教仍很兴盛的中心之一。由玄奘所述，弟子辩机编著的《大唐西域记》十二卷中，摩揭陀一国即占去第八、第九两卷，于此可见一斑。

因为它是孔雀王朝伟大的护教者——阿育王的都城所在地，也是释迦牟尼佛深入禅定，降服诸魔，看破生老病死痛苦之本源，得大解脱，成正觉的地方，是佛教生命的起源地。佛陀一生中的大部分时间都在摩揭陀国度过，有关佛陀的生平胜迹也大都在王舍城地区，所以这里一直被视为圣地。

进入摩揭陀国，先到一座古城，南有阿育王故城遗址，故城北临恒河，有石柱高数十丈，为阿育王造作地狱处，地狱南有塔，说是阿育王造八万四千座塔之一，中有如来舍利一升，据传每放神光。还有精舍一所，中有如来所履石，石上有佛双迹，长一尺八寸，广六寸，叫作"佛脚印"，两足下有千幅轮相，十指端有卍字花纹。据佛教传说，这是如来将要涅槃以前，从毗舍离国到此，立在南岸大方石上，对尊者阿难说道："这里是我最后一次眺望金刚座和王舍城了。"这是佛当时所留下的足迹。

菩提伽耶大菩提寺

玄奘巡礼该国的故都遗迹计有三处，其中两处是孔雀王朝之前频毗娑罗国王在位时建立的王舍城和稍后旧城被毁之后又建的新王舍城，另一处是阿育王新迁的都城波吒厘子城。这些在玄奘到时，早成了一片废墟，法师在此停七日，便向菩提树圣迹出发。

尼连禅河的菩提树，是玄奘来到摩揭陀国最想去膜拜的圣地。这是印度六大佛教圣地之一。他先到底罗磔迦寺，再往南走一百多里就到了菩提树的所在地了。

从前正觉山往西南走十四五里，到达菩提树。砖垒的围墙高

第八章 寻迹释迦六大圣地 | 265

峻险固，东西长，南北窄，方圆五百多步。珍奇的树，名贵的花，阴影连接着阴影；纤细的莎草，其他奇异的草，又稠密又茂盛，布满了大地。正门向东开，对着尼连禅河；南门与大花池相连；西边地形险固，不能通行；北门与大寺庙相通。围墙内圣迹相邻，或者是塔，或者是精舍，全是赡部洲各国的君王、大臣和豪族为了纪念他们敬奉佛的遗教而建造的。

菩提树围墙内正中是金刚座。从前贤劫刚刚开始的时候，它与大地同时出现，位于三千大千世界的中心，下至金轮，上至地面，由金刚构成，方圆一百多步。由于贤劫中的一千位佛都坐在这里入金刚定，因此它称为金刚座；又因为是得道成佛的地方，所以被也叫作道场；大地震动时，唯独这里纹丝不动。因此，如来将要获得正觉的时候，走遍周围四角，地都震动，后来到了这里，才安然无事。自从进入末劫以来，佛法日趋衰微，金刚座也因沙土覆盖而看不见了。如来涅槃之后，诸国君王根据传闻知道了佛所说的金刚座的大小，就用两尊朝东而坐的观自在菩萨像分别标明它的南界和北界。据老年人说："一旦这两尊菩萨像被沙土埋没，佛法就会消灭。"如今南边那尊菩萨像已经被没过胸部了。

金刚座上的菩提树，就是毕钵罗树。从前佛在世的时候，它高达数百尺，经过多次砍伐，还有四五丈之高。因为佛坐在它下面获得了正觉，所以它就被称为菩提树。茎干黄白，枝叶青翠，冬夏不凋，光鲜不变。每到如来涅槃的日子，树叶全都凋落，不一会儿又恢复如故。这一天，各国的君王、各地的和尚和俗人，自发地聚集到这里，用香水、香乳来清洗浇灌，于是奏音乐，献香花，点燃灯炬，夜以继日地竞相供养。如来涅槃之后，阿育王在开始继位的时候，信奉邪道，破坏佛的遗迹，带领士兵亲自来砍伐。他把根、茎、枝、叶砍得粉碎，堆到西边几十步远的地方，命令事火的婆罗门烧来祭祀天神。烟火还没有灭，灰堆里忽然长出两棵树，在猛火之中，茂盛的树叶像翡翠那样明亮，因而人们称它们为灰菩提树。阿育王看见这神奇现象之后痛悔前非，他用香乳灌溉余根，到了天将亮的时候，树长成了原来的样子。国王看到这种神怪现象，深感庆幸，他亲自去供养，高兴得忘记了回宫。王妃素来相信外道，她暗中派人在夜里重新把树砍掉。清晨，阿育王前来礼拜的时候，只看见砍剩的树桩，心里非常难过；他怀着最真诚的心意祈祷请愿，用香乳灌溉，不到一天工夫树又长了出来。国王对此产生了莫大的敬意，他用石头垒起一座十多尺高的围墙，围墙如今还在。近代的设赏迦王信奉外道，诋毁佛法，破坏寺庙，砍伐菩提树，掘到泉水，仍然掘不尽树根，于是放火焚烧，再用甘蔗汁浇灌，想把它烧焦沤烂，消灭遗芽。几个月之后，摩揭陀国的补剌拿伐摩王，也就是阿育王的末代孙子，听到以后感叹地说："智慧的太阳已经隐没，只剩下了佛树，如今连它也遭到摧残，生灵还能看见什么？"他扑倒在地，伤心之状能感动万物。他用几千头牛的奶去灌溉，经过一夜树又长出一丈多高。他唯恐以后再被砍伐，就在四周用石头筑起围墙，高二丈四尺。所以现在菩提树隐蔽在石壁后面高出二丈多。

大菩提寺遍地圣迹

左 / 菩提伽耶遍地皆穿着僧衣的学生
中 / 世界各地佛教朝圣者
右 / 菩提伽耶的菩提树

菩提伽耶大法会

上／印度童子僧在学习佛经
中／菩提伽耶菩提树下佛足印
下／菩提伽耶祈祷许愿的点灯房

　　菩提树东，有一所精舍，高一百六七十尺，下边的基座每面宽二十多步，用青砖垒成，用石灰涂抹。每层的神龛里都有金像，四壁的雕刻形制奇特，有的作连珠图案，有的作天仙像，顶上安放着一个金光闪闪的铜制阿摩落迦果，又名宝瓶，也叫宝壶。东

第八章　寻迹释迦六大圣地　|　269

面连接着楼阁，屋檐飞起三层；椽、柱、栋、梁、门扇、窗户都用雕刻好的金银装饰，用加工精细的珠玉镶嵌；深邃的堂屋三层都互相连通。外门左右各有龛室，左边是观自在菩萨像，右边是弥勒菩萨像，两尊像都用白银铸成，高十多尺。

在精舍的旧地，阿育王先建造了一所小精舍，后来有一个婆罗门又把它扩建。当初，有一个婆罗门不信佛法，祭祀大自在天。听说大神在雪山中，他就与弟弟一起前去求愿。大神说："无论什么愿望，有了功德才能得到满足，既不是你所能祈求的，也不是我所能使它实现的。"婆罗门说："修什么功德可以实现心愿？"神说："想要植善种，求得无上福田，菩提树是获得佛果的地方，你应该立即回去，前往菩提树前，修建大精舍，开凿大水池，兴办各种供养，你的愿望就会实现。"婆罗门接受了神的命令，内心萌发了坚定的信仰。他们一齐回去，哥哥修建精舍，弟弟开凿水池，然后周到地进行供养，勤求心愿，结果都如愿以偿，做了国王的大臣，把所有的俸禄和赏赐全都用来施舍。

精舍建成以后，他们就招募工匠，来造一尊如来刚刚成佛时的像。经过许多年月，无人应招。很久以后，有一个婆罗门前来对和尚们说："我擅长画如来的妙相。"大家说："你造起像来需要什么？"婆罗门说："只要香泥而已，应该放在精舍中，还要用一盏灯为我照明；我一进去，你们就把门关紧，六个月以后才可开门。"当时和尚们都依了他的吩咐。等到还剩四天不满六个月的时候，大家感到十分惊奇，就去开门看他。和尚们看见精舍内有一尊佛像，庄重严肃，盘腿而坐，右脚在上，左手提起，右手下垂，向东而坐，可敬的姿态栩栩如生。座高四尺二寸，宽一丈二尺五寸，像高一丈一尺五寸，两膝相距八尺八寸，两肩之间六尺二寸。三十二大人相和八十种好无不具备，慈祥的容颜如同真人，只有右乳上面还没有图画和打磨周到。由于看不见人，才证明这是神显灵，和尚们惊叹不已，迫切地想要知道神显灵的原因。有一个心地淳朴的沙门，梦见那位婆罗门对他说："我是弥勒菩萨，我怕工匠想象不出佛的圣容，所以亲自前来画佛像。右手下垂，是因为从前如来将要成佛的时候，天魔前来扰乱，地神们向如来报告天魔的到来，其中的一个首先跳出来助佛降魔，如来对那地神说：'你不要害怕，凭借我的力量，必能降伏魔王。'魔王说：'谁做证人？'于是如来垂手指地说：'这里有证人。'这时候第二个地神就跳出来作证。所以如今佛像的手依照当初那样下垂。"和尚们知道了神显灵的原因，无不感动得热泪盈眶。于是他们就在尚未完工的乳上部分镶嵌各种珍宝，还戴上珠缨宝冠，用奇珍异宝互相装饰。设赏迦王砍伐菩提树之后，想要毁掉这尊佛像，他见了那慈祥的容颜，内心不安于做残忍的事情，便在回驾将返的时候，命令宰相说："应该除掉这尊佛像，安放一尊大自在天的像。"接受了国王的命令，宰相恐惧地叹息说："我要是毁坏佛像，就永世遭殃；我要是违抗王命，则会丧身灭族；左右为难到了如此地步，我该怎么办啊！"于是他把信佛的人叫来当差，就在佛像前横着垒起一道砖墙；对于这幽暗他心里感到惭愧，因此又放上一盏明灯；砖墙前面就画上大自在天的像。事情完成以后，他向国王作了汇报。国王听到之后内心非常恐惧，他全身长出水疱，皮开肉绽，不久便死了。于是宰相立即回去，把障壁拆除。历时多日，灯仍未灭。佛像如今还在，超绝的工艺未受损伤。由于它处在深邃幽暗的房屋之中，所以灯火相继不绝；但人们仍然无法看清楚那慈祥的容颜，必须在早晨拿一面大而明亮的镜子把阳光反射进去，才看得见佛的灵相；凡是见到的人，自然更增伤悲之感。

当年，释迦牟尼也是想按照婆罗门的方式找出解脱人生痛苦之道，毅然抛下妻子出家，认为想求得灵魂的宁静，只有从一个禁欲主义者做起，他访问学者，向他们求教，在王舍城附近的尼连禅河西岸的树林里苦苦修了六年，其方式包括绝食，结果只落得骨瘦如柴，所谓解脱之道毫无所获。

于是，他认为苦修无益，先在尼连禅河洗个澡，然后接受一位牧女送给他的乳酪而逐渐恢复体力，最后就在玄奘眼前的菩提树下独坐思维,到四十九天拂晓前,看到天空的启明星,突然豁然开悟,看破一切事物之真相,彻悟宇宙之真理。他的思想信条可概括于四谛(即真理)中:一是肯定人生无常,必受生老病死之苦,是为"苦谛";二是欲念是一切痛苦的根源,是为"集谛";三是唯有断绝一切欲念烦恼,达到涅槃至境,才能灭尽一切痛苦,是为"灭谛";四是要进入涅槃至境的办法,就得从"八正道"着手,是为"道谛"。"八正道"是正见、正思、正语、正业、正命、正精进、正念、正定。

从此释迦牟尼就成为佛(即佛陀)和大觉悟者。据说他是太古以来的第二十五个佛,佛号就叫释迦牟尼。

那是初冬时分,笔者在印度考察时,专程到尼连禅河去寻找那位牧羊女献给佛陀乳酪,使佛陀恢复体力的地方。沿着田间小路,印度农村的景象尽收眼底。那一望无际的田野,地势平坦,土壤肥沃,一排排高低不一的高压线,一台台小型抽水机井,在灌溉着初冬的农作物,间许还有一片片麦田。小路边,印度的农民正栽种冬季的蔬菜;打谷场上,像是一家老少在打稻机旁为稻谷脱粒,看到中国的游客,报以欢快的笑容。小路上,两位印度少女头顶箩筐,里边盛满了在树林里拾到的干柴。后来了解到,印度农村至今多数农民是用牛粪做饼或柴草烧锅做饭、取暖。

在尼连禅河东岸,我们终于找到了牧羊女庙,庙宇很小,在一棵很大的娑罗树下,庙里塑有牧羊女献乳酪给释迦佛的塑像,人们肃然起敬,纷纷焚香下拜,献给供品,来纪念这位善良的印度少女。这个牧羊女庙尽管庙宇很小,但香火很盛。

尼连禅河边的牧羊女庙

玄奘站在菩提树下，回想自进入印度以来，目睹佛教中心之一，无著、世亲两菩萨之出生地健陀逻国已荒废，另一佛教中心乌杖那国变得残破；当年佛说服外道地钵罗耶伽已全部沦为婆罗门天下；佛主要说法处祇园精舍和舍卫城已崩毁；佛陀涅槃处拘尸那揭罗一片荒凉；毗舍离只剩朽木残株，以及阿育王佛教护教者故都已成废墟；再就是佛陀故乡迦毗罗卫城只余断垣残壁。这一幅幅佛教沦入末路的景象，早已使玄奘触目惊心，感叹不已！现在又看到菩提树下，观世音菩萨像已半身入土，佛教灭亡的预言果将应验。想到此，百感交集，悲从中来，一路强忍悲痛而来的玄奘，再也无法控制，双膝下跪痛哭着说："当年佛成道时，我不知漂沦何处，今佛法已沦末世，我才从万里外跋涉而来，我玄奘的罪孽何其深重啊！"

当时正值众僧"解夏"，远近来看的僧众数千人，无不被他感动，哽咽不已。玄奘在此停八九日，然后向那烂陀寺进发。

六、圣地之六——灵鹫山 释迦说教地

◆ 初入那烂陀　参谒"正法藏"

唐贞观五年（631年），玄奘三十二岁。十月初，玄奘在菩提树附近先后参拜了几处佛迹之后，到第十天，那烂陀寺住持正法藏戒贤法师听说东土大唐高僧已抵金刚座，喜悦无比，便差四位大德来迎，先安排玄奘在寺外庄园住下，据说这所庄园是佛陀十大弟子中，神通第一的尊者目健连降生之地。次日早饭后，有一千二百多位僧众手持幡盖、鲜花，浩浩荡荡来到庄园欢迎大师。玄奘在众人簇拥下，进入那烂陀寺。

那烂陀寺是当时印度最著名的佛教学府。它的遗址在今比哈尔邦巴特那县的巴罗贡村。

玄奘既到那烂陀寺，合众齐集，一一相见致礼。他们请玄奘坐上座，在寺僧击过犍椎（即钟）之后，宣布说"从现在开始，

玄奘就在本寺住下，本寺一切佛具、器物可任由使用"，然后选派二十位通晓经律、仪表端庄的青年僧侣，陪同玄奘参谒正法藏，即该寺住持戒贤法师。戒贤那时已106岁，众所尊重，不敢直呼称名，所以就以"正法藏"称之，是当时大乘佛学的权威。

玄奘恭敬地走到戒贤面前，依照印度最高礼仪，以手肘和足膝着地，匍匐而行，边行边磕头到戒贤跟前，经过一番寒暄之后，戒贤当即命坐。

戒贤问："你从哪里来？"

"我从支那国来，欲依师学习《瑜伽师地论》，以便弘扬佛法于东土。"玄奘恳切地据实回答。他万万没有想到，戒贤听他说罢，竟然老泪纵横，即唤弟子，也是他的侄儿觉贤来前。觉贤是个博学而且健谈的人，已七十多岁。戒贤要他当众把自己三年前患病的烦恼与经过向玄奘说明一下。

觉贤说："三年前戒贤法师患风湿症，每次发作都痛苦难当，最厉害的时候，痛到不想再活下去，于是打算绝食了断。有一天梦见三位仙人来找他，一人为金黄色，一人为碧绿色，一人为银白色，每人都金光闪闪，风采不凡，对戒贤法师说：'经典里虽有苦修，但绝没有叫人自绝生命。要知道今世之果乃前世之因，为今之计，应好好忍耐，尽全力弘扬经论，以消除你过去的罪孽，避免来世造成同样的痛苦。'戒贤法师听了连连膜拜。这时，金色人指着碧色人对戒贤说'这位是观世音菩萨'，指着银色人说'这位就是弥勒菩萨（就是《瑜伽师地论》的论说者）'。戒贤法师向弥勒菩萨膜拜说：'我一直希望来世转生到菩萨身边，不知能否？'弥勒菩萨说：'只要你全力弘扬正法，则世愿来世可成。'这时金色人对戒贤自我介绍说'我是文殊菩萨'，并说'我知道你要自绝，特地赶来劝你，只要你能把《瑜伽师地论》这部正法传到还没能看到这部法的地方，你身体的病痛会自然消除'，接着他又说：'这件传扬工作，不必你主动派人去做，最近会有一位支那高僧来向你求教，他会把它带回支那并发扬光大，你一定要等他教他。'戒贤法师说：'仅受教。'三位天人登时就不见踪影，他也从梦中醒来。就自那天之后，他的风湿病就痊愈了。"

众僧听觉贤讲罢，无不叹为稀有。玄奘更是悲喜交集，他说："如果真是这样，弟子必竭尽心智，来学好《瑜伽师地论》。"

戒贤又问曰："法师从出发到印度路行几年？"

玄奘一算，从贞观元年秋长安出发，到贞观三年秋抵达北印度，正好满三年，就答"三年"。这与梦中时空正好吻合。师徒俩都相信这既是缘分，又属天意。

从此，师徒之间分外投契，玄奘的一应生活供应极为优待。七日供养毕，更安置上房居住；每日另外供给担步罗果一百二十枚、槟榔二十颗、豆蔻二十颗、龙脑香一两、供大人米（其米大如乌豆，做饭香鲜，余米不及，唯摩揭陀国有此秔米，独供国王及多闻大德，故名供大人米）一升，每月供给油三斗，酥乳等随日取足；同时，还派净人一人、婆罗门一人供玄奘差遣，免诸僧事，行乘象舆。那烂陀主客万僧，得享受如此供给的，添上法师，恰恰十人（那烂陀寺立法，置通三藏者十员，受上供，尚缺位，法师来才补足）。

那烂陀寺，又名施无厌寺，是中印度极有名的一所大寺，是印度当时的最高学府。故老相传，得名的由来有两种说法：一种是因为寺的南巷庵没罗园中有一大池，池中有龙名叫"那烂陀"，建寺时取以为名；另一种说法是说如来昔行菩萨道时，为大国王建都此地，怜悯孤穷，常行惠舍，人念其恩，故号其处为"施无厌"地。据说，如来在世时，此地本来是庵没罗长者的故园，有五百商人以十亿金钱买来施佛，佛遂于此说法三个月，后商人多有正果。到了佛涅槃以后，从公元5世纪起，从帝日王到加来王、幼日王等，有六代帝王因敬重佛法，都在此建筑佛寺，前后一共建了八院，后用砖墙围起，合为一座大寺。印度寺院数以万计，壮丽崇高，以此寺为第一。

玄奘被引进山门，抬头看，但见一重重殿宇，尽是崇楼杰阁，里面庭院深深，共分八院，每一院的僧室，都有四重重阁。庭院楼阁间，种着羯尼花树，寺外围墙，绕着庵没罗林，点缀着青林绿水。寺院的建筑呈正方形，建筑结构不是中国式的木构建筑，主要用大石和砖建成，不是雕梁画栋，而是瑶阶玉宇，看上去十分壮观。僧室之间都是砖房，每房方丈许，后面通窗，前户洞辟，互视检察，不许安帘。寺院四角各建砖堂，给大德们安住。

根据记载，这座著名学府，经过1197年和1203年两次战火，已经夷为平地，到1861年英国考古学家康宁汉姆根据《大唐西域记》的记载进行挖掘，发现遗址十多处，所占面积很广，大多为砖砌方形建筑，无论讲堂、膳堂都能同时容纳千人以上。僧房栉比，不计其数，每间面积都近二十平方米。在离那烂陀遗址约一公里的地方，就是1957年初中国政府资助兴建的玄奘纪念堂。

那烂陀寺的藏书十分丰富。据记载，所有典籍分别贮藏在宝彩、宝洋和宝海三个殿堂之内。其中宝洋高达九层。这里收藏有浩繁的大小乘典籍及天文、地理、数学、医学、技艺等珍贵书籍九百多万册。这学府不仅建筑壮观，藏书丰富，更重要的是著名的学者辈出。同时，它也是当时印度的学术文化中心。

玄奘去的时候，正是那烂陀寺的全盛时代，僧徒多到上万人，都学大乘佛法，兼习十八部，以及俗典《吠陀》等书，因明、声明、医方、术数等学，莫不有人研究。住持戒贤法师，是继承无著、世亲学说的一位权威学者。他穷览一切法典，德高望重，是佛学界的领袖，是那烂陀寺的宗师。寺内每天开讲的讲座，有一百多场，学徒学习整齐严肃。据说自建寺以来的七百多年，从未有一人犯过清规。所以国王十分钦重，特别拨百余座城邑的收益供养该寺。每邑日进秔米、酥乳数百石。寺内僧徒专业学习，不愁衣食，学术遂异常发达。在这座万人学府里，能精通经论二十部者有千余人，三十部者五百余人，五十部者连玄奘在内共计十人。

踏着玄奘的足迹，笔者曾三次深入玄奘求学的那烂陀寺，考察当年玄奘在这所佛教学府的点点滴滴。通过细致的观察和那烂陀僧人的座谈，笔者对那烂陀寺有了较深的认识。笔者认为，那烂陀寺据现存遗址看，很有可能是规划了几个区域。南半部为大门、讲经堂、大法堂、学生僧房、生活区、斋堂，多为两层或三层砖石结构；北半部则是图书馆、佛塔、佛堂、休闲区如操场、禅修室、礼佛室，供学生进行禅修或辩论等实践活动。

在南北两院，特别是南院，笔者考察发现既有礼佛寺庙遗址两处，还有僧院六处。僧院每处都成四合院，每院有房约四十间，每间房可供六名学生居住，那么这个小院则可入住二百四十名学生，现有遗址至少有十二个这样的四合院，就可住下近三千名僧人。那烂陀寺主持僧介绍，现在发现至少三到四个这样的区域，那这个容纳万人的佛教大学是有根据的。

在北院继续考察时发现，僧院都有一六角形的砖砌水井，深十五到十八米。井水清澈，供学生生活所用。北院这些僧房或斋堂，有的是一字排开五十余间，有的则成四合院东西排开规划整齐。院落一般呈长方形，每间房大约三米半宽，四米半长，房不开窗，只留一门。在东北一角，有现存那烂陀寺高大的标志性建筑遗址，据说那是原那烂陀大学九层高图书馆"宝洋"的遗址。在遗址周围，有几百个高低不一的佛塔、佛龛、精舍等小型佛教建筑，多为大砖砌成，精美非常。这说明这一区域是学生礼佛的区域。

在那烂陀寺西南一角，在数十间僧房和大型楼宇式建筑遗址的拐角一楼，寺院僧人介绍说是玄奘当年居住的一间房，砖木结构，室内呈两层构造，上下皆可住人，屋顶已塌，四周的砖墙大都斑驳蚀烂；距离住室偏东，又有一室，是玄奘当年修学时礼佛禅定的房间，内有佛龛、打坐台等，也已坍塌，砖块、石块室围半间，看去十分凄凉，让人身置其间，不觉热泪盈眶。据史载，玄奘入住那烂陀寺后，戒贤法师专门安排玄奘住在二楼，并非一楼，现在哪里还有二楼的影子？不管怎么说，能有这象征性的一间也算对玄奘的一种纪念吧！

上／那烂陀寺学生宿舍图
下／那烂陀寺古水井

笔者对整个寺院遗址巡礼考察之后，印证了历史上所说，那烂陀寺是由八个寺院合围组成的，因为八个寺院都有其独立功能，形成了目前状况。遗址上，每个区域都间杂有大型讲经堂、礼佛堂、学生僧房、膳堂、舍利塔、佛塔等，这就不足为怪了。

笔者此次巡礼考察发现，印度这个古代七世纪的佛教大学，其现有遗址考古发掘面积据说已超过了十四万多平方米，出土了

上／那烂陀寺玄奘住室遗址
下／那烂陀寺玄奘礼佛室遗址

十一座僧院和五座寺庙,但那仅仅是原那烂陀寺的三分之一,就有三四百亩之大,保守的估计,鼎盛时期的那烂陀寺至少在一千亩之大,甚至还要大。

◆ 细说那烂陀寺　历史兴起与沿革

关于那烂陀寺的兴起与历史沿革,历史上曾有明确记载,据《玄奘年谱》载,那烂陀,据玄奘的解释,其来源有二:一指此僧伽蓝南面森林中有一大池，池中有龙名阿烂陀，建伽蓝时因取以为名；二认为那烂陀的本义为"施无厌"。也有人认为"那烂"与"那拉"音近。那拉系莲花名称之一，而莲花又是智慧的象征，故"那烂陀"有"给予智慧"的地方之义。在公元前六世纪的《仪轨经》曾提到它，但那烂陀寺的兴建沿革，"没有人知道它在什么时候开始修建的，阿育王时代并没有它的记载"①。《大唐西域记》卷九谓："其地本庵没罗园，五百商人以十亿金钱买以施佛……此国先王铄迦罗阿迭多（帝日）……建此伽蓝。……其子佛陀毱多王（觉护）……次此之南，又建伽蓝。呾他揭多毱多王（如来）……次此之东，又建伽蓝。婆罗阿迭多（幼日）……次此东北，又建伽蓝……伐阇罗（金刚）……复于此西，建立伽蓝。其后，中印度王于此北复建大伽蓝。于是周垣峻峭，同为一门，既历代君王继世兴建，穷诸剞劂，诚壮观也。"而西藏他拉那塔《印度佛教史》则谓始创于阿育王时，龙树、提婆并在此学业，讲法。唯法显于404年至王舍城时，《法显传》并无那烂陀寺的记录，只提到那罗聚落。即自1915年发掘那烂陀寺遗址以来，就出土的铭文、印章等遗物看来，并无五世纪之前的记载，因此学者多认为那烂陀寺建立于五世纪以后，即使在五世纪之前已经兴建，其规模必甚小，故不为人所注意。至五世纪中叶笈多王朝鸠摩罗笈多一世（415年继位，455年卒）始经营扩大，以后帝王大都崇信佛教，陆续有所扩展。②又潘尼迦谓"有一座铭刻上说：'为了能够使盖拉莎山减色，婆罗迭多王在那烂陀地方建立了辉煌出众的庙宇，献给净饭王伟大的儿子（释迦牟尼佛）。'这就是不久成为国际闻名的伟大的大学——那烂陀。这所大学得到他的继承者的大量资助款项，在六世纪时极其兴盛繁荣。圣哲安慧在六世纪中叶时，光荣地任校长职的护法，同样是一位卓越的学者。事实上，我们很

---

① 尼赫鲁著，向哲濬、朱彬元、杨寿林译：《印度的发现》，上海人民出版社，2016年，第158页。
② （台）蓝吉富主编：《印度佛教圣迹》，台湾弥勒出版社，1984年，第47页。

有理由说，从婆薮盘豆（世亲）（480 年）到七世纪的戒贤时期是那烂陀的黄金时代"[1]。凡此均与《大唐西域记》卷九所载"历代君王，继世兴建"相符合。义净于唐高宗上元元年（674 年）留学那烂陀寺时，盛况略如玄奘时，《寄归传》与《求法高僧传》都有所载。此后在八至十二世纪巴拉王朝统治东印度时亦维护那烂陀寺，据德瓦巴德的铜板刻文载，当时就有以罗吉格尔地区五个村庄献与那烂陀寺。但在突厥的伊斯兰教王穆罕·默德，征服摩揭陀国时的 1197—1203 年（宋宁宗庆元三年至嘉泰三年）的兵燹后，寺院夷为平地，一切经像、图籍、法物等荡然无存。据西藏的传说，自经这次兵燹后，那烂陀寺又曾经重建过，而不久又遭到彻底破坏，从此埋没在荒原蔓草中，直到 1861 年根据《大唐西域记》所指的方向才找到那烂陀寺遗址。后来从 1915 年到 1936 年，印度的历史、考古学者从事发掘，并在遗址旁边建立"巴利文和佛教研究所"，但规模与性质已无法和以前的那烂陀寺相比拟了。在那烂陀寺附近有一座"中华寺"，由中国僧人管理。1957 年在附近修建玄奘纪念堂，1957 年 1 月中国政府捐赠印度 30 万元，作为在这里建筑玄奘纪念堂的费用，并且提供了这个纪念堂的设计图。

◆ 灵鹫山颂《楞严经》 巡礼新旧王舍城

玄奘在那烂陀寺住下后，就迫不及待地到附近寻迹朝拜，所以在这里也就看得格外仔细。

在此地百余处的圣迹中，他首先到南郊王舍城一带巡礼圣迹。王舍城有新旧之分。旧王舍城，是座山城，梵语叫矩奢揭罗补罗城，此城处在摩揭陀国的中心，古昔君王多住其内，因为当地盛产上好的香茅，所以它叫"上茅宫城"。城东西长，南北狭，四面皆山，峻峭如削，西通小径，北有大门，周围一百五十多里。大城里面更有小城，现在城池荒凉，只余城基，周围也有三十多里。城东北走十四五里，攀登一高峰，这便是最著名的灵鹫山，又叫

---

[1] （印）潘尼迦著，简宁译：《印度简史》中释本，上海外语教育出版社，2014 年，第 95 页。

灵鹫峰

灵山。这座山孤标特起，好像是一座高台，四周群山环绕，但见空翠相映，浓淡分色，它远接着北山之阳，山顶栖着鹫鸟，所以称灵鹫山。释迦牟尼御世将近五十年，大部分时间就在这灵山顶上说法。佛家视此山为圣地，以此山名代表佛地，中国不少山即以此为名。峰顶由几块巨石聚结而成，在一块悬崖大石上面，还有精舍遗址。山上有释迦佛像，玄奘看见就整衣下拜。在悬崖的石缝里生着一棵大树，枝叶十分繁茂，树下建有一座石台，据说是当年释迦讲《楞严经》和《法华经》的地方。

灵鹫峰释迦说教地

灵鹫山阿难成佛洞

佛石室西北的石室前面，有一块大磐石，是阿难受魔惊吓的地方。尊者阿难在这里坐禅入定，魔王化作鹫鸟在黑半月的夜里占据了他所坐的大石奋翼惊鸣，用以恐吓尊者。这时候尊者又惊又惧，不知所措。如来看见以后伸出手来安慰，穿过石壁抚摸阿难的头顶，用充满慈爱的言语告诉他说："那是魔变成的，不必害怕。"阿难承蒙安慰，身心安乐。石头上的鸟迹、山崖中的孔穴，虽然年月已久，如今还在。

精舍旁边有几间石室，舍利子等大罗汉们在这里坐禅入定。舍利子的石室前面，有一眼大井，枯竭无水，废穴还在。

灵鹫山造化石

精舍东北的石涧中，又有一块大磐石，是如来晒袈裟的地方，衣纹清晰，洁白光亮，像雕刻的一样。它旁边的石头上有佛脚印，轮相的纹路虽然不明显，轮廓还可以看得出来。

北山顶上有一座塔，如来在这里看摩揭陀城，说法七天。

玄奘到此，百感交集，他站

在灵山之顶释迦像前思潮起伏不已。他想起晋代名僧法显七十多岁时，请两位比丘将其送上此山，在佛前香华供养，燃灯续明，自恨生不及佛，流着眼泪在此诵《楞严经》，停一宿，依依不舍；又想起自己历尽千辛万苦，跋涉千山万水，现在总算到达了目的地。在释迦慈祥的佛像前，玄奘矢志继承释迦事业，用一生的精力去发扬释迦大慈大悲的精神，同登彼岸，普度众生。

笔者巡礼灵鹫山后，在下山回来的路上放眼看去，在山南面数十里的山沟里，一望无际长满了"凤眼菩提树"，据说印度这个国度很多地方都长此树，但唯独灵鹫山的"凤眼菩提树"个大，周正，成相最好，制成的菩提项链、手链亦最佳。一行人在山下的小地摊上，每个人都买了一大包令人满意且廉价的"凤眼菩提籽"，也算巡礼灵鹫山的一种纪念。

玄奘从灵鹫山下来，回到上茅宫城（旧王舍城），在城里休息一天，又出山城北门去参观新王舍城。这新王舍城与旧王舍城只相距四里，名气很大，是阿育王的旧都。玄奘到王舍城时，举目一望，但见外部已坏，内城还在，十分高峻，周围二十多里，每面都开有一门。关于这座城的起源，有段有趣的故事。当初释迦在世时，这国有位国王，叫频毗娑罗王，他本来建都在上茅宫城，因这座城池百姓稠密，房屋栉比，所以数遭火灾。于是国王严令，凡不小心失火者，罚搬寒林去住。这寒林是当时国人弃尸的地方，荒凉不堪。但时过不久，王宫本身忽然失火，国王自责，叫太子留守，自己率眷属搬到寒林去住。时吠舍厘王听说他野居在外，欲发兵袭之，被百姓发觉，报告国王，于是连夜筑城自卫，因为国王早已结屋于此，所以此地被叫作"王舍城"。后新王即位，即都于此。到了阿育王的曾孙时，以新王舍城为旧都，施给婆罗门教，自己则迁到"香花宫城"。玄奘去的时候，城中还有婆罗门教徒千余家。

王舍城上茅宫城遗址

◆ 竹林精舍寻佛迹 "七叶窟"朝结集地

在旧王舍城与新王舍城之间，在灵鹫山西边，玄奘出山城北门，行一里多路，到了迦兰陀竹园（又译迦兰多迦、运兰铎迦、羯嫩驮迦），昔日世尊在这里制定了许多戒律。迦兰陀竹园的主人是迦兰陀，曾经先将此园施舍给了外道，后来见到了世尊，又听了世尊的说法，感到由衷的敬仰，便后悔当初将此园施舍给外道，现在却不能供养佛陀。地神知道了他的心思，为了成就他的善心，便现出种种灾变魔怪，吓走了外道，迦兰陀长者终于如愿以偿，在这儿修建了精舍，并亲自去迎请世尊，世尊接受了迦兰陀的供养。这就是被称为第一精舍的竹林精舍。

竹林精舍东边有一塔，是阿阇多设咄路王（未生怨王，又译阿阇世王）所建，世尊涅槃后，八王均分舍利，未生怨王就将迎回的一份供奉在这个塔内。后来阿育王发愿广造宝塔，曾经开塔请出舍利，但仍留下一些在塔里，至今仍常放光明。

由竹园向西南，行五六里，山侧竹林中建有大石室，叫作"七叶窟"，这是世尊涅槃后，摩诃迦叶聚集九百九十九位大阿罗汉结集三藏的地方。这次结集在印度佛教史上被称为第一次大结

上 / 王舍城竹林精舍
下 / 竹林精舍释迦佛像

集，是一次佛教的重大行为，对后世的佛教发展和传播影响极大。

七叶窟结集地遗址

所谓结集，又作集法、集法藏、结经、经典结集，乃合诵之意，即诸比丘聚集诵出佛陀之遗法。佛陀在世时，直接有佛陀为弟子们释疑、指导、依止等，至佛陀入灭后，即有必要将佛陀之说法共同诵出，一方面为防止佛陀遗教散失，另一方面为确立教权，故佛弟子们集会于一处，将口口相传之经律论文正式以文字记载下来，整理编集，刊成三藏佛典以传后世，故称为结集。释迦灭寂后，佛教徒在四百多年的时间里，在古印度一共有过四次大的结集。

第一次结集地在七叶窟，由释迦涅槃后身为十大弟子之首的大迦叶（即摩诃迦叶波）组织。当处理完释迦的遗骨后，大迦叶就和弟子们商量道："眼前的第一件大事，就是设法用最快的速度，把佛陀遗留下来的教法和戒律结集起来，否则非法非律的人就会压制遵守佛陀正法正律的人。"他的建议获得比丘们的赞同，他们决定到七叶窟集合，结果来了无数僧众，大迦叶按照各人了解佛法之程度等标准加以淘汰，最后剩下九百九十人。

他们结集的方法，实际上可被称为"合诵"，由一位被认为对某一部分佛陀说过的法或戒律最了解，同时记得最清楚的比丘，站在众僧中央说，然后与会比丘们鉴定推敲，如果大家认为没错，则把它整理编辑为一定的文体。这是一种记诵时代的结集方式，史上称这次为第一次结集。

关于这次中央口诵者，经的部分即《素怛缆藏》，由被佛陀赞为"多闻第一"的阿难担任，戒律部分即《毗奈耶藏》则由"持戒第一"的优波离担任，论的部分即《阿毗达磨藏》由组织者大迦叶承担，历时三个月而完成。大家恭恭敬敬地记录下来，写在贝叶之上，这就是三藏的起源。因为大迦叶是僧中上座，而参加结集的大都是老年学者，所以这次结集被称为"上座部"。在离七叶窟二十里处，还有一次同性质的结集会，即被大迦叶淘汰的那批僧侣们，心有不甘，也聚数千人做结集工作，他们的成果于三藏外另加《杂集》《禁咒》二藏，合为五藏，留传后世，被称为"大众部"。

第二次结集，是佛陀灭寂后一百一十年，在毗舍离国，即印度比哈尔邦巴特那之北毗舍离的地方进行。这次结集的直接原因是佛教僧团中对戒律问题的不同看法而引起的争论。据说当时印度东部跋耆族僧团中的一些比丘对传统戒律提出了一些新的主张，遭到以耶舍长老为首的上座部长老比丘僧团的反对。于是以耶舍为首的七百位上座僧众结集，对经律的内容重新确定，以便统一认识，因为是在毗舍离的地方，所以这次结集又叫"毗舍离结集"。这次结集确定了跋耆族僧团中流行的十件事不符合佛法，这些决议引起了跋耆族僧团比丘的反对，反对者另外针锋相对地举行了一次集会，也用会诵的办法对经、律进行核定，确定十件事为合法。这次集会参加者多达万人，大多为大众部比丘，所以又称为"大众部结集"。第二次结集之后，统一的佛教实际上分裂成"上座部"和"大众部"两大派。

第三次结集，据南传佛典记载，发生在佛陀灭寂后二百三十五年之际，即古印度孔雀王朝的阿育王时期，由目犍连子帝须主持，召集千名佛教徒在今比哈尔邦巴特那郊区的鸡园寺举行，对佛教三藏，主要是"上座部"的三藏要典进行重新会诵确认。这次结集后，阿育王派传教师分赴印度各地以及周边地区传播，有缅甸、斯里兰卡以及中亚、西亚的一些国家和地区，从此佛教渐渐传播于世界各地。

第四次结集发生在佛陀去世后约四百年，即公元一世纪左右北印度大月氏贵霜帝国迦腻色迦王统治时期。当时，部派佛教经不断发展，已产生许多派别，迦腻色迦王接受了胁尊者的建议，在迦湿弥罗，今克什米尔一带，举行了这次佛教经典的结集。这次结集由胁尊者主持，以世友为上座，共有五百人参加，主要是对佛典中"论"藏的结集。后迦腻色迦王令人以赤铜为牒，镂写论文，建塔封藏，以传后世。

除在古印度四次大的结集外，近代史上，在缅甸还有两次大的结集。

第一次结集是在1857年。在缅甸贡榜王朝的明顿王主持下，召集两千多名上座僧人，在首都曼德勒举行了一次盛大的结集。这次结集以"律"藏为中心，对巴利文经典原文进行校勘和考订，历经五个月完成。这次结集的经文被全文铭刻于729块方形石块上，全部碑文现保存在曼德勒的一个博物馆中。

第二次结集发生在1956年，这次结集是缅甸联邦政府为纪念释迦牟尼逝世两千五百年而发起的。结集地点在仰光北郊五公里的一座山岗上。参加这次结集的有缅甸、柬埔寨、斯里兰卡、印度、尼泊尔、泰国等各国的上座比丘2500人。这次以1857年结集所校勘的经文为依据，参考了其他国家的各种巴利文版本，对巴利文三藏进行了严密的核校。这一结集完成的大藏，是目前为止最完善的巴利文《大藏经》。

第九章 留学之目的地——那烂陀寺

一、潜心攻读　玄奘求学那烂陀

那烂陀寺是玄奘西行的目的地。他初入那烂陀，参谒戒贤大师后，即向周边王舍城等观礼佛教遗迹，两个多月后，返归那烂陀寺，当已岁尽。那是唐贞观五年（631年），玄奘三十二岁，开始修学受业。

那烂陀寺殿堂遗址

上 / 那烂陀寺门前大菩提树
下 / 那烂陀寺大门遗址

应玄奘请求，戒贤不惮衰迈高年，重新开讲《瑜伽师地论》。寺内同听讲的僧众，济济一堂，有数千人之多，前后十五个月才讲完此论。据《慈恩传》卷三载，这天，戒贤刚刚开讲不久，室外来一婆罗门，忽而哭泣，忽而大笑，戒贤差人去查因由。这位婆罗门说："我是东印度人，曾在布碟伽山观世音菩萨像前发愿求做国王，其结果是菩萨现身呵斥我不该有此想法，并告诉我'此后某年某月某日在那烂陀寺戒贤法师为支那国僧讲《瑜伽师地论》，汝当往听'。菩萨告诉我，以这种闻法因缘，将来就能见佛，何必为王？如今我不仅见到支那僧来，而法师您也真的为他登座讲《瑜伽师地论》，与昔日菩萨预言完全相同，所以才如此悲喜交集。"

戒贤听后，就允他入座听讲。十五个月后，戒贤讲完《瑜伽师地论》，就遣人将婆罗门送往戒日王那里，戒日王赐封三个邑给此婆罗门。

《瑜伽师地论》，据印度传说为弥勒论师所说的五部大论中最根本的一部。梵本共有四万颂，玄奘译成一百卷。瑜伽行宗认为它是大乘毗昙中规模最大、法义最备、体系完整、组织严密、说理究竟的权威论著。据玄应《音义》卷二十二的解释，瑜伽意云相应，三乘境、行、果等所有诸法均名瑜伽，一切都有善巧相应义故。三乘行者，有闻思等次第修习，随分满足，辗转调话诸有情类，均称之瑜伽师。瑜伽师所行境界故名为地，因之名为《瑜伽师地论》。

玄奘在那烂陀寺前后住了五年，潜心学习，共听《瑜伽师地论》三遍，《顺正理论》一遍，《显扬》《对法》各一遍，《因明》《声明》《集量》等论各二遍，《中论》《百论》各三遍，对在迦湿弥罗国已经学过的《俱舍》《婆娑》《六足》《阿毗昙》等论仅仅是提出若干疑义，请求解释。寺中所有佛教大小乘经典，他无不遍览，悉心研究，包括佛学、哲学及一切论著，他总是探微穷奥，融会贯通，可说是集其大成。

这五年是玄奘出国留学的巅峰时期，为了对玄奘一生之伟大

那烂陀寺教学楼遗址

那烂陀寺佛塔遗址

有较深刻的认识,关于这五年他究竟学了些什么,似乎有进一步了解的必要。

佛教将一切学问归纳为两大类,即内学与外学。佛教本身的一切学说叫内学,佛教以外的诸学说叫外学。

古印度还有一种各派学者通用的学科分类法叫作五明学:一是声明,即文法学或文字、训诂学;二是工巧明,即建筑、工艺等技术;三是医方明,即医学、药学;四是因明,即论理学或逻辑学;五是内明,即各派本身之哲学或宗教学,如佛教以三藏十二部教为内明,婆罗门教则以《吠陀》为内明,内明之外的四明为各派之共同科目。

关于五明之学,玄奘在那烂陀寺时,凭着他好学的个性,多有所学,但其中他用力最深的除内学外,要数因明、声明两学,此二者可以说是治学的基本工具。

声明学,即印度语文、文法之学。它包括三种文字:一是梵文,即印度古今文学的本源;二是巴拉克利文,即公元前5世纪印度民间形成的一种方言;三是巴利文,是巴拉克利文的进一步发展,最早的佛经就是用巴利文写的。以上这些梵文、巴拉克利文及巴利文都是玄奘在那烂陀学声明学的范围,对它们已达到系统的认识。玄奘在声明学上的深厚功力为他以后回国从事翻译奠定了坚实的基础。

因明学，即印度固有的逻辑学。如果说声明学是对语文工具的研究，因明学可以说是运用语文的法术，是思想方法的范畴。因明学与唯识学同为佛教学理上最烦琐、最难研究的学问。因明属于各派共有，都用作以自己的思想理论与其他各派论辩时求胜的工具。自因明在佛教中被广泛运用后，这门五明中的佛教外学就变成了佛教内学重要的一环，造论讲学，无不遵循。在古印度对因明学贡献最大的，是世亲菩萨的弟子、南印度人陈那大师。

陈那大师亦称陈那菩萨，又称域龙、大城龙、方象，五六世纪时人，印度佛教因明学集大成者。一说陈那菩萨为南印度香至国人，属婆罗门种姓；初习外道教旨，又入小乘犊子部，后师事世亲菩萨，研究大小乘佛教；曾自一阿阇梨受明咒，深得密法；至乌荼国修习禅定；能言善道，折服诸多外道，因与尼夜耶学派辩论而著称于世。陈那大师于那烂陀寺讲说《俱舍论》、唯识、因明学说，后受文殊菩萨劝诫撰述《集量论》；未久，历游南印度降伏外道诸论师，复兴已荒废之道场，常行十二头陀行，示寂于乌荼国森林中的洞窟。

有关陈那菩萨生平，另一说以其为南印度案达罗国人，受国王供养，证阿罗汉果，依文殊菩萨之启示遂起兼济之志。师讲说因明论，宣畅《瑜伽师地论》。

陈那菩萨有关俱舍、唯识之著作颇多；在认识论方面，就心、心所而立见分、相分、自证分，称为三分家，与安慧论师之一分、难陀论师之二分、护法菩萨之四分说并称。师更于因明学方面留有不朽之功绩，集因明说之大成，始创"新因明"，由九句因，始确立因之三相，改五支作法为三支作法，变古因明之归纳为演绎，成为印度论理学（因明学）划时代之新里程，被称为中世纪正理学之父，或新因明之祖。

陈那大师著作甚多，有《因明正理门论》《观所缘缘论》《取因假设论及观总相论颂》《佛母般若波罗蜜多圆集要义论》《掌中论》等。

陈那大师有关因明的著作，以《因明正理门论》《集量论》为最著。戒贤大师为玄奘讲了两遍，后来他回国后把《因明正理门论》及陈那弟子天主所著的《因明入正理论》都译成了中文传世。玄奘在因明学上的精学深悟，对以后将要提到的舌战诸论师，威震五印度，起到了很大作用。

玄奘留学那烂陀寺时，以精通大小乘而声誉鹊起。实际上，他在学习古印度五明的同时，还旁及婆罗门的《吠陀》，对大小乘学更是追本探源。

什么是大小乘？所谓"乘"就是四匹马拉的车，它的意义在于运载众生，使他们各人到应该到的"果地"，果地就是修道以后所可获致的境地。"大乘"，可以说是大车子，"小乘"是小车子。大乘佛教把原始佛教和部派佛教贬称为"小乘"，而小乘佛教本身是不承认的，他们一直称为"南传上座部佛教"。

大乘和小乘的区别，表现在许多方面。首先在对佛陀释迦牟尼的看法上，小乘教一般把他看作教主、导师，是一个彻底觉悟的人；大乘教则把佛陀看作是威力广大、法力无边、全知全能的神。再者是大乘教徒的菩萨思想，他们主张可以在家修行，并不强调像小乘教徒那样，需要出家修行，这是大小乘的重要区别之一。

大乘教徒把菩萨的修行方法概括为"六度""四摄"。"六度"是指布施、持戒、忍辱、精进、禅定、智慧，他们认为这六种方法是能够脱离生死苦海，达到涅槃彼岸的通道。"四摄"是指大乘教徒日常生活中应遵守的四个原则，具体是布施、爱语、利行、同事，大乘教徒认为这是菩萨普度众生时所应遵守的原则和方法。为了与小乘教相区别，大乘教把自己的思想学说称为"菩萨思想"，把自己修行实践称作"菩萨行"，把自己所遵奉的戒律称为"菩萨戒"。

在教义学说上，大小乘的区别是，小乘佛教一般主张"我空法有"，即否定个人的主观精神主体，但对客观世界的否定却不彻底，带有唯物思想倾向；大乘佛教主张"人法两空""性空幻有"，既否定人的主观精神主体，又否定客观事物的存在。在修行目标上，小乘佛教把证得"阿罗汉"果位作为修行的最高目标，而大乘佛教则以普度众生为修行宗旨，以成佛作为最高修行目标。

在那烂陀寺的五年，玄奘内外学兼修，大小乘皆通。但玄奘是一个唯识论者，他见佛教哲学博大精深，并不以已经学到的知识为满足。五年以后，他想到自己西来不易，辞别了戒贤法师，便又继续南游各国。

二、玄奘纪念堂　中印人民缅怀伟大先驱之地

从那烂陀寺出来，经过约十分钟的车程，一座雄伟的中国式古代建筑呈现眼前，这就是印度闻名遐迩的玄奘纪念堂。玄奘纪念堂坐落在比哈尔邦巴特那县广袤的平原上，坐北朝南，为正方形院落，占地面积为四点五公顷，自南至北中轴线上依次排列纪念堂正门、大型玄奘负笈铜像、玄奘纪念堂大殿。西南角布局为玄奘纪念堂碑记，东北角为纪念堂管理处住房。院内大部空间为草坪和树木绿化，看去简单而明快，更凸显了主题建筑玄奘纪念堂大殿的雄伟和高大。

在《玄奘纪念堂缘起纪念碑文》上说："一九五四年，中印两国总理周恩来，尼赫鲁互访，共倡和平共处五项原则，推动两国友好往来。佛教界亦为之欢喜振奋。于其时，那烂陀学院院长迦叶波首倡共建玄奘纪念堂，缅怀先驱，中国佛教界代表赵朴初居士访印积极回应。此举获两国政府大力支持，总理亲自多次过问……"

一九五七年一月十二日下午，达赖喇嘛和班禅额尔德尼在那烂陀代表中国政府把玄奘顶骨一份、玄奘的译著一千三百三十五卷以及《碛沙藏》一部赠给印度政府，尼赫鲁总理代表印度政府接受了顶骨，然后转交给那烂陀研究院。达赖还代表中国政府捐赠人民币三十万用作建设玄奘纪念堂的费用，同时把纪念堂的设

印度玄奘纪念堂

计草图一份交给尼赫鲁。尼赫鲁在致辞中说:"这次仪式使我们回到了一千三百年以前,并且提醒了印度和中国的联系有多么悠久。我们也想起了玄奘和他的伟大,因为他不仅克服了气候和喜马拉雅山的崇山峻岭的困难而来到了印度,而且还进行学习,并且把学到的东西译成了中文。由于玄奘的劳动,在印度找不到的许多宗教经文可以在中国找到。"

据时任国家宗教局局长叶小文介绍,当时两国总理对这一工程高度重视,亲切关怀。周总理亲自批准专款,尼赫鲁总理亲自参与选址工作,并对施工标准做出指示。后来因为种种原因,玄奘纪念堂并未完全竣工。进入新世纪,随着中印关系的全面改善,玄奘纪念堂也迎来了自己的春天。

从 2000 年开始,中印两国政府两度将玄奘纪念堂的修复完善纳入两国文化合作执行计划。对此项目,印度中央政府也积极回应,专门成立了以那烂陀大学校长潘特博士为首的印度那烂陀玄奘纪念堂发展委员会,并拨出三千余万卢比专款,对玄奘纪念堂大殿内部进行了初步装修。印度政府还将纪念堂周围 47.5 公顷土

上／玄奘纪念堂大门

中／玄奘纪念堂纪念碑

下／玄奘纪念堂玄奘负笈像

地划拨给纪念堂，建成以玄奘纪念堂为核心的"新那烂陀大学文化村"。

在中印两国政府和人民的共同努力下，玄奘纪念堂在2006年"中印友好年"圆满结束之际竣工，又在2007年2月12日举行了落成典礼。

中印双方在此举行盛大庆祝仪式。时任中国外交部长李肇星、时任中国国家宗教局局长叶小文等中方高级官员远道而来，与印度高官一起出席仪式，代表两国人民向玄奘表达尊敬。11时许，上述贵宾2人一组，中印代表各1人，开始撞钟仪式，每组敲3下。接着，贵宾向玄奘立像献花。之后，中印8位僧人一同拉开大殿正门处的帘幕，这标志着玄奘纪念堂正式揭幕。在这8位僧人的引领下，贵宾鱼贯进入大殿。殿内有铜油灯2盏，中方7人，印方7人，共分7组，依次点灯。点灯完毕，盛大的法会开始。中印近百位法师在大殿内诵经达10分钟。

法会结束之后，双方代表分别致辞。李肇星外长充满激情地说："我代表中国政府，在此对玄奘纪念堂修复完善工程的全部完成表示衷心的祝贺。"他说："中国和印度是两大文明古国，几千年来，两国人民共同书写了人类文明的辉煌篇章。玄奘是开创中印文化交流的先驱，是沟通两大文明的桥梁。"时任印度文化关系委员会主席卡兰·辛格说到激动处，还现场演唱了一首歌曲。他在歌中唱道："中印文化源远流长，中印友谊万古长青，中印人民亲如一家。"

玄奘纪念堂的主体建筑纪念堂大殿，面阔七间，进深四间；为重檐五脊，高约十五米，建筑在砖砌的三层高台之上，四周为汉白玉栏杆连围。举目望去，只见殿宇高耸，五脊横立，斗拱飞檐，角梁凌空，红柱蓝瓦，彩绘夺目，崇伟庄重，气势不凡，突出了唐代"出檐深远，举折平缓，斗拱硕大，稳重大方"的特点。大殿内部正中为玄奘译经形象的铜像，背光为汉白玉浮雕"玄奘出世"，前置大型桌案，左右两侧是反映玄奘西行、那烂陀

上／玄奘纪念堂戒贤法师像

下／玄奘纪念堂铜板雕塑

学经、曲女城盛会、译经十九年等两幅大型铜板浮雕组画，东西两侧墙上悬挂着玄奘的恩师戒贤法师，还有陈那大师的画像，周围则是印度人民和印度各界赠送的香幔、条幅、画像、香花等物。大批的印度人民在玄奘的铜像前叩首祈祷，寄托他们对这位伟大先驱的无比怀念之情。

在玄奘纪念堂大殿，笔者身上发生了一件离奇的事情。当我们同行的十几位中国朝圣者，都在大殿朝拜玄奘尊容的时候，因时间关系，笔者却手握单反相机在紧张地拍摄纪念堂的庭院外景，待笔者步入大殿时，首先看到正中端坐的玄奘铜像和周围的铜板

玄奘纪念堂玄奘铜像

浮雕，顿时激动万分，心中在想，我们踏着玄奘的足迹，万里之遥来到印度，除了考察玄奘所到圣迹外，就是要巡礼向往已久的玄奘纪念堂。于是乎，笔者就本能地提起相机先拍大殿的实景，以作回国时使用。当笔者按动快门，先拍玄奘铜像时，奇怪的事情发生了，先是出现黑屏，不显图像，继而是快门死机按不动，不能拍摄了。笔者惊出一身冷汗，口中自语"怎么越急越不出活？"同行的两位摄影家凑过来检查相机，都说看不出什么毛病。这时一位同来的在家居士对笔者说："董老师，你是不是还没朝拜玄奘呀？你是玄奘家乡人，不远万里来到印度，怎么不打个招呼，光知道拍照，他在和你开玩笑呢！"同伴的提醒使笔者恍然大悟，于是笔者丢下背包，放下相机，倒地便拜，三叩九拜之后，托同事把笔者准备好的笔者著的《玄奘大师与玄奘故里》的两本书放在玄奘的供案上，又献上五千印度卢布以作献礼。此时长跪在地的笔者，想起玄奘西行的千难万险，想起家乡人对玄奘的无比怀念，不觉悲从中来，顿时满眼热泪，痛哭不止，同行的同伴还有印度友人都感动不已，纷纷过来相劝。稳定情绪之后，当笔者再次拿起相机拍摄时，什么问题也没有了，相机完好如初。拍出来的玄奘像和内景漂亮极了。此事回国后被传为佳话。

第十章　随处问学　遍巡五天竺

一、迦布路寺许愿　巡游东印度

公元632年，玄奘33岁，还归那烂陀寺后，即开始潜心求学，到公元636年，玄奘37岁，在那烂陀寺研习已历五载，留学的目的虽已达到，但玄奘不满足现状，这年春初又拜别戒贤，巡游五印度，随处问学。

历史上，学者们及各种典籍对玄奘在那烂陀寺这五年间的习学历程多有翔实的记载。道宣《续高僧传》："法师于那烂陀寺钻仰《瑜伽》，经于五年，晨夕无辍，将事博义，未忍东旋。戒贤曰：'吾老矣，见子殉命求法，经途十年方至。今日不辞朽老，力为申明，法贵流通，岂期独善，更参他部，恐失时缘。智无涯也。唯佛乃穷。人命如露，非旦则夕，即可还也。'便为玄奘行调，付给经论。法师曰：'敬敢闻命矣。意欲南巡诸国，还途北指，以高昌昔言不可违也'，遂首途。"梁启超谓"又案传文于那烂陀条下'凡经五岁'，只能作经五个年头解，不能作满五年解。故那烂陀留学，应截至贞观九年为止。"① 案梁说是，《续高僧传》载戒贤之言云"经途十年方至"，指玄奘从长安启程至本年已历十载，其时间为贞观元年至贞观十年，首尾十载。玄奘于贞观五年冬初抵那烂陀寺。《慈恩传》《续高僧传》《行状》等均谓"凡经五岁"，至本年共为五个年头，是可推知玄奘辞别戒贤漫游五印度当在本年

---

① 梁启超著：《佛学研究十八篇》，天津古籍出版社，2005年，第332页。

春初。至于《佛祖历代通载》（以下简称《通载》）卷十一作贞观七年（633年）"三藏法师游天竺达于王舍城"，《释氏稽古略》卷三"经七年至中印度遇大乘居士受《瑜伽师地论》，入王舍城，止那烂陀寺，留十年归自王舍城"系据唐人传抄著录作贞观三年（629年）首途之误，故推迟二年；所谓"留十年"系泛指玄奘漫游五印度后复返那烂陀寺并参与大会后起程返国而言。《印度佛教圣迹·那烂陀》作玄奘在寺住了七年，系指漫游后返寺开讲《瑜伽论》、著《会宗论》等而言。又《法苑珠林》卷九云贞观十三年（639年）玄奘在中印度摩揭陀国那烂陀寺云云，似与《慈恩传》《续高僧传》经于五年之说不合，但如果系玄奘于贞观十三年回寺之时，正吻合。吕澂先生《关于玄奘法师的生卒时代与留学那烂陀寺的正误》"玄奘法师在那烂陀寺戒贤处五年（约当632～637年），继即离寺游学各地，迨返国之前（约当642年），虽曾还寺讲学，但为时甚短"[①] 系将玄奘停留迦湿弥罗、至那仆底等国的时间延长了些，故推迟了一年。

综合各家学说，玄奘在那烂陀寺习学五年的历程是正确的，为历代所沿用。

玄奘离开那烂陀寺，先顺恒河而东，向东印度出发，到了伊烂拏伐多国，即今比哈尔邦的吉尔地区，途中经过迦布路寺，寺南二三里有孤山，崇岩苍翠，水木清华，最中的精舍刻有檀木的观世音菩萨，雕像不大，菩萨手持莲花，据说非常灵验，每天都有很多人前来膜拜求愿，经常有十几个人以最虔诚的心实行七天、十四天或一个月的绝食。为怕群众污染了菩萨的圣洁，在周围七步处围了一圈铁栏杆。人们许愿时，从栏杆外向菩萨掷花，以花的落点来决定吉凶。玄奘也去买了鲜花，编成三个花环，然后到菩萨前许下三个愿：一愿在此学成之后，返归本国得平安无难者，愿花落尊手；二愿以一生修行，得转生兜率天，服侍弥勒菩

---

① 吕澂：《印度佛学源流》，《关于玄奘法师生卒年代与留学那烂陀寺的正误》，见《现代佛学》一九五四年十一月号。

萨,此愿若许,则花落尊臂;三愿菩萨指示,据佛典所说,众生中有"无佛性"者,玄奘今疑不知有否?若有而且能成佛者,则花落菩萨颈上。说罢,玄奘以花对着菩萨的手、臂、颈三个部位,一一掷去,结果全部掷中,表示三个愿望都可以达成。众人看了都拍手叫好,围着玄奘向他道喜,齐声说道:"如此奇迹,得未曾有,待来日成道时,莫忘今日在此相聚的缘分,引导我们到达彼岸吧!"

关于玄奘的这一经历,史籍也多有考证,看去实有其事,据康宁汉姆的考定发生在今印度比哈尔邦的吉尔地区。途中经过迦布德迦伽蓝祈祷,以华鬘卜愿。迦布德迦伽蓝汉译鸽圆寺,其建寺缘起详见《大唐西域记》卷九,在因陀罗势罗窭诃山东北百五六十里。《慈恩传》卷三:"伽蓝南二三里有孤山,岩巘崇崒,灌木萧森,泉沼清澄,鲜华芬馥。……最中精舍有刻檀观自在菩萨像,威神特尊,常有数十人,或七日、二七日绝粒断浆,请祈诸愿。……去像四面各七步(《行状》作十步)许竖木钩阑,人来礼拜,皆于阑外,不得近像。所奉香华,亦并遥散。其得华住菩萨手及挂臂者,以为吉祥,以为得愿。法师欲往求请,乃买种种华,穿之为鬘,将到像所,志诚礼赞讫,向菩萨跪发三愿:'一者……二者……三者,圣教称众生界中有一分无佛性者,玄奘今自疑不知有不,若有佛性,修行可成佛者,愿华贯挂尊颈项。'语讫,以华遥散,咸得如言。"佛教所谓"佛性"问题,是当时佛教徒争论未决,也是无从证明的能否成佛的神学问题,但从玄奘的卜愿举动中,也可推见他之所以誓志西行的原因之一。

从迦布路寺渡河到南岸,走三百多里到伊烂拏钵伐多国,有伽蓝十多所,僧侣四千多,多学小乘,说一切有部义。最有名的大德是如来密(怛他揭多毱多)、师子忍(羼底僧诃)两位,玄奘在这里住了一年,向他们学习《毗婆沙论》《顺正理论》等小乘论典。

一年后,玄奘从恒河南岸往东走三百余里到瞻波国,即今印度比哈尔邦东巴加尔普尔一带。这个国是古印度十六国之一，异教盛行，习小乘教。据传，在太古时代，人们都住洞穴，某一天，有天女下凡，在恒河中沐浴，天女与水中精灵接触而生下四子，这四子把印度四分，各自为王，开始建造房子，其中一个就在瞻波国建城。国南界有森林，连绵二百余里，其间多有野象，数百为群，他们有纯熟的驯象师，到森林里设法捕捉野象，把野象驯

上／加尔各答玄奘寺
下／玄奘寺藏经楼

成威猛无比的象军，在印度伊烂拏钵伐多、瞻波二国为最多还有不少凶猛的犀牛、狼、豹等。行旅客商，经过这座森林都不免怀有戒心，所以玄奘来时，也结伴而行。

笔者在印度南行的考察中，至加尔各答，夜宿玄奘寺，见寺院面积不大，为三层楼房结构，但功能较全，有佛堂、斋堂、客堂，四方朝圣者皆可在此食宿。在寺院旁另建有玄奘纪念堂，面阔五间，正中塑有玄奘坐像，四壁画有玄奘西游路线图。这是印度东部一带纪念玄奘的又一场所寺院，由于临近孟加拉国，所以孟加拉国的许多僧俗也都到此朝拜玄奘。

玄奘再东行四百里至羯朱嗢祇罗国，即今比哈尔邦吉马哈尔，东渡殑伽河行六百余里至奔那伐弹那国，即今孟加拉境波格剌城一带。这是个适于农耕、物产丰富的大国，国周围四千多里，是东印度一个繁盛之处。这里有特产水果面包树，结果大如冬瓜，切开里面有几十个小果，大如鹅卵，再破开小果，有黄赤色的果汁，味道异常甘美。玄奘问了当地人，说它或长在树枝上面，或结在树根下面，如茯苓一般。

从这里再往东行，渡过布拉玛普达拉河，行九百多里到迦摩缕波国。这是东印度极东的一个大国，最初名为东辉国，后更名为迦摩缕波国。从这里再往东走，便是我国的云南边境，玄奘本可以从这里经云南、四川回到长安，可一打听，不但道路险阻，而且还有瘴气，所以仍决定周游五印度，由南印度而西印度，绕道西域再回中国。

迦摩缕波国是当时印度境内最早和我国结交的国家，对玄奘和唐使节都十分礼遇。

《新唐书·西域传》记载："贞观二十一年，东天竺王，尸鸠摩送牛马三万馈军……迦没路国（即迦摩缕波）献异物，并上地图，请老子像。"

对于迦摩缕波国的地理和交通，《大唐西域记》里有一段很重要的叙述："境接西南夷，故其人类蛮獠矣。详问土俗，可两月行，入蜀西南之境。"这里提到的"西南夷"是指我国西南部云南一带的少数民族兄弟。也就是说，东印度的迦摩缕波国东面是有交通线的，可达我国西南。

《慈恩传》没有记载玄奘到过迦摩缕波国，而是由奔那伐弹那国直接前往羯罗拏苏伐剌那国。

从迦摩缕波国折回，再往东南行九百余里到羯罗拏苏伐剌那国，也就是金耳国，大约在孟加拉境波格剌城东南达喀城附近，有伽蓝十余所，僧侣三百多，信奉小乘教，也有阿育王建的佛塔，据说释迦佛曾在此说法七天。

此地东南出至三摩呾吒国，也就是孟加拉国首府达卡附近。该国濒临大海，完全是海洋气候，适合植物生长，花木十分繁茂。玄奘到了一所佛寺，看见有一尊青玉佛像，高有八尺，雕刻十分精细，常有自然妙香，芬馨满院，五色光瑞，往往烛天。此国有寺院三十余所，僧徒两千余人，习上座部义。

从三摩呾吒国往东北方向，玄奘得知传闻有六国：大海滨的山谷中有室利差呾罗国；再往东南，大海岸边有迦摩浪迦国；再往东有堕罗钵底国、伊赏那补罗国、摩诃瞻波国，即是我们这里所说的林邑；再往西南有阎摩那洲国。这六个国家，因为山川道阻，玄奘没有进入它们的国境，但是它们的风俗和疆界，在《大唐西域记》中玄奘都有记载。

二、闻狮子国传奇　寻圣南印度

自三摩呾吒国西行九百余里，到耽摩栗底国，即今西孟加拉的塔姆鲁克。在这里玄奘见到从祖国经海路运来的丝织品、竹制品和瓷器，倍感亲切。耽摩栗底国临近大海，隔海就是僧伽罗国，也就是今天的斯里兰卡了。他知道在二百多年前，法显来印度取经时，是从这里乘船归国的。

玄奘时闻海中有僧伽罗国，又称狮子国、狮子国，想由此取海路去之，因为那里有上座部三藏解《瑜伽论》者。此时一位从南印度来的僧人劝说："往狮子国须经水路，海上多有恶风、药叉、涛波之难，船行十分困难。不如从南印度东南角乘船，三日可到。这样不但安全，还可沿途顺便看看圣迹。"

玄奘从耽摩栗底国西南行，先经过乌荼国，即今印度奥里萨邦的首府布伐涅斯瓦尔；再往西南行一千二百余里，至恭御陀国，即今印度甘哲姆市西北处。这是个崇尚武力而信奉外道的国家，玄奘到时，他们仍用贝壳、珍珠作为货币。

玄奘再往西南，经过一片大荒林，走一千四五百里，从东印度进入南印度，来到羯陵伽国。这里大约在印度半岛狭长的东南沿海之中间地带，属于达罗毗荼人分布地区，气候酷热，到处是热带森林，森林中有一种青色野象，形体高大，是别的地方所看不到的，民风粗暴，但热情诚实。玄奘到了这里，挥汗如雨，同本地人谈话时，觉得说话音调，不但和北、中印度不同，和东印度也有区别。他意识到，这是又到了另一种天地。该国有僧侣五百多，信小乘教。传说该国原有不少人口，因为有人嘲笑了住在山中的"五通仙"，仙人大怒，用咒术使无数人死亡，后来尽管各地陆续移民来此，人口还是很少。

这个国家在佛教史上，曾发生一件相当重要的事情，即阿育王由一个残暴的君王，摇身变成一个伟大的护教者。阿育王原认为战争是统治一切的工具，公元前261年发生在羯陵伽国的一场征伐战争中，双方战死十万，俘虏十五万，及因战争、伤病饥荒死数

蓝毗尼菩提树

吠舍利阿育王石柱

十万,阿育王眼见太过惨重,从而检讨战事价值,最后他想到佛教的宽大与和平,应是最好的、最有利于解决统治的方法,从而皈依了佛教。

从恒河三角洲往西南进发以来,玄奘沿海岸而行,可是离开羯陵伽时,他作了内陆选择,走向印度中央的德干高原,行一千八百多里,复入中印度的南憍萨罗国,即今纳格浦尔以南。玄奘之所以要绕道而行,是认为这个国家佛学十分发达,几位佛教学者都与此地有很深的渊源。在前边提到的北印度的那位七百岁老婆罗门称之为老师的龙树(龙猛)菩萨,就是其中的一个。他著述很多,在六朝隋唐间中国佛教诸宗中就有三论宗、净土宗、禅宗、华严宗、真言宗等五宗以龙树菩萨为印度远祖之一。

另外一位名僧就是龙树的弟子提婆菩萨。这里还有个故事,据说龙树在城南一古伽蓝接受国王虔诚的供养,有一天,业已成名的提婆,远从僧伽罗(锡兰岛)来,要求和龙树辩论佛教教义,他对守门人说:"请您为我通报一下。"守门人于是进去报告。龙树平素知道提婆的名字,用钵盛满水,吩咐弟子说:"你捧上这钵水,让那个提婆瞧一下。"提婆看见水,默然没说话,往水中投下一根针。弟子捧着钵,心中满是怀疑,走了回来。龙树问:"他说了些什么话?"弟子回答说:"他沉默没有说话,只是往水里投下了一根针而已。"龙树说:"这样的人真是聪明啊!知晓事情之机微,其明如神,体察细微,侔于圣人,盛德若此,应当立即请他进来。"弟子说:"这是什么意思呢?不说话而辩议巧妙,就是这样的吗?"龙树说:"水这东西,形状依随盛它的容器或方或圆,其他的物品不管是清是浊,它都能推逐,它弥漫无间,清澄莫测。我用钵盛满水而显示给他看,是比喻我的学问的深奥周密。他将针投入,意思是穷尽我的学问的深旨。这不是一般的人,应该立即召他进来。"龙树风度严肃,面容凛然,和他谈话的人都低着头。提婆平素就听说过龙树的风范品格,很久以来就希望向他请教,才打算接受他的教导,先就骋运神机,又很害怕他的威严,进入讲堂,择偏僻处坐下,整日谈论玄理,辞义清高。龙树说:"后学学问冠世,辩议巧妙,光照前人。我不过是衰老之人,遇到这位英俊杰出之士,真正是泻瓶有承受者,学问有可传授之人,传灯不绝,事业有后继之人,弘扬法教,倚赖的是这人呀。希望您将座席移到前面来,畅谈玄妙深奥的言论。"提婆听到这话,心中暗自骄傲,他开言宣讲,振振有词,当抬头一看质问论义的人,见是龙树威严的面容,一下闭口说不出话来,于是退下座来请求指教。龙树说:"您还是重新坐下。我今天将传授您至真至妙的道理,这是法王如来真实的教导。"提婆五体投地,一心一意归顺龙树,说:"从今以后,愿聆听您的教导。"于是两人成了师生兼好友,龙树(龙猛)后来就在这个伽蓝圆寂。

  在伽蓝西南方有一座山叫黑峰山,几乎就是一块整石,南憍萨罗王引正王在这里为龙树菩萨凿山建寺。这个佛寺的工程特别浩大,先在山前十多里挖地道至山下,然后往上将岩石凿成五层楼阁,每一层再分四个院落,每院都建造精舍,精舍中各铸金像,金像大小等同佛身,其巧妙穷尽工思;而且还从山顶上引泉水周

南印度佛寺遗址

绕重阁，由阁楼之屋檐流下，终年不息。这项大工程使国库空虚。大约两三百年后，待玄奘到此处时，佛寺业已荒废。

玄奘在此地停一月余，跟随精通因明的婆罗门，学习《集量论》，可见他对逻辑训练的重视。

从南㤭萨罗国复往东南海岸方向，经过一片大林，行九百余里又入南印度案达罗国，即今印度安德拉邦以海德拉巴德为中心一带。城侧西南二十里有孤山，上有塔，是陈那菩萨于此作《因明论》处，玄奘也前往参拜。此国周围三千多里，都城方圆二十余里，这是印度土著达罗毗荼人建立的国家。公元前3世纪左右，它与前边提到的羯陵伽国，以及孔雀王朝的摩揭陀国，并称为印度三大国。它先是称臣于阿育王，后来发展成为印度境内最强盛的国家，再后逐渐衰落。到608年，普列克辛二世即位，它征服四方，成为印度半岛上的南方大国。他们击退戒日王的入侵，使戒日王的号令仅及于北印度一带。

案达罗国有一个令全世界都惊叹的伟大艺术工程，即著名的埃洛拉石窟。这个石窟从3世纪案达罗国极盛时期开始挖凿，到玄奘去时，大约已凿了三百年，仅完成十二个石窟。玄奘在《大唐西域记》里赞叹道："重阁层台，制穹奇剧，佛像圣容，丽极工思。"后来婆罗门教徒及耆那教徒接着开凿，前后耗费一千年的时间才接力完成目前所知道的埃洛拉二十四石窟。

玄奘由案达罗国向南走千余里，到达驮那羯磔迦国，也就是今天的阿马拉瓦蒂了。他在《大唐西域记》中说该国"土地膏腴，稼穑殷盛，荒野多，邑居少。气序温暑，人貌黧黑，性猛烈，好学艺"。此国方圆六千余里，大都城方圆四十余里。境内寺庙很多，佛法极盛，可是近百年来，佛教却十分衰落。现存的还有二十余所，僧徒有一千余人，大多学习大众部教法，有外道神庙一百余所，异道很多。

大都城附近有东西二山，山上各有石窟大庙，是此国先王为佛建立的。慧立在《慈恩传》中这样记载："穹大厦之规式，尽林泉之秀丽，天神保护，贤圣游居。"以前僧徒极盛，可是近百年传说山上出了妖怪，已荒废殆尽，没有一个人影。

玄奘在西山、东山巡礼，思绪万千，觉得自己跋山涉水，为

印度巴哈伊教莲花庙

求佛法，总算寻到了佛迹。可是就在西天佛国，佛法竟衰落如此之快，心中悲凉不已。

在该国，玄奘遇到两位博学高僧——苏部底与苏利耶，他们两人均精通大众部三藏，玄奘因而停留数月，向他们学习《根本阿毗达磨》等论。他们也跟玄奘学习大乘诸论，互相谈得投机，听说玄奘要去狮子国，遂决定结伴同行，往各处巡礼圣迹。

由此向西南千余里到珠利耶国，据说是信奉耆那教的地区，而且是属于裸体派，他们一丝不挂，说天空就是他们的衣服。人口很少，盗匪特多，大约在今印度东南沿海奈洛一带。

再往南经过一片大森林，走一千五六百里到达罗毗荼国，即今安得拉邦南部和泰米尔纳德邦北部地区。其国周围六千里，大都城在建志补罗，即今建志伯拉姆，正是通往锡兰岛（僧伽罗国）的海港，由此往锡兰只要三天的航行就可到达。

建志补罗城即护法菩萨本生之处。菩萨原系大臣之子，早岁出家，远离红尘，以后专精佛法，究通诸部，著有《声明杂论》《广百论》《唯识论》《因明论》等几十部论典。这国的文字叫塔米尔文，其发展出的南印度文学，在印度文学史上占有很重要的位置。境内佛教极为发达，有僧徒一万多人，都学习上座部。玄奘和苏部底、苏利耶准备从这个印度南海口渡海，前往狮子国。

玄奘一行正要渡海前往，港口却一片混乱，原来有一支三百多僧伽罗国的僧侣队伍渡海前来，要到中印度去。经询问才知道，僧伽罗国王驾崩而发生内乱，全国陷入战乱饥荒，僧侣们无处安身，所以逃来印度避乱。玄奘听了，大失所望。这时众僧中有两位高僧，一位叫觉自在云，一位叫无畏牙。玄奘和他们相见，问："弟子从中国来，听说贵国有名僧大德，解得上座部三藏及《瑜伽论》，正要前去请教。"二位高僧说："法师前去为的是求得佛法，这样不远万里寻求正法，我们实为敬佩。可眼下国内混乱，狮子国知法的人也大多在这里，法师如有疑义，可随意相问，我们一定悉心解答，不必再渡海前往了。"

印度南海岸椰子林

　　玄奘听了，遂同他们住下，天天和二人谈论《瑜伽论》大旨，在互相反复研讨时，玄奘悟出二位大师的学识，也不能越出戒贤法师所说的范围，于是打消了前往狮子国的念头。

　　玄奘谈论佛经有暇，便向二人动问狮子国的情况。狮子国又名僧伽罗国，即锡兰国，今天叫斯里兰卡。关于这个国家的起源，有一个神话传说。很早很早以前，有一个南印度国王，遣自己的公主远嫁邻国。公主在迎亲途中，被一头狮子背到深山为妻，后来生下一男一女，均为人形，但性情凶暴如猛兽。男孩长大得知自己的来历后，即乘隙率领母亲和妹妹逃出深山，居住在他已死外公的村子里。雄狮失去妻子，愤怒地出山骚扰过路行旅。国王不得已，悬赏征求勇士，欲加以射杀。男孩认为这个大灾难都因他们母子而起，就毅然应征。雄狮见亲子来，很快就软化，男孩乘机以暗藏利刃刺杀之，雄狮面露慈颜死去。国王问男孩何以雄狮会变得温驯，男孩在被一再逼问下，只得和盘托出，国王重承诺仍答应给他重赏，但认为只有他这种带兽性的人，才下得了那种狠心，于是下令以两艘满载粮食和黄金的船，送他和妹妹出海，任其漂流自生自灭。这男孩一路漂流到一个宝岛，就下船定居。后来劫得前来岛上寻宝的商船上的妇女，经无数代繁衍，岛上人口渐多，自成一国，这便是狮子国的起源。他妹妹则漂流到波斯

第十章　随处问学　遍巡五天竺 | 317

湾，为鬼魅所得，生下许多女儿，这是西女国的起源。这自然是神话传说，玄奘采集后带回国，编入《大唐西域记》里。

玄奘放弃巡礼狮子国的念头，和七十多名狮子国逃难的僧侣们，从南印度绕道西印度，然后再回到中印度。他们一路巡礼佛寺，走了二千多里，来到恭建那补罗国，即今德干高原的拜拉里一带，这里有伽蓝一百多座，僧侣一万余，大小乘教都信，但也有不少外道。王宫旁有个三百多僧侣的伽蓝，据说珍藏着释迦牟尼在太子时代戴的冠冕。城东北有一片方圆三十多里的多罗树林，树叶很长，色彩光润，印度各地都用来抄写佛经，据说最为名贵。

从此西北经大林暴兽之野，行两千四五百里，至摩诃剌佗国，即印度西海岸孟买邦西北部一带。该国方圆六千多里，民风强悍，好勇尚武，轻生死而重节义，是南印度第一强国。国王属刹帝利种，手下有一支大军，拥有四个兵种：一是象军，二是马军，三是炮兵，四是步兵。兵马整齐，号令严明，打起仗来，所向无敌。假如将士战败，他不给任何处罚，只让他们穿上女人的衣服而加以羞辱，很多将士因受不了而自杀。国王养了死士数千人，暴象数千匹。每次临阵对敌，先叫死士喝酒，待其欲醉时，麾旗冲锋，甚至连大象也灌了酒，所以奋勇难当，令敌军望风披靡。戒日王自以为雄才大略，兵马强盛，屡次带兵征伐，亦不能取胜。该国的国王正是前已述过的查罗其王朝普列克辛二世。玄奘到了这里，见当地人体格魁梧，性情豪爽，和以前所历各国迥然不同。这国也有伽蓝一百多所，僧徒五千多人，兼学大小乘；另外也有婆罗门教的天祠，教徒属于"涂灰"一派。城内外有佛塔五座，都是阿育王所建，玄奘一一前往巡礼。

从此西北行千余里，渡耐秣陀河，至跋禄羯呫婆国，今孟买湾东北。此国土地贫瘠而带卤质，草木难生，人民多以渔盐为业，民风重诡诈，轻学艺。

三、阿旃陀拜石窟　参学西印度

　　从此往西北两千余里到摩腊婆国，即南罗罗国，在今印度孟买邦湾以东到中央邦马尔克一带。此国与刚才提到的邻国正好相反，土地肥沃，物产丰富，人民以面食为主。文化方面尤其让玄奘感到舒服。语言清晰文雅，民风善良，特重学艺，是五印度中，足与摩揭陀国相提并论的文化大国。此国有伽蓝一百多所，僧侣一万余，信奉小乘教，亦有涂灰外道和婆罗门的天祠。相传六十年前，出了一位名王，也叫戒日王，崇敬三宝，仁慈爱民，从他即位到去世之日，从没有厉言疾色。他一生力戒杀生，甚至连给象、马饮水也要先行滤过，说是怕杀了水中的生物。他在位五十多年，境内都充满了祥和之气，于是大兴土木，广造寺院，每年都设立无遮大会。玄奘去时，正值国王死后不久，百姓仍思念不已。玄奘看见此国佛法昌盛，心中高兴，便到处观光巡礼。从这里往东北行，玄奘到了今天位于奥兰伽巴德附近的印度佛教艺术圣地——阿旃陀石窟。

　　阿旃陀石窟是印度最古老的石窟之一，最早约建于公元前2世纪阿育王时代。自释迦牟尼寂灭200年后，佛教徒为了拜佛和研究佛经，组织了"圣伽"的结集，要选择一个远离世俗的山林作为结集场所，最后在孟买东北483公里德干高原的大彼帝河畔找到了一处幽静的地方，并把这个地方命名为"阿旃陀"，含有世外桃源的意思。于是开始在悬崖峭壁上，人工开凿了最早的一个石窟，现在编号为第十窟，这是个高57米，宽51米，深达120米的大神殿。这座大神殿自建成之后，声名远播，远近来山朝拜的僧侣络绎不绝。此后数百年间，历代王朝，踵事增华，又在不同的时期陆续开凿，到玄奘637年来到阿旃陀为止，一共开凿了29个石窟，其中4个塔形，余为精舍。

　　阿旃陀石窟是印度劳动人民巧夺天工，在悬崖峭壁上展现奇伟雄丽的艺术宝库。这里的造像和壁画，布局和谐，形象生动，

西印度阿旃陀石窟

色彩鲜艳，技巧精湛，虽以佛教传说为题材，却能反映公元前2世纪到公元7世纪印度的现实生活。玄奘先到第十窟，看到墙上绘着许多壁画，在一幅巨画上，叙述着《六牙象本生经》里的一段故事，描写佛的前生六牙白象王如何被猎人射杀，以及婆罗尼斯国的王妃看到猎人送来的六支象牙时悔恨而死的画面，人物和动物的形象都表现得朴素真切。另一幅壁画绘着国王、王妃和侍从的行列，人物衣褶非常生动。玄奘又看了第二窟，壁画上绘着一位印度女郎，身体倚着石柱，屈起左腿，足底抵在柱上，手里执一朵花，花瓣儿纷纷落在地上，她的双眼若有所思地向下注视着，这是佛诞生的一幅壁画，绘的是一位公主。他又看了许多石窟中关于《佛本行集经》的故事壁画，从摩耶夫人受胎起一直到佛成正果止，壁画虽有残缺，但仍可以看出生动的情节，感情真挚，人物栩栩如生。印度的绘画艺术使玄奘惊叹无比。

左 / 阿旃陀石窟佛陀禅修像
右 / 阿旃陀石窟佛陀立像

　　玄奘瞻拜了佛殿之后，又参观了许多精舍，也是一个个石窟，是僧侣修道和起居的地方。前面是列柱长廊，包括入门和窗洞，里面正中是正方形的道场，四周列柱游廊，正门就石崖雕成大佛像。向里的石壁上凿开了几排狭小的门洞，每个门各通一间幽黑的寮房，其中的卧榻和枕头，也都是依山崖雕凿出来的。窟顶是平棋式，也是模仿木构建筑的木方格，承托着天花板，整个石窟的建筑艺术巧夺天工。玄奘去的时候，佛教已开始由盛而衰，里面的精舍多半已经荒废，有少数石窟没有完成就停工了。

　　玄奘怀着留恋和惋惜的心情，离开了阿旃陀石窟。这个石窟从8世纪起已渐渐无人过问，经过千余年的荒凉冷落，被山巅崩颓的泥土流沙所湮没。直到1819年，英帝国殖民统治者的士兵在山上演习时，首先发现了它。1824年英国人詹姆士·亚利山大参观后才开始向外界人士介绍石窟宏大壮丽的情景。现在考古学者根据玄奘《大唐西域记》的记载加以考订，才知道这就是有名的阿旃陀石窟。

　　玄奘从摩腊婆国往西北行两千四五百里至阿吒厘国，该国盛产胡椒和薰陆香树（即乳香，可入中药），叶似棠梨，从此西北行三百余里至契吒国；北行千余里，至伐腊毗国，即今孟买邦卡提阿瓦尔半岛东部的瓦拉市。这是一个物产、气候、民风与摩腊婆国相似的国家，富裕程度有过之而无不及；有伽蓝百余所，僧侣六千余，外道也特别多。释迦在世的时候，屡次来游此国。阿育王在释迦到过的地方都建有宝塔，以作纪念。国王属刹帝利阶级，是曲女城戒日王的女婿，性情急躁，举止粗鲁，可是敬奉三宝，尊重学者，他每年举行大会七天，礼聘各国名僧前来讲经，最后广施财物，因此佛教极为发达。

玄奘从此西北行七百余里，由南印度进入西印度到阿难陀补罗国；西北行五百余里至苏剌陀国；自此东北行八百里至瞿折罗国；又东南行二千八百余里至邬阇衍那国；再东北行千余里至掷枳陀国，又折回北行九百余里，至摩醯湿伐罗补罗国，复入中印度境，又向西折回苏剌陀国；从苏剌陀国转向印度河下游，至阿点婆翅罗国，即今巴基斯坦最大的城市卡拉奇一带了。当年玄奘到这里时，这里只是一个小渔村，如今已成为人口逾千万的大都市，而且是巴基斯坦的一个重要通商口岸。

玄奘从阿点婆翅罗国西行减二千里至狼揭罗国，入西印度的极西境，临近大海，是通向西女国的要道；再往西北，就到了当时的波剌斯（波斯）国境了。这里已不是印度境。闻波斯国多珠宝、大锦、细褐、羊马、骆驼等名产，释迦佛钵在此王宫。国东境有鹤秫城；西北接拂懔国；拂懔国西南海岛有西女国，都是女人无男子，多珍货，附属于拂懔国。

玄奘究竟到没到过波斯，历来说法不一：有人说他曾经到了波斯，有人说只是耳闻并未亲自到过。根据《大唐西域记》记载，他大概到过波斯东境的鹤秫城。

玄奘从波斯边境又回到西印度，自狼揭罗国东北行七百余里，至臂多势罗国，即今巴基斯坦信德省的海德巴拉地区。此国没有国王，隶属于信度国。国土不是沙石就是盐碱，寒风凄厉而猛烈，多产宿麦，花果很少。城北十五六里的大森林中，有座塔高几百尺，为阿育王所建，塔中有舍利，时时放出光芒。

从此又东北行三百余里，至阿㸐荼国；又东行七百余里，至信度国。其地出金银玉石、牛羊骆驼，还有赤盐、白盐、黑盐等。

从此东行九百余里，渡河东岸至茂罗三部卢国，即今巴基斯坦木耳坦地区。又东北行七百余里，至钵伐多国，即今克什米尔南部的查谟。这国城外有个大伽蓝，有一百多位僧侣，是大乘教的中心，也是最胜子大师著述《瑜伽师地论》及贤爱论师、德光论师二位大师出家的地方。玄奘来到时，得知寺内有博学高僧两三位，因此就在此停留两年，学习正量部《根本阿毗达磨论》及《摄正法论》《教实论》等。

唐贞观十三年（639年），玄奘周游了东西南北中五印度之后返回那烂陀寺。参礼正法藏后，闻寺西不远有低罗择迦寺，出家大德名般若跋陀罗，本缚罗钵底人，于萨婆多部出家，通一切有部和声明、因明等，法师就停两月，咨决所疑，从此复往距那烂陀寺六十多里的杖林山居士胜军论师所。胜军论师是苏剌陀国人，刹帝利种，幼而好学，先从贤爱论师学因明，又从安慧菩萨学声明大小乘论，又从戒贤法师学《瑜伽论》，乃至外籍群言，四《吠陀》典、天文、地理、医方、术数，无不究览根源，穷尽枝叶。因为他学贯古今，德高望重，所以摩揭陀国的先王曾礼聘他拜为国师，封地二十大邑，可是他坚辞不受，后来戒日王即位，又请为国师，封地乌荼国八十大邑，论师亦辞不受，每天在杖林山开佛学讲座，前来听讲的多达数百，僧俗二界都有。玄奘从学《唯识抉择论》《意义理论》《成无畏论》《不住涅槃论》《十二因缘论》《庄严经论》，并就《瑜伽师地论》《因明》等疑难之处向他请教，前后学了两年时间。

随胜军论师学习期间，有一天晚上，玄奘做了一个梦。梦里的那烂陀寺竟殿宇荒芜，到处系着水牛，满地污秽，看不见一个僧徒的影子。他从幼日王院的西门进去，一连走了好几个院子，仍不见人影。他心中纳闷，忽见第四重楼阁上站一位金色神人，法相庄严，光芒四射。他想上楼却上不去，金色神人开口说："我是文殊菩萨，你前世罪业未了，不能上来！"然后他向外面一指说："你看外面！"玄奘顺着他指的方向一看，只见寺外一派大火，红光遮天，整个村落都陷在火中。那火愈烧愈近，又听见百姓奔

上／印度乡村1
下左／印度乡村2
下右／印度乡村3

走号叫的声音。玄奘正待要问，听金人又说道："你赶紧回国去吧！此地十年以后，戒日王就要晏驾，印度将有一场大乱，你须要留心在意。"说完金人忽然不见。

玄奘醒来，出了一身冷汗，更楼正打四更，他便把梦中情景和文殊菩萨说的话告诉胜军居士。胜军道："天道无常，梦中菩萨所说之事，很可能会发生，既然菩萨示兆，你就得好自为之！"

按照传记的说法，后来到了唐朝永徽年间（650～655年），戒日王果然死去，五印度发生大乱。幸亏玄奘先已回国，得以平安无事。实际上这个梦，是完全可以用心理学来解释的。玄奘西天取经已十余载，离开祖国越久，怀念故乡之心越切，这种下意识的情绪，便会在夜间形诸梦寐，这也是自然而然的现象。又加之他是信仰宗教的一个人，遂有"菩萨示兆"的梦境。自得此梦之后，玄奘渐动归国之念。

四、玄奘留学印度受学经论及师承略考

玄奘历经千辛万苦,九死一生终到印度,目的是求学问道,这同他西行前在国内求学一样,也是巡礼诸邦,遍参名师,对佛典和婆罗门经典,只要闻知,都一一探索。在佛教内部,他是一坚定的大乘信徒,这在《大唐西域记》和《慈恩传》中都可以清楚地看到,在大小乘之争中,他总是袒护大乘,但他并不反对学习小乘。求学期间,他还积极地去学习印度其他的一些科学知识,比如逻辑学(因明)、语法(声明)等。

我们以《慈恩传》为依据,从玄奘步入北印度开始,按时间顺序,把他在印度游学的情况考略如下:

◆ 贞观二年(628年)在北印度缚喝国
与般若羯罗(慧性)学习《毗婆沙论》一月余。

◆ 贞观二年冬至三年春(628~629年)在北印度迦湿弥罗国
从僧称学一切有部经论。僧称时年七十,气力已衰,庆逢神器,乃励力敷扬,传授诸经。午前讲《俱舍论》,午后讲《顺正理论》,初夜后讲因明论、声明论。由是境内学人,无不悉集。"法师随具所说,领悟无遗。研幽击节,尽其神秘。"首尾一共停留二年。

◆ 贞观三年(629年)在北印度磔迦国大庵罗林
从老婆罗门学习《经百论》《广百论》《吠陀经》等一个月。

◆ 贞观三年(629年)在北印度至那仆底国突舍萨那寺
从毗腻多钵腊婆(调伏光)学《对法论》《显宗论》《理门论》等论十四个月。

◆ 贞观四年(630年)在北印度阇烂达罗国那伽罗驮那寺
从旃达罗伐摩学习《众事分毗婆沙》四个月。

◆ 贞观四年至五年（630～631年）在中印度窣禄勤那国

从此国大德阇耶毱多学《经部毗婆沙》一冬半春。

◆ 贞观五年（631年）在中印度秣底补罗国

从密多斯那学一切有部《怛埵三第铄论》《随发智论》等半春一夏。

◆ 贞观五年（631年）在中印度羯若鞠阇国曲女城达罗毗诃罗寺

从毗离耶犀那三藏学习佛使《毗婆沙》、月胄《毗婆沙》三个月。

◆ 贞观五年至十年（631～636年）在中印度摩揭陀国那烂陀寺

从戒贤大师受学。这座古寺是二百多年前笈多王朝创立的，是当时印度的文化中心，也是玄奘西行求学的目的地。玄奘在寺共听《瑜伽师地论》三遍，《因明》《声明》《集量》等论各二遍，《中论》《百论》各三遍，对在迦湿弥罗国已经学过的《俱舍》《婆娑》《六足》《阿毗昙》等论仅仅提出若干疑义，请求解释。同时他遍览寺中大小乘经典，悉心研究，包括佛学、哲学、婆罗门书、印度梵书及古印度的五明学无不探微穷奥，融会贯通，在寺前后受学凡经五年。

◆ 贞观十至十一年（636～637年）在东印度伊烂拏钵伐多国

从这里的有名大德如来密（怛他揭多毱多）、师子忍（犀底僧诃）两位学习《毗婆沙论》《顺正理论》等小乘论典，玄奘在这里停住了一年。

◆ 贞观十一年（637年）在南印度南憍萨罗国

从某精通因明的婆罗门学习《集量论》一月余。

◆ 贞观十一年（637年）在南印度驮那羯磔迦国

从两位博学高僧苏利耶、苏部底从学大众部三藏《根本阿毗达磨》等论，玄奘就停数月。

- 贞观十二至十三年（638～639年）在西印度钵伐多国

  从该国博学大德两三位，学习正量部《根本阿毗达磨论》《摄正法论》《教实论》等首尾两个年头。

- 贞观十三年（639年）在中印度那烂陀寺西低罗择迦寺

  从出家大德般若跋陀罗，善萨婆多部三藏，通一切有部和声明、因明，玄奘就学声明、因明停两月。

- 贞观十三年至十四年（639～640年）复往中印度那烂陀寺附近杖林山

  从胜军论师学习《唯识抉择论》《意义理论》《不住涅槃论》《成无畏论》《十二因缘论》《庄严经论》，并就《瑜伽师地论》《因明》等论疑难之处向他请教，前后两年时间。

玄奘西行在印度留学期间的经历，按照《慈恩传》和《玄奘年谱》记载，一一扣足计算，则总计求学时间为十五年零三个月，历经十九位高僧名师，特别是那烂陀寺的五年，戒贤大师对其影响最为深远。玄奘自贞观元年（627年）秋八月首途西行，到贞观十九年（645年）正月返归长安，史上所说游学印度十七年是正确的。但问题来了，玄奘游印十七年，虽全部时间消磨在学舍中，一步不去旅行，尚且不敷分配，然而玄奘往返印度、唐朝共费去约四年之日月，在印度内巡礼游历，凡行三万里，为时亦需两年。这样，玄奘出国往返印度境内游历的时间需时六年多，那在印的求学时间只能仅此十一年为分配，但从学五印度的时间就有十五年还多一点，由此笔者对《慈恩传》中的时间记载存疑。《慈恩传》中所谓"首尾两年"者，只能作"头尾两个年头"解，所谓"凡经五岁"者，只能作"经过五个年头"解，所谓"一冬半春"，只能作"冬尾加春头"解，所谓"半春一夏"，只能作"春尾加夏季"解。在至那仆底国之"十四个月"，疑当作"四月说"(详见《玄奘年谱》"贞观四年"条下)。以此为标准,酌量分配年月,虽不能绝对正确,但距留学印度十七年之说或不相甚远。

第十一章　还归那烂陀　声震五印度

一、和会各宗学说　"两篇专论"展才华

贞观十四年（640年）玄奘四十一岁，在巡礼东、南、西印度诸邦、遍参古德、饱参博学、转益多师之后，玄奘返归那烂陀寺。屈指数来，离开那烂陀寺忽忽已经六年。这次回来，他已不是学僧而被晋升为这座佛教大学的客座教授，戒贤大师指派他开讲两门课，一门是《摄大乘论》，另一门是《唯识抉择论》。远近僧俗，听闻有一位中国法师在那烂陀寺讲学，纷纷前来听讲，见他说理晓畅，剖析清楚，莫不佩服，尤其难得的是，玄奘说得一口流利的印度语，纯正地道得让人赞叹。

玄奘在那烂陀寺讲学期间，发生了两件大事：一是佛教学派内部的大小乘教义之争，二是大乘佛教与顺世外道的教义理论之争。这些学术理论之争，在七世纪的印度被各学派看得重之又重。

先说佛教学派内部的大小乘教义之争。

原来释迦牟尼在世时，四处传教，并没有把佛学上的道理写成经典，释迦牟尼涅槃后，教徒们经过四次大的结集、研讨和探讨佛教理论，其中"上座部"是老年学者的集团，以正统派自居，代表佛教中的保守派，他们写了三藏。"大众部"是青年学者的集团，代表佛教中的革新派，他们写了五藏。后来未及一百年，大众部复分为九派。上座部也起了变化，其中的新派就是说一切有部，这是小乘教的代表。到公元一世纪，印度出了一位杰出的哲

学家马鸣，写了一部《大乘起信论》，对佛教教义的解释和以前各说有所不同，提倡较为宽松的学风，这是大乘派的代表。玄奘继承马鸣、无著、世亲的学说，主要研究大乘佛教瑜伽论，所以和小乘派不同，和"中观"法门也是立说互异。

那烂陀寺学术相当自由，同时另有一名高僧师子光，主讲龙树菩萨的《中论》和提婆菩萨的《百论》，对无著的瑜伽学说百般攻击。玄奘以一个对此三论都有深刻理解的学者立场，对师子光的偏狭不以为然，他认为"先哲立论，各有发挥，并不违碍，学者不能融会贯通，遂是甲而非乙，互相排斥，这是传法者的错误"，于是就几次访问师子光，当面辩论。师子光往往词屈，于是学徒渐散，转来听玄奘讲学。玄奘为了和会二派学说，以梵文著《会宗论》三千颂（今佚），呈戒贤，并遍示四众，莫不称赞。师子光惭赧，就出住菩提寺。师子光不服输，又请其东印度一同学旃陀罗僧诃来与玄奘论难，"既至，惮威而默不敢言，法师声誉益甚"。①

在这场斗争中，玄奘用梵文写成的第一篇专论《会宗论》三千颂，从各个层面由理论到事实，释明会通各宗的见解及佛陀当年立论的本意，破除各派偏见，调和两派学说，站位高超，在印度引起极大反响。

再说大乘佛教与顺世外道之争。

中印度国王戒日王亲征恭御陀国，行次乌荼国，该国僧人多学小乘，讥讽大乘为空华外道，向戒日王标榜南印度王灌顶师正量部（案印度小乘佛教的部派势力足以和大乘相抗衡，始于一切有部，后来属于正量部。玄奘、义净时，小乘佛教四部，都以正量和上座并举。正量部的理论主张"我空法有"，并未将物质世界的客观存在全部否定，还带有某些唯物主义的因素），取大师般若毱多著《破大乘论》七百颂，要大乘学者前来"对决是非"。戒日

---

① 见《慈恩传》卷四。

上／那烂陀寺佛寺遗址

下／那烂陀寺佛殿遗址

王即遣使修书与戒贤，嘱派寺中高僧前来论难。信中写道："弟子行次乌荼，见小乘师恃凭小见，制论诽谤大乘，词理切害，不近人情，仍欲张鳞，共师等一论。弟子知寺中大德，并才慧有余，学无不悉，辄以许之，谨令奉报，愿差大德四人，善自他宗、学兼内外者，赴乌荼国行从所！"

戒贤得书，集众商讨，结果决定派海慧、智光、师子光和玄奘四人应命前往辩论。海慧等三人皆知学养不足，感到害怕，唯有玄奘非常笃定，就对他们说："你们不必忧虑，小乘诸部三藏，我在支那国内和在迦湿弥罗以来，都已学遍，具悉底蕴；他们要想破大乘义，绝无可能。愿诸大德无须烦忧；如果有失，自是支那国僧事，和大德们无关。"师子光等人听毕都很高兴，正要出发，戒日王来书说："前请大德未须即发，待后进止。"什么原因不知道，但戒日王在征战途中，这种情况应属难免。

这里需要弄明白印度历史上的大小乘之争以及什么是婆罗门外道和顺世外道？关于这些，各个历史时期的学者都有论述和专著。自公元一世纪起，印度大乘佛教兴起，视原始佛教与部派分裂时代的佛教为"小乘"，贬同外道。而小乘则以大乘为非佛说，互相排斥、仇视，纷争甚烈。从《西域记》《慈恩传》的记载中已可概见。在中国，小乘佛教无甚地位，成实学派稍盛即衰，未有发展，俱舍学派则蔚为法相宗的附庸。以故大小乘的对抗不多。梁启超《佛教教理在中国之发展》载："然我国自始即二乘错杂输入，兼听并信，后此虽大乘盛行，然学者殊不以傍习小乘为病，故大小之争，在印度为绝大问题，在我国则几无有。其揭小乘之帜与大乘对抗者，惟刘宋时有竺法度其人，此外则慧导疑《大品般若》、昙乐非拨《法华》，僧渊诽谤《涅槃》，皆可谓在我国佛教史中含有怀疑精神之一种例外。然其学说今不可考见，其势力更绝不足轻重也。"①

当时有顺世学说，在佛教典籍中被贬为所谓九十六种外道之一，译作"顺世外道"或"世论""世间行"，或译"路迦耶陀""路哥夜多""卢迦臾多"等。一说系这一学派的始祖名，一说其意义为追求肉体之愉快，一说其代表地、水、风、火。顺世学派反对吠陀和祭祀、业报法则，灵魂观念，肯定物质世界的真实性，成为印度古代唯物主义的代表。这一学派的文献今已散失殆尽。在我国汉译、藏译的佛教经论以及其他史籍和佛教徒的著述中尚保

---

① 梁启超著：《佛学研究十八篇》，天津古籍出版社，2005年，第119页。

存一部分资料，如吴支谦译《佛说梵网六十二见经》，晋法护译《舍头太子二十八宿经》《正法华经》卷七，东晋竺昙无兰译《寂志果经》，僧迦提婆译《那先比丘经》《中阿含经》《阿摄愁经》，佛陀耶舍、竺佛念译《长阿含·梵动经》《长阿含·阿昼摩经》《长阿含·种德经》，失译《大宝积经》中卷二十一、卷一二一，菩提留支《入楞伽经》卷六，梁真谛译《金十七论》等均有所载；尤其在玄奘所译的《成唯识论》《大乘广百论释论》《阿毗达磨大毗婆沙论》《显扬圣教论》《阿毗达磨发智论》以及窥基所撰《成唯识论述记》《法苑义林章记》、智周所撰《成唯识论演秘》中记载尤多；此外，义净《求法高僧传玄奘传》与所译《根本说一切有部毗奈耶》卷三十五中亦有所载；在印度的典籍中见于黑君的《智月的兴起》、摩陀婆的《摄一切见论》、伽耶拉希的《各派学说的颠倒》。

关于顺世学派学说的研究，各国学者迄今未有一致的结论。近黄心川同志在印度古代的唯物主义《顺世论》一文中归纳为八点："从印度和我国保存的史料中大致可以给顺世论勾出一个轮廓。它的基本特征是：（1）承认世界的基础是物质，物质最小的分子或元素是地、水、风、火，并且承认物质具有内在的力量；（2）意识是从物质中产生出来的；（3）感觉经验是认识的唯一来源；（4）心和身是统一的，没有不朽的灵魂；（5）没有超自然的实体或神；（6）业（Karma，即因果报应）的规律是不能被证明的；（7）神圣的文献、祭司、宗教仪式等都是骗人的把戏；（8）禁欲主义是和生活的目的不符合的。"① 上述八点除将"业"简单译为因果报应尚可商榷外，余均概括简当。关于顺世学派的资料与研究，参见印度达斯古普塔《印度哲学史》第三卷、日本龙山真章《有关顺世论研究》以及摩尔主编《印度哲学史资料》等。

据《慈恩传》卷四载，就在玄奘等人在待命时，有位顺世论

---

① 黄心川著：《印度哲学史》，商务印书馆，1989年，第102页。又载自《新建设》1963年第8期，第78页。

者来求论难,"乃书四十条义悬于寺门,曰:'若有难破一条者,我则斩首相谢。'经数日,无人出应"。玄奘出而应命与顺世论者婆罗门在戒贤和大众面前辩论。顺世论者婆罗门提出"四大为人物之因"的主张。"四大为人物之因"为顺世学派的基本哲学观点,它认为地、水、火、风四大自然现象是构成世界的统一的物质基础。关于玄奘在佛教徒的立场、观点,顺世学派是敌视的,他们对于他的主张无法从正面回答,只好以诡辩方式同时列举印度当时的一些所谓"外道"宗派加以分析、批判,尤其对于具有唯物主义倾向的数论学派。

玄奘道:"你们立论的宗本,不外诸家,如铺多外道、诸离系外道、髑髅外道,殊徵伽外道,四种形服不同;胜论外道,数论外道,二家立义有别。大抵铺多外道,多以灰涂体,用为修道,有如寝灶的猫狸,满身艾白。离系外道(亦叫耆那教)以赤身裸露为新奇,以把自己的头发一根根拔掉为功德,弄得皮开肉绽,状如临河的枯树。髑髅外道(亦叫迦波厘派),以骷髅为华环,像装饰品一样戴在头上,或挂在脖子上,简直如坟场的野鬼。徵伽外道,披服粪衣,还莫名其妙地吃屎喝尿,腥臊臭恶,根本就像跳到粪坑里的大疯猪。你们以此作为至道,岂不愚蠢万分!"

接着玄奘批判数论外道的"执偏成性",胜论外道的"我见如山",滔滔雄辩,口若悬河,如是往复数番,说得那位顺世派婆罗门,从开始的"一招半式"到后来的"丢盔弃甲",一句话也说不出坐在那里聆听,佩服得五体投地,最后站起来谢道:"我今服输,愿依前约!"

玄奘说:"我们佛门弟子,以慈悲为怀,终不害人,这样好了,以后就作我的侍从吧!"婆罗门高兴地接受,被带到玄奘的房里听差。知道这件事的人莫不称庆。

这时玄奘准备应命前往乌荼国去辩论,乃访得《破大乘义》七百颂,反复研究,遇有疑义之处,虚心向顺世论者婆罗门请教,遂"备得其旨""寻其谬节",引申大乘之义予以辩驳,写成《制恶见论》一千六百颂，这是玄奘为折服顺世外道婆罗门写的第二篇专论。他先呈给戒贤大师过目，又请寺内大德指教，然后宣示徒众，无不赞赏，一致认为，这是一部见地卓越、针针见血的伟大佳作，足以攻破任何邪说谬见。

玄奘后来利用机会对这位婆罗门说："仁者论败为奴，耻辱已够，今放仁者去，随意所之。"于是婆罗门欢天喜地地告辞而去。玄奘化敌为友令对方感激涕零。不久这位婆罗门到了东印度的迦摩缕波国，向国王鸠摩罗王（别名叫童子王）郑重推荐玄奘的学识和伟大人格，使国王深感佩服，立刻派专使见戒贤，邀请玄奘到迦摩缕波国去访问。

二、东印度造"三身论" 玄奘会见戒日王

顺世论者婆罗门去后，玄奘屈指一算，自二十八岁离开长安，已经第十四个年头了。强大的祖国盛世唐朝无时无刻不在心里对他呼唤。就在鸠摩罗王的使者来到前，有一天，有个耆那教徒前

舍卫城遗址

来拜访，玄奘早就听说耆那教徒善占卜之术，请坐后问所疑："玄奘支那国僧，来此学问，岁月已久。今欲还归，不知达不？又去住二宜，何为最吉？及寿命长短。愿仁者占看。"那人听了，就从口袋里拿出一块白石，在地上画了一些图案，然后对玄奘说："法师留下来最好，五印度及道俗无不敬重；如果要回国，也一定可平安回去，而且受到朝野上下的一致敬重。师之寿命，从今算起，更可十年，如果多行善事，还可延长。"玄奘说："我意欲归国，只是担心携带经像甚多，不知可否顺利运回？"那人回答："勿忧，戒日王和童子王会派员护送，必定可平安顺利地到达。"

玄奘感到不解，问道："我与此二王素未谋面，怎么会得到此种恩惠？"那人斩钉截铁地说："童子王已派专使来迎接你，大概二三天就到。我敢说，接着你就会见到戒日王。"说完此话，这位耆那教徒就像办完事似地走了。

玄奘经反复考虑后，决定立即准备回国，耆那教徒说他只剩十年寿命，令他感到时间的压力，遂开始整理经论、佛像。那烂陀寺的僧侣及诸大德听说他准备回国，大家心中怅然若失，遂以师子光为首，一起前来劝阻，说道："印度是释迦牟尼佛的诞生地，佛陀虽已涅槃，但所留遗迹还在，我们巡游礼拜，足慰平生。法师到此，正好共同宣扬佛法，岂可便去？何况支那国本就是个异教徒的国家，而且轻视贤人，藐视真理，从来就没产生过一个佛陀，人民心胸狭窄污浊，加上气候寒冷，土地贫瘠，有什么值得留恋的？"

玄奘面对这些对中国浅浮而错误的看法，和气地对他们解释道："承诸位师兄慰留，足见高谊。但我佛立教，义尚流通，正要普度众生，使大乘佛法流传东土。况且支那国也并非你们所讲得那么不开化，我们有完整的典章制度，君圣臣忠，秩序伦常，父慈子孝，崇尚仁贤，自古至今就有不少伟大学者，其智慧绝对足以接受佛法。同时我国的学者们都较重视自然天道，发展音乐技艺，懂得阴阳五行，观察万事万物，并求其和谐，佛法东传后，我国学者一定会重视大乘学说，依据教义，追求修行境界，佛陀也会显灵的。这样一个国家，虽佛陀不在那里出生，也不应不加以重视。"

众僧见劝他不住，便同到戒贤法师面前，请老法师出面挽留。戒贤法师向玄奘道："你的意思怎样？"玄奘说："印度是我佛诞生的地方，我岂有不留恋之理？讲句实在话，我也舍不得离开吾师和众位师友。但玄奘此来，是为求法求经，广利众生，现已得到大师指点，兼各处巡礼圣迹，已有相当收获，自当尽速回国，并从事翻译工作，使得佛典流传东土，这样才能报答恩师教诲之恩德。"戒贤法师见他到底高人一筹，听玄奘说罢微笑说："这才合乎佛陀的意旨，也是我的愿望，众徒弟可让他装束，不必苦苦相留。"

玄奘准备东归故国总算定型，但历年来玄奘所搜集的经论、佛像，异常丰富，归途千山万水，运送维难。正在为此踌躇时，鸠摩罗王使者至，戒贤一再婉辞。鸠摩罗王大怒，更遣使坚请，并以武力威胁，玄奘遂与使者兼程奔赴迦摩缕波国。既会见鸠摩罗王，王迎请入宫，言谈之下，向往唐朝。玄奘为之讲经说法一月有余，为酬答鸠摩罗王有关"佛德"之问，以梵文著《三身论》三百颂。所谓《三身论》是论说释迦灭度后出现的种种本生、瑞应的故事。在宗教理论上便产生所谓"佛身"说。大乘佛教认为佛有三身：一是"法身"，即所谓"觉体"，将释迦神化为宇宙本体；二是"报身"，即所谓"觉相"，将释迦描绘成无所不在的神；三是"应身"，即所谓"觉用"，指释迦牟尼的肉体，以世间的"圣人"出现。大乘佛教天台、法相、华严等各有其佛身说。

《三身论》是玄奘在印度期间写的第三部梵文颂佛专论，和在那烂陀寺写的梵文著作《会宗论》三千颂、《制恶见论》一千六百颂，合称为印度佛教史上三部大论。这三部大论对于调和空有两宗、摧破小乘正量部的理论、折服顺世外道、颂佛功德等都具有划时代的意义，是对印度佛教的贡献。实际上三篇论著是对七世纪印度佛教争论不休的三个问题下了较为科学的结论。因此，《含光传·系》才说："疑西域之罕及。"惜三篇论著今俱已佚，无法详考。

戒日王征讨恭御陀国回来，听说玄奘已在鸠摩罗王处，即发使促王急送支那僧来，遭王拒绝。戒日王怒，再遣使责促，鸠摩罗王悔惧，"即命严象军二万，乘船三万艘，共法师同发，泝渡殑伽河以赴王（戒日王）所"抵羯朱嗢祇罗国，戒日王亲来礼谒，倍极尊敬。会晤时戒日王垂询中国政治形势，谈及当时流行的"秦王破阵乐"歌舞曲。有关《秦王破阵乐》我国史籍也多有记载，《隋唐嘉话》载："太宗之平刘武周，河东士庶歌舞于道，军人相与为秦王破阵乐之曲，后编入乐府云破阵乐，披甲持戟以象战事。善庆乐广袖曳屣以象文德。"《旧唐书》卷二十八《音乐志》一："贞观七年，太宗制破阵舞图，左圆右方，先偏后伍，鱼丽鹅鹳，箕张翼舒，交错屈伸，首尾迥互，以象战阵之形。令吕才作图教乐工百二十人，披甲执戟而习之，凡为三变，每变为四阵，有来往疾徐击刺之象，以应歌节。"《志》又载立部伎内"破阵乐"五十二遍，但修入雅乐的只有两遍，名曰"七德"。"七德""九功""上元"为唐代著名的三大乐章。玄奘因而陈述唐太宗的英武。戒日王钦慕之下即遣使节访问，于翌年冬抵达长安。

关于玄奘与戒日王会晤的时间，按《新唐书》载："会唐浮屠玄奘至其国，尸罗逸多（即戒日王）召见曰：'而国有圣人出，作《秦王破阵乐》，试为我言其为人。'玄奘粗言太宗神武，平祸乱四夷宾服状。王喜曰：'我当东面朝之'，贞观十五年，自称摩伽陀王，遣使者上书。"则法师见戒日王，当在贞观十五年之前，与此正合。对戒日王使节至唐，各书均作贞观十五年，未载月份。唯《册府元龟》卷九七〇列于贞观十五年的最后一项，《册府元龟》列外国遣使均按年月先后叙列，其列在最后，或未详其日期，或为十二月间，以此可见玄奘与戒日王在贞观十四年秋会晤，戒日王即遣使入唐，至贞观十五年冬抵达长安。如玄奘贞观元年首途则正当十四年，与各文献著录吻合。

翌日晨，戒日王又派使者来迎，索阅玄奘所著《制恶见论》，誉为"日光既出则萤烛夺明，天雷震音而缇凿绝响"，乃决定在曲女城举行论辩大会，通知五印度各国不同宗教、不同学派的僧俗齐来集会，瞻聆玄奘的议论风采。

三、戒日王遣使入唐　王玄策三使印度

跟着玄奘上路，探秘玄奘在中印度与戒日王会晤这段历史，笔者特别关注，因为玄奘与戒日王的这次会晤，揭开了大唐帝国和古天竺之间的外交往来的序幕，引出来一个和玄奘同时代又是同乡的一名唐代出色的天才外交家——王玄策。

历史是这样记载的：

当玄奘与戒日王会晤后，戒日王随即遣使者上书入唐。唐太宗甚喜，即命云骑尉梁怀璥持节回访中天竺。据《册府元龟》卷九七〇《外臣部·朝贡》三载："贞观十五年，是年天竺国王尸罗逸多遣使朝贡。"依次分析戒日王既然于贞观十五年遣使入唐，则玄奘晤戒日王当在贞观十四年之秋末冬初。《玄奘年谱》亦载："以此可见玄奘与戒日王在贞观十四年秋会晤，戒日王即遣入唐，至十五年冬抵达长安。"[①]

为醒目起见，笔者在下面列出一个年表，一目了然，可以看出由玄奘和戒日王牵动的唐代和古天竺的外交往来，以及王玄策三使印度的历史。

◆ 贞观十四年（640 年）

玄奘著《会宗论》。秋末晤戒日王。

◆ 贞观十五年（641 年）

戒日王（尸罗逸多）遣使至长安，以后数遣使来，并赠

---

① 杨廷福著：《玄奘年谱》，中华书局，1988 年，第 194 页。

郁金香及菩提树等。太宗名梁怀璥持节抚慰。戒日王于曲女城举行无遮大会七十五日，玄奘参加，会后返国。

◆ 贞观十七年（643年）

三月，遣李义表、王玄策使西域，游历百余国。十二月至摩揭陀国。

◆ 贞观十九年（645年）

正月七日，玄奘抵长安，三月住弘福寺译经，奉敕撰《大唐西域记》。

正月二十七日，李义表、王玄策于王舍城登耆阇崛山勒铭。

二十一日于摩揭陀国摩诃菩提寺立碑。

◆ 贞观二十年（646年）

章求拔国国王罗利多菩伽因悉立国遣使入唐。悉立国在吐蕃西南，章求拔国又居悉立西南四山之西山，与东天竺接。王玄策讨中天竺时，章求拔发兵有功，由是遣使不绝。

五月，天竺遣使送方物入唐。

玄奘《大唐西域记》成。

王玄策归国。

◆ 贞观二十一年（647年）

三月，太宗令详录外国送来的珍果、草木及诸杂物，中有罽宾国（迦毕试国）献俱物头花，其花丹白相间，而香远闻；西蕃胡国出石蜜，中国贵之。

以王玄策为正使，蒋师仁为副使，再使印度。时戒日王已死，国大难，发兵拒玄策。玄策发吐蕃（西藏）、泥婆罗（尼泊尔）之兵，浮其王阿罗那顺归长安。

摩揭陀国遣使者自通于天子，献波罗树，树类白杨。太宗遣使取熬糖法，即诏扬州上诸蔗，拃沈如其剂，色味愈西域远甚。李义表自西域还，奉称东天竺童子王请译《老子》，乃命玄奘翻译。玄奘又译《起信论》为梵文。

"有伽没路国（即迦摩缕波国）其俗开东门以向日，王玄策至，其王发使贡以奇珍异物及地图，因请老子像及《道德经》。"①

这同上面讲的一定是同一件事。

◆ 贞观二十二年（648年）

正月，乌长遣使入唐。

三月，罽宾遣使入唐。

五月，王玄策献俘阙下。

王玄策以天竺方士那逻迩娑婆寐来京师。

◆ 贞观二十三年（649年）

太宗卒。

◆ 永徽三年（652年）

中天竺摩诃菩提寺沙门智光、慧天等遣沙门法长来唐致玄奘书，并赠白㲲一双。

◆ 永徽五年（654年）

法长返国，玄奘附书分致智光、慧天。

◆ 永徽六年（655年）

中天竺沙门那提（福生）来长安。

◆ 显庆二年（657年）

命王玄策送佛袈裟至天竺。高宗欲放还天竺方士那逻迩娑婆寐，王玄策谏阻。娑婆寐竟死于长安。

◆ 显庆三年（658年）

王玄策撰《中天竺国图》，此据《历代名画记》，但此时王玄策尚在印度，恐无暇撰述。

◆ 显庆四年（659年）

王玄策到婆栗阇国。

◆ 显庆五年（660年）

---

① 《旧唐书》卷一九八《西戎》。

九月二十七日王玄策到摩诃菩提寺立碑。

十月一日，天竺菩提寺主持戒龙为王玄策设大会。王玄策归国。

◆ 龙朔元年（661年）

王玄策进天竺所得佛顶舍利。

王名远进《西域图记》。

◆ 龙朔三年（663年）

王玄策第四次赴天竺。那提返长安。

◆ 麟德元年（664年）

玄奘卒。

在整个中印交通文化交流史上，以上所列在不到三十年的时间里，可以看到中印两国几乎年年都有来往，而且内容还非常丰富。其中政治上、外交上的来往，如梁怀璥、李义表、王玄策等人的奉使，特别是王玄策的三使印度，（一说四使印度，多数学者认为三使印度，余仍须探讨）在中印外交史上是值得大书特书的。

对于王玄策这个历史人物，笔者对史实资料进行了一些挖掘整理，并在2017年11月27日文化部和西藏自治区联合举办的"寻找王玄策"的学术研讨会上发表了《王玄策史考初探》的学术论文，

上 / 印度农村打谷场
下 / 印度农村在种植蔬菜

兹摘录如下:

> 王玄策是我国唐代和玄奘齐名的中外文化交流使者、卓越的外交家、天才传奇的战略家。他三使印度的历史,在唐帝国通过丝绸之路和南亚次大陆诸国通好的历史上有着重要的历史地位。自古以来对他的研究时繁时简,但从来没有中断过。关于王玄策的历史功绩和外交影响,学术界也有很多论述,形成包罗万象的观点,这些观点分别从不同的角度贴近王玄策的真实世界,对准确理清这位外交伟人的历史脉络和历史功绩,把握历史上西藏在"一带一路"行程中所处的历史地位及影响提供了有用的线索。
>
> 历史上记录王玄策的文献资料较为欠缺,这给研究王玄策这个历史人物带来一定困难。本文主要参考《王玄策使印度记》《王玄策事迹钩沉》《新唐书》《旧唐书》《法苑珠林》《偃师姓氏源流》,福建《王氏祖谱》《偃师市志》《天竺热风录》《大唐西域记》《慈恩传》等资料进行比较研究,以考王玄策的行迹,惜所得太简,不能窥其全豹。现就这些零星资料归纳类比做些探析。
>
> 一是关于王玄策的生平。
>
> 据典籍记载:王玄策,河南洛阳人,生殁年不明,与玄奘同乡,曾任融州黄水县令、右卫率府长史。基于当时盛唐时期名人辈出,虽有功于史,但由于官位较低,《旧唐书》《新唐书》均未有详细记载,致使这位重要的历史人物,深藏于历史的长河之中,有待后人去挖掘,去整理,去还原王玄策的真实面目。
>
> 根据冯承钧《王玄策使印度记》中"玄策为玄奘同时人,与玄奘同乡"的记载,王玄策的祖籍地谓河南洛阳的说法应该是有依据的。据《慈恩传》载,"玄奘出生于隋开皇二十年

（600年）洛州缑氏县凤凰谷陈村（今河南省偃师市缑氏镇陈河村）"，玄策既和玄奘是同乡，故也应该是河南洛阳人，或说是洛州缑氏县人。从《偃师县志》得知：

北魏孝文帝太和十七年（493年），缑氏并入洛阳。东魏孝静帝天平元年（534年）复置缑氏，仍属洛阳郡。

隋开皇十六年（596年）废缑氏置偃师，属河南郡。大业初年（约605年）复置缑氏县。

唐初（618年）偃师为县，缑氏为次赤县。贞观十八年（644年），省缑氏。上元二年（675年）复置缑氏县。偃缑两县初属洛州，州县均属陕东道大行台，后属都督府，开元元年（713年）后属东都河南府。

根据历史沿革，洛州泛指洛阳地区，洛阳属洛阳市区。唐时设洛州（全国设九州），复置缑氏县。"玄策和玄奘既是同乡"，故王玄策的故乡或出生地应为洛州缑氏县为宜。

据《姓氏源流》得知，玄策的故乡缑氏县（今属偃师市）唐时辖府店镇，缑氏县被称为天下王姓的祖根地。至今每年清明节前后不断有海内外王氏族人回府店朝祖祭拜。他们到缑氏朝祖的目的地系府店镇的缑氏山。缑氏山是道教七十二福地之一，平地突兀，一岭高耸，背倚中岳嵩山，南指禅宗少林，西望龙门石窟，北遥滔滔黄河，周灵王太子晋在此骑鹤升天的传说就发生在缑山之上，故天下王氏尊此地为祖地。

关于王玄策的祖源，我们从偃师王家族谱及西晋末年客家南迁地福建、台湾王氏家谱查获的大量资料证明，唐代玄策年代的"玄"字辈并不少见，但按古时20～30年为一代人去推理，很难准确定性王玄策为哪个年代的几世人。我们曾查得唐代和玄策同名的一个人，是大周嬴州鄄县太原祁人，祖地洛阳，而且先祖三代为官，享年六十有七。但却不能够认定他就是我们寻找的王玄策，故而排除。

据《高僧传》载："玄策之榜样，其家族中亦有效之者。有智弘律师者，即玄策之侄也，后由海道观礼西天，留中印度八年，巡礼佛迹，并在那烂陀寺披览《大乘》。"这些可信的资料，由于断代的困惑，无法得知是玄策的哥哥还是弟弟的儿子，有待我们进一步地去发掘和开拓。因为照中国人的传统习惯来说，弄清祖根是很有意义的一件事。

二是王玄策的历史功绩。

王玄策一生的传奇经历突出表现在三次出使印度。而正是这三使印度，充分表现了他崇高的担当信念、独创的战略谋划、过人的外交才华，为大唐赢得了至高的尊荣。

据《法苑珠林》《释迦方志》等散选残篇记载：第一次是在贞观十七年（643年），当时玄奘尚在归国途中。而戒日王早先曾听玄奘提到唐朝种种状况，十分仰慕中华风土文化，于贞观十五年（641年）派遣使者入唐。唐太宗正有经营西域的意图，对戒日王使者的到来十分重视，立即派云骑尉梁怀璥为使者，跟随戒日王使者赴印度抚慰，从此开始与戒日王通好，中印两国在历史上第一次建立了正式的友好关系。这也是历史上最早中国与印巴次大陆国家正式建立外交关系的记载，而玄奘起了关键的纽带作用。戒日王也极重视与唐帝国的关系，立即又派使者跟随梁怀璥入唐，赠送郁金香和菩提树等物。于是贞观十七年（643年）三月，唐太宗再派卫尉丞李义表为正使、融州黄水县令王玄策为副使，率随从二十二人，送戒日王使节回国。同年十二月，王玄策一行抵达印度，游历各地，并于那烂陀寺外的灵鹫山勒铭留念。此时，玄奘已经离开印度回到中国，但王玄策也承接了交流的使命。

贞观二十一年（647年），王玄策作为正使，率副使蒋师仁等三十余人，再次出使印度。不料此时戒日王已死，刚刚到达中印度，王玄策一行便受到自立为王的阿罗那顺的进攻，王玄策及随从三十多人全部被俘。但王玄策十分机灵，趁夜色逃脱，日夜兼程，赶往吐蕃西部边境，以唐帝国及姻国吐蕃的名义征召泥婆罗国军队。王玄策第一次、第二次出使印度时，均是经过泥婆罗国，国王知道他是唐帝国的使者，因此很给唐帝国和吐蕃面子，派出了七千人的军队，听从王玄策指挥，松赞干布闻讯也派出一千二百人的精锐部队赶来支援。王玄策率领这支全部由外援组成的大军重新杀回中印度，大破中印度军，俘虏了阿罗那顺及其家属，终于报了之前的一箭之仇。在这次外交事件中，王玄策当机立断，有勇有谋，表现出相当的将才。历史上"一人灭一国"的故事就出自王玄策的这次行为。可惜在名将如云、重臣如雨的贞观年间，他的事迹和声名不见显著，新、旧《唐书》均无传。

王玄策后来在唐高宗显庆二年（657年）第三次出使印度，专程去送佛袈裟，在各地访问之间，还曾前往摩诃菩提寺参拜。关于这些印度旅行的事迹，他虽记录有《中天竺行记》一书，惜完本早已失却。玄策几度出使印度，他带回的佛教文物，对中印文化的交流做出了贡献。近年，人们在洛阳龙门石窟还发现有王玄策的造佛像题记。

王玄策等人将泥婆罗国（今尼泊尔）的波棱菜（菠菜）以及印度石蜜（蔗糖）的制造方法带入中国。而后来中国的制糖技术又超过了印度，能够熬制出洁白如雪、晶莹剔透的白砂糖。于是，这种糖又被作为珍品带回印度。

王玄策三使印度的经历在世界史上堪称空前，他的历史功绩足以证明在那波澜壮阔的时代，他是个中外文化交流的杰出使者、天才的战略家、卓越的外交家。他那不惧千辛万苦的顽强意志、敢于担当的独创风范、不辱使命心系大唐的爱国主义精神都是后人的宝贵财富和值得永远学习的光辉榜样。

三是王玄策和玄奘大师。

王玄策和玄奘都是唐代著名的历史人物，一位是乘危远迈杖策孤征的唐代高僧，一位是大唐融州黄水县令，又为率府长史后任援朝散大夫驻天竺的大使。他们两个同朝奉君，又同是洛州缑氏人，工作方向同是到南亚次大陆，工作任务同是加强大唐同南亚诸国的友好合作及文化交流，其中不乏商贸往来、民间往来、佛教传承等项工作。那么玄策和玄奘到底有无直接交往，史书鲜有记载，但据史实推测有一点是可以肯定的，他们一定见过面，而且过往甚密。下面罗列一些两人的经历便可理出一些线索来。

唐贞观元年（627年），玄奘28岁，首途西行孤征。唐贞观三年（629年）玄奘到达北印度，春夏在迦湿弥罗国从僧称受学，秋抵磔迦国从老婆罗门学《经百论》和《广百论》，又抵至那仆底国，从毗腻多钵腊婆学《对法论》《显宗论》等论著。

唐太宗贞观五年（631年），玄奘在那烂陀寺，跟戒贤法师学习《瑜伽师地论》等经论，在那烂陀寺一共学习了五年，五年后又周游五印度，历经十九师，唐太宗贞观十三年（639年）返回那烂陀寺。

唐太宗贞观十四年（640年），玄奘在那烂陀寺会见中印度中兴国王戒日王，两人相见甚欢，在多次会见中当谈及大唐《秦王破阵乐》时戒日王表现出极大兴趣，当场对玄奘表示："我将东面朝之"，这为王玄策出使印度埋下了伏笔。

贞观十五年（641年），戒日王就遣使入唐，唐太宗立即派云骑尉梁怀璥为使者，跟随戒日王使者赴印度抚慰，从此中印两国在历史上第一次建立了正式外交关系。当时玄奘在印度辞别戒日王开始东还。

贞观十七年（643年）三月，唐太宗再派李义表为正使，王玄策为副使出使并护送印度使者回国。此时玄奘回国已至于阗。

贞观二十一年（647年），王玄策已作为正使率副使蒋师仁再次前往印度，此时玄奘正在长安弘福寺译经，又奉敕将老子的《道德经》译为梵文，《大乘起信论》从汉语还译为梵文交流于印度。作为出国使者，玄奘和玄策又同在长安，玄策会很自然地找玄奘商讨请教赴南亚诸国会遇到什么问题，以及交流地区的风俗、礼仪。特别值得注意是，玄奘这次奉敕译成的《道德经》和《大乘起信论》是通过谁传向了印度，此事史书未详记载，笔者推理，肯定是王玄策，因为他是大唐帝国的正使，而且还有个三十余人的使者团队跟随，岂不顺理成章，这很应该是玄策、玄奘关系中的重要一环。

据《天竺热风录》记载：王玄策第三次出使印度，已经是唐高宗时代的显庆二年（657年），其行程主要是去各大寺庙礼佛参拜，这次他是和平的使者，是为友谊而去，将中华民族谦让、礼仪的美德表现得淋漓尽致，让印度人格外臣服。王玄策出访的成功，无疑会和玄奘共同分享。这年，玄奘陪唐高宗到洛阳，并乘回洛阳之便，返归故乡缑氏县凤凰谷陈村（今名陈河村），与姐姐张氏相晤，并改葬父母遗柩于西原。

一个伟大的"法门领袖"，一个成功的外交家，两颗灿烂的历史巨星，一经碰撞，宇宙将灿若星河。在唐代那个时代，只是玄奘法师西天取经的夺目光彩淹没了与之同时代的王玄策，特别是没有在正史中将其单独立传，着实委屈了这位传奇式的英雄。但历史不会忘记，王玄策在"一带一路"上的卓越成就将与日月同辉，永远留在当代人的心中。

四、佛国立论辩经　如日中天曲女城

为开好这次法会，戒日王先派人在恒河上游地势平坦的地方，挑选会场，盖起两座又高又大的草殿，各可容千余人，在内供起佛像，又在会场西面五里，起造行宫，并指定地点，留给其他国王营造行宫。

接着戒日王同玄奘法师，择日于初冬溯恒河而进。只见戒日王的十万大军在南岸沿河而行，军容严明壮观；鸠摩罗王的数万部队，包括象军在内沿恒河北岸行进。河中的水师护卫着戒日王、鸠摩罗王和玄奘共同乘坐的指挥舰，舰上玄奘居中，两位国王陪坐，威风八面，很是风光！这段不算长的距离，足足走了九十多天，到腊月才到曲女城会场。

曲女城集会的布告传出，轰动了五印度。听说戒日王亲自主持，请支那大法师说法，举行大辩论会。大家关注学术思想，而大乘派和小乘派之争，又是论辩的中心问题。所以僧俗大众人等，都要来看一看。参加这次盛会的共有十八国国王，熟知大小乘的僧侣三千多人，婆罗门及尼乾外道二千余人，那烂陀寺僧众一千多人也来赴会。这般贤德，都是文义博通、辩才无碍的一时知名之士，为向支那僧领教，所以不远千里而来。这里到处可以看见来参加会议的队伍，乘象的、骑马的、坐车的、步行的，形形色色的都有。只见象舆幢幡，云兴霞蔚，车马如云，充塞数十里间。连同诸王随从及道俗僧众，不下五万人。会场插满了各路旗帜，真是盛况空前。人群里也夹杂着专程来看热闹的群众，他们都认为这可能是最大的一次佛教辩论盛会，岂可错过！

贞观十五年（641 年）仲春大会终于开幕。在入场式上，乐队奏出优美的音乐，首先进入会场的是一支模仿释迦牟尼升天为母说法后返回下界情景的队伍，戒日王扮作帝释天，手持白拂，走在队伍的右侧，鸠摩罗王扮作大梵天，手持宝盖，走在队伍的左侧，都戴天冠，披华鬘，垂缨佩玉，分外庄严。两王之间是背着一尊三尺多高黄金佛像的巨象。巨象披戴得十分华丽漂亮。又两匹盛装大象，载着华宝鲜花随佛像后，一路散花前进。再请玄奘法师同各国门师等，各乘大象次列王后；又调三百大象给诸国国王、大臣、大德等乘坐，浩浩荡荡向大会会场进发。

到达会场时，一起下乘，黄金佛像由戒日王供入宝殿，戒日王与玄奘以次供养，然后命十八国王入；诸国僧名称最高、文义最博者一千多人入；又请婆罗门及其他各教有名望的五百多人入；诸国大臣等二百余人入；此外道俗，各令于院门外分别安置，列队礼拜。大家礼拜已毕，戒日王发下号令，叫殿内殿外一起开宴。宴罢，用金盘一个，金碗七只，金澡罐一个，金锡杖一柄，金钱三千，上等氍衣三十，献给释迦佛；此外法师同各位高僧，也各有布施，布施的衣物堆积如山。

入场仪式毕，在主会场中设一宝床，戒日王恭请玄奘法师升上七宝庄严的论坛高坐，并宣布玄奘为论主，然后由来自那烂陀寺的明贤法师为众宣读玄奘所写的大乘讲义《制恶见论》，同时另写一份悬挂会场门外，示一切人，并声明："若其间有一字无理能难破者，请斩首相谢。"如是至晚，场内外没有一人敢出来挑战，戒日王等欢喜无量。

第二天早晨，天朗气清，五印度僧俗大众，仍归集会，听玄奘继续说法。玄奘讲完大乘，再开讲他的主要论题——《制恶见论》，专驳小乘一派诋毁大乘的一些偏见。会场空气顿时紧张起来。大乘派僧众暗暗喝彩，小乘教教徒心中干急。玄奘一连讲了五天，愈讲愈有精神，他一口流利的中印度话，说得道理明白，辩论流畅，所有在场听讲的人莫不心中佩服，有的人暗暗点头。这样的盛会，连续开到第五天，小乘外道眼见毁其宗，结恨在心，便暗中商量道"支那和尚如此猖狂，须给他一点颜色才好"，密谋暗中加以伤害。戒日王得知，出布告宣示道："支那法师者，神宇冲旷，解行渊深，为伏群邪，来游此国，显扬大法，汲引愚迷，妖妄之徒不知惭悔，谋为不轨，翻起害心，此而可容，孰不可恕！众有一人伤触法师者斩其首，毁骂者截其舌。其欲申辞救义者，不拘此限。"

戒日王这个布告光明正大，他提倡学术方面的自由讨论，但禁止宗派方面的暗害歧视。布告出，小乘及其他各派不敢蠢动，一连过了十八天，没有人能驳倒玄奘。到了最后一天，玄奘法师又升上宝床，作出结论，他称扬大乘，赞佛功德，令无量人放弃"露形涂黑"的邪道，进入"圆明寂静"的正见，离开"我见如山"的小乘，走入"一真遍味"的大乘，使六大师、九十六外道，同证菩提（觉性），齐修慧业。十八日功德圆满，皆大欢喜，戒日王对法师愈发尊敬，计施法师金钱一万，银钱三万，上氎衣一百领。十八国国王亦各施珍宝，法师一介不受。

戒日王见玄奘坚决不受，就按照印度习俗，规定凡是法会论战获胜者，都要骑大象游行一周。戒日王乃命侍臣们装饰大象，象背上装着宝幢，请玄奘乘坐，玄奘辞谢谦让不允，戒日王道："古来法尔，事不可违。"于是玄奘不敢违例，骑上大象由众臣陪护巡行，戒日王还手持玄奘的袈裟，在会场内外遍唱："支那国法师立大乘教义，破诸异见，自十八日来，无敢论者，大家都要知道！"于是，万众欢腾，争送法师以崇高的称号，大乘教僧众尊称他为摩诃耶那提婆，意为大乘天，小乘教僧众也都承认玄奘学问渊博，辩才出众，尊称他为木叉提婆，意为解脱天。

大家纷纷焚香、散花、礼敬表示庆祝。从此，玄奘声振五印，家喻户晓。

这次曲女城大会，正是玄奘留学印度的最高潮，"大乘天"之名，誉满五印度，简直是如日中天。同时，这也是他留学生涯的结束。他早在辞别那烂陀寺诸大德时，就已经把预备带回国的佛像经典全部带在身边，打算大会结束后就立刻上路，所以即向戒日王辞行，准备回国。戒日王又挽留他参与五年一度、为期七十五天的无遮大会，玄奘欣然应允，这是一个规模极大的施舍大会，已经举行到第六次了。

到了这一年的腊月二十一日，大队车仗，就向钵罗耶迦国大施场进发。这个大施场，在两条河之间，恒河在其北，阎牟那河在其南，俱从西北向东流，到此汇合。在两河汇合处的西面有一块高地，周围十四五里，宽阔平坦，自古以来诸王就在此布施，所以叫大施场。据说在那里布施所得的功德，要比在别处多上千百倍。戒日王通令全印度的佛教僧侣、婆罗门外道、其他教徒以及贫穷孤独的人们到大施场来受施。参加曲女城大会的人，很多直接赶到施场，十八国国王也随戒日王参加。在大施场上面，先围起竹篱，作正方形，每一方各一千步，其间盖起草堂数十间，安放金银、珍珠、红玻璃宝、帝青珠、钱币等。竹篱外面，另外造了饭厅食堂。宝库的前面，造长屋一百多行，每行可坐一千多人。一切布置就绪，选定吉日良辰，戒日王和鸠摩罗王，各自率领水军，跋吒王率领象军，分水陆两路齐集会场，十八国国王，以次陪列。这是印度历史上空前的一次盛会，上自王公贵族，下至平民百姓，从四面八方赶来，大会那天，总共聚集了各界人士共五十余万人。

第一日，在大施场草殿内安置佛像，布施上宝、上衣及美餐，作乐散花。

第二日，安"日天"像，施宝及衣，为第一日的半数。

第三日，安"自在天"像，施舍数如第二日。

第四日起，施僧万余人，长屋百行俱坐，每人施金钱百文，珠一枚，氍衣一具，饮食、鲜花无数。

第五番，施婆罗门，二十余日才遍。

第六番，施外道，十日才遍。

第七番，施远方来求者，十日才遍。

第八番，施诸贫穷孤独者，一月才遍。

这样一来，戒日王把五年来府库中所有积蓄及私人财产，施舍得干干净净，唯留象、马、兵器，甚至连身上所穿戴的东西也一律施舍。他认为把财物全部施舍给天下百姓，等于"藏富于民"。然后，他向妹妹讨来粗布衣服套穿上，礼拜十方诸佛。大会结束后，各国国王又自动花钱，将戒日王施舍出去的私人衣物赎回来献还给他，以示敬意。费了几天工夫才凑齐恢复原状。

这种辩论大会与无遮大会的宏大场面及普施精神，实在是当时印度国力富强、佛教兴盛的表现，玄奘目睹这一幕幕感人的场面，愈发感叹万分。

第十二章　归心似箭　玄奘载誉还故国

一、深厚异国情　国王僧俗争相送

贞观十六年（642年）五月，玄奘参与无遮大会罢，带着深切的感受，向戒日王辞行，戒日王依依不舍，要求他多留十几天，鸠摩罗王快人快语说："法师如果愿意住在我国，我愿意为法师建造一百所伽蓝。"因为他知道玄奘已注意到他的国家一所伽蓝也没有。

玄奘认为既已学成，理应弘扬佛法于东土，因此一一加以婉拒，他们也就不再强留。戒日王表示，若计划循海路归国，他可派专使护送。玄奘说："来印度的途中，曾与高昌王有约在先，不能辜负他的盛情，所以仍决定循陆路回去。""那您需要多少路费？""不必！不必！""哪有这种事？"于是两位国王争相赠送路费及礼物，但玄奘都辞谢，只接受一件鸠摩罗王送的曷剌厘帔。它据说是一种用山羊或骆驼身上较细的毛织的衣服，也有人说是用鹿毛织成，防雨效果很好。

出发的那天，众人依依不舍，珍重告别，两王及诸众饯送数十里呜咽而别。在曲女城大会时，戒日王发现玄奘把回国所带的佛像经典委托北印度乌地多王的卫队代为运载。他原来要面送玄奘的东西均被拒绝，就利用这个机会，准备了一头大象，金币三千，银币一万，速交乌地多王，请他找机会转交给玄奘，供法师作盘费。

玄奘带着佛像经典，随北印度王乌地多的军马踏上归途。

此刻玄奘想到，在他初来时，对伟大的印度文化和人民还感到神秘、新奇；在印度的十几年，他逐渐认识了印度文化，打开了佛教的知识宝库，熟悉了印度各地风俗民情，结识了为数众多的学者和朋友，印度已成为他的第二故乡，现在要离开它，又怎能不令他依依难舍呢？

跟着北印度王乌地多的大军行进，玄奘骑在象上，不时地回首望望曲女城，望望那烂陀寺。但见天低云平，一重重山，一重重树，阻隔了他的视线。到了第三天，忽然后面尘土大起，有一批人马急行赶上，玄奘看时，为首的正是戒日王、鸠摩罗王，还有跋吒王，快马加鞭，飞奔前来。玄奘又惊又喜，立刻迎上前去，和他们相见。

原来戒日王和鸠摩罗王送别玄奘后，日夜思念不已。那时交通不便，中国和印度，隔着喜马拉雅山和青藏高原横断山脉，就如同两个世界。大家知道这番别离，如同隔世，不容易再见面。戒日王思念玄奘，心想玄奘走了不过两天，带了许多经像，一路行进很慢，去得不会很远，何不赶上再聚一聚，遂同鸠摩罗王、跋吒王等，各带轻骑数百，追赶上来。赶了一天一夜，果然赶上，相见之下，非常高兴，诸王紧紧握住玄奘的手，再一次珍重话别，辞意殷切，使玄奘非常感动，心中想道：世界上最珍贵的，莫过于人类的友谊，这友谊不分国界，不分种族，无间贫富，不分贵贱。他抬起头来，看了看戒日王，又看了看鸠摩罗王和跋吒王，他们是那样诚恳，那样真挚，那样洋溢着友爱热情；玄奘激动不已，不由得落下泪来。戒日王又恐玄奘一路旅行不便，派了达官四人，用素帛作书，红泥封印，写给一路所经各国，请他们倒换关牒，发骑递送，直到大唐边境为止。这一番情意，表现了中印两国人民之间伟大的友谊。玄奘一路归去，心中感激不已。

来的时候有高昌王、西突厥可汗之关照，回去时又有北印度盟主戒日王的呵护，更重要的是唐太宗天可汗声威之护身罩，玄奘大师真可谓吉人天相。

玄奘西天取经，从他的来去路线上看，我们会发现，去印度时，其路线呈扭曲状，回国的时候，除受地理因素影响不得不略有弯曲外，大部分是直线进行。

大体说来玄奘在今印度、巴基斯坦、阿富汗境内的部分，走的是原来走过的国家，到阿富汗与中亚交界处，开始一段他从未走过的路线，越过大雪山，翻过帕米尔高原，从天山南路向河西走廊行进回到中国。

玄奘随同北印度王乌地多大军，用大象一匹，载了佛经佛像，一路向西北行去，从钵罗耶伽国起，经过憍赏弥国到毗罗删拏国都城，在那烂陀寺被他抢了大半学僧的师子光、师子月同学二人，因为住在当地，都跑来欢迎。玄奘在同学们力邀之下，开了"瑜伽抉择论""对法论"两门课，两个月讲毕才离开。他又西北行一月余，经数国到阇兰达国，这便是北印度王都。乌地王十分款待，坚决挽留玄奘，住了一月。临别时乌地王遣人引送。西行二十余日，到僧诃补罗国，这时有一百多个和尚，都是北方人，携带经像等和法师同路要回本国。这样大队人马又走了二十多天，行近丛山地带，进入巴基斯坦东北境，在深山涧谷中行进。沿途据说匪盗很多，玄奘来印度时，就曾在这一带遭过洗劫，还躲在水池里逃命。于是他想了一个法子，常派人在队伍前面打前站，若遇强盗，向他们说明：远来求法，所带只是经像舍利，不值钱的东西，请他们放行。果然奏效，一路没受什么虚惊。随后途中，今克什米尔的迦湿弥罗王得到消息，特派专使来请玄奘旧地重游，玄奘以大象行动不便为由婉拒。停七日，渡信度河，此河宽有五六里，玄奘把经卷佛像及采集到的印度特产奇花异草种子装上船，遣一人在船看守，同伴皆坐船而进，玄奘自己则乘象涉水渡河。这信度河河面十分辽阔，但水并不很深，看去倒很平静，哪知道船到大河中流，忽然风波大起，白浪滔天，船身摇动，几乎沉没，看守经像的人惶惧坠水，待众人打救出来，检点经物，却已失去五十夹经本和印度特产名花异草的种子,其余幸得保存,然而已经有些被水打湿,玄奘只得在河岸上晾晒。

这时,迦毕试国王在乌铎迦汉荼城,听到这个消息,亲到河边迎问。听这位国王解释才知道,原来自古以来,这条河上,凡是船上载运花草种子者,都会遇到这类情况。玄奘只好派人到附近的乌杖那国抄写遗失的《迦叶臂耶部》三藏佛典,因而只得寄住寺中五十余日,补全遗失经本。此间,迦湿弥罗王也赶来叙旧,一连畅谈数日方回。

玄奘和迦毕试王相随西北行,一月余到达蓝波国境,即今阿富汗喀布尔以北的地方。国王遣太子先去通知国人及僧众盛设幢幡出城迎接,到达都城时,僧俗数千人城外迎候。玄奘被安置在一所大寺内,国王早已听说戒日王曲女城举行大会,为了对玄奘表示敬重,又举行了七十五天无遮大施舍。临别,国王亲自送玄奘出国境,并派遣一位大臣,带领百余人护送玄奘越过兴都库什大雪山。

玄奘东归翻越兴都库什大雪山

这大雪山,是西方有名的一座险绝的高山,有大岭三重,其间千山万壑，冰雪塞途。玄奘一行人马走了七天，才到大山顶上，这是第一重山，山上多有积雪，终古不化，地势险要，行走十分艰难，因为山高路滑，大家便下马拄着拐杖步行。又经过七天，到了第二重山，山下有一村落，有一百多户人家，靠游牧为生。玄奘一行住了一天，因为要过冰川雪岭，所以半夜就起，请了本地山里居民，骑着山驼引路。山上到处都是凌溪雪涧、冰河雪穴，若不是当地人引路，极易陷入冰穴之中。到了天黑，他们方才渡过冰川之险。爬过大雪山来，玄奘一行只剩下七僧和脚夫二十多人，象一匹，骡十头，马四匹，第二天下到岭底。前望又有一重高山挡路，远望如雪，走到面前，原来都是白色石头。这第三重山最高，山上全无卉木，积石攒峰，岌岌然有如一林春笋。他们爬了一天，直到太阳落山，方才到得山顶。山上终年积雪，寒风凛冽，人在上面几乎无法站立，鸟想飞过去，都得边跳边爬，选择风小安全时才振翅而飞。人无法骑马，相扶而行。玄奘问时，说这是赡部洲中最高的一座山。原来这就是今天的兴都库什山有名的塔瓦克山口。《大唐西域记》说它是婆罗犀那大岭，虽不是世界高峰，却是亚洲有数的高峰之一。种种险境，不减来时。

玄奘一行越过兴都库什山，往北走即到活国，今阿富汗与俄属中亚交界的地方。那位当年杀父自立，并娶父王之妃的国王，仍是此国国王。玄奘在此地听到一个消息而改变计划转道而行，那就是高昌王已经人死国亡。

这件事是这样的：原来当年高昌王送走玄奘后，仍与唐朝亲善，并蒙太宗赐姓李氏，这个国家所在的吐鲁番盆地，原是西域各国进入中国的必经之地。后来，高昌王不知是什么缘故，经常扣留路过此地的各国贡使，还勾结西突厥企图攻击请求内属的伊吾国，经大唐斥责而止，后又与西突厥合攻其西面的焉耆国，焉耆向唐求援，太宗乃于贞观十四年（640 年），派遣大将候君集、薛万彻率兵攻伐高昌。次年，唐朝大军兵临城下，高昌王麴文泰忧惧惊悸而死，其子及臣僚全被迁至长安。至此，大唐在高昌设置西州，并置安西都护府。

玄奘听到这个消息，深深为好友感到遗憾。这样也就无须再绕道高昌践约了，准备从天山南路返回长安。

在活国，玄奘见到西突厥统叶护可汗的孙子。被迎入宫内，款待一个多月，玄奘走时，可汗派兵护送。又经过瞢健国，再往东行，便进入帕米尔高原的外围。东行入山三百里，到呬摩呾罗国，即今阿富汗开胥姆与菲察拔德的中间地带，亦是睹货罗故地，风俗与突厥大同。又向东走二百余里，到钵铎创那国，即今菲察拔德的地方。因天寒大雪，被阻月余。

二、重登帕米尔　来时维艰返回险

从此入葱岭，东南山行二百余里，至淫薄健国。又东南履危冒险走羊肠小道三百余里到屈浪拏国。又东北山行五百余里，至达摩悉铁帝国，即今阿富汗东北端的瓦罕地区了。此国在两山之间，东西一千五六百里，南北不过四五十里，完全是一个山谷间的盆地。玄奘发现当地居民眼多碧绿，和别国不同，大概他所看见的人种，当是塔吉克人的祖先了。从这里再往东行，玄奘便登上了有名的帕米尔高原。

帕米尔高原，一向被认为是一个神秘的地方，直到7世纪，还没有人对这个地区作过任何叙述。玄奘是告诉世人关于帕米尔地区的第一个旅行家。

这帕米尔高原，万山丛叠，花岗岩、大理石结成的山峰高六七千米。高原上和山谷中结满了冰，在冰天雪地上面，耸立着锯齿状的峰峦。远古时代的冰河融化以后，形成了湖泊和河流，几百万年以来，这些河流注入阿姆河的上游，年复一年，冲出了很深的曲折神奇的峡谷。这些峡谷自古以来就有人居住，这便是玄奘一路行来遇见的塔吉克山民部落。

玄奘溯峡谷而上，走了七百多里，到了波谜罗川，也就是现

上 / 帕米尔风光 1
下 / 帕米尔风光 2

在的帕米尔河了。这条波谜罗川，汇合帕米尔诸山之水，东西长一千多里，在两座雪山之间，四季飘雪，山高气寒，树木稀少，五谷不生，绝无人烟。中有大龙池，东西三百里，南北五十余里，即今天的卡拉库尔湖。此湖地处赡部洲中部，地势高隆，水天茫茫，目不能及，湖水异常澄清，其深莫测，呈深蓝色。池中有无数飞禽和水族，映着四周的雪山，景色十分美丽。玄奘在《大唐西域记》中记载说：池子的西边分流出一条大河，往西流到达摩悉铁帝国东界，与缚刍河汇合后西流。所以大池右侧的水都向西流；大池以东也分流出一条大河，东北流到佉沙国西界，与徙多河汇合后再向东流，所以大池左侧的水都向东流。

玄奘能够在一千三百多年前，亲自到这些荒无人烟的高山顶上，记下他所得的印象，实在难能可贵。

他们一行人马，在大龙池边上搭起帐篷稍为休息，忽然听见一声鸟叫，有一只极大的鸟飞过，落在不远的山头上。那鸟见人走近，展翅飞去，有一丈多长，玄奘近前看时，有大鸟产下的卵，大小如瓮，究竟是什么大鸟，还有待动物学家去研究。玄奘在湖边住了一夜，从这里往东，越过葱岭，便进入中国国境了。

从大龙池往东行山路五百余里到揭盘陀国，即今塔什库尔干，也就是今天新疆喀什地区塔什库尔干塔吉克自治县了。此国国都靠大石岭，背临徙多河，即今叶尔羌河北源。玄奘听当地人说，此河东流入盐泽，即今罗布泊，潜流地下，出积石山，为黄河正源。揭盘陀国国王自称是"汉日天种"。

玄奘在《大唐西域记》里记述了"汉日天种"故事的来龙去脉。据说，从前有一位波斯国王，住在帕米尔高原的一个荒凉的山谷中，他派使臣到中国去迎一个结亲公主，当迎亲到此，因为发生战乱，使臣只好将公主暂时安置在一座孤山上，昼夜都有士兵巡逻。三个月后，兵变平息，当迎亲队伍准备带公主回国时，得知公主已怀身孕。使臣恐慌万分，对属下说："这事让国王得知，我是死到临头了。当务之急是要找到罪魁祸首。"这时，公主的侍从说:"这是天神来会的结果。每当中午有一男子从日轮中乘马来会公主。"使臣说:"我们无法证明自己无辜,这样回去,大家都必死无疑。"于是他们共同商议,决定留在境外,就在这孤山顶上筑起宫殿并立公主为王。后来公主生下一个容貌英俊的王子并立他为国王。国王能腾云驾雾,其威德远播,邻国莫不称臣。直到今天,他们仍称自己是"汉日天种"。

在塔什库尔干县南部一条峡谷里,确有一座用土砖和松枝垒成的古城堡。当地人至今仍称这座古城堡为姑娘城。人们认为这里就是故事里记载的那个宫殿。

1998年,我国著名学者,时年七十六岁的冯其庸先生第七次去新疆,登上帕米尔高原四千七百米的明铁盖达坂,考察当年玄奘取经东归入境的山口古道。从文献资料分析,新疆喀什的明铁盖达坂山口是当年玄奘归来的唯一山口。之后,冯其庸写了《玄奘取经东归入境古道考实》论文,轰动了中外学术界。公主堡就坐落在海拔三千六百米的喀拉其库河与红其拉甫河交汇的塔什库尔干河处。

玄奘当年就是从达摩悉铁国,即今阿富汗东北的瓦罕地区,沿着瓦罕通道,度明铁盖达坂,过山口沿山谷河道,经公主堡来到揭盘陀国的。

在塔什库尔干有一座古寺,是童受尊者住过的地方,这位尊者是北印度恒叉始罗国人,学问渊博,著书数十部,流传很广,是一位佛学大师。当时东有马鸣,南有提婆,西有龙树,北有童受,号为"四日照世"。玄奘在这里停留二十多天,巡礼了这些遗迹,向东北继续前进。一天玄奘一行正在山道中行进,山坳里突然转出一群强盗,鸣锣呐喊,蜂拥而来,同行的商旅纷纷上山逃避,大象受惊,失足跌入深渊溺水而死。贼过后,玄奘走过来,看见大象淹死,不由得伤心落泪,叹道:"你从印度跟我前来,一路千山万水,多亏你驮了佛经佛像,翻过雪山,越过葱岭,现在离我国已经不远,满指望回去后好好待你,哪晓得你竟被群贼追赶，在此淹死，怎不叫我伤心！"他又见佛经散了一地，一部分落入水中，也顾不得寒冷，下水捞救。商旅们也都聚拢来，帮玄奘收拾佛经佛像，然后分给骡马驮了。

2016年9月，笔者参加完"中国瓜州第五届玄奘国际学术研讨会"后，为了探秘"玄奘东归入山口"和"于阗上书唐太宗"两个历史题材，笃志西疆，踏上了寻梦玄奘东归足迹的边疆之旅。

乘列车几经辗转两天后先至喀什市。第一个目的地是新疆最西南的边陲小县塔什库尔干，因为该县与阿富汗、巴基斯坦接壤，是这次考察必须要到的地方。第二天按照我国边防条例，到有关部门和边防部队办理有关手续，乘大巴车沿正在扩建的中巴公路，298公里的路程，两面大山夹峙，中一小河奔流，道路崎岖难走，于当天初夜到达塔什库尔干。

翌日八点方才醒来，特意仔细去观察这座祖国大西南的边陲小县，风光极为秀美。县城不大，北、西、南三面环山，东边有一大片湿地和草原，草原的远端，也有隐约可见的重重雪山。放眼远处，群山环绕，重峦叠翠，晶莹的雪峰格外耀眼；近观，蓝天白云下，湿地草原边，牛羊成群，咩声一片。初来乍到，有一种感觉，这里的天也低，山也净，水也绿，树也翠，花也香，风也轻，步入其间，如入世外桃源一般。于是这县城给了我无限兴致，我如饥似渴，用了半个多小时，即游完这三横二纵五条大街构成的边陲县城。

说起塔什库尔干，那是玄奘东归步入唐朝境地的重要一站。目前的区划叫塔什库尔干塔吉克自治县。

塔什库尔干塔吉克自治县位于帕米尔高原之东、昆仑山之西，这里是一片千峰万壑相隔的洁净世界。塔什库尔干塔吉克自治县在新疆维吾尔自治区西南部，帕米尔高原东部，西北与哈萨克斯坦接壤，西南与阿富汗接壤，南部与巴基斯坦相连，东南和东部与我国新疆叶城、莎车县相连，北面与阿克陶县相连。县城距乌鲁木齐1765千米。全县总面积24088.82平方千米。有塔吉克、

上／塔吉克博物馆

下／中国最西疆塔什库尔干县城

柯尔克孜、维吾尔、汉、回等民族。地势大致呈西南高而东北低。县境内南有海拔8611米的世界第二高峰——乔戈里峰,北有海拔7546米的世界"冰山之父"——慕士塔格峰,主要有塔什库尔干河等五条河流。这里地处高寒山区,属大陆型干旱性气候。这里有白雪皑皑的慕士塔格峰和秀丽多彩的卡拉库里湖,有新石器时代的文化遗址香宝宝墓群、揭盘陀石头城遗址、高原建筑公主堡、古驿站等。当地的自然资源有大山玉石矿、塔合曼硫铁矿。这里有无污染、无毒害、富含多种微量元素的帕米尔矿泉水，温泉被越来越多的中外人士青睐。这里的野生动物有帕米尔盘羊（又称马可波罗羊）、棕熊、旱獭、血鸡、狐、野驴、鹫等。野生药材有帕米尔雪莲、紫草、麻黄、锁阳、当归、党参、冬虫草等。居住在这个雄奇的"世界屋脊"上的塔吉克人被称作"彩云上的人家"。

　　塔什库尔干，维吾尔语，意为"石头城"，因城北有古代石砌城堡而得名。在历史上汉代为西域蒲犁国地，北魏至唐为揭盘陀国，又作揭盘陀。唐为疏勒镇下的葱岭捉守。宋、元属于阗，明代属叶尔羌。清光绪二十八年（1902年）设蒲犁分防厅，隶莎车府。1913年置蒲犁县，属喀什噶尔道。后属喀什行政区、喀什专区。1954年9月17日成立塔什库尔干塔吉克自治县。1978年后属喀什地区。

　　塔什库尔干塔吉克自治县自然景观奇特，气候生态多样，冰峰与草原共存，民族风情独具特色，自古以来就有"歌舞之乡"的美誉，"丝绸之路"享誉世界，成为中外游客神往和迷恋的旅游胜地。县境内冰山耸峙，峡谷纵横，奇山怪石、奇花异草遍布全境；喷泉、温泉、湖泊、牧场点缀雪岭；杏花村、花果乡散布于巍峨冰峰之间，在这里，还可以欣赏到一天多次日出日落的美景，听到塔吉克人优美的"鹰"与"冰山"的传说。每年都有六十多个国家和地区的十几万人慕名前来饱览帕米尔高原的雄奇壮美。塔什库尔干县作为我国新疆维吾尔自治区最西端对外开放的窗口，有着连接中亚、西亚的纽带和桥头堡的美称。

　　塔什库尔干最为古老的历史遗存是"石头城"，就在县城东北侧，步行十五分钟就可到达"石头城"南门口。

　　石头城位于新疆塔什库尔干塔吉克自治县北侧，海拔3100米，地势极为险峻，是新疆境内丝绸之路古道上一个著名的古城遗址。汉代时，这里是西域三十六国之一的蒲犁国的王城，大约在揭盘陀时期，开始大规模建造城郭。唐朝政府统一西域后，在这设有

揭盘陀国石头城

葱岭捉守所。元朝初期，大兴土木扩建城郭，旧的石头城换了新颜。清光绪二十八年（1902年）清廷在此建立蒲犁厅，对旧城堡进行了维修和增补。该城曾出土过唐代钱币、和田文书等。1954年这里成为塔吉克自治县首府。石头城城堡建在高丘上，城虽小，形势却十分险要。城外建有多层或断或续的城垣，隔墙之间石丘重叠，乱石成堆，构成独特的石头城风光。城下即一片草原，周围还有数片草原。古代，自喀什、英吉沙、叶城、莎车至帕米尔高原的几条山路均汇集于此，西去中亚的几座主要大山红其拉甫达扳、明铁盖达坂、瓦赫基里达板等，彼此也都有天然谷道可通达。石头城虽只剩下残垣断壁，但周围有雪峰，下有草滩、河流。站在石头城上，面前是帕米尔高原上积雪的山峰、静静的小河、草原放牧中的牛羊。在黄昏的时候去石头城最佳，太阳快要落山的时候，整座石头城会反射出丰富的光线，开始整座城只是灰黑色，接着就会出现砖红和赭石色。尽管风吹日晒，它的轮廓仍然较为完整。石头城为古代丝绸之路上一个极有战略地位的城堡，已定为自治区重点文物保护单位。

笔者在塔什库尔干休息一天后，第二天便找了个维吾尔族的向导兼司机，带领我们前去考察玄奘东归入山口的古道。从塔什库尔干出发，沿着去喀什的方向，只有一条正在紧张施工的中巴快速通道。顺着帕米尔高原雪山下的河谷，两面层层山峦，冰峰雪岭间银装素裹，山谷河滩间牛羊成片，好一派南疆边陲的诱人景色！车行60公里处，在宽阔的山谷大道上出现一条岔道，蓝底白字的路标牌赫然指示，向南——巴基斯坦红其拉甫60公里，向西——阿富汗瓦罕古道40公里。

笔者此行的目的，当然是要去瓦罕古道的阿富汗边境，考察玄奘东归的入山口。但此时笔者却蒙生好奇心，何不去红其拉甫看一下中巴的边境线，于是就建议向导先去红其拉甫，回程再去看阿富汗边境，何况也只有60公里路程。

红其拉甫口岸位于喀什地区塔什库尔干塔吉克自治县境内，地处东经75°33′，北纬37°02′，距县城130公里，距喀什市420公里，距乌鲁木齐市1890公里。对方口岸是巴基斯坦苏斯特口岸，中巴两口岸相距125公里，距巴基斯坦北部地区首府古尔吉特270公里，距对方首都伊斯兰堡870公里。作为一个国家的一类口岸，红其拉甫口岸是以旅检业务为主的口岸，1985年正式对巴基斯坦开放，1986年对第三国旅客开放，进出境人员约5万人。红其拉甫口岸早在1000多年前就是著名的古丝绸之路上的一个重要关隘，是我国与巴基斯坦唯一的陆路进出境通道，也是通往南亚次大陆乃至欧洲的重要门户。由于气候原因，红其拉甫为季节性口岸，每年5月1日至10月31日对旅客开放，限旅游组团过境，零散旅客过境可延伸至11月30日。12月1日至翌年的4月30日，除中巴两国邮政、贸易和特许人员外，口岸对其他旅客关闭。

在中巴边境红其拉甫口岸我们看到的是屹立在两山之间那雄伟高大的国门和气宇轩昂的边防哨兵，其次看到的是国门外巴基斯坦一方矗立的一块"中巴友谊万岁"的标语牌，足足有五米多高。两国游人都可在围在国门的栏杆外招手致意，足见中巴人民之间的友情。

左 / 红其拉甫中巴国门
右 / 红其拉甫口岸

回程，前往阿富汗边境之行就没有那么顺了。我们沿瓦罕古道一直向西，两山之间，村落居民很少，山上少有树木，山道上也少有水草，只是顺着那沙石土路向前走着。因为是近邻边境，在这不足40公里的路上，就有两个边防检查站。一个是由当地派出所设下的检查站，过往行人、车辆必须有边境的证明，方可放行，所幸笔者出发前市委宣传部领导专门给开具了赴阿富汗边境考察的证明，又有塔什库尔干县文物局的加章，这一检查站领导是河南许昌的老乡，他为笔者不远千山万水来到这里考察的行为深感钦佩，所以才勉强同意通关，并嘱咐两个小时后务必返回。第二个边防检查站是由中国人民解放军边防部队把守的。哨所距离阿富汗边境线不到一公里，在这里可以清楚地看到边境线上的铁丝网和阿富汗游动的哨兵。这里的气氛相当严肃，检查也更加严格。我们的汽车被拦在检查站内，当闻知笔者的来意和看过边境证件后，一位首长正式通知笔者说"接上级通知，中阿瓦罕边防站严禁任何人车通行"，在再三诉求之后，准许由两位士兵带领，在我国所属的明铁盖达坂的山岭高处，远眺一下玄奘当年的归国入山口。由于太远，尽管拍有照片，也模糊不清。至于想再往前走一段，看一看瓦罕古道上的"公主堡"，就根本没有希望。随后，我们被边防军告知速速返回，带着极度的遗憾和不舍，离开了中阿边境线。

上 ｜ 东归古道立碑现场
中 ｜ 玄奘东归瓦罕古道
下 ｜ 玄奘东归古道

三、于阗国上书　热瓦克佛寺讲经

走了八百多里，玄奘走出葱岭，到乌铩国，即今天的新疆莎车县；又北行五百余里，到佉沙国，即今南疆的喀什市，疏勒系其城号；从佉沙国东南行五百余里，渡徙多河，越过大山，到斫句迦国，即今新疆叶城县。这国南面有座大山，便是昆仑山，山里多有龛室，印度沙门往往到这里来静修，日久坐化。据玄奘记载，他去的时候还有三位阿罗汉，于岩穴间入灭心定。这里佛法极盛，多大乘经典，十万字以上的，就有好几十部。从此东行八百余里，到瞿萨旦那国，即汉朝的于阗，今天的和田。

和田地区是新疆蚕桑和丝织业中心。历史上随着我国内地丝绸西运，育蚕织丝技术也必然通过丝绸之路传播开去。何时传入，史无确凿考证。《大唐西域记》里提到了这件事，这是个传说，说是瞿萨旦那国王娶东国王女为妃，因本国不种桑也不养蚕，派使者去东国求教，而东国对育蚕织丝技术秘不外传，并在国界上设卡严查。在迎婚时国王对本国使者说："你向东国公主说明，我国一向没有桑蚕之种，望觅种带来，以发展蚕桑，好自做衣裳。"公主于是密求桑蚕之种。过关防时衣服箱箧搜遍，唯公主头戴之冠没有搜查，桑蚕种恰藏于此，此后，瞿萨旦那国始有育蚕织丝之业。

这瞿萨旦那国（和田），是天山南路的一个大国，国内大部分都是沙漠，仅山下河谷西岸可以耕种，气候温和，多产水果，又出一种地毯，织得非常精巧。山中产白玉、黑玉，自古以来闻名于世，是西域诸国文明程度最高的国家之一。人民举止端庄，喜爱音乐，他们使用梵文演化成自己的文字，信奉大乘教。国王对玄奘礼遇有加，他听说玄奘法师从印度取经回来，已到了敦伽夷城，即今皮山县东南的藏桂巴扎，便亲自前来迎接。

玄奘在当地住了两天，国王先回都城叫王子陪着玄奘慢慢前行。走了两天，国王又派大臣来迎，玄奘一行来到离城四十里处，天色已晚，便住宿下来。第二天国王带着僧俗人等，奏乐、焚香、散花，迎接玄奘入城。国王恳留玄奘多住几日，为僧俗讲经说法。玄奘遂在瞿萨旦那国开讲《瑜伽论》《对法论》《俱舍论》《摄大乘论》，一月四遍，听者千余人。国王也来听讲，这样一连讲了七八个月。

在这里，玄奘遇到一个高昌人，他便再次落实高昌国的情况，在弄清十五年前，高昌王确实人死国亡后，就中止去高昌，从天山南路直接回国。玄奘因渡河失经，到了于阗，便派人到龟兹、疏勒一带，访求经本。

在于阗，玄奘举目东望，仍是黄沙万里，玉门关还遥远得很，可是玄奘却已感到近乡情怯。一方面是国王一再挽留，一方面也许是玄奘在返抵国门之前，实在需要停下来暂时调整一下情绪。十七年前自己犯禁闯关，此番取经回来，虽然一路各国国王敬重，不知唐朝皇帝是否会原谅自己，老实的玄奘心里始终有一道阴影。踌躇再三，他决定先上表皇帝，向太宗解释当年犯禁之苦衷，说明为求佛法，不畏险阻远游印度，现在已回国，在于阗待命。玄奘很巧妙委婉地在表文中写道：

> 奘闻马融该赡，郑玄就扶风之师；伏生明敏、晁错躬济南之学。是知儒林近术，古人犹且远求，况诸佛利物之玄踪，三藏解缠之妙说，敢惮途遥而无寻慕者也。玄奘往以佛兴西域、遗教东传，然则胜典虽来，而圆宗尚阙，常思访学，无顾身命。遂以贞观三年四月，冒越宪章，私往天竺。践流沙之浩浩，陟雪岭之巍巍，铁门巉崄之途，热海波涛之路，始自长安神邑，终于王舍新城。中间所经五万余里。虽风俗千别，艰危万重，而凭恃天威，所至无鲠。仍蒙厚礼，身不苦辛，心愿获从。遂得观耆阇崛山，礼菩提之树，见不见迹，闻未闻经。穷宇宙之灵奇，尽阴阳之化育。宣皇风之德泽，发殊俗之钦思。历览周游，一十七载。今已从钵罗耶伽国，

经迦毕试境，越葱岭，渡波谜罗川，归还达于于阗。为所将大象溺死，经本众多，未得鞍乘。以是少停，不获奔驰，早谒轩陛，无任延仰之至。谨遣高昌俗人马玄智，随商侣奉表先闻。①

在等候朝廷回复的同时，玄奘为于阗僧徒开讲《瑜伽师地论》《对法论》《俱舍论》《摄大乘论》等四部经论，每天都有王亲道俗等一千多人听受皈依。

笔者从塔什库尔干折返到喀什，稍事休息后，便搭上喀什到和田的列车，为的是寻迹当年玄奘在于阗上书唐太宗的故城。

这期间，从喀什到和田发生在火车上的事情让人难以忘怀。列车启动时，车厢内倒很整齐干净，行驶一个多小时后，大风骤起，黄沙弥漫，整个列车像是在朦胧的沙海上行舟，风沙无孔不入，车窗四周、车厢连接处，车顶通气孔都成了风沙的一条条通道。每到一站，下去了一群看不清面目的黄色沙人，座位上留下一个个较干净的屁股印记，像是一幅幅沙画。上车的人则从不计较这些，拍打两下就习惯地坐下了。没到过南疆的中原人感到非常无可奈何，但为了自己的既定目标，风沙中穿越的列车，能和玄奘当年穿越莫贺延碛大沙漠相比吗！

和田市不大，总面积约 41 平方千米，位于新疆维吾尔自治区西南部，东傍玉龙喀什河与洛浦县毗邻，西临喀拉喀什河与墨玉县、皮山县隔河相望，西南与印度克什米尔实际控制线接壤，东南与西藏自治区相连，北入与塔克拉玛干大沙漠腹地阿瓦提接壤。和田县以盛产玉而闻名于世。历史上始皇帝五年（公元前 242 年）建立于阗国。曹魏咸熙二年（265 年）于阗属西域长史管辖。隋仁寿四年（604 年）服隋王朝。宋景德三年（1006 年），归喀喇汗王朝。清光绪九年（1883 年）置和阗直隶州。民国二年（1913 年）1

---

① （唐）慧立、彦悰著，孙毓棠、谢方点校：《大慈恩寺三藏法师传》，中华书局，1983年，第 122 页。

月 18 日，撤销和阗直隶州建制，改为和阗县，属喀什噶尔观察使公署。民国三十二年（1943 年）和阗县属第七行政督察专员公署管辖。1950 年 6 月和阗县人民政府成立至今。1959 年更名为"和田"。

和田河淘玉者

于阗古城和目前的和田市紧连，但真正找到于阗古城遗址并不容易。我们由当地向导引路，驱车整整找了两个多小时，总算找到了带有"约特干遗址（即于阗古城）"的标志牌。在居住在古城近邻的老乡带领下，我们仔细地考察于阗古城"约特干遗址"的大街、偏街和小道，记录着于阗古城中心城区的深坑及面积，拍摄古城遗址周边不规则的古道和带有编号的界桩，特别对不同地质构造的沙层、土层及黑土建筑遗址层，予以记录和征询。据这位很懂历史的当地老乡讲："于阗古城你们目前看到的只是表层，真正的古城遗址考古专家说都在地表沙层的十几米以下。"这时我们才恍然大悟，难怪这里的地形很不规则，因为这个于阗古城遗址紧连的就是塔克拉玛干大沙漠，经过一千多年的风沙侵蚀、堆集，这个现状就是必然的。

上｜于阗古城约特干遗址

中｜约特干遗址四周边界桩

下｜黄沙覆盖十米深的于阗古城

约特干故城壁画

  于阗古城目前看到的"都西城"遗址面积,南北长,东西宽约有四平方公里。历史上,于阗国(公元前232～1006年)是古代西域著名的佛教王国、中国唐代安西四镇之一,是丝绸之路南道最重要的军政中心。于阗国地处塔里木盆地南沿,东通且末、鄯善,西通莎车、疏勒,盛时领地包括今和田、皮山、墨玉、洛浦、策勒、于田、民丰等县市,"都西城"系今和田"约特干遗址"。

  于阗国历史上以农业、种植业为主,在丝绸之路上,是西域诸国中最早获得中原养蚕技术的国家,故手工纺织业发达。特产以玉石最有名。于阗自2世纪末佛教传入后,逐渐成为大乘佛教的中心,魏晋至隋唐,于阗国一直是中原佛教的源泉地之一。于阗人民喜爱音乐、戏剧,在绘画方面具有印度、伊朗的混合风格。在佛教兴盛时期,根据斯坦因在于阗的探险中,获知唐代这里佛教寺院甚多,其中,最有名的佛教寺院属曷劳落迦城的热瓦克佛寺。恰恰这所寺院,是玄奘东归在于阗上书唐太宗时,在等候回音的七八个月间为僧俗讲经的寺院。我们对此非常有兴趣,于是,

于阗故国热瓦克佛寺遗址

在探寻于阗国古城之后,当天下午二点就专程驱车赶往国家重点文物保护单位热瓦克佛寺遗址。

沿着不时被风沙覆盖的沙漠小道,二个多小时后,在大漠深处我们终于找到了四周几乎被沙漠掩埋的热瓦克佛寺遗址,遗址仅残留一座三米多高的土坯佛塔,这就是当年玄奘讲经说法八个月的佛教殿堂、在唐代颇有名气的南疆佛寺,现在已看不见那昔日的辉煌,但在这大漠苍穹中,仿佛还能看见一千多年前玄奘在这座佛寺讲经的身影,听到他那诵经的声音……

据历史记载:热瓦克佛寺遗址位于新疆和田地区洛浦县城西北50公里处,是30多万平方公里塔克拉玛干大沙漠的南部边沿区域。该遗址是以佛塔为中心的寺院建筑遗址,总面积2370平方米,塔院建筑遗址呈平面方形,佛塔居中,周围为佛寺院落,四周院墙为土坯砌筑,东西长49米,南北长49.4米,残高3米,南墙中部为院门。

四面院内外壁上均有泥塑佛像及菩萨像残迹,以西、东墙居多，塑像有些埋在沙丘中，有些裸露在外，有些则毁坏不存。佛高约 3 米，每隔 0.6 米即有一尊。在未风化的墙壁上均有壁画、浮雕画及供养人的画像，此丘云气纹和图案插于佛龛之间，色彩单调，以赭色为主，泥塑佛像有明显的健陀罗风格。

寺院中心的佛塔也用土坯砌筑，塔基部分四级，呈平面方形，边长各 15 米，基高 5.3 米。塔身为圆柱形，直径 9.6 米，残高 3.6 米，塔顶为覆钵形，惜已残。

热瓦克佛寺遗址

热瓦克佛寺遗址的形制和精美塑像在新疆古代佛寺遗址中独树一帜，并与健陀罗艺术有较为密切的关系，有些塑像还具有秣菟罗艺术风格，是研究新疆古代佛教佛寺形制和塑像艺术难得的重要资料。

关于热瓦克的历史沿革和兴废年代，史无记载。学者据出土文物和佛像、壁画风格，以及以塔为主题的建筑格局推断其为南北朝及唐代所建。热瓦克佛寺遗址 2001 年被公布为国家重点文物保护单位。

难能可贵的是和田地区非常注重热瓦克佛寺遗址的保护工作。

笔者看到，目前已在佛塔遗址大沙漠周围，方圆近三百米的距离内围起了篱笆，紧靠篱笆铺设了木板路，以供游人观览。在遗址北近三百米处新建了一座热瓦克遗址管理处，以加强对该遗址的管理和保护。

笔者登上热瓦克佛寺遗址的沙梁高处，极目四望，但见沙海茫茫，无边无际，飞鸟皆无，渺无人烟，间或，在沙梁下出现几株胡杨，向人们宣示着生命的信息；除此以外四周尽是黄沙荒碛，死一样的沉寂，沉寂得让人可怕，恐惧感使人不寒而栗，当时脑海中闪念出，如果只笔者一个人，如何能走出这千里沙海的塔克拉玛干大沙漠。在大自然面前，人类显得是如此渺小。

上／一望无际的塔克拉玛干沙漠1

下／一望无际的塔克拉玛干沙漠2

在于阗等待八个月后,长安的使官带来唐太宗李世民的手谕:

  闻师言访道殊域、今得归还,欢喜无量,可即速来,与朕相见。其国僧解梵语及经义者,亦任将来;朕已敕于阗等道使诸国送师,人力鞍乘,应不少乏。令敦煌官司于流沙迎接,鄯善于沮沫迎接。①

  玄奘接到诏书后,立刻向于阗王辞行。于阗王立即为经队配置驼马,派兵护送玄奘回国。玄奘带领经队从于阗王城出发,行三百余里,东至媲摩城(今新疆克里亚古城一带)。城里有一尊三丈多高的雕檀立佛像,面相端严,甚多灵应。媲摩城若是有人得了病患,就用金箔贴在金像上,所患病痛就会很快痊愈。据说这尊佛像是当年佛陀在世之时,憍赏弥国的邬陀衍那王所造。佛灭度后,此像从憍赏弥国腾空而起,飞至此国北曷劳落迦城,后来又自移到此。又有一说:"释迦法灭,像入龙宫。"

尼雅故城遗址

---

① (唐)慧立、彦悰著,孙毓棠、谢方点校:《大慈恩寺三藏法师传》,中华书局,1983年,第124页。

从媲摩城东入沙碛，在茫茫黄沙中东行二百里，至泥壤城（今新疆民丰县北六十五公里处）。又从此东行入大流沙地区，流沙区内，风静时烈日当空，灼热难耐，风起时沙暴遮天蔽日，人畜昏迷。没有路，行人往返，只能以人畜的遗骸为标识，艰难前行。

又行四百余里，至睹货罗故国。又行六百余里，至折摩驮那故国，即沮沫地。又东北行一千余里，至纳缚波故国，即古楼兰地。汉时称鄯善，即今天的若羌县。著名的罗布泊就在若羌县内。楼兰国的都城在扜泥，也有学者认为米兰是楼兰国的遗址。1900年考古学者在罗布泊附近的沙漠里，发现了一座古城堡废墟，又被认为这就是楼兰国的都城扜泥。

这时，鄯善国国王接到唐太宗的谕旨，在边境上迎接玄奘。玄奘从这里过罗布泊，又经大沙漠，才远远地望见了玉门关。这时玄奘坐在马上，心潮起伏，情绪异常激动。他想起十七年前只身西行，在星光之下，夜间偷渡此关，途中经历千辛万苦，现在总算功德圆满，取经归来了。十七年中，饱经忧患沧桑，往返五万余里路，现在西天归来，两鬓已经苍苍，这玉门关已经在望，渴念的祖国、渴望的同胞就在眼前了。他望着愈走愈近的玉门关，激动地流下泪来。进了玉门关，便是大唐的国土了。于是玄奘换了鞍乘，打发于阗的使臣回去了。

玄奘来到了沙州，来到那个十七年前，石槃陀带来的老胡人并赠瘦赤马的地方，可是故人何在？玄奘睹物思情，不胜感慨。既到沙州，玄奘便到了我国最大的也是最壮丽的石窟所在地——敦煌。

敦煌莫高窟融合了古希腊艺术、印度佛教和中国古代文化。敦煌艺术是中国人民在民族传统基础上，吸取了希腊和印度的艺术精华创造出来的石窟艺术。当年玄奘西行求法时走的是北路，没有到过这里；回来时，走的是南路，所以沙州是他必经之地了。玄奘首先想到的是，在游历了十七年之后，他终于回来了，而且毫发未损，应该到著名的莫高窟祈祷，同时巡礼了这里的胜迹。还参观了离敦煌不远的嘉峪关。

上｜敦煌莫高窟主体建筑
中｜敦煌莫高窟山门
下｜敦煌莫高窟一侧

上｜嘉峪关城门
中｜嘉峪关全景
下｜嘉峪关瓮城

左 / 敦煌莫高窟壁画飞天
中 / 敦煌莫高窟舍利塔
右 / 敦煌莫高窟菩萨

四、入京盛况空前　洛阳宫太宗召见

在沙州，玄奘再次上表唐太宗报告行踪。这时，由于前一年朝鲜半岛的高丽，联合百济侵略新罗，新罗求救于唐，唐劝阻无效，太宗就在这年冬天，下令亲征高丽，派张亮由山东渡海，李勣则率步骑由陆路进发。玄奘上表时，太宗已移驾东都洛阳，准备集结大军与李勣会合。太宗看了他的上表，即指示留守长安的房玄龄，负责迎接事宜。

长安城迎接玄奘归来

玄奘得知太宗即将亲征高丽，深恐晚一步即无法觐见，所以催动坐骑，日夜兼程，倍途而进。

贞观十九年（645年），正月二十四日玄奘西行求法十七年，行程五万里，终于回到了长安。筹划接待的官员，根本没想到他会这么快就到达，可能还没什么准备，但有留学僧要回国的消息，在长安城街上到处传开。当地百姓只见一路驼马成群，络绎不绝，满载着佛经佛像，很快就联想到，这就是出国十七年、从佛陀圣地归来的高僧。一时间，人人奔走相告，一会儿工夫，长安西郊人山人海，万头攒动，都争相向他们礼敬如仪，看热闹的人也前呼后拥，以争睹法师风采为荣。《慈恩传》卷五载："自然奔凑，观礼盈衢，更相登践，欲进不得"，用了十六个字来形容当时长安西郊人们争看玄奘归国的热闹场面。玄奘一行人马，欲进不得，只好暂住漕上。

第二天早上，房玄龄乃遣右武侯大将军侯莫、陈实，雍州司马李淑慎，长安县令李乾佑奉迎，自漕上迎入朱雀街之驿亭下榻，并发下命令，叫长安诸寺，安排一切宝帐、幢幡供养之具，一齐集中，准备迎送佛经佛像到弘福寺去安置。佛教传入中国，已经六百多年，但是正式到印度去请来佛经佛像，这样大的规模还是第一次。

到了正月二十五日，长安大小佛寺僧尼数万人，齐集朱雀大街。长安城内，万人空巷，张灯结彩，家家焚香，户户顶礼，参加盛大的游行，恭送玄奘从印度迎来的佛经佛像到弘福寺安置。

总计此次玄奘从西域带回来的圣物列举如下：

（1）如来肉身舍利一百五十粒；

（2）摩揭陀国前正觉山龙窟留影金佛像一尊，连同光座高三尺三寸；

（3）拟婆罗疤斯国鹿野苑初转法轮像刻檀佛像一尊，连同光座高三尺五寸；

（4）拟憍赏弥国出爱王思慕如来刻檀写真像刻檀佛像一尊，连同光座高二尺九寸；

（5）拟劫比他国如来自天宫下降三宝阶像银佛像一尊，连同光座高四尺；

（6）拟摩揭陀国鹫峰山说《法华经》等经的金佛像一尊，连同光座高三尺五寸；

（7）拟那揭罗曷国伏毒龙所留影像刻檀佛像一尊，连同光座高一尺五寸；

（8）拟吠舍厘国巡城行化刻檀佛像等；

（9）大乘经二百二十四部；

（10）大乘论一百九十二部；

（11）上座部经、律、论一十五部；

（12）大众部经、律、论一十五部；

（13）三弥底部经、律、论一十五部；

（14）弥沙塞部经、律、论二十二部；

（15）迦叶臂耶部经、律、论一十七部；

（16）法密部经、律、论四十二部；

（17）说一切有部经、律、论六十七部；

（18）因明论三十六部；

（19）声明论一十三部。

佛经一共五百二十夹，六百五十八部，以二十匹马，分别载运。朱雀大街一路鼓乐齐奏，香花缤纷，烟云缭绕，赞响云霄。昔日释迦世尊降生迦毗罗卫国，弥勒菩萨初升睹史多天，龙天护法欢喜拥护围绕，持幡擎盖散花供养，无比庄严。今虽不及彼时，却也是遗法东传以来之最盛也。这天众人见到五色祥云出现在太阳的北方，宛转于经像之上，周圆数里，若迎若送，直至经像进入弘福寺。可以说这一次盛会是我国第一次介绍外国的展览会。历来西域求法的僧人虽然不少，但是成绩都没有玄奘这样显著，气魄也没有玄奘这样伟大。

二月一日，玄奘赶到洛阳，谒见唐太宗于洛阳宫。第二天太宗又接见玄奘于仪鸾殿，慰劳备至。坐定，唐太宗问道："师去何不相报？"玄奘起谢道："玄奘当去之时，已再三表奏，只因诚愿微浅，不蒙允许，乃辄私行，专擅之罪，实深惭惧。"唐太宗道："师出家与俗殊隔，然能舍身求法，惠利苍生，实堪嘉尚，亦不烦为愧。"太宗表示他对西域种种很感兴趣，玄奘就把从葱岭以西到五印度各国的山川地貌、物产风俗、历史、宗教、政治状况以及所经过的沙漠、冰川、雪岭、铁门天险、佛国遗迹以及汉朝张骞所未到、班超所未及的地方，说个大概。玄奘由于具有敏锐的观察力，而且旅途中所见所闻都有笔记存查，加上受过严格的逻辑（因明）训练，耳闻目睹，博闻强记，因而对太宗的问询，随问随答，有条有理，讲得亲切有味，格外引人入胜。李世民是个英明之君，他志在四方，关心的是"世界问题"，所以听得津津有味，当玄奘把异域风光介绍给太宗后，太宗知道了一个从未了解的世界，并对此表现出极大的兴趣；玄奘方面，目的是争取皇帝的同情支持，他关心的是"宗教问题"。两人谈得投机，李世民大为喜悦。他对左右说道："从前秦王苻坚称释道安为神器，满朝的

洛阳宫太宗召见

第十二章　归心似箭　玄奘载誉还故国 | 387

臣子都尊重他。现在我看法师词论雅典，见识渊博，不但无愧于古人，而且还远远超过古人之上。"遂对玄奘道："佛国遐远，灵迹法教，前史不能委详，师既亲睹，宜修一传，以示未闻。"玄奘当即答应。这就是后来由玄奘口述、弟子辩机笔录写成的《大唐西域记》，这部蜚声中外的名著，至今仍为东西方学者所珍惜，是研究古代西域及印度历史的一部重要著作。

唐太宗欣赏玄奘的才识，希望他能还俗辅政，玄奘婉言谢绝说，要他还俗从政，就好比舟行陆地，不但所习佛学尽弃，而且招来恶名，他平生最大的愿望还是在弘扬佛法，别无他求。太宗这时远征高丽，想让他随驾前往，问还有什么问题，玄奘对这个要求确实头疼，只好拿出出家人的法宝，说是释迦牟尼规定出家人不得观看军队作战，而加以婉拒。太宗是个开明的君主，沉思片刻，也就不再强逼。

玄奘一看太宗不再逼他，就趁机向太宗请奏道："玄奘从西域请得梵本六百余部，一言未译，今知嵩山之南，少室之北，有少林寺，是后魏孝文皇帝所造，即菩提留支三藏翻译经处，玄奘愿为国就彼翻译，伏听敕旨。"唐太宗立即同意，并说道："不须在山，师西方去后，朕奉为穆太后于西京造弘福寺，寺有禅院甚虚静，法师可就翻译。"太宗又道："师停憩三五日，可还京就弘福寺安置，诸有所须，一共玄龄平素。"原来李世民是有意要留住玄奘，加以供养，来争取全国的佛教徒，巩固他的统治地位，玄奘大喜过望，稽首称谢而出。

唐太宗和玄奘的会见，史书上这样记载："从卯到酉，不觉时延，迄于闭鼓。"（按：卯时为五时至七时，酉时为十七时至十九时）从早朝直谈到日已下山，有十几个小时，还感到语犹未尽。这次召见建立了唐太宗和玄奘的良好关系。在唐太宗看来，玄奘超凡脱俗，人才难得，是佛界之栋梁，他可以利用佛教的影响，用以巩固自己的万世基业；在玄奘看来，前代译经高僧的成败教训足以引以为戒，那就是"不以国主，法事难行"，所以格外注重依靠朝廷，才能弘扬佛法，将译经事业向前推进。应该说唐太宗和玄奘都是成功者。

谒见太宗后，玄奘还没有忘记抽空回故里看看，于是他回到了阔别二十七年的缑氏县凤凰谷陈河村。自隋炀帝大业十四年（618年）他和二哥陈素赴蜀问业时回家探亲过一次，这二十七年他时刻思念着家乡的亲人，牵挂着家乡的一草一木。玄奘进得陈家故宅，满目凄凉，原来红火的宅院，只剩下后院几间厢房，当和大哥陈霖见面后，两人先是一愣，继而抱头痛哭，五十多岁的大哥，竟像一位老者，岁月沧桑给他留下的是苦难，沉默。问起家里人，他说大嫂前几年已因病过世，两个侄儿在缑氏县街上做些生意，以维持生计。大哥问玄奘："听人说你去佛国取经，何时归来？"玄奘把贞观元年只身西行，途经一百三十八国，穿沙漠，翻雪山，渡冰河，九死一生的经历说给大哥，说后，大哥和玄奘竟泣不成声，大哭了一场。随行的人员也都为之动情。这二十七

洛阳奉天寺卢舍那大佛

年的岁月，酸甜苦辣说与谁听，只有在亲人面前，才会酣畅淋漓，也许这是一次多年来感情痛快的释放。大哥连说道："菩萨保佑，真不易，真不易呀！"

宿一晚，次日玄奘早起，和大哥一道，到陈家花园看看，这里曾是玄奘儿时的天堂，那慈恩榭的残墙、放生湖的引桥，无不勾起玄奘的沉思。在休水河边，玄奘捧起清澈的河水连连喝了几口，说："还是家乡的水甜哪！"然后，他们一行沿休水河，顺凤凰谷向上，在一片荒草掩盖的河坡旁，大哥向玄奘指认父亲和母亲的坟垄，当时仓促殡埋，尚未合葬。玄奘在母亲、父亲坟前长时间地默默祈祷。这是玄奘出家后第二次回到故乡。因急于返回长安，玄奘第二天下午就和大哥辞别，赶往洛阳宫。

同年三月，玄奘从洛阳回到长安，住在弘福寺，开始了大规模的译经准备工作。

第十三章　尽瘁翻译　弘福寺殚心译经

一、组织译场　开辟创译新时代

贞观十九年（645年）三月，玄奘辞别唐太宗回到长安，入居弘福寺，多年来奔波的生活，到此告一段落，但更重大的任务等待他去完成。他从西域带回来的佛经，共五百二十夹，六百五十八部，其中的一小部分虽已有过翻译，但并不令人满意，还有一大部分，根本就没有被翻译过。玄奘的任务，便是将这些梵文经论，逐步翻译做汉文，把印度佛教哲学和佛教文化全面、系统地介绍给中国，这是个既严肃又十分繁重的工作。

西安大慈恩寺玄奘雕像

根据文献记载，佛教于东汉时期传入我国，有近二千年的历史，最初不是直接从印度传来的，而是间接经过中央亚细亚和新疆一带的、有些今天名义上已经不存在的民族，如大月支、安息、康居等传入的。初期的译经者虽然有直接来自印度的，但更多是从中亚一带来华的高僧。到印度去留学的中国和尚最初是没有的。最早译过来的佛经，不是直接根据梵文或巴利文，而是经过中亚和新疆一带，今天已经不存在的许多古代语言转译过来的，如焉耆语（吐火罗语A）和龟兹语（吐火罗语B）等。

因为汉文和梵文以及中亚这些古代语言都是很难掌握的，从外国来华的和尚想要翻译佛经，必须同中国和尚或居士合作才能胜任。僧祐《出三藏记集》"或善胡义而不了汉旨，或明汉文而不晓胡意"说的就是这种情况。《梁高僧传》卷一《维祇难传》说："时吴士共请出经。难既未善国语，乃共其伴律炎，译为汉文。炎亦未善汉言，颇有不尽。志存义本，辞近朴质。"同卷《支娄迦谶传》说："（安）玄与沙门严佛调共出《法镜经》。玄口译梵文，佛调笔受。理得音正，尽经微旨。郢匠之美，见述后代。"《宋高僧传》卷三说："初则梵客华僧，听言揣意。方圆共凿，金石难和。婉配世间，摆名三昧。咫尺千里，觌面难通。"这里说的也都是这种情况。

在这种情况下，直译就在所难免。比如《梁高僧传》卷一《支娄迦谶传》说："（竺佛朔）弃文存质，深得经意。"所谓"质"，就是勉强把意思表达出来，文采却无法兼顾。后来，在后汉三国时代，译经方法也并不完全整齐划一。支谦的译文就比较接近于意译。这在当时算是一个例外，而且他的意译还是处在比较原始的阶段，不能算是开创一代新的译风。直到晋代的道安，情况还没有变化。《梁高僧传》卷五《道安传》说："初经出已久，而旧译时谬，致使深义，隐没未通。"可见翻译佛经问题之大。道安虽然是位很有学问而又非常虔诚的和尚，但由于自己不通梵文，也只好提倡直译。他说："诸出为秦言，便约不烦者，皆蒲陶酒之被水者也。"为了不让蒲陶（葡萄）酒被水，只有直译一途。在《出三藏记集》卷八《摩诃钵罗若波罗蜜经抄序》中，他提出"五失本""三不易"的学说。他说："前人出经，支谶、世高审得胡本难系者也。叉罗、支越斫凿之巧者也。巧则巧矣，惧窍成而混沌终矣。"这是道安对后汉三国译经的批评。在《出三藏记集》卷十《十四卷本鞞婆沙序》中，他又转述赵政的意见说："昔来出经者，多嫌胡言方质，而改适今俗，此政所不取也。何者？传胡为秦，以不闲方言求知辞趣耳。何嫌文质？文质是时，幸勿易之。"他自己说："遂案本而传，不令有损言游字，时改倒句，余尽实录也。"所有这些话都清楚表明道安主张直译的理论与根据。

在这个直译的阶段中，有许多佛经文句是从梵文原文逐字逐句译过来的，因而异常难懂。如果不与梵文原文对照，简直不知所云。梵汉两种语言和语法结构是非常不相同的，梵文不但名词、代词、形容词的变格和动词的变位异常复杂，而且词序也同汉语完全不同，如果直译，必然会产生佶屈聱牙的文体。这当然会影响佛教教义的宣传；但是在初期阶段，这种情况有时是难以避免的。

这种直译的风气一直到了鸠摩罗什才有了改变。慧皎《梁高僧传》卷五《道安传》说："安终后十六年，什公方至。什恨不相见，悲恨无极。"可见罗什对道安之推重。但是他们的译风却很不相同。鸠摩罗什"不严于务得本文，而在取原意"。《梁高僧传》卷二《鸠摩罗什传》中说："什既率多谙诵，无不究尽。转能汉言，音译流便。既览旧经，义多纰缪，皆由先度失旨，不与梵本相应。"僧祐《出三藏记集》卷一说："逮乎罗什法师，俊神金照；秦僧融肇，慧机水镜；故能表发翰挥，克明经奥，大乘微言，于斯炳焕。""然文过则伤艳，质甚则患野，野艳为弊。同失经体。故知明允之匠，难可世遇矣。"这里说的是，完全直译不行，这有点"野"，只注意文笔华丽也不行，这有点"艳"。只有罗什可以做到得乎其中。《高僧传》卷六《僧叡传》说："昔竺法护出《正法华经·受决品》云：'天见人，人见天。'什译经至此，乃言：'此语与西域语同，但在言过质。'叡曰：'将非人天交接，两得相见？'什喜曰：'实然。'"这一个生动的例子，可见罗什的译风。

但是，"转能汉言"的鸠摩罗什，也并不能华梵兼通。《出三藏记集》卷十僧叡《大智释论序》说："法师（鸠摩罗什）于秦语大格，唯识（译）一法（往），方言殊好犹隔而未通。苟言不相喻，则情无由比。不比之情，则不可以托悟怀于文表；不喻之言，亦何得委殊涂于一致，理固然矣。"这里将翻译的困难说得非常清楚，连一代大师鸠摩罗什也不能例外。外国来华的高僧，不管他们的汉文学到什么程度，因为他们毕竟是外国人，所以必须同中国僧人配合协作，才能把翻译工作做好。

道安的弟子慧远曾企图折中直译与意译。《出三藏记集》卷十慧远《大智论抄序》说："于是静寻所由，以求其本，则知圣人依方设训，文质殊体。若以文应质，则疑者众；以质应文，则悦者寡。……令质文有体，义无所越。"但慧远的影响并不大，不能算是开辟了一个新阶段。

这种新的译风还表现在另外一些方面。《慈恩传》卷十说："至（显庆）五年春正月一日起首翻《大般若经》。经梵本总有二十万颂。文既广大，学徒每请删略，法师将顺众意，如罗什所翻，除繁去重。作此念已，于夜梦中，即有极怖畏事，以相警诫。或见乘危履峻，或见猛兽搏人，流汗战栗，方得免脱，觉已惊惧。向诸众说，还依广翻。"

玄奘做这样的梦，也只是他主观愿望的一种表现：他不赞同鸠摩罗什那种删略梵文原文的做法，主张忠实地翻译原文全文。

《续高僧传》卷四《玄奘传》又说"前后僧传往天竺者，首自法显、法勇，终于道邃、道生，相继中途，一十七返，取其通言华梵，妙达文筌，扬导国风，开悟邪正，莫高于奘矣"，又说："世有奘公，独高联类。往还震动，备尽观方，百有余国，君臣谒敬。言议接对，不待译人。披析幽旨，华戎胥悦，故唐朝后译，不屑古人。执本陈勘，频开前失。"

在佛经翻译史上，玄奘可以说是开辟了一个新的时代。他不像隋僧彦琮那样幻想废译，人人学梵。彦琮说："则应五天正语充布阎浮；三转妙音并流震旦；人人共解，省翻译之劳，代代咸明，除疑网之失。"很显然，彦琮的主张并不符合中国国情。

玄奘也深切了解翻译中的困难与问题。他本人既通华言，又娴梵语，在印度留学十几年，参加过印度宗教哲学的大辩论，对印度各教派、佛教中的各宗派都有深刻的研究。他怀着一腔对宗教的虔诚，总结了在他以前，几百年翻译工作的经验，创立了一种前所未有的新的译风。《续高僧传》卷四《玄奘传》说："自前代以来，所译经教，初从梵语倒写本文，次乃回之，顺同此俗。然后笔人乱理文句，中间增损，多坠全言。今所翻传都由奘旨，意思独断，出语成章；词人随写，即可披玩。"

玄奘不但毕生亲自参加翻译实践，而且根据成年累月积累的经验，创立有关翻译的理论。"唐奘法师论五种不翻：一秘密故，如陀罗尼；二含多义故，如薄伽梵具六义；三此无故，如阎浮树中夏实无此木；四顺古故，如阿耨菩提，非不可翻，而摩腾以来常存梵音；五生善故，如般若尊重，智慧轻浅。"

近代学者对玄奘也有很高的评价。章太炎说："佛典自东汉初有译录，自晋、宋渐彰，犹多皮傅。留支、真谛术语稍密。及唐玄奘、义净诸师，所述始严栗合其本书，盖定文若斯之难也。"①这种对玄奘的赞美是当之无愧的。

玄奘认真总结历史上佛教翻译工作的利弊长短，在"旧译"长期积累的经验基础上，改进翻译程式，改善翻译方法，重建翻译组织，在提出上述"五不翻"的原则上，以"既须求真，又须喻俗"的标准作为楷式。玄奘自任译主，不再依靠外人，玄奘成为唐初"新译"的创始人，在中国翻译史上写下了划时代的一页。

玄奘主持的译场组成人员的翻译程序是：

---

① （唐）玄奘、辩机原著，季羡林等校注：《大唐西域记校注》前言，中华书局，2000年，第7页。

（1）译主，是主译人，也是译场的总负责人，须精通汉、梵文，透彻理解大小乘经典，而为全场所信服，遇有翻译上的疑义，负判断责任；

（2）证义，是译主的辅助者，凡是已译成的文字，审查其意义与梵本有无出入或错误，和译主斟酌决定；

（3）证文，在译主宣读梵文时，注意他所宣读的与原文有无舛误；

（4）书手，一称度语，把梵文的字音写成中文；

（5）笔受，把梵文的字义翻成中文的字义；

（6）缀文，因为汉、梵文字的结构不同，由他加以整理，以符合汉文结构；

（7）参译，校勘原文是否有错误，同时再将译文回证与原文是否有歧义之处；

（8）刊定，刊定所译成的每句、每节、每章须去芜存菁，使之简要明确；

（9）润文，对已译好的文字，加以润色，使之流畅优美；

（10）梵呗，通过以上九道程序，翻译完毕后，还须用念梵音的方法唱念一遍，修正音节不够和谐的地方，以便传诵。

这一翻译的组织制度，实为我国翻译史上的最高发展阶段。

在这一切深思熟虑之后，玄奘立即拟定了一份合理的组织计划上报，列举所带翻译、抄、录人员名单及笔墨纸砚等物品，宰相房玄龄连夜将玄奘的呈文送到定州行营。

古版石刻玄奘译经图

唐太宗李世民下旨依照玄奘所开名单供给，一定要做到十分齐全，于是先征集国内一批名僧，作为证文。这一批名僧，都精通大小乘经论，为当时所推重，其十二人，名单如下：

京师弘福寺沙门灵润、沙门文备，京师罗汉寺沙门慧贵，京师实际寺沙门明琰，京师宝昌寺沙门法祥，京师静法寺沙门普贤，京师法海寺沙门神昉，廓州法讲寺沙门道琛，汴州演觉寺沙门玄忠，蒲州普救寺沙门神泰，绵州振音寺沙门敬明，益州多宝寺沙门道因。

又征集缀文方面翻译名僧九人，名单如下：

京师普光寺沙门栖玄、京师弘福寺沙门明睿、京师会昌寺沙门辩机、终南山丰德寺沙门道宣、简州福聚寺沙门静万、蒲州普救寺沙门行友、蒲州栖严寺沙门道卓、幽州照仁寺沙门慧立、洛州天宫寺沙门玄则。

此外，又有字学大德一人，即京师大总持寺沙门玄应。又有"证梵语梵文"的名僧一人至，即京师大兴善寺沙门玄暮。

这二十三人，便是玄奘翻译佛经的基本组织成员。此外，笔受、书手及一切应用材料俱已齐备。译经组织规模之大、人才之盛，可谓空前。

在翻译组织工作确定之后，翻译方法更引起玄奘重视。如何翻译的问题主要是来自意译与直译之争。在总结前人之得失后，玄奘无疑是主张直译的。他恨不得"直"到直接受教于佛陀，或到兜率天去听弥勒菩萨讲论《瑜伽》，他无法忍受任意从中增减。在实际译经中，玄奘一人既是译主，同时兼受口译和笔受的责任。

贞观十九年五月，正式翻译开始。玄奘手操贝叶经，开演梵文，首先作出示范，创译《菩萨藏经》十二卷、《佛地经》《六门陀罗尼经》一卷、《显扬圣教论》二十卷，到年底四部才译完。

二、奉诏撰述　成书《大唐西域记》

贞观二十年（646年）春正月甲子，玄奘又译《大乘阿毗达磨杂集论》十六卷，至二月完成，又开译《瑜伽师地论》一百卷。这部经论和晚年所译的《大毗婆沙论》二百卷、《大般若经》六百卷，是玄奘翻译事业中最伟大卓越的三部著作。

《瑜伽师地论》又名《十七地论》，相传为弥勒菩萨亲自传授，为弥勒菩萨所说的五部论中最根本的一部，梵文共有四万颂，瑜伽行宗的佛教徒认为它系大乘毗昙中规模最大、法义最备、体系完整、组织严密、说理究竟的权威论著。最胜子等所作论释谓："理无不尽，事无不备，文无不释，义无不诠，疑无不遗，执无不破，行无不修，果无不证。"玄奘冒险西行的原因之一即为求取此论，借以见佛教义学之全而求其所谓的"真"，故归国后谢绝诸缘，初期翻译即以此论为中心。因此论较长，一时难以完成，玄奘在翻译此论间隙，还口述写成了《大唐西域记》十二卷，记述其西行到过的一百一十国及传闻的二十八国的山川气候、风土人情等，涉及的内容非常广泛。

七月，玄奘新译经论已完成五部，《大唐西域记》亦已脱稿，便呈给已回到长安的太宗皇帝，同时上书唐太宗，并请为所译经论作序。他进表略道："所闻所履，百有二十八国。窃以章亥之所践籍，空陈广袤、夸父之所陵历、无述土风。班超侯而未远，张骞望而非博。今所记述，有异前闻。虽未极大千之疆，颇穷葱外之境，皆存实录，匪敢雕华。谨具编裁，称为《大唐西域记》，凡一十二卷，缮写如别。望班之右笔，饰以左言，掩博物于晋臣，广九丘于皇代。但玄奘资识浅短，遗漏实多，兼拙于笔语，恐无足观览。"

表至，唐太宗亲自批答，谓"当自披览"。

由玄奘口述、弟子辩机笔录撰成的《大唐西域记》，因为记述范围广泛，内容丰富而又翔实，一千多年来成为世界各国学者研究古代中亚各国和 7 世纪前印度历史的重要依据。在《大唐西域记》里，印度的大部分地区都在该书叙述范围之内。举凡山川地势、政治经济、宗教文化、社会风情，应有尽有。19 世纪以来，该书先后被译成法、英、德、日、印等文字传播于世界各地，引起外国学者的高度重视，一百多年来世界各国还出版了许多研究《大唐西域记》的专著。

《大唐西域记》在史学方面的贡献，最为中外学者所称道。印度历史学家辛哈和班纳吉合著的《印度通史》中高度评价《大唐西域记》的史料价值，他们说："中国旅行家如法显、玄奘给我们留下了有关印度的宝贵记载，不利用中国的历史资料，要编写一部完整的佛教史是不可能的。"英国史学家文森特·史密斯说："玄奘对于印度历史的贡献是怎样估计也不会过分的。"印度的法人沙畹称赞这部书"为今日一切印度学家之博学的向导。今日学者得以整理七世纪之不明了的历史地理，使黑暗中稍放光明，散乱中稍有秩序者，皆玄奘之功焉"。

《大唐西域记》还是一部价值极高的地理文献。玄奘在书中记述了他到过的一百一十国，传闻二十八国，并附记了一十二国，包括了现今我国的新疆地区，中亚地区的吉尔吉斯斯坦、哈萨克斯坦、乌兹别克斯坦、塔吉克斯坦和阿富汗、伊朗及南亚地区的巴基斯坦、印度、尼泊尔、孟加拉国和印度尼西亚。这些记载使得七世纪时中亚和南亚的地理概况跃然纸上。

《大唐西域记》记述印度半岛是这样写的："三垂大海，南狭北广，形如半月。"由此可见玄奘对地理环境的观察力和准确简洁的文字表达力是独一无二的。还有一件事进一步证实了《大唐西域记》珍贵的史料价值：当阿旃陀石窟这个被湮没近千年的艺术宝藏重见天日后，人们打开《大唐西域记》，在"摩诃刺陀国"条目中发现有一段关于石窟寺的清楚记载。它写道："国东境有大山，叠岭连嶂，重峦绝巘，爰有伽蓝，基于幽谷，高堂邃宇，疏崖枕峰；重阁层台，背岩面壑，阿折罗阿罗汉所建。"多数学者研究认定，这里讲的就是阿旃陀石窟寺。从此，玄奘的记载又成了印度考古学家从事考古发掘和辨认古迹的宝贵线索。实际上，《大唐西域记》是唐代的一部世界地理志。

在中国历史上，中华民族也是一个酷爱地理的民族。在地理方面，我们从很早的时候起就有了地理著作，如《禹贡》《山海经》《穆天子传》之类。这些书尽管不像他们自己声称的那样古老，但总之是历史悠久的。我们也很早就有了关于外国的地理书，而且有的还附有地图。到了南北朝时期以后，由于中外交通频繁起来，各种地理书亦层出不穷。南齐陆澄曾经把《山海经》以下160家的地理著作，按照地区编成《地理书》149卷，梁任昉又增加84家，编成《地记》252卷。中央政府设有专门机构，了解外国的情况。《唐六典》兵部有职方郎中员外郎，专管天下地图，包括外国的在内。还有鸿胪，专门招待外国客人，顺便询问外国的情况。有时候，打了胜仗以后，也派人到外国去调查风俗物产，写成书，画上图，进奉皇帝，甚至有了地形模型。

在唐代，在玄奘以后的相当长的时间内，地理书籍特别繁多，这同当时的政治、经济情况和文化交流、宗教活动是分不开的。《十道图》有很多种类。大历时贾耽著有《陇右山南图》，贞元十七年（801年）又撰《海内华夷图》《古今郡国道县四夷述》40卷。它们可以说是典型的代表。

宗教活动对地理学发展的影响，主要指的是佛教。古时候，交通异常困难，除了使臣和商人之外，大概很少有人愿意或敢于出国。独有和尚怀着一腔宗教热忱，"轻万死以涉葱河，重一言而之奈苑"。他们敢于冒险，敢于出国。从汉代起，中印的僧人就互相往来，传播佛教。他们传播的不仅仅是宗教，文化也随着宗教的传播而传播开来。在六七百年的时间内，出国活动的人以和尚居多。而且中国和尚还充分表现了中华民族的特点：他们喜爱历史，也喜爱地理。他们实事求是，很少浮夸。他们写了不少的书，比如：

晋法显《佛国记》，今存。

释道安《西域志》，今佚。

支僧载《外国事》，今佚。

智猛《游行外国传》，今佚。

释昙景（勇）《外国传》，今佚。

竺法维《佛国记》，今佚。

释法盛《历国传》，今佚。

竺枝《扶南记》，今佚。

惠生《惠生行传》（见《洛阳伽蓝记》）。

这些书无论如何都可以说是中国佛教僧侣对中外文化交流历史的一个重大贡献。

到了玄奘的《大唐西域记》，佛教僧侣不但对中国地理学的贡献达到一个前所未有的水平，对印度地理学的贡献也是非常巨大的。在当时的历史背景下，这部书确实是空前的。这一杰作之所以能够产生，除了玄奘本人的天才与努力之外，还有其客观的需要。由于隋末的统治者滥用民力，对外讨伐，对内镇压起义军，杀人盈野，国力虚耗，突厥人乘机而起，不但威胁了隋代的统治基础，而且连新兴起的唐高祖李渊也不得不暂时向突厥低头称臣。唐高祖和太宗都深以为耻，必欲雪之而后快。想要进攻突厥或西域其他威胁唐王室的民族，必须了解地理情况，唐太宗一见面即敦促玄奘写书，其原因就在这里。玄奘是一个有政治头脑的和尚，决不会辜负太宗的希望，《大唐西域记》于是就产生了。太宗拒绝经题，但是对于这一部书却珍惜非凡，他对玄奘说："又云新撰《西域记》者，当自披览。"可见他的心情之迫切了。

研究印度历史的中外学者都承认，古代印度的历史几乎全部都隐没在一团迷雾中，只有神话，只有传说，也有一些人物，但是对历史科学来说最重要的年代，却无从确定。有的史学家形象地说，在古代印度没有年代的一片黑暗中，有一根闪光的柱子，这就是释迦牟尼的生卒年代。确定了这个年代，以前以后的几件大事的年代的确定，就都有了可靠的依据，因而才真正能谈到历史。而释迦牟尼年代的确定，中国载籍起了很大的作用，尤其是《大唐西域记》对于确定佛陀生卒年月起到了重要作用。

除了释迦牟尼的年代以外，《大唐西域记》对印度古代和中世纪的历史上的许多大事件都有所记述，如关于伟大的语法学家波你尼，关于毗卢择迦王伐诸释，关于阿育王与太子拘浪拿的故事等。迦腻色迦王的问题多少年来在世界许多国家的历史学家中已经成为一个热门，《大唐西域记》有四五处讲到迦腻色迦，给这个问题提供了宝贵的资料。至于在玄奘时代，印度的政治、经济、宗教、文化、民族关系等方面，《大唐西域记》都有非常翔实的论述。这些记载如果说是百分之百的真实，那是不可能的。在玄奘那个时代，有些神话迷信的色彩是不可避免的，也是容易理解的，不过这些都只能算是白玉中的微瑕，绝不能掩盖这一部奇书的光辉。而且这种情况仅仅限于宗教方面，一讲到地理、历史，就仿佛从神话世界回到现实世界，记载都比较翔实可靠了。

《大唐西域记》记述了100多个"国"，这些记述有长有短，但是不管多么短，它的记述似乎有一个比较固定的全面的章法：幅员大小、都城大小、地理形势、农业、商业、风俗、文艺、语言、文字、货币、国王、宗教等这些方面几乎都要涉及。当时和今天要想了解这个"国"，除了以上这些方面，还要了解些什么呢？他能用极其简洁的语言描绘大量的事实，不但确切，而且生动。所以，我们可以说，玄奘是一个运用语言的大师、描绘历史和地理的能手，而《大唐西域记》是一部稀世奇书，其他外国人的著作是很难同这一部书相比的。

《大唐西域记》还具有很高的佛学价值。在这方面，玄奘的记载更具权威性，这是他关心的重点，也是《大唐西域记》记述的重点，材料之丰富、描述之具体，是任何其他史料所不及的。他用自己目睹耳闻的第一手材料，为人们提供了一幅印度各地佛教的兴衰图，揭示了佛教发展的总趋势。这里他翔实地记载了五印度的伽蓝，精舍，庙宇，天祠，僧众，佛塔，大小乘教，婆罗门及外道的分布、兴衰状况；对佛教史上的许多重要活动和重要人物都有记载；关于佛教史上的几次结集他大都讲到了；对大乘的许多大师如马鸣、龙猛（树）、提婆、无著、世亲等人的活动都有所叙述。这些记载不仅为佛教典籍关于这方面的材料作了印证和补充，也对史学家确定印度古代史上某些有争议的重大事件和年代提供了佐证。《大唐西域记》帮助我们解决了历史上的许多疑难问题。比如关于印度当时的政治、经济情况，关于重大的历史事件，离开了《大唐西域记》，这些问题几乎都是无法解答的。比解决问题更重要的是它提出了一些还没有解决的问题，这就启发我们进一步去思考问题、研究问题，帮助我们把研究工作向前推进。

《大唐西域记》对语言文字似乎特别留心，玄奘所到之处，不管停留多么短暂，他都非常细致地予以观察，并总要对当地的语言文字的情况写上几句，比如：

阿耆尼国：

文字取则印度，微有增损。

龟兹国：

文学取则印度，粗有改变。

跋禄迦国：

文字法则，同龟兹国，语言少异。

窣利地区：

文字语言，即随称矣。字源简略，本二十余言，转而相生，其流浸广，粗有书记，竖读其文，递相传授，师资无替。

捍国：

语异诸国。

覩货罗国：

语言去就，稍异诸国。字源二十五言，转而相生，用之备物，书以横读，自左向右，文记渐多，逾广窣利。

除了语言文字以外，玄奘还谈到了许多佛教和印度教常见的神，也谈到了许多别的教派和印度教不大常见的神。

《大唐西域记》还具有很高的文学价值。它语言文字简约而优美，读起来声韵和谐，铿锵有力，节奏感强；同时它吸纳了多篇佛教故事、佛教传说，增强了可读性。据专家统计，它记录了有关佛本生故事约二十则、佛教故事约五十则、佛教传说约六十则、历史传说二十余则、风物传说二十余条，这些对研究印度佛教史是极其宝贵的。

《大唐西域记》在社会制度方面，也提出了一些值得研究的情况，比如第二卷：

> 其婆罗门学四吠陀论：一曰寿，谓养生缮性；二曰祠，谓享祭祈祷；三曰平，谓礼仪、占卜、兵法、军阵；四曰术，谓异能、伎数、禁咒、医方。

这同我们平常的说法不同，怎样解释呢？

此外，《大唐西域记》还记录了一些当时印度社会里发生的看来不是很重大，但是今天的历史学家看了以后，从中可以看出重大意义的事件。比如，钵罗耶伽国大施场东合流口一天有数百人自沉。高善必认为，当时社会上必然有一部分人甚至是上流社会的人感到不满意，否则就无法解释，为什么这些老一点的人不死在圣河恒河的岸上而死在水中。第二卷有关于当时印度刑法的叙述，关于赋税、王田、分地和封邑的叙述，甚至关于蔬菜的叙述：

> 蔬菜则有姜、芥、瓜、瓠、荤陀菜等，葱、蒜虽少，啖食亦希，家有食者，驱令出郭。

玄奘讲到，当时北印度有许多饮食方面的禁忌，比如不吃牛肉等，不吃葱蒜等，一直到今天，还没有多少改变。

难能可贵的是《大唐西域记》提出来的新问题，比已经解决的问题还更重要，还更有意义。

中国著名学者北大教授季羡林在评价《大唐西域记》时说："经过了1000多年实践的考验，特别是最近100多年的考验，充分证明《大唐西域记》是有其伟大意义的。玄奘这个人和他这一部书，对加强中印两国人民的传统友谊和互相学习、互相了解已经起到了而且还将继续起不可估量的作用。玄奘的大名，在印度几乎是妇孺皆知，家喻户晓。他已经成了中印友好的化身。至于《大唐西域记》这一部书，早已经成了研究印度历史、哲学史、宗教史、文学史等的瑰宝。我们几乎找不到一本讲印度古代问题而不引用玄奘《大唐西域记》的书。不管作者的观点如何，不管是唯心主义还是唯物主义，都或多或少地引用《大唐西域记》。这部书中有一些资料，是任何其他书中都找不到的。从20世纪后半叶开始，国外学者就开始注意《大唐西域记》并开始不断有外文译本出现。总之，研究印度历史的学者，不管他是哪一国人，不管他代表哪一种观点，他们都给予《大唐西域记》以极高的评价。在上百年的研究印度史的实践中，《大唐西域记》已经表现出了自己独有的价值。"

对于玄奘的研究，对于《大唐西域记》的研究，尽管在中国甚至全世界范围内已经进行了很多年，也已取得了很大的成绩；但总让人感觉到好像方才开始，要想用科学的观点实事求是地研究印度史，研究中印文化关系史，首先必须占有资料，而《大唐西域记》这样的资料堪称其中瑰宝。

三、太宗作序　译成《瑜伽师地论》

贞观二十年（646年）秋七月，玄奘用了一年多的时间成书《大唐西域记》，唐太宗阅后十分高兴，这一著作圆了他多年的心愿；同时，又敕令玄奘把中国的哲学著作《道德经》译成梵文，介绍给印度，把印度久已失传的《大乘起信论》从汉文译成梵文，保存了印度古代佛教哲学的经典著作。

关于玄奘奉敕将老子的《道德经》译成梵文，把印度的《大乘起信论》从汉文译为梵文交流于印度，史迹多有记载，但也有不同声音，分歧较大。

先说玄奘奉敕将老子的《道德经》译成梵文，传入印度一事，史书记载如下。

《旧唐书》卷一九八《天竺传》：

> 有伽没路国（即东印度迦摩缕波国）……王玄策至，其王（鸠摩罗王）发使贡以奇珍异物及地图，因请老子像及《道德经》。

《新唐书》卷二二一上《西域列传·天竺国》：

> 迦没路国"献异物，并上地图，请老子像"。

《新唐书》没有讲《道德经》。《旧唐书》讲到了，肯定是有根据的。在这里，我们必须回答的问题是：玄奘究竟翻译了《道德经》没有？如果已经翻译了，传到印度去了没有？根据现有的资料可作以下解答。

《佛祖统纪》卷二十九《玄奘》：

> 上令翻《老子》为梵文，以遗西竺。师曰："佛老二教，其致大殊，安用佛言，以通老义，且老子立义肤浅，五竺闻之，适足见薄。"遂止。

这里说得很明确："遂止"，就是根本没有翻译。同书卷三十九,又重复说了上面引用的这一段话,只是说得更详细一些:"十月,车驾还京师,敕于北阙大内紫微殿西建弘法院,命奘法师居之。选名德七人以从。昼则陪御谈玄,暮则归院翻译。上令翻《道德经》为梵文,以遗西竺。"下面同上引文基本一致。

从上述情况来看,玄奘根本没有动手。但是,上面引用的《含光传·系》中却说:"二教争'菩提'为'道',纷挐不已,中辍。"①中辍就是已经动手翻译,因"纷挐"而停了下来。这同《佛祖统纪》的说法稍有不同。

对于这件事叙述得最详尽的是《集古今佛道论衡》卷丙《文帝诏令奘法师翻〈老子〉为梵文事第十》。此段文字很重要,现全文抄录如下:

> 贞观二十一年(647年),西域使李义表还奏,称:"东天竺童子王所,未有佛法,外道宗盛,臣已告云:'支那大国未有佛教已前,旧有得圣(道)人说经,在俗流布。但此文不来。若得闻(文)者,必当信奉。'彼王言:'卿还本国,译为梵言,我欲见之。必道越此徒(従)传通不晚(晓)。'"登即下敕,令玄奘法师与诸道士对共译出。于时道士蔡晃、成英二人,李宗之望,自余锋颖三十余人,并集五通观,日别参议,评核《道德》,奘乃句句披析,穷其义类,得其旨理,方为译之。诸道士等并引用佛经"中""百"等论,以通玄极。奘曰:"佛教道教,理致大乘。安用佛理通明道义?"如是言议往还,累日穷勘。出语濩落,的据无从。或诵四谛四果,或诵无得无待。名声云涌,实质俱虚。奘曰:"诸先生何事游言,无可寻究?向说四谛四果,道经不明。何因丧本,虚谈老子?旦据四谛一门,门有多义,义理难晓。作论辩之,佛

---

① (宋)赞宁撰:《宋高僧传》卷二十七,《唐京兆大兴善寺含光传》后又加《系》,中华书局,1987年,第678页。

教如是，不可陷沦。向问四谛，但答其名。谛别广义，寻问莫识。如何以此欲相抗乎？道经明道，但是一义。又无别论，用以通辩，不得引佛义宗用解老子，斯理定也。"晃遂归请曰："自昔相传，祖承佛义，所以《维摩》三论，晃素学宗，致令吐言命旨，无非斯理。且道义玄通，洗情为本。在文虽异，厥趣攸同。故引解之，理例无爽。如僧肇著论，盛引老庄。成诵在心，由来不怪。佛言似道，如何不思？"奘曰："佛教初开，深经尚壅。老谈玄理，微附虚怀。尽照落筌，滞而未解。故肇论序致，联类喻之，非谓比拟，便同涯极。今佛经正论繁富，人谋各有司南，两不谐会。然老之《道德》，文止五千。无论解之，但有群注。自余千卷，事杂符图。张葛之茸附，非老君之气叶。又《道德》两卷，词旨沉深。汉景重之，诚不虚及（反？）。至如何晏、王弼、严遵（道）、钟会、顾欢、萧绎、卢景裕、韦处玄之流数十余家，注解老经，指归非一。皆推步（涉）俗理，莫引佛言。如何弃置旧踪，越津释府？将非探赜过度，同失混沌之窍耶？"于是诸徒无言以对。遂即染翰缀文。厥初云"道"，此乃人言。梵云"末伽"，可以翻度。诸道士等一时举袂曰："'道'翻'末伽'，失于古译。昔称'菩提'，此谓为'道'。未闻'末伽'以为'道'也。"奘曰："今翻《道德》，奉敕不轻。须核方言，乃名传旨。'菩提'言'觉'，'末伽'言'道'。唐梵音义，确尔难乖。岂得浪翻，冒罔天听。"道士成英曰："'佛陀'言'觉'，'菩提'言'道'。由来盛谈，道俗同委。今翻'末伽'，何得非妄？"奘曰："传闻滥真，良谈匪惑。未达梵言，故存恒习。'佛陀'天音，唐言'觉者'。'菩提'天语，人言为'觉'。此则人法两异，声采全乖。'末伽'为'道'，通国齐解。如不见信，谓是妄谈。请以此语，问彼西人。足所行道，彼名何物？非'末伽'者，余是罪人。非唯罔（惘）上，当时亦乃取笑天下。"自此众锋一时潜退，便译尽文。河上序胤缺而不出。成英曰："老经幽秘，闻必具仪。非夫序胤，何以开悟？请为翻度，惠被边戎。"奘曰："观老存身存国之文，文词具矣。叩齿咽液之序，序实惊人，同巫觋之媱哇，等禽兽之浅术。将恐两关异国有愧乡邦。"英等不惬其情，以事陈诸朝宰。中书马周曰："西域有道如老庄不？"答："彼土尚道九十六家，并厌形骸为桎梏，指神我为圣本。莫不沦滞情有，致使不拔我根。故其陶练精灵，不能出俗。上极非想，终坠无间。至如顺俗四大之术，冥初（物）六谛之宗，东夏老庄所未言也。若翻老序，彼必以为笑林。奘告忠诚，如何不相体悉！"当时中书门下同僚，咸然此述，遂不翻之。①

同上引文内容相似的，还有《续高僧传》卷四《玄奘传》里的一段话，为了利于比较，纠正引文中的一些错字和难解之处，免去读者翻检之劳，亦抄录在下面：

寻又下敕，令翻《老子》五千文为梵言，以遗西域。奘乃召诸黄巾，述其玄奥，领叠词旨，方为翻述。道士蔡晃、成英等，竞引释论《中》《百》玄意，用通道经。奘曰："佛道两教，其致天殊。安用佛言，用通道义？穷核言迹（疏），本出无从。"晃归情曰："自昔相传，祖凭佛教，至于三论，晃所师遵，准义幽通，不无同会，故引解也。如僧肇著论，盛引《老》《庄》，犹自申明，不相为怪。佛言似道，何爽纶言？"奘曰："佛教初开，深文尚拥；《老》谈玄理，微附佛言。《肇论》所传，引为联类，岂以喻词，而成通极？今经论繁富，各有司南。《老》但五千，论无文解，自余千卷，多是

---

① 季羡林著：《佛教十五题》，中华书局，2007年，第238页。

医方。至如此土贤明何晏、王弼、周颙、萧绎、顾欢之徒，动数十家，注解《老子》，何不引用？乃复旁通释氏，不乃推步逸踪乎？"既依翻了，将欲封勒，道士成英曰：《老经》幽邃，非夫序引，何以相通？请为翻之。"奘曰："观《老》治身治国之文，文词具矣。叩齿咽液之序，其言（辞）鄙陋，将恐西闻异国，有愧乡邦。"英等以事闻诸宰辅，奘又陈露其情，中书马周曰："西域有道如老庄不？"奘曰："九十六道并欲超生，师承有滞，致沦诸有。至如顺世四大之术，冥初六谛之宗，东夏所未言也。若翻《老》序，则恐彼以为笑林。"遂不译之。①

上边引文大家一看就可以知道，对研究中国佛教史、中国佛道关系史，甚至中国宗教史来说，这是一篇非常重要的文字，可惜过去鲜为人注意。把上录两个文本对比一下，可以看出，两者叙述的内容基本相同，个别字句可以互校互补。两者是否为同一来源？其中最大的区别是，后者没有涉及"末伽"与"菩提"的问题。也许《续高僧传》的道宣认为这无关紧要，所以略而不谈，但其实这是一个很重要、很关键的问题。

这段文字不但详尽，而且具体、生动，其可靠性是毋庸置疑的。从表面上来看，它讲的是翻老为梵的问题；但是实际上，它涉及的问题面要广阔得多、深刻得多。它主要讲了中国宗教史上的一个重大问题，即佛道之争。在很长的时间内，佛道之间又对抗斗争又妥协融合的情况，是中国宗教史上的主轴问题之一。请参阅汤一介《魏晋南北朝时期的道教》（陕西师范大学出版社，1988年出版）一书。

佛教传入中国以后，同中国土生土长的儒学和道教狭路相逢。

---

① （唐）道宣撰，郭绍林点校：《续高僧传》卷四《玄奘传》，中华书局，2014年，第121～122页。

宗教是最具有排他性的，但是同时又富于适应性。在这个普遍规律约束之下，佛教与儒道二家展开了极其漫长、极其复杂的对抗斗争，同时又想方设法互相接近，以求得共同的生存。佛教斗争与调和的历史发展，可以分为几个阶段，有时以对抗为主，有时又以调和为主，错综复杂，简直令人眼花缭乱。

从玄奘翻译《道德经》为梵文的问题上可以看出来，道家此时是想向佛教靠拢，至少道士蔡晃和成英的态度是这样的。但是佛家采取的却是拒绝的态度，至少玄奘的态度是如此的。根据《集古今佛道论衡》，还有《续高僧传·玄奘传》的记载，佛道矛盾至少表现在下列三个方面。

（1）道士引用佛经《中论》《百论》等论，以通玄极。玄奘却说："佛道两教，其致天殊。安用佛言，用通道义？"[①]

（2）道士诵佛教的"四谛""四果"。玄奘却说："诸先生何事游言无可寻究？不得引佛义宗用解老子，斯理定也。"[②]"四缔"，亦称"四圣谛"，即苦、集、灭、道。"四果"指的是预流果、来果、不还果、无学果（阿罗汉果）。

（3）道士说："自昔相传，祖承佛义。佛言似道，如何不思？"[③]他还讲到僧肇，说他著论，盛引老庄，说明在义理方面佛道可以不分家的。玄奘却认为，僧肇之所以著论引用老庄，是因为当时"佛教初开，深经尚雍"，为了让中国人士理解佛典要义，以老庄相比附，是一种权宜之计，"非谓比拟，便同涯极"。到了唐代，情况大变，"佛经正论繁富，人谋各有司南，两不谐会"，不能再引道释佛了。玄奘讲的这一番道理，征之中国佛教史是完全符合的。早期佛教僧侣提倡的"格义"，就与此相当。道安允许慧远不废俗书也是同一用意。

---

① （唐）道宣撰，郭绍林点校：《续高僧传》卷四《玄奘传》，中华书局，2014年，第121页。
② 季羡林著：《佛教十五题》，中华书局，2007年，第238页。
③ 同上书。

关于道家向佛家靠拢，甚至取媚于佛家的说法很多，都是道家片面地一厢情愿地捏造出来的。道士蔡晃、成英二人继承的正是这样一个取媚佛教的传统。

总而言之，玄奘顶住了道士们的献媚，坚持佛道根本不是一回事。这在中国宗教史上也算是一件颇有意义的事情。

这一场至关重要的佛道之争，以玄奘的胜利告终，但这方面仍存在两个问题：一是玄奘究竟翻译了《道德经》没有？如果已经译出，传到印度去了没有？先回答第一个问题。上面引用的《集古今佛道论衡》卷丙说："自此众锋一时潜退，便译尽文。"《续高僧传》说："既依翻了，将欲封勒。"可见玄奘确实已将《道德经》译为梵文。从一些迹象来看，《集古今佛道论衡》和《续高僧传》的说法是可靠的。因此，《佛祖统纪》三九所说的"遂止"、《含光传·系》中所说的"中辍"，是靠不住的。佛道之争并没有因此而停止。二是正文译完，又出现了译不译序的问题。玄奘不肯翻译《老子河上公注》。成英强调说，《老经》很玄秘，没有序注，无法理解。玄奘却说："（河上公）序实惊人，同巫觋之媱哇，等禽兽之浅术。"翻译了，会给乡邦脸上抹黑。道士们没有办法，报告了朝中宰辅。中书马周询问玄奘，玄奘把印度的宗教哲学的教义和教派提纲挈领地介绍了一下，连顺世外道也介绍了，结论是"若翻老序，彼（印度）必以为笑林"。当时中书门下同僚都同意玄奘的意见"遂不翻之"。这二个合回的佛道较量玄奘都是胜利者。

《季羡林学术精粹》载：《老子河上公注》成于何时，出自何人之手，是有争议的。有人主张该注当出于东晋以后，是葛洪一系门徒所作。有人主张此注产生于西汉而非东汉末期。从它的内容来看，与其说它出于道家，毋宁说它出于道教。道家与道教应该严格区别开来。后汉兴起的道教，只不过是打着老庄的旗帜，而教义则是偷梁换柱，掺进了许多后汉出现的东西。二者主要的区别是，道教十分强调养生成神，长生不死。《老子河上公注》正是这样。玄奘称之为"同巫觋之媱哇，等禽兽之浅术"，是完全合适的。他坚持不翻它,是有道理的。《佛祖统纪》卷二九中,玄奘明确说:"老子立义肤浅。"他是根本瞧不起道家这一位祖师爷的,碍于皇帝的面子,不得不翻。现在道士们想硬逼他翻道教的《老子河上公注》,他坚决不肯,是在意料中的。

总之,翻老为梵这一段公案,大体上即如上述。本文翻了,"序胤"未翻。

关于翻译的《道德经》是否传到印度?考迦摩缕波国为稍后佛教金刚密乘的发源地,我国道家的哲学思想与印度原始的密宗在天道观上有相通之处。笔者认为:《道德经》译成,当随唐使王玄策传去印度的。因为《旧唐书》卷一九八《天竺传》记载非常明白,唐使王玄策回国时是应东印度国王鸠摩罗王发使团供以珍奇异物及地图带给唐太宗,并请老子像及《道德经》的。现在看来,这属于国家间的外交行为。唐太宗既命玄奘翻译《道德经》,更敕王玄策传去印度是外交上的正常行为。故印度历史学者薄泰恰里雅认为,印度密教的中心在阿萨密,在七世纪曾有《道德经》的梵本,可以想见玄奘的《道德经》梵本,在当时当地曾产生了相当大的影响。

再说将《大乘起信论》从汉语还译为梵语事,中外学者亦有不同观点。《续高僧传》:"又以《起信》一论文出马鸣,彼土诸僧思承其本,奘乃译唐为梵,通布五天,斯则法化之缘东西互举。……前后僧传往天竺者,……取其通言华梵,妙达文筌,扬导国风,开悟邪正,莫高于奘矣。"《续高僧传》未著翻译年月,姑编述于是年。案《大乘起信论》有梁真谛和唐实叉难陀二种译本,提出"真如缘起"(真如随缘而生起万法)之说,与隋唐佛教义学的关系甚密,天台、华严、禅宗均受其影响。只是"真如缘起"说与法相宗的阿赖耶缘起是对立的。但《大乘起信论》的来历不明,《法经录》入"众论疑惑部"。近代日本佛学研究者对其真伪问题,于1919至1921年,1926年至1929年,曾两度展开学术争论,如松本文三郎、望月信亨、村上专精等认为《大乘起信论》是中国的著作，常盘大定、羽溪了谛等则主张其系印度作品，迄今未有定论。近吕秋逸先生《〈起信〉与禅》以为："它大约在北周隋代之间（约577～588年）伪托马鸣所造而以译本的形式于北方出现的。"① 但道宣已深信不疑，在唐初它已广为佛教各学派、教派所信用，故玄奘还将它译为梵语。

笔者认为，玄奘奉敕翻译老子的《道德经》及《大乘起信论》返汉为梵文交流于印度一事应为史实，理由有三：一是这两件事涉及外交事务，是刚刚建交的印度国王所请赐的事情，在当时可谓事大；二是唐太宗亲敕玄奘办译此事，是立足于唐朝的大局考虑的，皇命难违，玄奘知其轻重，不可能违逆太宗之旨意；三是玄奘的译经大业才刚刚起步，为取得朝廷支持，他不可能因小失大。因而，不管从哪个角度分析，此译事应为事实。

玄奘从贞观十九年（645年）五月起首翻译，直至逝世前一月止，致力一十九载，始终不懈，故其生平显然划分为两个时期：四十六岁以前则"乘危远迈，杖策孤征"，笃志问学；四十六岁以后则尽瘁于翻译，并讲学、著作，交流宗教文化。

贞观二十二年（648年），太宗驾临玉华宫。夏五月，玄奘译完《瑜伽师地论》一百卷，前后花了三年时间；六月，应诏见太宗于玉华宫，相见甚欢。太宗以玄奘学业深博，风度不凡，每想逼劝归俗，共参朝政，前去洛阳宫接见时，已蓄此念。此次旧事重提，要求法师"脱须菩萨之染服，挂维摩诘之素衣"。玄奘为述古今治理得失，并说太宗上智至仁，承天弘治，圣心圣化，无假于人，仍以"守戒缁门，阐扬遗法"为愿，临机酬答，大得太宗欢心。于是太宗道："既得敷扬妙道，亦不违高志，今后自当助师弘道。"太宗又问玄奘："近翻何经论？"答："近翻《瑜伽师地论》毕共一百卷。"太宗道："这书有一百卷之多，是一部大著作了，是哪位圣人所说，内容是些什么？"玄奘答道："是弥勒菩萨所说，

---

① （印）马鸣著，（梁）真谛译，高振农校释：《大乘起信论》，中华书局，1992年。又载于《学术月刊》，1962年第4期，第30页。

说明十七地义。"太宗问:"什么叫十七地义?"玄奘答道"十七地义是五识相应地、意识相应地、有寻有伺地、无寻唯伺地、无寻无伺地;三摩呬多地、非觉地、菩萨地;有余依地、无余依地",说完,并且举纲提目略述十七地义范畴,陈列大义。李世民天赋聪颖,一听就已领会大概,遂派人到京取《瑜伽师地论》详读,见这一部书词义宏远,真是闻所未闻,因而叹息道"朕观佛经,真好像瞻天瞰海,莫测高深。法师能于异域得此佛法,真是可佩",遂令所司简送秘书省书手,写新翻经论为九本,分赐雍、洛、并、兖、相、荆、扬、凉、益等九州,辗转流通,同闻新义。

何为《瑜伽师地论》?《瑜伽师地论》是一部阐述所谓境、行、果、证的佛教神学理论书。其前一部分详说十七地,故又名《十七地论》。所谓"地"者,指修行所达到的境界和位次。据印度的传说,《瑜伽师地论》为弥勒所说的五部论中最根本的一部,梵文共有四万颂,瑜伽行宗的佛教徒认为它是大乘毗昙中规模最大、法义最备、体系完整、组织严密、说理究竟的权威论著。最胜子等所作论释谓:"理无不尽,事无不备,文无不释,义无不诠,疑无不遗,执无不破,行无不修,果无不证。"① 玄奘冒险西行的原因之一即为求取此论,借以见佛教义学之全而求其所谓的"真",故归国后谢绝诸缘,初期翻译即以此论为中心。从许敬宗的序文看来,玄奘翻译此书几乎动员了当时全国著名的义学僧人,他是全力以赴、审慎再三的。《瑜伽师地论》的第一部的原文残卷,不久以前在西藏发现,其中有备忘的歌诀、分析性的说明,也有议论,唯现尚未刊行。近人把《瑜伽师地论》的梵文残本对勘玄奘所译,"就五体投地地佩服汉译本是那么谨严,近代翻译少有赶得上的"。

为翻译《瑜伽师地论》这部佛教大经,玄奘几乎集中了译场的所有名僧参加,历史有着明确的记载,时有下列人员参加:

---

① 最胜子:是古印度唯识十大论师之一。《瑜伽师地论》相传为弥勒菩萨口述,无著记录,玄奘法师译。此是最胜子为《瑜伽师地论》作的论释。

弘福寺沙门知仁笔受

　　弘福寺沙门灵隽笔受

　　大总持寺沙门道观笔受

　　瑶台寺沙门道卓笔受

　　清禅寺沙门明觉笔受

　　大总持寺沙门辨（辩）机证文

　　简州福众寺沙门靖迈证文

　　蒲州普救寺沙门行友证文

　　普光寺沙门道智证文

　　汴州真谛寺沙门玄忠证文

　　弘福寺沙门明濬正字

　　大总持寺沙门玄应正字

　　弘福寺沙门玄谟证梵语

　　弘福寺沙门文备证义

　　蒲州栖岩寺沙门神泰证义

　　廓州法讲寺沙门道琛证义

　　宝昌寺沙门法祥证义

　　罗汉寺沙门慧贵证义

　　宝澄寺沙门明琰证义

　　大总持寺沙门道洪证义

除了和尚以外，还有官僚参加：

　　银青光禄大夫行太子左庶子高阳县开国男臣许敬宗监阅

　　大唐内常侍轻车都尉菩萨戒弟子观自在敬写西域新翻经论

　　参加人员之多、分工之细致，可以说是已经达到很高的程度。

唐太宗本来答应过玄奘，作一篇新经序文，因政务繁忙，还未执笔。这时玄奘再请，太宗遂亲自动笔，写成《大唐三藏圣教序》，凡七百八十一字，后回到长安，御庆福殿，赐玄奘坐，叫弘文馆学士上官仪把所制序文当着百官朗诵道：

盖闻二仪有象，显复载以含生，四时无形，潜寒暑以化物。是以窥天鉴地，庸愚皆识其端，明阴洞阳，贤哲罕穷其数。然而，天地苞乎阴阳而易识者，以其有象也；阴阳处乎天地而难穷者，以其无形也。故知象显可征，虽愚不惑，形潜莫睹，在智犹迷。况乎佛道崇虚、乘幽控寂，弘济万品，典御十方，举威灵而无上，抑神力而无下，大之则弥于宇宙，细之则摄于毫厘，无灭无生，历千劫而不古，若隐若显，运百福而长今，妙道凝玄，遵之莫知其际；法流湛寂，挹之莫测其源，故知蠢蠢凡愚，区区庸鄙，投其旨趣，能无疑惑者哉。然则大教之兴，基乎西土，腾汉庭而皎梦，照东域而流慈。昔者分形分迹之时，言未驰而成化。当常现常之世，民仰德而知遵。及乎晦影归真，迁仪越世，金容掩色，不镜三千之光，丽象开图，空端四八之相。于是微言广被，拯含类于三途；遗训遐宣，导群生于十地。然而真教难仰，莫能一其旨归，曲学易遵，邪正于焉纷纠。所以空有之论，或习俗而是非，大小之乘，乍沿时而隆替。有玄奘法师者，法门之领袖也。幼怀贞敏，早悟三空之心；长契神情，先苞四忍之行。松风水月，未

唐太宗书大唐三藏圣教序碑文局部

足比其清华；仙露明珠，讵能方其朗润！故以智通无累，神测未形，超六尘而迥出，只千古而无对。凝心内境，悲正法之陵迟；栖虑玄门，慨深文之讹谬。思欲分条析理，广彼前闻，截伪续真，开兹后学。是以翘心净土，往游西域，乘危远迈、杖策孤征。积雪晨飞，途间失地。惊砂夕起，空外迷天。万里山川，拨云霞而进影；百重寒暑，蹑霜露而前踪。诚重劳轻，求深愿达。周游西宇，十有七年，穷历道邦，询求正教。双林八水，味道餐风，鹿苑鹫峰，瞻奇仰异。承至言于先圣，受真教于上贤。探赜妙门，精穷奥业，一乘五律之道，驰骤于心田；八藏三箧之文，波涛于口海。爰自所历之国，总将三藏要文凡六百五十七部，译布中夏，宣扬胜业。引慈云于西极，注法雨于东垂，圣教缺而复全，苍生罪而还福。湿火宅之干焰，共拔迷途；朗爱水之昏波，同臻彼岸。是知恶因业坠，善以缘升，升坠之端，惟人所托。譬夫桂生高岭，云露方得泫其华；莲出渌波，飞尘不能污其叶。非莲性自洁，而桂质本贞，良由所附者高则微物不能累；所凭者净则浊类不能沾。夫以卉木无知，犹资善而成善，况乎人伦有识，不缘庆而成庆，方冀兹经流施，将日月而无穷；斯福遐敷，与乾坤而永大。

此后，皇太子李治亦为此撰《述三藏圣教序记》，全文如下：

夫显扬正教，非智无以广其文；崇阐微言，非贤莫能定其旨。盖真如圣教者，诸法之玄宗，众经之轨蹴也。综括宏远，奥旨遐深，极空有之精微、体生灭之机要。词茂道旷，寻之者不究其源；文显义幽、履之者莫测其际。故知圣慈所被，业无善而不臻；妙化所敷，缘无恶而不剪。开法网之纲纪，弘六度之正教，拯群有之涂炭，启三藏之秘扃。是以名无翼而长飞，道无根而永固。道名流庆，历遂古而镇常；赴感应身，经尘劫而不朽。晨钟夕梵，交二音于鹫峰，慧日法流，转双轮于鹿苑。排空宝盖，接翔云而共飞；庄野春林，与天华而合彩。伏惟皇帝陛下，上玄资福，垂拱而治八荒；德被黔黎，敛衽而朝万国。恩加朽骨，石室归贝叶之文，泽及昆虫，金匮流梵说之偈。遂使阿耨达水，通神甸之八川；耆阇崛山接嵩华之翠岭。窃以法性凝寂，靡归心而不通；智地玄奥，感恩诚而遂显。岂谓重昏之夜，烛慧炬之光；火宅之朝，降法雨之泽。于是百川异流，同会于海；万区分义，总成乎实。岂与汤武校其优劣，尧舜比其圣德者哉！玄奘法师者，夙怀聪令，立志夷简，神清龆龀之年，体拔浮华之世，凝情定室，匿迹幽岩，栖息三禅，巡游十地，超六尘之境，独步迦维；会一乘之旨，随机化物。以中华之无质，寻印度之真文，远涉恒河，终期满字。频登雪岭，更获半珠。问道往还，十有七载，备通释典，利物为心。以贞观十九年二月六日，奉敕于弘福寺翻译圣教要文，凡六百五十七部。引大海之法流，洗尘劳而不竭；传智灯之长焰，皎幽暗而恒明。自非久植胜缘，何以显扬斯旨。所谓法性常住，齐三光之明；我皇福臻，同二仪之固。伏见御制众经论序，照古腾今、理含金石之声，文抱风云之润。治辄以轻尘足岳，坠露添流，略举大纲，以为斯记。

太宗的《大唐三藏圣教序》和皇太子李治撰写的《述三藏圣教序记》一时被传为佳话，为唐代佛教文化中的"双璧"，后有寺主圆定将二序文刻于金石，藏于大慈恩寺，后来沙门怀仁又集王羲之之草书而拼成碑文，这两篇文章很快就风行天下，至今被传为名帖。

四、出任住持　大慈恩寺落成

贞观十年（636年）六月，太子李治的生母唐太宗文德皇后（即长孙皇后）去世，葬于昭陵。贞观二十二年（648年）十一月，为纪念文德皇后，追荐冥福，太子在长安城南郊风景秀丽的隋朝无漏寺旧址上建造慈恩寺，寺名意在报答慈母的养育恩德。慈恩寺的规模浩大，有院落十余座，房屋一千八百九十七间。寺院竣工之前，因为僧人尚缺，奉太宗皇帝敕旨，剃度僧人三百人，另请五十位名僧落户慈恩寺，并由太宗皇帝赐寺名为"大慈恩寺"，邀请玄奘去慈恩寺主持。为了便于玄奘主持译经工作，专门又建了一所翻经院。这时候的玄奘已到了知天命之年（五十岁），译经

上／大慈恩寺玄奘三藏院全景
下／大慈恩寺玄奘三藏院

左／玄奘三藏院照壁——法门领袖
右／玄奘三藏院照壁——民族脊梁

的紧迫感愈剧，对于译经，玄奘也更为勤勉。

十二月，举行大慈恩寺落成典礼，迎请佛像，以及举行隆重的玄奘升座仪式。太宗又下旨，令太常寺卿江夏王道宗，率领九部乐乐队，万年县县令宋行质、长安县县令裴方彦，各率本县的乐队，合同诸寺的幢帐，汇集到安福门街，迎请佛像、佛经。迎请队伍高举佛像，沿街游行，声势浩大，场面壮观。其中有皇宫捐出的绣画等二百多面、金银佛像两尊，还展出了玄奘从印度带来的佛经、佛像、佛祖舍利，此外还有金缕绫罗幡五百面。在迎请佛像的队伍中，还有龙幢戏，以及耍龙灯、狮子舞、踩高跷、走绳索等多种形式的表演，深得群众的欢迎。高僧大德乘坐五十辆彩车，僧人手持香花，吹奏梵呗，念着经文，紧随其后。文武百官及随从侍卫列队陪从。后面跟着的是万年、长安两县的民间乐队，吹拉弹唱，给游行队伍增添了许多喜庆的气氛。

迎请佛像、佛经的游行队伍，浩浩荡荡，绵延数里，长安的大街小巷也满是围观的群众。皇太子李治唯恐人多出现差错，派尉迟绍宗、王文训率领一千多名东宫的士兵，维持游行秩序。唐太宗与皇太子，还有后宫的嫔妃、宫女，登上安福门楼，观看游行。这天，长安城内仿佛过节一般热闹，人山人海，游行队伍经

上｜玄奘三藏院大遍觉堂
中｜长安大慈恩寺
下｜大慈恩寺玄奘生平年表

过的街巷，家家户户焚香迎送。

贞观二十三年（649年）四月，唐太宗还驾长安南郊的翠微宫，皇太子及玄奘一并陪同。太宗与玄奘谈玄论道、问因果报应以及在印度瞻仰佛陀圣迹、巡礼佛教圣地的见闻。玄奘在说到佛理时，经常引经据典，深入阐释，太宗听得津津有味，被玄奘精彩的论辩所吸引。太宗拉着玄奘袈裟的衣襟，深有感触地说："朕与法师相见恨晚呀，未能帮助法师广兴佛教事业，遗憾呀！"此时，太宗皇帝因为多年征战，身心疲惫，他也进入了暮年，精力不济。

太宗皇帝回翠微宫时，虽然疲惫，但是精神状态很好，没有什么异样；到了五月上旬，偶感风寒，稍微有点头疼，不过仍然留玄奘在宫中安歇，便于早晚谈论佛学。当月二十六日，太宗驾崩于皇宫含风殿。当时隐秘不宣，等到将太宗皇帝的棺椁运回京城长安时，才对外发丧。

永徽元年（650年），高宗李治即位，时玄奘五十一岁，仍在大慈恩寺专心译经。这一时期是他翻译佛经进展最快的时期，他制定有一套自我约束的进度表，每日必须坚持完成。慧立在《慈恩传》中这样记载："专务翻译，无弃寸阴，每日自立课程，若昼日有事不允，必兼夜以续之。"因此他常常"至三更暂眠，五更复起"，读诵梵本，用朱笔点定次第，并安排明日的翻译节目；每日斋罢至黄昏，还抽出二时讲新经论，诸州学僧常来决疑请益；既兼上座之任，寺内管事的僧侣常有寺务请示，皇室也常有佛事相询；入夜，寺内弟子百余人都来请益，盈廊满庑，玄奘一一曲为酬答，务使满意称心而退。在他的管理下，大慈恩寺各项工作井井有条，忙而不乱，译经、讲经、诵经、佛事，都有条不紊。

玄奘也关心教育后代。据文献记载，玄奘译经期间弟子众多，门下当时号称三千，达者七十，但素位而不传其名的居多，其中唯窥基、圆测为杰出，普光、神昉、辩机、法宝、神泰、靖迈、怀素、顺景、道世、慧立、彦悰、宗哲、嘉尚、利涉等均有所建树，著称于世，而圆测、顺璟之学，影响及朝鲜古代佛学。在众多弟子中间，受他感化最深，业已对他帮助最大的，要算辩机、慧立、道宣三人，他们都对译经事业做出过出色的贡献。如果说译经是正事，玄奘真可谓杂务缠身，不过他都能从容处理，而且没有半点倦容。这位长安的大忙人，抽暇还和诸大德讲说西方圣贤立义、诸部异端，及年轻时周游五印度各国有趣的故事，还念念不忘乘机诱导来访的王公卿相，使他们能发心向善。由于玄奘学养深厚，见识又广，说法不令人厌倦，所以效果极佳。他这样高论巨谈，津津有味，天天如此，暮年不衰，古人称"学而不厌，诲人不倦"，玄奘可以说是当之无愧的。

永徽二年（651年），玄奘译《大乘大集地藏十论经》十卷、《受持七佛名号所生功德经》七卷、《大乘成业论》一卷、《阿毗达磨俱舍论》三十卷。

永徽三年（652年）春三月，五十三岁的玄奘，忽然想起在从那烂陀寺回来前，印度那位耆那教徒为他占卜后所说，他应该早两年就圆寂了。看来，他积的功德已使他延长了寿命。至后，他对译经事业更加信心百倍。这一年，为了安置从印度带回来的佛经佛像，防止遗失和火灾，经高宗同意，玄奘亲自主持在大慈恩寺西院修建砖塔。开工奠基之日，玄奘亲写《愿文》述愿，并亲自背竹筐搬运砖石。这座砖塔，当时完全是模仿印度窣堵波式样，与中国一般木塔不同，共有五层，总高一百八十尺，每层中心都设石龛，中间供奉舍利或一千，或二千，共有一万余粒。最上的一层，完全是石室。塔的南面立起两座大碑，上面分别刻着唐太宗李世民的《大唐三藏圣教序》和高宗李治的《述三藏圣教序记》，是唐朝大书法家褚遂良所书。这座宝塔，因工程浩大，前后建了两年方才完工。这便是有名的慈恩寺塔，现称之为大雁塔。

可是到过西安大雁塔的人，都知道今天的大雁塔不是印度式。原来玄奘当年所建的塔，确是仿印度窣堵波式，只因到了嗣圣年间，旧塔崩坏，武则天和一些王公大臣施钱重建，高十层，改名"大雁塔"（雁塔的意思，是因为从前达亲国有迦叶佛伽蓝，穿石山

大雁塔

做塔五层，最下面一层作雁形，所以叫作雁塔）。唐朝大诗人杜甫、岑参、高适都曾登上此塔，作诗唱和。后来几经战火，此塔只留下七层，唐朝的学士在考取进士后，都要到大雁塔去题名，叫作"雁塔题名"，宋、元、明、清都保存了这个旧制，所以塔前的石林碑碣到处可见。

永徽四年（653年）夏五月，中印度国摩诃菩提寺大德智光（即师子光）和慧天，派遣同寺法长和尚跋涉万里带信一封、白布两匹，送给玄奘，表达友谊之情。他们都是玄奘在印度那烂陀寺学习时的同窗好友，对玄奘尤为敬仰。师子光是戒贤大师的高足弟子，大小乘及印度各派学说莫不洞悉，五印度学者都所共仰；慧天对小乘十八部研究很深，融会贯通，也是一位有名的学者。玄奘在印度的时候，常与之共切磋，他们固守偏见，玄奘时加批评开导，并对他们十分友好；曲女城大会时，他们又深受教育，师子光接受意见，甚是感谢。自曲女城分手之后，一别十余载，二人怀念玄奘。是年玄奘译《顺正理论》八十卷。

玄奘见到来自中印度的法长，感动得说不出话来，他用颤动的双手拆开信封，一行行读了下去，信里写道：

微妙吉祥世尊金刚座所摩诃菩提寺，诸多闻众所共围绕上座慧天，致书摩诃支那国（中国）于无量经律论妙尽精微"木叉阿遮利耶"（指玄奘），敬问无量少病少恼。我慧天苾刍（慧天自称）今造《大神变赞颂》及诸经论比量智等，附苾刍法长将往。此无量多闻老大德阿遮利耶智光（师子光），亦同前致问邬波索迦日授，稽首和南。今共寄白氎一双，示不空心。路远莫怪其少，愿领。彼须经论，录名附来，当为抄送"木叉阿遮利耶"愿知。……

这一封信，表示了一千三百多年前中印两国人民的真诚友谊。

玄奘接见法长，一时悲喜交加，从前在印度游学的各种情景，又都涌现在脑际；可是关塞遥隔，宛如另一世界。动问之下，知道戒贤法师已经圆寂，玄奘心中不胜悲痛。玄奘在那烂陀寺的时候，受戒贤法师教育最深，其崇高的人格、渊博的学问，以及临别前亲自扶杖送行，谆谆叮嘱，玄奘铭记在心。他苦留法长在长安住了两年，到永徽五年（654年）方才回去。玄奘写了两封回信，一封致师子光，一封致慧天，并各致信物。这两封信中，充分洋溢着中印两国人民之间的友谊和玄奘的一片向往之诚。他写给师子光的信大意说道：

> 大唐国苾刍玄奘，谨修书中印度摩揭陀国三藏智光法师座前：自一辞违，俄十余载，境域邈远，音徽莫闻。思恋之情，每增延结。彼苾刍法长至，蒙问，并承起居康予，豁然目朗，若睹尊颜。踊跃之怀，笔墨难述。节候渐暖，不审信后如何？又往年使还，承正法藏大法师（指戒贤法师）无常，奉闻摧割，不能已矣。呜呼，可谓苦海舟沉，天人眼灭，迁夺之痛，何期速欤？…玄奘昔因问道，得予参承，并荷指诲，虽曰庸愚，亦蓬依麻直。及辞还本邑，嘱累尤深，殷勤之言，今犹在耳。冀保安眉寿，式赞玄风，岂谓一朝，奄归万古，追惟永往，弥不可任。惟法师夙承雅训，早升堂室，攀恋之情，当难可处，奈何奈何！

最后叙述了自己致力翻译佛经以及流传邻国的情况，并把渡印度河时所失佛经一驮开列目录，希望将来有便，请设法抄送托人带来。另外写给慧天法师一信，内容大同小异。从这些信札里，可以看出一千三百多年前中印两国的几位法师之间交情之深厚，万水千山却阻隔不了两国人民之间的交往，这是中印两国人民友好往来的历史见证。

玄奘送别法长，直送到十里长亭，再三珍重道别，一直到法长看不见了，才挥泪返回。是年译《大阿罗汉难提蜜多罗所说法住记》一卷、《称赞大乘功德经》一卷、《拔济苦难陀罗尼经》一卷、《八名普密陀罗尼经》一卷、《显无边佛土功德经》一卷、《胜幢臂印陀罗尼经》一卷、《持世陀罗尼经》一卷。

永徽四年（653年），五十四岁的玄奘还在大慈恩寺收了一位日本留学僧道昭，从玄奘学习法相宗经论并习禅学，学成归国后开创日本法相宗。据《续日本纪》记载，"孝德天皇白雉四年（653年）道昭随遣唐使入唐，适遇玄奘三藏，师受业焉。三藏特爱，令住间房"，记述了其学于玄奘，被玄奘特别爱护之事。道昭是日本大化革新后，由遣唐使吉士长丹、吉士驹率领的日本学问僧，与其他人等共一百二十一人，由北路入唐的。这次入唐的学问僧共十四人，他们是道严、道通、道光、定慧、惠施、觉胜、辨正、惠昭、僧忍、智聪、道昭、安达、道观等。道昭从玄奘学习期间，与窥基同禀法相教义，加意教诲，后并令至相州隆化寺从慧满禅师学习禅法，慧满委曲开示，付以《楞伽经》。道昭习禅后又至长安从玄奘学唯识学，他认为唯识学是很新的佛学思想，所以潜心苦学，约在齐明七年（日本纪年1321年，公元661年）归国，道昭在长安一共待了八年。相传，临走时玄奘赠给他两件礼物：一件是《佛舍利经论》译文，一件是煎药用的铛子。玄奘还特意对道昭说："这是药铛子，是我从西域带回来的，用它煎药养病，无不神验。你带上它，自有用处。"

说来也巧，道昭和尚一行在乘船回国途中，有不少人生了病，他就用玄奘的这个药铛子煎药熬粥，病人果然很快就康复了。但出了件怪事，道昭乘坐的船在海上航行了七天七夜，但总是到不了日本海岸。为什么风顺而船总是不能前进呢？大家都很慌乱纳闷，船上有一位术士便占了一卜，说是海龙王要一个宝贝，就是玄奘的药铠子。船上的人当即嚷嚷起来，都说赶快把药铠子送给龙王吧，否则大家就没命了。但是道昭舍不得，说："药铠子是师父玄奘大师送给我的，怎么能送给龙王呢？"大家硬是不依，苦苦哀求，非要他把药铠子扔进海里，献给海龙王。道昭无奈，只好依从，结果那只船很快就平安靠上了日本海岸。这个动人的传说，反映了玄奘在日本人民心目中的崇高声誉和美好形象。

长安古城墙

道昭回国后，把携带的大批经论置于平城右京禅院，又建禅院于元兴寺东南隅，盛弘法相宗，日本始闻唯识之旨，称法相宗为第一传，成为日本南部六宗之一。在道昭还在长安时，另有智通、智达两位留学僧也受业于玄奘、窥基，是日本法相宗的第二传。玄奘圆寂后，至武则天长安三年（703年），又有日本僧人智凤、智鸾、智雄相偕入唐，受业于玄奘的高足智周门下，他们回日本后因意见与第一、二传者略有不同，结果形成两派，玄奘亲授的成为南寺派，智周口授的成为北寺派，是日本法相宗的第三传。到唐开元四年（716年），智凤出色的再传弟子玄昉，也渡海入唐，仍就玄奘的高足智周门下，学习法相教义。玄昉在唐十八年，荣蒙唐玄宗的敬重，曾委以高官，御赐紫衣。玄昉业成后，携带经论五千余卷和大量佛像回国，住在日本奈良的兴福寺弘扬法相宗，此为日本法相宗第四传，又叫兴福寺传，或北寺传，与法相宗南寺传相对。

玄奘的法相宗从第一批留学僧道昭起到第四批玄昉止，传入日本先后有七十多年，在日本的各个时期，均对日本佛教史影响重大，从而奠定了日本佛教的基础。时至今日，在日本的文化古城奈良的著名六大寺（法隆寺、药师寺、兴福寺、东大寺、西大寺、招提寺）中，法相宗仍占绝对优势。药师寺今为日本法相宗总部所在地。

法相宗第一传人道昭归国后，还周游各地，除弘法外并凿井架桥，致力于公益事业，文武四年（日本纪年1360年，公元700年）卒，年七十二岁，尊命荼毗（火葬）于栗原，为日本火葬之始。同时道昭从慧满习禅，归国后建禅院传法，又为日本禅宗的始创者。

玄奘的法相宗传入日本及弘扬佛教文化的不世之功深深地感震着日本人，至今他们对玄奘还无限地崇拜。在每年到中国的旅行者中，有成千上万人到偃师市的玄奘故里朝拜、祈祷。

发生在永徽四年（653年）玄奘在慈恩寺译经期间的这两件事，在唐代外交史上，是极不平凡的历史一页，这在公元七世纪和一千三百多年后的今天来看，都极具深远影响。印度法长和尚来唐、日本国遣唐使道昭入唐，说明了盛唐王朝和中印、中日两国人民的友好情谊和文化交流在当时已发展到相当高的高度，为历代学者所称誉。因为它为二十一世纪的中印关系、中日关系和中国如何走向世界提出了鲜明的课题。

关于这段历史，我们需要看一看文献怎么记载，据杨廷福《玄奘年谱》载："五月，法长自印度来唐，抵长安谒玄奘，携来中印度摩诃菩提寺智光、慧天的问候书信，并寄白氎一双，表示慕忱。"白氎又作白叠，即白棉布。《史记·货殖列传》《正义》："白叠，木棉所织，非中国所有也。"《梁书》卷五十四"高昌国"条："多草木，草实如茧，茧中丝如细纻，名为白叠子，国人多取织以为布。布甚软白，交市用焉。"《法显传》叙"竭叉国"云"诸白叠种种珍宝"，又《梁书》卷五十四叙"揭盘陀"云："风俗与于阗相类，衣吉贝布。"可知高昌种植的白氎织布系从葱岭以西传来，在我国未种植棉花前，是颇为珍贵的。法长来唐，《慈恩传》失载其年代，仅云"夏五月乙卯"，梁启超《玄奘年谱》（以下简称《梁谱》）系于永徽四年，刘汝霖《唐玄奘法师年谱》（以下简称《刘谱》）、曾了若《玄奘法师年谱》（以下简称《曾谱》）同作永徽三年。陈援庵先生《书内学院校慈恩传后》云，夏五月乙卯承上文当为永徽三年。然永徽三年五月丁巳朔，无乙卯，非同卷第十三页之三年有误，即此五月乙卯有误。考《慈恩传》载永徽三年春玄奘始于慈恩寺西院营造雁塔事，云"首尾三周（年），功业始毕"，其后即述夏五月法长将书并赍赞颂及白氎两端事，虽未明记其年代（《慈恩传》无永徽四年的记载），在造塔之后，即第二年事。又《续传》《行状》并叙塔成后又追入内于修文殿翻《发智》等论，亦可旁证法长来唐当在建塔之后。《刘谱》《曾谱》系于永徽三年，盖未审其先后，以为夏五月即是永徽三年，遂致误。《梁谱》作四年，固是，但《梁谱》又谓是年"寄书问讯师之"，则非。盖报书明在五年二月，法长辞还之时也。①

《慈恩传》卷七："夏五月乙卯，中印度国摩诃菩提寺大德智光、慧天等致书于法师。光于大、小乘及彼外书、四韦陀、五明论等莫不洞达，即戒贤法师门人之上首，五印度学者咸共宗焉。慧天于小乘十八部该综明练，匠诱之德亦所推重，法师游西域日常共切磋。彼虽半教有功，然未措心于《方等》，为其执守偏见，

---

① 杨廷福著：《玄奘年谱》，中华书局，1988年，第255～256页。

法师恒诋诃。曲女城法集之时，又深折挫，彼亦愧伏。自别之后，钦伫不忘，乃使同寺沙门法长将书，并赍赞颂及氎两端，揄扬之心甚厚。"

第二件事文献亦记载较详，《玄奘年谱》载："日本学问僧道昭入唐，至长安就玄奘学法相宗经论并习禅学，学成归国后开创日本法相宗。"① 据日本《续日本纪》和《元亨释书》卷九、《本朝高僧传》卷一、《三国佛法传通缘起》卷中《法相宗》及《宋史》卷四九一《日本传》等载，道昭于孝德天皇白雉四年五月（日本纪元1313年，公元653年）随遣唐使吉士长丹至长安，受学于玄奘之门，玄奘命共房舍，与窥基同禀法相教义，加意教诲，后并令至相州隆化寺慧满禅师（禅宗二祖慧可弟子）处学习禅法，慧满委曲开示，付以《楞伽经》。同时由于道昭从慧满习禅，归国后建禅院传法，又为日本禅宗的始创者。道昭卒后，唐朝神秀再传弟子道璿（普寂门徒）去日本，为日本禅宗第二代传人，从此禅宗的北宗在日本作为一个宗派而存在。

五、吕才发难　因明论著起风波

玄奘与武则天都各自有着传奇式的经历，他们为自己的事业不懈奋斗，以相互二十多岁的年龄差距，完成了法门领袖与大周国主的巧妙合作。他们之间既有富于人情味的人际关系，又有宗教与政治的相辅相成。所以，在高宗时代，玄奘与武则天也有着非常密切的关系。

高宗永徽六年（655年），武则天被册立为皇后，第二年年初即废太子忠为梁王，改立自己所生才四岁的李弘为太子。正月二十三日，唐高宗命玄奘在大慈恩寺为太子置五千僧斋，敕遣朝臣都来行香。玄奘尽其所能主持这一巩固武则天母子地位的大型

---

① 杨廷福著：《玄奘年谱》，中华书局，1988年，第256～257页。

法会，高宗和武则天非常满意。

显庆元年（656年）十一月，武则天有孕在身，分娩在即，她害怕难产，即召见玄奘，请求佛祖垂加保护。玄奘立即诵经、祈祷，并启武则天曰："圣体必安和无苦，然所怀者是男，平安之后，愿听出家。"武则天很高兴，当蒙敕许。至十一月五日，皇后赏赐他纳袈裟一领，并杂物等数十件。法师启谢曰：

> 沙门玄奘启。垂赉纳并杂物等，捧对惊惭，不知比喻。且金缕上服，传自先贤，或无价衣，闻诸圣典，未有穷神尽妙，目击当如今之赐者也，观其均彩浓淡，敬君不能逾其巧；裁缝婉密，离娄无以窥其际。便觉烟霞入室，兰围在身，旋俯自瞻，顿增荣价。昔道安言珍秦代，未遇此恩；支遁称礼晋朝，罕闻斯泽。唯玄奘庸薄，独窃洪私、顾宠循躬，弥深战汗。伏愿皇帝、皇后富众多之子孙，享无疆之福祚，长临玉境，永御宝图，覆育群生，与天无极。不任惭佩之至。谨启谢闻。施重词轻，不能宣尽。

十二月五日，满月，高宗批准为佛光王度七僧，并请法师为王剃发。随后，玄奘大庆佛光王满月，进呈法服。在为佛光王剃度之前，玄奘因旧疾复发，病情较重，高宗和武则天特遣御医为他治疗，五天之后才痊愈。高宗不放心，就把玄奘接进宫中居住，继续他的译经之作，佛光王就在他住的旁边宫中被抚养。

后来武则天极力提倡崇佛，却利用权力使佛教为她称帝制造舆论，她在玄奘圆寂二十六年后，还命人伪造佛经《大云经》，说她是弥勒降生，当应代唐为阎浮提（阎浮提即南赡部洲）主。

永徽六年（655年）夏五月，玄奘五十六岁，在大慈恩寺译经。因玄奘在贞观二十三年（649年）译印度逻辑学的专著《因明入正理论》和《因明正理门论》后，门下弟子竞造文疏，各申己见，吕才为著《因明注解立破义图》三卷（已佚），对玄奘门徒神泰、靖迈、明觉的著作，提出四十余条不同意见，展开了学术争论。七月一日（己巳），慧立致书于志宁提出反驳。十月一日（丁酉），太常博士柳宣作《归敬书偈》（见《广弘明集》卷二十二），"以檄译经僧众"。四日（庚子），明濬又著《答柳博士书》。"七日（癸卯），柳宣又激吕奉御（才）因奏其事"，高宗敕令"遣群公学士等往慈恩寺请三藏（玄奘）与吕公对定"。这次学术辩论，据佛教徒的记载以"吕公词屈，谢而退焉"告终。（详见《慈恩传》卷八，参见《广弘明集》卷二十二、《宋高僧传》卷十七《慧立传》）

关于玄奘在译经期间，因"因明论著"发生的学术辩论风波，《慈恩传》卷八用六千六百多言作了全面记述，客观地阐明了这场学术辩论的始末，可见玄奘对此事件的重视程度，笔者兹就事件本身删繁就简地作一介绍，以示读者。

玄奘在高宗永徽六年（655年）五月间，翻译出《因明论》，有神泰法师等各造义疏，解释玄奘所译的《因明论》，当时因明学风大盛。

五月，译经僧栖玄法师将因明二论抄送给好友吕才，并附书云："此论极难深究玄妙，比有聪明博识，听之多不能解。今若复能通之，可谓内外俱悉矣。"

吕才开卷阅读，一时难明义趣。栖玄法师就说他："吕公研味于六经，精通百家学说，阴阳、律吕无所不晓。又听说你从来未读过《太玄》，诏问之下，须臾即解；连失传已久的周武《象戏》，你也能在一宿之间作图解释。但以你有限之心来穿凿那些外典尚可，至于甚深微妙的佛法，不是你看几次就能明白的。"

栖玄法师的话激怒了恃才傲物的吕才。

于是吕才强加披阅《因明论》，反复再三，终于略微了解其中的理趣；在此基础上，又借得神泰、靖迈、明觉三位法师的义疏进一步研习，发现三位法师虽然同禀玄奘法师口义，却因理解不同，所说互有出入，进而怀疑是玄奘法师宣译有误，导致他人发生歧解。于是，他对三法师所说认为合理的，就成其所说，加以论证；有疑点之处，就立而破之，共列出四十多条质疑，并加以驳斥，写下图文并茂的《因明注解立破义图》三卷，对因明学提出破义，并指明要玄奘三藏出来与他辩难释疑，为免误导众生，译经场慧立法师（即《慈恩传》著者）致书左仆射于志宁，斥责吕才的狂谬，由此引起了一场关于因明学的论战。

不久太常博士柳宣作《归敬书偈》，送给译经院的大德们，其书认为，自古以来译经释义的僧人，未必真能得意忘象，领会经中玄理。而儒士处俗，虽不事佛门，也未必不能得其真谛，说吕才作《立破义图》，也是意在弘宣佛教，若其说得合理，就应加以肯定；对其不合理者，也应指其所短。

于是译经场明濬法师作《还述颂》后，再次训斥了吕才的妄举。

柳宣收到明濬法师的《还述颂》后，与吕才一起将此事奏表朝廷。

高宗闻奏，即颁旨敕遣诸公卿学士前往大慈恩寺，请玄奘法师裁决。

玄奘法师当时专心译事，对僧、儒关于因明学之争并不在意。既承君命，玄奘法师就在大慈恩寺与吕才对定因明。

玄奘法师首先向吕才详细地介绍因明学的基本格式和主要概念的含义，以及因明学的性质和理论特点，同时也毫无偏袒地指出三位法师的义疏也有不当之处；接着对《立破义图》提出的四十多条质疑一一做出解释，指出吕才不仅在立论方面有误，而且对《因明论》的译文产生了误解，导致概念混乱，尤其是在不懂梵文及梵汉翻译之法的时候，断章取义，擅自改动译文，致使错上加错。

玄奘法师一席千言，吕才心悦诚服，向玄奘法师当面道歉，谢罪悔过，并请求皈依三宝。玄奘法师随即就为吕才等人授菩萨戒，并传授西域带回之《十二月礼佛文》。

此次学术辩论，历时半载，既"媒衒公卿之前"，又"嚣喧间巷之侧"，实际上是永徽年间以唯物论思想家吕才为代表的和以唯心主义佛教徒为代表的上自公卿，下至闾巷的大辩论。据彦悰《集沙门不应拜俗等事》卷五、吕才《议僧道不应拜俗状》与《旧唐书》卷七十九、《新唐书》卷三十二本传，吕才从传统的儒家政治、经济、伦理观点出发以维护王权而抑制教权，与傅奕（傅奕并综合道家学说）、颜师古、孔颖达等的观点相同。惜吕才原著早佚，仅存其《自序》于《慈恩传》中，其有关因明学著作的内容已无从考见，今天只能从其《自序》与《慈恩传》及慧沼《因明义断》、日本善珠《因明论疏明灯钞》的转述中窥见一二。

　　唐高宗显庆元年（656年），玄奘从贞观十九年（645年）开始译经，到这时已历十二年，已经完成很大部分，但仍然手不辍笔，孜孜不倦。鉴于上年译因明论的是非纷争，玄奘更加意识到要"弘扬佛法"，必须得到帝王和朝廷的支持，故乘黄门侍郎薛元超、中书侍郎李义府来拜会之际，请他们转奏高宗援以往成例，由朝廷简派大员监阅、襄理译事，又请高宗撰写大慈恩寺碑文。

　　第二天早朝，二人代为陈奏，唐高宗听了，一一照准，几天后传下旨来，敕令左仆射于志宁等六名朝廷学士，为玄奘助译。这六名学士是：太子太傅尚书左仆射于志宁、中书令兼检校吏部尚书南阳县开国男来济、礼部尚书高阳县开国男许敬宗、黄门侍郎兼检校太子左庶子汾阴县开国男薛元超、中书侍郎兼检校右庶子广平县开国男李义府、中书侍郎杜正伦。假若还需要学士，可酌情再添二三人。罢朝以后，高宗又派内给事王君德来见玄奘，说道："法师要求派文人帮助译经，已经派定于志宁等六位学士前来执笔。至于大慈恩寺碑文，必须寡人自修，不知称否法师之意？"玄奘听了十分高兴，第二天亲率寺僧进表陈谢。

　　前时唐高宗应玄奘奏请为大慈恩寺作一篇碑文，不久碑文写好，让太尉长孙无忌宣示百官。文章里除了赞扬佛法，表彰玄奘万里西行取经之外，又歌颂自己的生母文德圣皇后的德慧功德，宣扬儿子的孝思，如"霜露朝侵，风枝夕举，云车一驾，悠哉万古！"等，群臣上表陈谢，无不称颂。朝廷后派礼部尚书许敬宗将碑文送达大慈恩寺，亲交玄奘。碑文既好，玄奘想要找一位大书法家写碑方好，想来想去，当代书法家虽多，但高宗也是位书法家，不如请他自写更好，遂上表请高亲御笔自书，勒石刻碑，以垂永久，高宗允诺。四月八日，碑文写就，又物色名匠刊在石上。原来唐高宗本擅长楷、隶、草、行各体，尤精"飞白"一体，碑文用行书体，另外又用"飞白"体写了"显庆元年"四字，十分神妙。此碑刻成后，先是立在宫内，来看碑文的，文武百官每天都有数百人，三品官以上的，都上表要求拓碑，有诏许可。

玄奘奏请高宗促成此事，心中十分高兴，为了表示佛教在中国的盛行，借助为大慈恩寺立碑，他号召长安僧尼，集合起来，各带幢盖、宝帐、幡旗、鲜花，举行一次盛大游行。朝廷也发下太常寺九部乐，长安、万年二县音乐队，并送幢幡百余起、音乐车千余乘，来参加游行。

显庆初年，正是唐朝经过"贞观之治"后比较太平的时期，民间物力充盈，市场繁荣，加上当时佛教盛行，各寺陈设，穷极奢华。此次游行等于迎神赛会，也是唐初规模较大的一次。

经过充分的准备，到了四月七日晚上，各寺僧侣齐集城西安福门大街。可偏偏天公不作美，到了夜里竟下起雨来。高宗下旨，暂停游行，并令迎玄奘法师到宫内休息。到四月十日这天，风和日丽，春光明媚，大队游行开始，仪仗乐队，宝盖幢幡，依次排列，从芳林门到大慈恩寺不下三十里，但看宝盖蔽日，飞幡夹道，一路之上，耍龙灯的，舞狮子的，踩高跷的，跑旱船的，鱼龙漫行，百戏杂陈，热闹非凡。大队经过的地方，家家焚香，户户念佛，长安城内看热闹的不下百万人。唐高宗和武则天也登上安福门门楼，看那游行队伍，浩浩荡荡直奔大慈恩寺而去，前面的已走得望不见了，后面的队伍还在行进不已。

大队到了慈恩寺，还要举行安碑典礼。寺里已在佛殿东南角造起一座御碑亭，这御碑亭上是飞檐复宇，下面雕栏玉砌，亭顶有仙掌露盘，和宝塔形状一样。到了四月十五日释迦佛生日这一天，又度僧七人，大张筵席，斋请各寺僧人两千，殿上陈九部乐，殿下演奏杂技，一直热闹到晚上方散。

玄奘的心事，到了这时，除了佛经尚未翻译完毕以外，可以说大部分已了。他平生立志，第一到印度取经，第二翻译佛经，第三宣扬佛法。在取经的时候，他不辞千辛万苦十七年总算达到了目的。回国后，经过无数次说法讲经，又举行了一系列佛教徒迎佛、迎经的大游行，通过唐朝的两代皇帝和武则天的支持，联系了国内一些名流学者、国外的高僧大德和众多弟子，宣扬佛法的目的也可说是已经达到。可是最重要的翻译事业还没有完成。于是他暗下决心，拿出当年取经的毅力，集中精力翻译佛经，以完成他的未竟之业。

玄奘从显庆初年（656年）七月二十七日开译《阿毗达磨大毗婆沙论》二百卷，直到显庆四年（659年）七月三日毕，整整译了近三年时间才译完这部大著。译此论嘉尚、大乘光笔受，神察、辩通执笔，栖玄、靖迈、慧立、玄则缀文，明珠、慧贵、法祥、景慧、神泰、普乐、善乐正义，义褒、玄应正字。从人员名单上可看出译此部经时班子之大，翻经僧之精超过其他。相传《阿毗达磨大毗婆沙论》义为广泛解说经论的作品。凡治法相唯识学说，必先精通《毗婆沙论》。玄奘为了将此宗学派的学说来龙去脉厘清，故将本论重译完竣。

显庆二年（657年），高宗正式以洛阳为东都，两年后武则天就与高宗迁居东都。其原因有二：一说是关中粮食不足；另一说是武则天曾在长安为尼，想易地以恣意行乐，所以朝廷就设在洛阳。这年初春，玄奘又陪高宗和武则天来到洛阳，住在积翠宫继续译经。当年四月，高宗到明德宫避暑，玄奘陪同前往。五月，玄奘奉诏回到积翠宫继续译经。无论玄奘走到哪里，译经工作始终没有停止。

玄奘伴驾洛阳期间，特向高宗请假回故乡缑氏县陈河村。因为他从小离开家乡，从出家到国内游学，这是他一生中第三次回到故乡,也是最后一次。访问之下,一班亲戚故旧,凋零殆尽,这次回到故里,真有"少小离家老大回,乡音无改鬓毛衰"之感。到了老家一看,已经没有一个亲人,再三打听,才从一个乡邻老者口中知道大哥已于永徽元年(650年)去世,两个侄儿也在荒年中离开故土到山西逃荒,十余年杳无音信,还有一个老姐,家住瀛州的张氏,便派人接回,姐弟二人,相见之下,悲喜交集。玄奘本是个热血男儿,回忆儿时家庭生活,也不免掉下泪来。他又问父母坟墓是否合葬,姐姐带他沿休水河向上走去,但见一堆黄土,风木凄凉,荒颓不堪。玄奘站立父母坟前沉思良久,在他的记忆中,又现出慈父当年谆谆教导的面貌、慈母关怀备至的容颜,只是这一切幼年时的情景,都好像隔着一层纱幛,年深日久,已有些模糊,可望而不可即了。玄奘有心把父母改葬,另选一处较高燥的地方,但是一想自己一生致力于取经译经,除了一身之外,别无长物,哪里有钱进行改葬?于是他奏请高宗,许他将父母改葬西原。

玄奘进表曰:"玄奘不天,夙种荼蓼。兼复时逢隋乱,殡掩仓卒。日月不居,已经四十余载,坟陇颓毁,殆将湮灭。追惟平昔,情不自宁。谨与老姊一人,收捧遗柩,去彼狭陋,改葬西原,用答昊天,微申罔极。昨日蒙敕放玄奘出三两日检校。但玄奘更无兄弟,惟老姊一人。卜远有期,用此月二十一日安厝。今观葬事尚寥落未办,所赐三两日恐不周帀。望乞天恩听玄奘葬事了还。又婆罗门上客今相随逐,过为率略,恐将嗤笑。不任缠迫忧慑之至。谨附表以闻。伏乞天覆云迴,曲怜孤请。"[①]

高宗览表后准其奏,叫洛阳尹代为料理改葬,所有一切费用都由官给。旨意一下,官厅竭力代为张罗,玄奘的旧日亲友,也都赶来帮忙。到了改葬这一天,洛阳一带道俗赶来观礼的不下万人。这时印度也派有僧人在中国,听说玄奘父母改葬,亲自赶来参加典礼。玄奘无限感谢,特别加以款待。

[①] (唐)慧立、彦悰著,孙毓棠、谢方点校:《大慈恩寺三藏法师传》,中华书局,1983年,第204~205页。

玄奘回到故乡就想起在故乡东南方三十里地的少林寺，这个已有半个多世纪的佛教圣地，也是风景名胜区域，是后魏孝文帝迁都洛阳时，在少室山北面营造的，因地势高下，有"上方""下方"之称，共分一十二院，东据嵩岳，南面少室，北依高岭，兼带三川。到处飞瀑流泉，松柏交翠，是一个十分幽静之处，西北山边有菩提留支译经的地方。隋大业末年，农民起义，洛阳一带频经兵火，这座少林寺保存还算完好。寺西北岭下，缑氏县东南之凤凰谷，那便是玄奘出生的地方。玄奘回到家乡，见故乡风景秀丽，山川似锦，觉得走遍千山万水，还是故乡可爱，不禁动了归乡之念。因此他第二次上表，要求在少林寺译经，以竟未了之业，兼以终其天年。这时玄奘已经五十八岁，的确有告老还乡、毕命山林的意思。可是唐高宗哪里肯放他还乡，仍要他居留长安，做一个"市朝大隐"，主要是想借玄奘发展佛教，继而笼络国人。玄奘见高宗不允，不得已仍回洛阳，住积翠宫继续译经。

自玄奘从故乡营葬归来，因译经不辍，年迈力衰，积劳成疾。唐高宗听到报告，叫内医吕弘哲前来看病，并致慰问。玄奘自觉心痛背闷，骨酸肉楚，饮食减少，力气渐微，知道病得不轻。但他置生死于度外，翻译未了，功德未满，仍坚持继续译经。到显庆三年（658年）正月，唐高宗和武则天从洛阳回到长安，玄奘也回到大慈恩寺。这一年，高宗为皇太子所建的西明寺落成，为了表示优礼，又请玄奘为其上座，从大慈恩寺搬到西明寺居住。七月十四日，举行迎佛大典，又是热闹非凡。

第十四章　千秋独步　创法相唯识正教

一、创宗立说　法相唯识留后世

隋唐是中国佛教的盛行时期。佛教宗派的形成，大体上从南北朝开始，当时只有学派，还尚未形成宗派。很多中外佛学研究者说中国在南北朝开始，就有十宗或八宗，但这些并不确切。梁启超先生《中国佛法兴衰沿革说略》中提到的宗有大乘摄论宗、小乘俱舍宗、十地宗、三论宗、法华宗、涅槃宗、天台宗、法相宗（唯识宗、慈恩宗）、华严宗、净土宗、律宗、密宗、禅宗，有人还添上地论宗、摄论宗。季羡林在《佛教十六讲》第十一讲中说："在这些宗派中，各宗都有自己的教规。律宗不能成为宗；净土宗没有自己的专有理论，也不能算宗；成实、俱舍只能算是学派；三论宗后被天台、禅宗所吸收，不能独立成宗。"能够成为宗派的只有天台宗、华严宗、法相宗和禅宗。天台宗源于北齐、南陈，创于隋，流行于江浙、湖北一带，倾向于统一综合，南方义学和北方禅定都去学习，企图通过禅定来证悟般若。华严宗兴起于陈隋之间，形成于武则天时，根据地在终南山和五台山。法相宗创始者为玄奘、窥基。禅宗源于北魏菩提达摩，盛于唐，先流行于庾岭、广东、湖南、江西，然后遍及全国，流行时间最长。

自南北朝以来，大量的佛经翻译过来了，印度佛教主要的经典几乎都有了汉译本，有的经典汉译本不只有一个，而是有许多个。中外僧徒翻来覆去地翻译，佛教宗派一个个地形成，佛教本身也在统治者扶持之下流行起来了。这时在佛教教义方面，矛盾和分歧突出出来了。大乘、小乘有矛盾，大乘中空宗、有宗又有矛盾。为了调和和弥补理论上的分歧，加强内部的团结，各宗派都建立了判教的体系。也就是说，各宗派都根据自己的观点、理论，把佛教各宗的理论加以批判、整理和估价。判教源于何时，现在还说不清，最早的有慧观法师，他曾区分顿、渐、不定三教。判教之说大概起源于北凉昙无谶，盛行于北方，与宗派的形成关系很大。

在这时候，各宗派讨论批判的理论问题很多，其中最突出的就是佛性问题。什么叫佛性呢？就是人能不能够成佛的问题。这个问题同西欧中世纪基督教神学家讨论一个针尖上能够站多少天使同样的荒诞不经，滑稽可笑。然而，在佛教徒看来，这却是一个天大的问题。为了麻痹善男信女，扩大自己的地盘，巩固自己手中的经济，他们必须提出这个问题，而且必须给予回答。

在印度佛教史上，虽然提法不同，这个问题也是有过的。怎样成佛，何时成佛，同在中国佛教史上一样，有许多说法。一般说起来，小乘要求比较高，也就是说，他们卖天国入门券，讨价高，出手比较悭啬。他们主张，必须累世修行，积累功德，然后才能成佛。后汉安世高所译的佛经大概都是这种主张。这样做当然比较艰苦，令人望而却步。这表现了守旧派为了维护人世间的不平等的封建等级制所进行的努力。又有人主张逐渐修行，到了一定阶段，来一个飞跃，然后再修行，即可成佛。道安就是这样主张。这比第一种说法容易一点，然而也还有不少的麻烦。这对于维护封建特权来说，是有好处的；然而对麻痹信徒来说，却有其不利的一面。天国入门券如果太贵，有些人就望望然而去之了。到了鸠摩罗什的大弟子竺道生发生了一个巨变。慧皎《梁高僧传》卷七《竺道生传》说：

> 于是校阅真俗，研思因果，乃立善不受报，顿悟成佛。

又著《二谛论》《佛性当有论》《法身无色论》《佛无净土论》《应有缘论》等，笼罩旧说，妙有渊旨。而守文之徒，多生嫌嫉，与夺之声，纷然竞起。又六卷《泥洹》[东晋义熙十三年（417年）译出——引者]先至京师。生剖析经理，洞入幽微，乃说"一阐提人皆得成佛"。于时《大本》未传，孤明先发，独见忤众。于是旧学以为邪说，讥愤滋甚。遂显大众、摈而遣之。……后《涅槃大本》至于南京，果称阐提悉有佛性，与前所说，合若符契。

北凉昙无谶译《大般涅槃经》四十卷本，卷二十二《光明遍照高贵德王菩萨品》中说："犯四重罪，谤方等经，作五逆罪，及一阐提悉有佛性。"

这说法与竺道生的说法完全相同。这真是石破天惊，佛坛佳话。中印相距万里，而想法竟如此相似。可见买廉价的天国入门券也是有规律可循的。麻痹信众，维护阶级利益，竺昙相同，这也大概可以算是阶级斗争的规律吧。南朝阶级斗争激烈，贫富悬殊，于是先秦两汉已经提出来的一个问题又被提出来了：人生有贵贱，人性是否也有贵贱呢？《涅槃经》解答了这个问题，佛教从般若学转到了涅槃学是佛教发展的一个关键阶段。般若和涅槃都属于空宗，但在佛性问题上，涅槃却抢先了一步。

其实这种想法在个别小乘经中，在大乘的《法华经》《维摩诘经》中已有所流露。《法华经》卷四《授学无学人记品》第九说："悉皆与授记，未来当成佛。"《常不轻菩萨品》第二十说："我不敢轻于汝等，汝等皆当作佛。"《法华经》还讲到龙女成佛的故事。到了《涅槃经》只是说得更具体、更切实而已。但是这种学说在南北朝时，庶族地主还没在政治上占重要地位，因而还没能得到广泛的承认。到了唐代，唐王朝统治者有意打击门阀士族，他们逐渐失势，庶族地主阶级靠科举往上爬，反映在佛教教义方面，顿悟成佛就大大流行起来，禅宗把这个学说发扬光大。源于北齐、南陈，创于隋，盛于唐的天台宗的祖师爷之一的湛然（711～782年）提出了"无情有性"的学说，把成佛的可能与范围更扩大了，意思是连没有情的东西，像草木砖石都有佛性，都能成佛，进入极乐世界，人类能成佛当然更不在话下了。

玄奘创立的法相宗怎样呢？

前面各个宗派都是属大乘空宗的。创于唐初的法相宗是属于有宗的。玄奘和窥基希望继承的是印度无著（约410～500年）和世亲（约420～500年）等大乘有宗大师的衣钵。这一派主张现实世界的一切事物都是众多感觉经验的集合体，都是"识"的变现。为了开辟通向最高境界、真如世界（变相的天国）的道路，法相宗提出了"三性""三无性"的学说。这一派完完全全接受印度瑜伽行派的关于八识的学说，说什么第八识阿赖耶识中包含着有漏种子和无漏种子，有漏种子通过善行的熏习可以转化为无漏种子，只有断尽了有漏种子才能成佛，而只有佛才能断尽有漏种子。

法相学说可以远溯到印度的无著、世亲，法相宗的实际创始人则为玄奘及其弟子窥基。玄奘在学习佛学时，对佛教提出了自己的观点。自印度归来，玄奘译出了瑜伽学系的"一本十支"各论，并糅译了《成唯识论》，由此奠定了法相宗的理论基础。其弟子窥基根据玄奘讲授印度唯识学派的大意，糅合印度瑜伽学派对世亲《唯识三十颂》的十家注释，辑成《成唯识论》，此书实际是唯识宗的纲领性典籍。所谓法相就是因剖析一切事物（法）的相对真实（相）和绝对真实（性）而得名，又因强调不许有心外独立之境，亦称唯识宗，或称法相唯识宗。因为创始人玄奘及其弟子窥基常住大慈恩寺，故它又称慈恩宗。

法相宗严守印度佛教瑜伽学说，以《解深密经》《瑜伽师地论》《成唯识论》一经三论为基础，主要学说有阿赖耶识论、种子论、田分论、三性说、因明学说和五种姓说。五种姓说与向来所说的一切众生皆有佛性之说不同，这是法相宗的中心思想之一。

法相宗说认识世界有八识：眼、耳、鼻、舌、身（相当于感觉)、意识、"末那识"(也就是意识)、"根本识"(也就是阿赖耶识)。前七识都是派生的，真正成为世界本原的，是第八识"根本识"，也就是阿赖耶识。阿赖耶识是梵语"藏"的意思。法相宗认为世界现象都是由人的第八识，即阿赖耶识所变现的，而前七种识再据以变现外境影像，缘虑执取，以为实在；认为在人的内心的认识之外没有客观的实在，整个世界都是心的产物。人死了，别的识都消灭了，只有第八识永存，这构成了轮回的依据。

这一流派的远祖是印度的无著和世亲，中间经过护法和他的弟子戒贤而传到中国。按照师承和渊源，法相唯识宗尊弥勒为初祖，无著为二祖，世亲为三祖，陈那为四祖，护法为五祖，戒贤为六祖，玄奘为七祖，窥基为八祖，下传圆测、慧沼、智周。

玄奘之学博大精深，一时门下英才齐集。神昉、嘉尚、普光、窥基为玄奘门下四哲，皆为法相大家。普光、法宝、神泰为俱舍三大家。窥基、神泰、顺憬又为因明巨匠。圆测为新罗高僧，元晓为华严大家，西域利涉为护法名僧，道宣为律宗宗师，玄应为义学名家，怀素为新疏之主。

与隋唐兴盛的其他佛教宗派相比，法相唯识宗在中国佛教史上最忠实于印度大乘有宗的哲学体系，其相传有两处——陕西西安慈恩寺、陕西长安县兴教寺。

法相宗在唐太宗和唐高宗时曾风靡一时，然后仅持续四十年，便一蹶不振；民国期间，因得到韩清净、太虚等人的推崇，一度重振雄风，然而也不过风行了十多年。它倒是在日本有很大的影响，至今流传不衰。

法相宗衰落的原因，无外乎以下四点。

其一，在中国佛教各宗的创立者中，玄奘是唯一去过印度，又精通梵文，通晓各宗学说的大师，这样就使得法相宗更接近印度佛教，具有深奥的理论知识。但是佛教传入中国，受中华文化影响，逐步本土化，以致成为符合中国国情，融入中华传统文化的中国本土佛教。作为印度有宗翻版的法相宗，贴合了印度佛教，而缺乏在中国生根、盛行的基础，即缺少中国化，这也成了法相宗的致命弱点。

其二，玄奘博学，对于佛教各家学派做到了兼收并蓄，但是涉及教派之争时，玄奘的门户之见也很明显，每当发生大乘、小乘之争，玄奘都义无反顾地站在大乘一边，对小乘多有批评。玄奘崇尚的是大乘有宗，大乘有宗批评小乘成佛之路艰难，难以修成正果；又反对大乘空宗无须累积修行，只要皈依三宝就能立地成佛的学说。法相宗的八识中的阿赖耶识又名种子识，种子有染、静之别（即有漏种子、无漏种子），漏是烦恼，有漏就是有烦恼，无漏就是断除三界烦恼。有漏种子是烦恼的根源，只有断尽有漏种子，断除烦恼才能成佛，但是只有佛才能断尽有漏种子。这样就出现两难的选择，断除烦恼才能成佛，而只有佛才能断尽烦恼，换言之，学佛修行为了成佛，学法相宗消除不了烦恼，无法修成正果。

其三，法相宗严守印度佛教教义，坚持大多众生不能成佛的理念，这远离了群众的愿望，又未能结合唐代社会之实际，因而未能适应统治阶级的需要，不能为其所用。佛教宗派能够盛行一是要得到上层的倡导，如华严宗就得到了武则天的鼎力支持；二是要有强大的社会基础，得到信徒的欢迎。禅宗在中国广为流传，根本原因在于它提出了顿悟成佛，认为众生可不必经历累生累世的修炼，只要能够开悟，即可成佛，适应了老百姓向善向佛的社会需求和心理需求。法相宗能够开宗立派，与玄奘得到唐太宗、唐高宗的支持密不可分，加之玄奘的名人效应、圣僧光环，为法相宗赢得了一定的群众基础。但是随着皇帝驾崩、圣僧圆寂，法相宗就失去了最为强大的群众基础，衰微也是必然的了。

其四，佛教宗派的兴盛与衰败，与中国历史、学术思想的发展也是有关联的。佛教初入中国时，正逢许（慎）郑（玄）义疏之学盛行，这对于佛教以译经释论为主的传播十分有利。南北朝时期社会动荡，人民疾苦，生命短暂，佛教的轮回思想成为人民消除疾苦，抵抗苦难的精神法宝。隋唐时期，佛教渐入人心，随着大唐国力强盛，佛教大盛。随着对外交流扩大，外来文化进入中原，汉学式微，"明心见性"的理学抬头，烦琐又难于修成正果的法相宗学说自然为社会摒弃，使"即心是佛"的禅宗后来居上，一枝独秀。

唯识宗在我国流传了几十年后逐渐衰微，但在学术界后人从来也未停止过对它的研究和论述。近代史上，1922年欧阳竟无先生在南京创办了"支那内学院"，武昌也成立了"汉藏教理院"，1923年韩清净在北京创立了"三时学院"，这些都是研究唯识学的高等学府。此后引起了大批知识分子研究唯识学的兴趣。章太炎、梁启超、梁漱溟、熊十力等近代一大批思想家都受过唯识论的影响。1931年太虚大师在西安大慈恩寺创办了慈恩学院，即唯识学院。西安佛化社还编印了许多唯识宗的著作，为开展唯识宗的研究培养了一批学问僧。

当代又涌现出一批唯识宗学者。中国社科院学部委员、中国玄奘研究中心主任黄心川教授，中国佛教研究所前所长吴立民教授，重庆佛协会长、慈云寺方丈唯贤法师以及吕澂、汤用彤、王恩洋等都是当今研究唯识学的大家。

玄奘创立唯识宗以后声名远播，但他不忘培育下一代人，他有弟子千人，其中有众多外国弟子，在外国弟子中，他的新罗弟子圆测以及圆测的弟子道证、胜庄，他的日本弟子道昭、智通、智达等，归国后，由于他们代代传承，使法相唯识宗至今仍为日本、朝鲜、韩国等国佛教的主要流派。

二、梵僧入唐　那提玄奘无瓜葛

唐高宗永徽六年（655年），玄奘五十六岁。这一年玄奘除正常译经外，经历的事情太多太多，特别还经历了根本和玄奘扯不上边际的事。那就是印度僧那提入唐，带来莫须有的负面风波。

据道宣法师《续高僧传》卷四《唐京师大慈恩寺梵僧那提传》的载文，此文对玄奘大师多有不实之微词，多数学者持不同意见，认为《那提传》是一篇伪作传文。小传不长，全文录后：

那提三藏，唐曰福生，具依梵言，则云布如乌代邪，以言烦多故，此但讹略而云那提也。本中印度人。少出家，名师开悟，志气雄远，弘道为怀。历游诸国，务在开物。而善达声明，通诸诂训，大夏召为文士，拟此土兰台著作者。性汎爱，好奇尚，闻有涉悟，不惮远夷，曾往执狮子国，又东南上楞伽山，南海诸国，随缘达化。善解书语，至即敷演，度人立寺，所在扬扇。承脂那东国盛转大乘，佛法崇盛，赡洲称最，乃搜集大小乘经律论五百余夹，合一千五百余部，以永徽六年创达京师。有敕令于慈恩安置，所司供给。时玄奘法师当途翻译，声华腾蔚，无由克彰，掩抑萧条，般若是难。既不蒙引，返充给使，显庆元年敕往昆仑诸国采取异药。既至南海，诸王归敬，为别立寺，度人授法，弘化之广，又倍于前。以昔被敕往，理须返命，慈恩梵本，拟重寻研，龙朔三年还返旧寺。所赍诸经，并为奘将北出，意欲翻度，莫有依凭，惟译《八曼荼罗》《礼佛法》《阿咤那智》等三经，要约精最，可常行学。其年，南海真猎国为那提素所化者奉敬无已，思见其人，合国宗师假途远请，乃云："国有好药，唯提识之，请自采取。"下敕听往，返亦未由。余自博访大夏行人，云："那提三藏乃龙树之门人也，所解无相，与奘颇返（郭案：应为反）。"西梵僧云："大师隐后，斯人第一，深解实相，善达方便。"小乘五部毗尼，外道《四韦陀论》，莫不洞达源底，通明言义，词出珠联，理畅霞举。所著《大乘集义论》，可有四十余卷，将事译之，被遣遂阙。夫以抱麟之叹，代有斯踪，知人难哉，千龄罕遇。那提挟道远至，投俾

> 北冥（郭案：应为溟），既无所待，乃三被毒，载充南役，崎岖数万，频历瘴气，委命遭命，斯人斯在。呜呼，惜哉！

由那提入唐带来的负面风波，实际上和玄奘毫无关系，玄奘或许就不知道后面发生了什么事情。在唐代后期佛教界当时就有不同意见，认为有操作夸大之嫌。在当代，著名学者对于《那提传》亦多表示怀疑。熊十力先生审覆传文后，指出五条虚构之处，认为"僧徒居士之浸渍于旧经中者，已沦肌浃髓，骤闻新学，势不相融，不相融则集矢于奘师"，还指出："那提一案，不止是空有之争，确是广泛的新旧之争。唐时旧派借那提作题目以诬毁奘师。"①张建木先生《读〈续高僧传·那提传〉质疑》列举六点，怀疑《那提传》是否真是道宣所作？那提所译经的序文是否道宣所作？抑或出于他人的依托？玄奘阻碍那提的译经有无其事？那提在佛教史中的地位如何？是否就可以信赖今本《续高僧传·那提传》中的叙述？②

《玄奘年谱》亦载：玄奘返国后声名倾动朝野，又得唐王朝的积极支持，从印度传入我国的戒贤一系的瑜伽行宗佛学，视旧译经论多有舛误，势必引起依凭旧译经论佛教徒的反对。新旧两派之外加上大乘的"空""有"两宗的相互排斥；同时由于寺院经济的发展，隋代以来已形成传法定祖，门户、宗派之争欲烈，这与玄奘的不许讲旧译经典有关，《续高僧传·法冲传》载："三藏玄奘不许讲旧所翻译。冲曰：'君依旧经出家，若不许宏旧经者，君可还俗，更依新翻经出家，方许君此意。'奘闻遂止。"从道宣对玄奘翻译赞美之间的微词，均可隐约窥见当时的门户之见。因此，《那提传》疑问甚多，如传为"龙树之门人"，显是荒诞。诚如熊、张两先生所提出的，很有可能是佛教徒宗派斗争中的诬谤之作。其传

---

① 熊十力：《唐世佛学旧派反对玄奘之暗潮》，载《中国哲学史论文初集》，科学出版社，1959年，第97～103页。
② 张建木：《读〈续高僧传·那提传〉质疑》，载《现代佛学》，1964年第3期。

文亦多夸大之辞。

在近代史上，国内学术界包括一些相当著名的学者认为，由于玄奘当时的地位越来越高，引起了一些人的嫉妒，所以他的对立面也越来越多。他们将此事的负面性有意夸大，也不是没有这种可能性。

根据著名学者熊十力先生对《那提传》提出的五条虚构嫌疑、张建木先生的六点质疑、杨廷福先生在《玄奘年谱》对《那提传》提出的众多疑问、张克强先生曾有《读〈续高僧传·那提传〉质疑》的论文，可以看出《续高僧传》卷四中的《那提传》疑点甚多，与传记文体的真实性、客观性相差甚远。笔者经查阅大量文献资料，对道宣《续高僧传·那提传》中的记载深表疑虑，亦提出七点疑问。

智升的《开元录》，基本上全文录载《续高僧传·那提传》，详载那提译《师子庄严王菩萨请问经》（即《八曼荼罗经》）、《离慧菩萨所向佛法经》、《阿咤那智经》等三部三卷。《大周刊定众经目录》卷一，只录有前二经，故《开元录》所说《阿咤那智经》本阙，只有前二经尚在。但奇怪的是道宣法师的《大唐内典录》撰著的时间为麟德元年（664年），已是《那提传》中所述那提于龙朔三年（663年）译完此三经之后，再往南海而一去不复返。同为道宣法师笔之《大唐内典录》，仅在事隔不久，《大唐内典录》里竟遗漏了那提译的三部经的记载吗？其疑一也。

那提于唐高宗永徽六年（655年）至长安，显庆元年即第二年就敕往南海诸国采药，其间只有一年的光景，因未记载具体月、日，恐还未有一年的时间。若是一位事业心强的僧人，光整理五百梵夹一千五百部经典还来之不及，哪还有闲空工夫去标榜自己能识异药而被敕令昆仑采药呢？既然有着四十卷之巨的《大乘集义论》，不见有上表请译的记载，相反对"合和汤药"极感兴趣，若无这方面的过多自我宣传，高宗李治何以知其能识异药而敕命昆仑采药呢？岂不是对自己的事业有喧宾夺主的宣传吗？这为什么呢？那提识的什么异药？治什么病？得到何种赏赐？《那提传》中全无交代。其疑二也。

《开元录》卷九："惟译《八曼荼罗》等经三部，要约精最可常行学。禅林寺沙门慧泽译语，丰德寺沙门道宣缀文并制序。"①这在《高僧传·那提传》中是没有的。道宣为那提做过助手写过序文吗？其疑三也。

玄奘在印度留学十七年，回国时共请回梵文原典五百二十夹、六百五十七部。而《那提传》云："那提所赍诸经并为奘将北出，意欲翻度，莫有依凭。"这更乃无稽之谈。史无玄奘大师将那提带来的梵本移往他地的记载，这"北出"无具体之地名。试想，这一千五百部的梵典要从皇家寺院慈恩寺移出，不是一件默不出声的行动。玄奘大师连自己携回的经典尚未翻译完毕，临终前只翻译了从印度带回六百五十七部经卷的十分之一，何须求那提带来的经典。根据《慈恩传》《玄奘年谱》的记载，玄奘大师遗言自己未翻译完毕之经论，都交由大慈恩寺保管。足见整个的梵文典籍全在大慈恩寺，无"北出"的记载。那提真的带有"五百余夹合一千五百余部"经律论来华吗？其记载无史料支持。其疑四也。

《那提传》："余自博访大夏行人云，那提三藏乃龙树之门人也。"龙树是众所周知的人物，其生卒年一直考无定论，大多推定为二三世纪的人，亦名龙斗、龙猛、龙名等。多罗那他之《印度佛教史》第十七章则谓，龙树与龙斗为不同之二人，并谓龙斗与龙树之弟子提婆为同时代的，住于那烂陀寺，并未提到有弟子名那提。印顺法师即依准此说，于所著《空之探究》第四章之一，谓龙斗（或龙猛）并非龙树，其年代迟于龙树，活跃于公元320年以后旃陀罗笈多王朝时代。按照常识来推断，龙树或者龙斗（龙猛）都不会有弟子能活到唐朝。其疑五也。

并谓"大师隐后，斯人第一"。这更是神话传奇了。龙树被推

---

① （唐）智升：《开元释教录》卷九，见《大正藏》第五十五册，第 563 页。

为佛教公宗之祖,其弟子提婆亦被《传法正宗记》卷三载为禅宗付法藏西天第十五祖。所谓"龙树隐后,那提为第一,当然该超过提婆",何以印度佛教史上只有提婆而根本没有那提的记载。其疑六也。

《那提传》说"所解无相,与奘颇返",这"颇"字,元、明本作"硕"字,即那提是弘扬大乘空宗即中观学派,玄奘是倡导有宗即瑜伽行学派,借以说明和玄奘大师有门户之见,才使那提有如此之下场,此更乃胡言乱语。永徽三年(652年),中天竺阿迪瞿多来长安,同样地敕住于大慈恩寺,他译《陀罗尼集经》时,据《开元录》卷八记载,英国公、鄂国公等显要权贵甚为支持。他在慧日寺浮屠院依沙门玄楷等道俗之请,集成一部,即《陀罗尼集经》十二卷,并没有受到玄奘大师的排挤。其疑七也。

凡此种种,疑点层出。笔者认为《那提传》中所述,皆是对玄奘大师之毁谤,故大胆怀疑此《那提传》是伪作,非道宣法师所作。同时,从众多的论文解析中,可探知玄奘大师在当时中国弘扬瑜伽行学派及创建法相唯识宗的艰辛。

历史是公正的,任何莫须有的污毁行为,都动摇不了玄奘无私奉献的崇高威信,更掩盖不了玄奘历史上的光辉形象。

从唐太宗到唐高宗,甚至连骄横的武则天,都对玄奘法师十分尊崇。唐朝皇室的虔诚与礼遇,使一向谨慎小心的玄奘也错误地估计了自己在皇室中的地位,大概是玄奘觉得自己跟皇室的关系很密切,于是在这一年上了一道奏章,要求废除两条法律。一条是"先道后佛"。我们知道,唐朝的皇室为了掩盖自己混杂的血统和卑微的出身,将道教的始祖老子作为自己的祖宗,于是,以道、儒、佛为三教秩序,在官方的排序中,佛教是最低的。玄奘上了一道奏章,要求把佛教排在道教之前,被唐高宗断然驳回。

第二条,要求废除"僧尼犯法依俗科罪"。唐朝的规定,和尚和尼姑如果犯法,是按照俗人一样定罪,没有任何特权的。玄奘上表章要求废除,唐高宗仅允许"其同俗敕,即遣停废",也就是说仅允许僧尼犯罪可以由佛门自行处理。

由以上两条可以看出，皇帝虽然非常礼遇玄奘，可玄奘在朝廷上也不是说什么都行。对上述请奏，玄奘还是带着无奈和遗憾升入天国。

这一年的五月，玄奘因早年西行求法，翻越过多的雪山而落下的冷病突然发作。这个病以前靠药物控制了好几年，也许因为这两个表章上去以后被驳回，玄奘心情不大好，突然病发了，而且来势凶猛，几乎不治。幸好唐高宗派御医全力救治，玄奘才稍微好转，唐高宗还把玄奘接到皇宫供养，让玄奘在宫中译经，"或经二旬、三旬方乃一出"，照料得非常周到。

第十五章　高山仰止　玄奘圆寂玉华寺

一、功成玉华　巨著《大般若经》成

唐高宗显庆四年（659年），玄奘六十岁，四月十九日在西明寺译《不空羂索神咒心经》一卷，大乘光笔受；七月二十七日译大目犍连《阿毗达磨法蕴足论》十二卷，九月十四日毕，大乘光笔受，靖迈作序。《法蕴足论》为小乘有部根本论藏六足论之一，原本八十四颂，共二十一品，分别阐明有宗的宗教理论和所谓修践证果的次第。

七月三日玄奘译《大毗婆沙论》毕，弟子法宝有疑情，以非想见惑请益之。玄奘别以十六字入于论中以遮难辞。宝白玄奘："此二句四句为梵本有无？"玄奘答："吾以义意酌情作耳。"宝问："师岂宜以凡语加圣言量乎？"玄奘答："斯言不行，我知之矣。"（《宋高僧传》卷四）从这一段译毕《大毗婆沙论》后仅有的师生议论的记载中，可推知玄奘虽以直译为主，但非恪守一格，视译文的需要，有时也采用意译。

玄奘认为前代所译大乘佛教中观宗（空宗）的根本经典《大般若经》零星不全，且多漏误，这时从众又"更请委翻"，乃决心重译，借以从瑜伽学说上通于般若。但此经卷帙浩繁，住在京师每苦事务纷繁，不能专心译经；加上近几年来疾病侵扰，体力衰迈，深恐人寿倏忽，译事无成；又鉴于前二次请求入山翻译，遭到拒绝，因而玄奘再次上表，请求于距离京师较近而僻静的玉华寺致力译经，表文措辞坚决，终获高宗批准。

十月玄奘率翻译诸僧与门弟子等至坊州玉华寺，居肃成院，将从事《大般若经》的翻译。《慈恩传》卷十："即以四年冬十月，法师从京发向玉华宫并翻经大德及门徒同去，到彼安置肃成院焉。"这时，慧德为玉华寺寺主，寂照为都维那，玄奘门徒窥基、

上／铜川玉华寺肃成院石坊
下／玉华寺纪念馆佛祖足印

普光、玄则等随从至寺襄译。寺内有肃成殿、云光殿、明月殿、嘉寿殿、庆福殿、八桂亭诸名胜。

玉华寺就是当年太宗在那里第二度劝玄奘还俗的玉华宫，太宗驾崩后就改为玉华寺。这时大唐的政治中心已开始转到东都洛阳，他的这个请求获得高宗批准。年底前译场迁至玉华寺。

是年闰十月，编译法相宗的代表著作——糅合护法等十大论师集注及世亲《唯识三十论》本，而成《成唯识论》十卷，大乘基笔受，沈玄明为作序。《开元录》卷八：《成唯识论》十卷，见《内典录》，护法菩萨造，显庆四年闰十月，于玉华寺云光殿译，沙门大乘基笔受。计于是年闰十月二十七日译成第一卷，十一月四日译成第二卷，十一日译成第三卷，十八日译成第四卷，二十五日译成第五卷，十二月二日译成第六卷，十二日译成第七卷，十六日译成第八卷，二十三日译成第九卷，三十日译成第十卷。

世亲晚年所撰《唯识三十论》后，瑜伽行宗的论师相继作注释，计有二十八家之多。其中著名的约有十家。①亲胜首先对《唯识三十论》作注解，索隐了世亲作论的本意。②火辩继而对《唯识三十论》作了简要的注释。③难陀的注释依唯识三分说、种子新薰说等来阐述，蔚为注释家中的重要一派。④德慧注解。⑤安慧以唯识自证分的学说作注解，发展了世亲的论说。⑥净月的注释提出第八识的现行与种子互有"俱有依"的观点。⑦护法及其弟子。⑧胜友。⑨胜子。⑩智月等注解在陈那唯识三分说的基础上，主张唯识四分说和种子体有新薰合成说，将世亲的《唯识三十论》学说推向新的境地。十家集注，梵本共四千五百颂，玄奘都已搜罗齐备。尤其护法的注释原本珍藏玄鉴处，玄奘独获其本带以归。在翻译开始时采取分别译出的办法，而窥基主张把它们糅合编译成为一本，玄奘接受窥基的建议，把编译工作交给他单独担任。《成唯识论掌中枢要》云："初功之际，十译别翻，昉、尚、光、基，四人同受，润饰、执笔、检文、纂义，既为令范，务各有司。数朝之后，基求退迹，大师固问，基殷请曰：'自夕梦金容，晨趋白马，英髦间出，灵智肩随，闻五分以心祈，揽八蕴而退望，虽得法门之糟粕，然失玄源之醇粹。今东出策赍，并目击玄宗，幸复独秀万方，颖超千古，不立功于参糅，可谓失时者也。况群圣制作，各驰誉于五天，虽文具传于贝叶，而义不备于一本，情见各异，禀者无依。况时渐人浇，命促惠舛，讨支离而颇究，揽初旨而难宜，请错综群言，以为一本，楷定真谬，权衡盛则。'久而遂许，故得此论行焉。大师理遣三贤，独授庸拙。"又《成唯识论述记》谓"斯本汇聚，今总详译，糅为一部，商榷华梵，征诠轻重，陶甄诸义之差，有叶一师之制"，又云："制此释者，虽十论师于护法声德独振，故此论题，特以标旨。此师所说最有研寻，于诸义中，多为指南。邪走失趣，正理得方，迥拔众师，颖超群圣贤者，其唯一人乎。"

由于玄奘在印度留学的传承，故此《成唯识论》以护法的学说为主，并折衷众说，又根据自己的参学对于各家学说作了抉择，分境、行、果三部分，详阐其宇宙论、人生观的唯心主义观点。故此《成唯识论》号称糅译，实际上可视为代表玄奘哲学思想的著作，成为法相宗开宗立派的要典。窥基在编译过程中，曾根据玄奘的讲述和各家的异说，著成《成唯识论述记》六十卷。

唐高宗显庆五年（660年），玄奘六十一岁，经过充分准备，正月一日起首译《大般若经》。《大般若经》是由般若部类重要经典汇编而成的佛教大丛书，主旨在于阐明宇宙万事万物都出于因缘和合，而自姓本空的"诸法皆空"的教义。其为大乘佛教中观宗的根本经典，卷帙浩繁，共四处十六会，梵本共有二十万颂，是玄奘在玉华寺所译经卷十四部中最大的一部，也是他一生所译佛经中最大的一部。

由于《大般若经》这部经典实在太大，门徒见玄奘年迈力衰，建议模仿两个世纪前西域人鸠摩罗什的做法，加以删繁剪裁。玄奘一时也为之心动，可是当他有了此念以后，连着几天夜里做噩梦，不是梦见从冰山悬崖上跌落谷底，就是梦见在热带森林中被

铜川玉华寺肃成院玄奘译经地

毒蛇猛兽追袭，吓得一身冷汗，浑身战栗，每次都令他心惊肉跳。于是他只好召集各部门译经人员，决定仍照既定方针，逐句直译，绝不删减一字。结果那天晚上他就梦见诸菩萨眉宇间散发着耀人的光芒，慈祥地站在他面前。所以他再度肯定自己的方针，集全力翻译，而且如获神助。他考定当年释迦牟尼说《大般若经》的地方，凡有四处：一是王舍城鹫峰山，二是给独孤国，三是他化自在王宫，四是王舍城竹林精舍。《大般若经》总共一十六会，合为一部。玄奘在印度取经时，一共得到三种版本，到翻译的时候，发现经文互有出入，就详细加以勘校，考定谬误，再三斟酌，然后下笔。因而他译成汉语的《大般若经》无论名相安立，还是文字贯练，无不准确恰当，真是"一语之安，坚如磐石，一义之立，灿若星辰"。而且他还矫正了旧译的许多讹谬，开辟了中国译经史的新纪元。他的追求真理、为学认真不苟的精神，是值得后人学习的。

铜川玉华宫遗址

同年九月一日玄奘还开译筏苏密多罗（世友）《阿毗达磨品类足论》十八卷，至十月二十三日毕，大乘光等笔受，是小乘有部六足论之一，为《大毗婆沙论》编纂以前整理佛说诸论中较有名的一部。

十一月二十六日玄奘译舍利子《阿毗达磨集异门足论》二十卷，至龙朔三年十二月二十九日毕，弘彦、释诠等笔受。

玄奘自唐高宗显庆五年（660年）起首译《大般若经》，"常恐经文太长，不能译完，又深感自己年迈体衰，每惧不终，逐勉励同仁，努力加勤，勿辞劳苦共同来完成译经大业"。慧立、道宣一班门徒听了个个振奋，到了唐高宗龙朔三年（663年）十月二十三日，才将这一部大经译完，合成六百卷，费时三年十一个月，称为《大般若经》。

二、悲恸长安　玉华寺大师圆寂

玄奘译完《大般若经》搁笔的时候，双手合十，对译经场全体同仁说："这是一部可以镇国的经典，天人之大宝，值得庆贺一番。"这期间他又续译《集异门足论》二十卷成，又译《界身足论》三卷、《五事毗婆沙论》二卷；到十一月，令弟子窥基奉表奏闻，并请御制《大般若经序》。到十二月七日，通事舍人冯义，宣敕垂许。到此，玄奘弘扬"般若"的大愿终于告成。

玄奘翻毕《大般若经》后，自觉身力衰竭，知无常将至。一天他若有所感地集合弟子，对他们说："由于《大般若经》的因缘，我来到玉华寺，今译事既终，我的生涯亦将尽了。我交代各位的是，我若无常，请一切从简，只用粗陋的竹席把我包起来，找个山间或溪谷偏僻处安置，千万不要靠近行宫或寺院，这不洁之身，还是偏远地方为宜。"弟子闻言，都忍不住哭了起来。他们强忍悲痛说："法师身体尚好，面色如旧，正宜好好保养，为何出此不祥之言？"玄奘道："我自己最清楚自己，你们哪会明白！"他把三年多以来抽空翻译而未翻完的《阿毗达磨集异门足论》译完，时为十二月二十九日。

麟德元年（664年）一月，跟随玄奘译经的高僧们请玄奘开译另一部120卷的《大宝积经》，玄奘见众情专至，不好违背众意，便请出佛经，将梵本打开，译了数行便停笔不译，对众生说"这部佛经卷帙浩繁，和《大般若经》不相上下，我自知难以再胜任了"，又说："有为之法，必归磨灭；泡幻之质，何得久停。我已65岁，必会死在玉华寺，你们在经论方面还有什么疑问，赶快问吧！免得后悔。"众僧哪有心情发问，只顾饮泣。玄奘就率领他们到附近的兰芝谷去礼拜十万佛像，向诸佛告别。这时有出远门的弟子，他都对他们说："好走啊！今天与我离别后，就不必再来找我了，反正来了也见不着！"至此，他专精行道，遂绝翻译。

至初八，有弟子高昌僧玄觉因向法师自陈所梦，见一浮屠端严高大，忽然崩倒，见已惊起，告法师。法师曰："非汝身事，此是吾灭谢之征。"

正月初九暮间，玄奘在后院为跨过一条水沟跌了一跤，胫上有少许皮破，最初几天还没什么大异样，从十三日开始，就卧床不起，昏迷不醒，病势沉重。至十六日，玄奘如从梦觉，口云："吾眼前有白莲花，大于盘，鲜净可爱。"到十七日，他又梦见许多穿锦衣的人在玉华寺内外，用各种锦、花、珠宝布置得美轮美奂，同时还带来各种水果过来供养他。他想辞退，被旁边照料人的咳嗽声惊醒，遂命弟子嘉尚把19年所翻译佛经加以整理，列出明细，共75部，总1335卷，又别传《大唐西域记》一部12卷；录讫，令嘉尚宣读，众合掌庆贺。据《大唐故三藏法师行状》载，尚有582部未见翻完。所翻经卷只占玄奘从印度带回来657部的十分之一。

玄奘已翻译的经卷如下：

经　名	卷　数
大般若波罗蜜多经	600 卷
能断金刚般若波罗蜜多经	1 卷
般若波罗蜜多心经	1 卷
大菩萨藏经	20 卷
大乘大集地藏十轮经	10 卷
显无边佛土功德经	1 卷
说无垢称经	6 卷
解深密经	5 卷
分别缘起初胜法门经	2 卷
药师琉璃光如来本愿功德经	1 卷
称赞净土佛摄受经	1 卷
甚希有经	1 卷
最无比经	1 卷
称赞大乘功德经	1 卷
如来示教胜军王经	1 卷
缘起圣道经	1 卷
不空䌷索神咒心经	1 卷

续表

经 名	卷 数
十一面神咒心经	1卷
咒五首经	1卷
胜幢臂印陀罗尼经	1卷
诸佛心陀罗尼经	1卷
拔济苦难陀罗尼经	1卷
八名普密陀罗尼经	1卷
持世陀罗尼经	1卷
六门陀罗尼经	1卷
佛地经	1卷
受持七佛名号所生功德经	1卷
佛临涅槃记法住经	1卷
寂照神变三摩地经	1卷
菩萨戒本	1卷
菩萨戒羯磨文	1卷
佛地经论	7卷
瑜伽师地论	100卷
显扬圣教论	20卷
瑜伽师地论释	1卷
王法正理论	1卷
大乘阿毗达磨集论	7卷
大乘阿毗达磨杂集论	16卷
广百论本	1卷
大乘广百论释论	10卷
摄大乘论本	3卷
摄大乘论世亲释	10卷
摄大乘论无性释	10卷

续表

经　名	卷　数
辩中边论颂	1 卷
辩中边论	3 卷
大乘成业论	1 卷
因明正理门论本	1 卷
因明入正理论	1 卷
唯识二十论	1 卷
唯识三十论	1 卷
成唯识论	10 卷
大乘掌珍论	2 卷
大乘五蕴论	1 卷
观所缘缘论	1 卷
大乘百法明门论	1 卷
缘起经	1 卷
本事经	7 卷
天请问经	1 卷
阿毗达磨发智论	20 卷
阿毗达磨法蕴足论	12 卷
阿毗达磨集异门足论	20 卷
阿毗达磨识身足论	16 卷
阿毗达磨品类足论	18 卷
阿毗达磨界身足论	3 卷
阿毗达磨大毗婆沙论	200 卷
阿毗达磨俱舍论本颂	1 卷
阿毗达磨俱舍论	30 卷
阿毗达磨顺正理论	80 卷
阿毗达磨显宗论	40 卷

续表

经　名	卷　数
入阿毗达磨论	2 卷
五事毗婆沙论	2 卷
异部宗轮论	1 卷
大阿罗汉难提蜜多罗所说法住记	1 卷
胜宗十句义论	1 卷
大唐西域记	12 卷
译经	75 部 1335 卷
译经、撰述	76 部 1347 卷

二十二日，玄奘又告诉弟子："我的无常已经来到，速帮我集合有缘人。"玄奘将所有衣资清点，准备布施结缘，又令造像，请僧众行道。

二十三日，玄奘设斋供众，将身前所有，布施一空，又命塑工宋法智在嘉寿殿竖菩提像骨，一切圆满后向大众欢喜辞别说："我这三毒之身深可厌患，应该做的事也已经做了，既不能久住尘世，希望用所修的福慧回施众生，普愿有情众生同生兜率陀天弥勒内院，亲侍慈尊，等佛下生时，随他下生，广作佛事，以成就无上菩提。"

说完玄奘便默然正念，过了一会儿，又口中诵念"色蕴不可得，受想行识亦不可得；眼界不可得，乃至意界亦不可得；眼识界不可得，乃至意识界亦不可得；无明不可得，乃至老死亦不可得。乃至菩提不可得，不可得亦不可得"，念完，又口说偈，教弟子云："南无弥勒如来、应、正等觉，愿与含识，速奉慈颜；南无弥勒如来所居内众，愿舍命已，必生其中。"

当夜，寺主慧德法师梦见千尊金像自东方降临，进入译经院内，并且花香满室。

二月四日半夜，医僧明藏禅师亲眼看到两个身高一丈多的人共捧一朵白莲花,如小车轮般大,三重花瓣,叶子长一尺多,光洁明净可爱。他们来到玄奘床前恭谨地说:"法师您从无始以来,所有烦恼和有情的各种恶业,都借这小小的病苦全部消除,应该高兴。"玄奘顾视、合掌良久,然后以右手支头,左手放在左大腿上,舒足重叠,右胁而卧,接着再也不动不吃不喝。到了五日夜半,弟子普光等问:"和尚决定得生弥勒内院不?"法师答道:"得生。"

说完,玄奘呼吸逐渐微弱,不久就圆寂了,侍者并没有马上察觉,直到想起该为法师换件法服时,才发现已气绝。足部虽已渐冷,顶骨却是暖的,而且面色红润,面带笑容,宛若安详入梦。七天后大殓,玄奘的容颜毫无改变,也没有任何不好的气味。若非戒德圆满,定慧庄严,是不可能达到这样的境界的。

大慈恩寺的明慧法师,勤苦精进,夜夜诵经绕佛。玄奘圆寂的那天晚上他正旋绕佛堂行道,忽然看到有四道白虹南北横亘,皎洁明亮,很是诧异,想起从前如来灭度时,有十二道白虹从西方直贯太微,于是佛陀涅槃。现在出现这个景象难道是在玉华寺的玄奘法师已圆寂了吗?天亮后他向寺众描述,大家都感到很奇怪。直到第九天噩耗传到京师,果然法师舍寿之时,正是他看到白虹的时刻,大家无不嗟叹其感异。

玄奘身高七尺余,身赤白色,眉目疏朗,端严若神,美丽如画;音词清远,言谈雅亮,听者无厌,或处徒众,或对嘉宾,一坐半朝,身不倾动;服尚乾陀,裁唯细氎,修广适中,行步雍容,直前而视,辄不顾眄;滔滔焉若大江之纪地,灼灼焉类芙蕖之在水;加以戒范端明,始终如一,爱惜之意,过护浮囊,持戒之坚,超逾草系,性爱怡简,不好交游;一人道场,非朝命不出。

玄奘圆寂后,西明寺的上座道宣律师,德能感神,在乾封年中(666~667年),见有天人现,天人自称道:"弟子是韦将军,诸天之子,主领鬼神。如来欲入涅槃,敕弟子护持赡部遗法。见到法师戒行清严,留心律部,四方有疑,皆来谘决,所制轻重仪,时有乖错。法师年寿渐促，文记不正，便误后人，因此来示法师佛意。"

接着天人韦将军指出道宣律师所出示的律抄以及轻重仪中的错误之处，并令他改正。道宣律师听后惊喜万分，又问经、律、论等有疑问的地方，天人一一为他解决。

道宣律师又问古来传法之僧德位高下，还问及玄奘法师，天人答道："自古高僧大德各有不同的修持，互有长短，没有一定的标准。玄奘法师九生以来备修福慧，生生之中多闻博览，聪慧与辩才在中国当为第一，福德也是一样。他所翻译的经典，文采和义理兼顾，和梵文原本没有不同，因为这些善业，已经上生兜率陀天弥勒内院，听法开悟解脱，不再受生人间。"天人说完，就辞别而还。

二月三日，奘师因脚受伤而生病的消息上奏后，高宗急忙命御医带药前往诊察，可惜迟了一步，玄奘已经圆寂。高宗听说后，哀恸伤感，为之罢朝，连声哀号"朕失国宝矣！朕失国宝矣！"，说完呜咽悲哭，不能自胜，在朝的文武百官，莫不悲哽流涕。

第二天，高宗又对群臣说"可惜啊！朕国内失玄奘法师一人，可谓释众梁摧矣！四生无导矣！亦何异于苦海方阔，舟楫遽沉，暗室犹昏，灯炬斯掩！"，说完嗟惋不止。

二月二十六日，高宗下敕曰："窦师伦所奏、玉华寺大德僧玄奘法师已亡，葬事所须，并令官给。"

三月六日，又有敕曰："玉华寺玄奘法师既亡，其翻经之事且停。已翻成者，准旧例，官为抄写；其余未翻者，总付慈恩寺守掌，勿令损失。其玄奘弟子，及同翻经，先非玉华寺僧者，宜放还本寺。"

三月十五日，又有敕如是曰："玉华寺故大德玄奘法师葬日，宜听京城僧尼造幡盖送至墓所。"

于是玄奘的弟子遵从师尊遗命，以墓籧篨为舆，奉神柩还京，安置在大慈恩寺翻经堂内，灵柩回京之时，数百弟子哀号动地，京城道俗奔赴哭泣。停柩之时，每日都有数百千人持花焚香，到大慈恩寺翻经堂致祭。

四月十四日，朝廷为玄奘举行盛大的葬礼。京都僧尼及诸士庶，齐集大慈恩寺，送法师葬于浐水之东白鹿原。这一天，赶来送葬的京城及诸州五百里内的僧尼道俗，有一百多万人。素盖白幢、泥洹帐舆、金棺银椁、娑罗树等五百余件遍布街衢，悲笳凄婉，响匝穹宇。虽然丧事隆重铺张，但法师灵柩仍然安放在籧篨轿子上。东市各绢行虽然用了三千匹上绢结扎一顶涅槃舆，非常庄严工巧，但弟子们不敢违背玄奘的素志，只好以玄奘的三衣及国家供养的百金之纳，安置在涅槃舆上前行，向白鹿原进发。沿途观礼祭拜的人很多，没有不唏嘘落泪的。当夜留在墓地守灵的

左 / 兴教寺圆测塔
中 / 兴教寺玄奘灵骨塔
右 / 兴教寺窥基塔

僧俗有三万多人。

十五日清晨，掩坎合墓，又在墓园设无遮大会。当时天地变色，鸟兽哀鸣，草木悲凄，更不用说人了。有弟子悲歌泣曰："爱河尚淼，慈舟遽沉；永夜犹昏，慧灯光灭。攀恋之痛，如亡眼目，不直比之山颓木坏而已，惜哉！"

因玄奘葬在京城近郊，高宗每次登楼遥望都哀伤不已。为了避免触景伤情，于是在总章二年（669年）四月八日，下诏徙葬玄奘于樊川北原，并营建塔寺，作为安奉灵骨之所。

神龙元年（705年）敕在两京各建一佛光寺，追谥玄奘为大遍觉法师。《开元录》卷八："其佛光王即中宗孝和皇帝初生之瑞号也，创登皇极为法师于两京各置一佛光寺，并度人居之，其东都佛光寺，即法师之故宅也，复内出画影，装之宝舆，送慈恩寺翻译堂中，追谥法师称大遍觉。"

三、玄奘精神　千秋万代留芳名

玄奘大师圆寂已一千三百多年了，他的伟大成就和超人的坚强意志却与日月同辉，万古长存。而他一位犯禁闯关的东方文化使者，踏着丝路而来，历尽无数艰难，跋涉西域，遍游天竺的事迹，千百年来，给世人留下了一段盛世唐代的传奇故事、一曲荡气回肠的民族之歌；他用理想和信念塑造了那个时代的灵魂，成为千千万万人们心中的偶像，千百年来受人尊崇和膜拜。

在中国历史上，唐代是古代文明的全盛时期，也是中外文化交流最为辉煌的时期，玄奘西行，我们不但看到了大气、开放、勇于进取的大唐精神，还能深切体验到，什么才是一位学者，什么才是一个人追求的最高境界。玄奘是追求者，也是使者，他用自己的双足，沿着古老的丝绸之路，开创出一条从中国经西域、中亚到印度全境的文化之路，他是西汉张骞之后，最伟大的丝绸之路的践行者、开拓者。他谦逊务实、孜孜不倦、临危不惧、胸

上／日本东京慈恩寺玄奘灵骨塔
下／日本东京慈恩寺灵骨塔玄奘简介碑

襟开阔，以海纳百川、百折不挠的姿态追求真理，成为那个时代里最伟大的佛学家、旅行家、哲学家、翻译家、外交家和中外文化交流的杰出使者，生动诠释了中华民族坚毅勇敢、诚实谦虚、勇于探索的伟大精神。玄奘的思想和行为是东亚文明的精华所在，玄奘西行的历史和现实意义早已超越了时间、地域和宗教的界限，成为整个亚洲甚至全世界的共同财富。

一千三百多年前，玄奘用他的行动和精神昭示着一个伟大盛世的到来，一千三百多年后，他的精神对于新世纪正在奋斗着的人们仍然具有重要的借鉴意义。

玄奘一生以无比的热情和坚强的意志，为追求人生真谛，为达到理想而奋斗的精神,已赢得世人的高度评价。唐太宗赞扬他:"松风水月,未足比其清华;仙露明珠,讵能方其朗润!故以智通无累,神测未形,超六尘而迥出,只千古而无对。"唐高宗在他的灵前痛哭:"僧众失其导师,佛门失其栋梁,朕失国宝矣!"

玄奘圆寂后,他一生的成就,不仅在中国,而且在世界文化史上都产生着深刻的影响。对于他的辉煌人生,史书上也早有评论。为大师作详传的慧立赞论道:"法师此行,经途数万,备历艰危。至如涸阴沍寒之山,飞波激浪之壑,厉毒黑风之气,狻猊狴狂之群;并法显失侣之乡,智严遗伴之地。班超之所不践,章亥之所未游。法师孑尔孤征,坦然无梗。扇唐风于八河之外,扬国化于五竺之间;使乎遐域侯王,驰心辇毂,远方酋长,系仰天衢。虽法师不世之功,抑亦圣朝运昌感通之力也……""于是溺俗沉流之士,望涯岸而有期;清虚蹈玄之宾,顾三空而非远。所谓司南启路而众惑知方,商飙袭林而群籁自响。法师盛德也如彼,逢时也如此,岂同雅、澄怀道,遇二石之凶残;安、什传经,值符、姚之伪历。校之深浅,即行潦之类江湖;比之明暗,乃朝阳之与萤曜矣。"①

近代继述法师绝学,首创支那内学院的欧阳竟无居士曾撰《法师像赞》,其辞曰:"悠悠南行,五十三德。孑影西征,百二八国。千里跬步,僧抵呼栗。但有至心,胡夷胡测。弘始前骖,开成后翼,竺典支文,斯轨斯式。《宝积》啬缘,译千三百。常啼再来,嘶风躄迹!"

伟大的文学家、思想家鲁迅先生说:"中国自古以来,就有埋头苦干的人,有拼命硬干的人,有为民请命的人,有舍身求法的人……玄奘就是其中的一个,虽是等于为帝王将相作家谱的所谓'正史',也往往掩不住他们的光耀,这就是中国的'脊梁'。"梁启超亦称誉他为"千古一人"。北大著名教授季羡林先生为玄奘故里

---

① (唐)慧立、彦悰著,孙毓棠、谢方点校:《大慈恩寺三藏法师传》,中华书局,1983年,第230、231页。

题写的门联赞誉:"千秋独步,佛教慧日;万里投荒,中华脊梁。"

日本东京琦玉县慈恩寺院

几个世纪以来,在中国和世界各国范围内出现了一股玄奘热,他们为纪念玄奘,弘扬伟大的玄奘精神,以各种形式表达了对这位伟大的世界历史文化名人的尊崇与热爱。其主要表现形式有以下三种:

(一)重走玄奘路

人们追寻玄奘的足迹,是从"重走玄奘路"开始的,为体验玄奘当年艰辛历程,感受古老文明的魅力,这已成为有识之士重新发现历史、认识历史的崇高尝试。

现代人重新沿着玄奘的足迹,是从殖民和掠夺开始的,并且这一过程起自玄奘之路的终点——印度。1861年,退役的英国少将、印度考古局局长亚历山大·康宁汉姆按照玄奘《大唐西域记》的记载对中世纪的印度进行考古发掘。在此后的二十五年时间里,他追寻着玄奘当年的足迹,在整个印度不停地奔波,发掘和验证着玄奘当年所记录的所有重要遗址。被湮灭了一千多年的印度历史,一点一点地展现在今人面前。康宁汉姆说:"中世纪印度的历史漆黑一片,他(玄奘)是唯一的亮光。"

1907年3月,英国探险家斯坦因也是拿着《大唐西域记》踏上他的中亚探险旅程的。在敦煌,斯坦因面对王道士大谈特谈他是如何崇拜玄奘,又是如何沿着玄奘的足迹穿越人迹罕至的高山和沙漠来到这里的。在斯坦因的一片恭维声中,敦煌莫高窟的看守者王道士带着斯坦因去看他专门请人入画的玄奘西天取经的壁画和藏经洞中的经卷。在斯坦因提高了对王道士的"布施"数额之后,敦煌藏经洞最大的一批宝藏——万卷经卷,轻轻松松被这位所谓的探险家运回了英国。

1980年,美国《时代》周刊派遣首席记者理查德·伯恩斯坦(Richard Bernstain)到北京开办《时代》周刊驻北京办事处,从此时这位汉学家开始了筹备重走玄奘路的准备工作,他的这一愿望直到20世纪末才得以实现。他用了两个半月时间只身一人重走玄奘路,返回后他出版了专著《究竟之旅——与圣僧玄奘的千年对话》,2002年中文版在台湾出版,此书在西方引起轰动。

1999年,旅居英国的电视制片人兼导演孙淑芸只身一人重走玄奘路,历时十个月,用生命和激情写就一本佳作《万里无云》,2004年中文版在国内面世。它不是一本普通的游记,是需要用心灵去感悟的好书。

在中国,更多的人踏上玄奘之路,是为了追寻他们的精神图腾,2003年8月,著名记者唐师曾驾驶切诺基越野车独自一人重走玄奘路,历时三个月。11月中旬玄奘故里举行了隆重的仪式,欢迎这位凯旋的勇士。

2004年5月,中国晚报工作者协会联合各家晚报进行了大型采访活动"新西游记",用了十七天的时间走过了玄奘之路的国内部分,并计划下段继续行进印度、尼泊尔和巴基斯坦。

2005年,日本和德国的两支考古队进入阿富汗巴米扬地区,发掘一座长约三百米的卧佛,同刚刚被炸毁的巴米扬大佛一样,这一发掘是按照《大唐西域记》的精确记载进行的。这座卧佛比巴米扬大佛还要大五倍，如果成功，这将被认为是本世纪东方最大的一次考古发现。目前先期进入的法国考古学家塔兹已经发现了据认为是保护卧佛的古代寺庙遗址。

2006年是中印友好年，中央电视台大型文化考察活动"玄奘之路"启动。这次大规模的文化考察活动由中国政府指导，国内主流媒体和玄奘研究中心共同发起，得到了沿途各国政府的大力支持。10月13日，该项活动从玄奘故里偃师市陈河村正式启动。在此后的三十七天里，这支由四十人组成的文化考察队伍，从偃师出发，沿着当年玄奘西行取经之路，经西安、武威、敦煌、吐鲁番、龟兹，由喀什出国，穿越吉尔吉斯斯坦、乌兹别克斯坦、阿富汗、巴基斯坦，最终到达印度那烂陀，行程一万二千公里。

这次"玄奘之路"主要追求的是精神之路，是体验之旅，用汽车轮子和玄奘的双脚对比，这条路对每位成员来说都是一次巨大的震撼。通过多家新闻媒体的跟踪报道，"玄奘之路"考察活动必将会促进全社会对玄奘精神的重新思考，对我们今天提高民族自信心，加强民族凝聚力，重塑华夏民族精神，致力于中华民族的复兴，都具有重要的现实意义。

中央电视台"玄奘之路"在玄奘故里启动

2017年9月，记录片《重走玄奘路》开机仪式在玄奘故里举行。这部《重走玄奘路》纪录片中，著名影视演员"六小龄童"章金莱先生将由"徒弟变师傅"扮演玄奘大师。

2017年10月，《洛阳日报》组织多家媒体参与，开启"重走玄奘路"的里程，他们从玄奘故里出发经西安、张掖、武威、瓜州、敦煌、哈密、吐鲁番、库尔勒，直至新疆边疆玄奘当年步入乌兹别克斯坦的边疆口岸。

玄奘十七年的巡旅生涯，也是中国人勇于探险精神的有力证明。就在西方还在争论马可·波罗是否真的到过东方之时，玄奘已早在他几百年前就穿越山川险阻，往来于中国和印度之间，这不仅是玄奘个人的胜利，也是中华文明走向全盛时期的胜利。

不仅仅是在中国，由于玄奘取经对整个亚洲地区的影响，甚至有来自遥远的大洋彼岸的探险者，也用各种各样的方式，沿着玄奘西行取经的路线，虔诚地走向印度。

玄奘作为一个旅行家，在一千三百多年前，走过的这条取经之路，处处闪现着真理与意志的灵光，也必将会继续吸引无数后人沿着大师的足迹，续写着这条绵延不绝的追求之路。

（二）举办各种纪念活动

一千三百多年来，玄奘在中国人民和亚洲其他各国人民心目中的伟大形象有增无减，纪念他的活动也就越来越广泛隆重。

1957年1月12日，时任印度总理尼赫鲁在那烂陀寺代表印度政府接受了玄奘一部分顶骨舍利和中国政府资助的三十万人民币，在新那烂陀寺附近修建了一座具有中国风格的玄奘纪念堂。1971年旅印侨胞在加尔各答修建了玄奘寺，以永远纪念这位伟人。

1964年6月27日，中国佛教界和文化界七单位在全国政协礼堂隆重举行"玄奘法师逝世一千三百周年纪念大会"。

1964年7月28日，日本举行了玄奘法师圆寂一千三百周年纪念讲演会。会上，日本文化界名流龟田一郎先生在祝词中说："直到今天，玄奘作为日本文化的难忘恩人而受到了人们的尊敬。"

1992年2月，在玄奘的出生地——河南省偃师市缑氏镇陈河村，修复了玄奘的故居，建立了规模宏大的玄奘纪念馆。赵朴初先生题词："玄奘故里纪念馆"，季羡林先生题写"玄奘故居"，时任全国政协副主席程思远、马文瑞、王任重及大书法家启功、刘炳森分别为玄奘故里题词。玄奘故里修复后，每年玄奘诞辰日都要在这里举行隆重的纪念活动。

1999年3月，玄奘翻译《大般若经》和圆寂之地——玉华寺，为纪念玄奘法师，举行了隆重的玉华玄奘纪念馆开馆仪式，并每年在玄奘圆寂的日子举行纪念活动。

中国台湾日月潭玄奘寺，日本东京慈恩寺、奈良药师寺，印度那烂陀寺玄奘纪念堂也都在玄奘的重要纪念日举办大型活动。

2000年3月，玄奘故里举办纪念玄奘诞辰1400周年纪念大会，周边五县四市十万余群众集会。玄奘研究中心主任、教授黄心川，玄奘研究中心副主任孙宝纲、徐金星及省市领导参加了会议。

2000年纪念玄奘诞辰活动在偃师召开

上／来自全国各地的专家学者出席玄奘诞辰活动

下／2008年中央电视台"玄奘之路"回归故里大型纪念活动

2000年10月，在玄奘的主要译经地——西安大慈恩寺举办玄奘三藏院落成、玄奘法师灵骨安放及增勤法师升丈典礼，来自全国各地寺院的僧侣和成千上万中外客人都亲眼目睹了这一难得的盛况。

2008年10月，为纪念玄奘大师诞辰1408周年暨中央电视台"玄奘之路"大型文化考察团荣归故里仪式在玄奘故里举行，上万人参加了这次活动。

2015年9月4日,中国国家邮政局在玄奘故里隆重举行"玄奘邮票"首发仪式,国家、省、市领导人和其他数千人参加了此次活动。

(三)开展玄奘研究

在学术研究方面,1993年7月30日,玄奘研究中心在北京成立,时任全国政协副主席、中国佛教协会会长赵朴初任名誉主任,著名学者中国社科院学部委员黄心川任主任,张岱年、任继愈、周一良、刘培育等60多位知名专家、学者担任玄奘研究中心的顾问和高级研究员。从此,关于玄奘研究新中国自成立以来便有了一个全国性的专门学术机构。

1994年4月,第一届玄奘国际学术研讨会在河南省偃师市与陕西省西安市分两段先后召开。

1999年3月22日,第二届玄奘国际学术研讨会在陕西省铜川市召开。

2006年9月19日,第三届玄奘国际学术研讨会在四川成都召开,来自世界九个国家二百余名专家学者参加了此次会议。

2011年10月3日,第四届玄奘国际学术研讨会在河南偃师市召开,来自世界十个国家近一百六十名专家学者参加了这次会议。

2016年9月4日,中国·瓜州第五届玄奘文化国际学术研讨会在甘肃瓜州县召开。

除了这五次有影响的国际性研讨会,玄奘研究中心还和地方政府合作召开了三次有关玄奘的专题研讨会。它们是2000年11月在西安召开的"玄奘精神与西部文化学术研讨会"、2004年10月在河南偃师举办的"玄奘思想与当代社会研讨会"、2006年在陕西户县召开的"玄奘灵骨鉴定研讨会"。据统计,国内外专家、学者在这五次国际学术研讨会上,共发表(英、汉)学术论文361篇,在三次专题研讨会上共发表各种论文120多篇。同时,玄奘研究中心还出版了《玄奘研究》专刊和多种关于玄奘的学术著作。一个学术机构能够借助民间力量，召开这么多次有影响的国际性研讨会，这在过去从没有过，表明了在我国玄奘研究事业已纳入学者和知识界的眼球，取得了一定成果。

2016年瓜州第五届玄奘文化国际学术研讨会

玄奘研究中心的成立，是我国玄奘研究事业的新起点，彻底改变了中国学术界和佛教界过去从来没有专门研究玄奘部门的情况，也集聚了各界专家学者与资源，将玄奘研究与宣传推进到新的阶段，让玄奘研究与宣传进入一个新的平台。通过几十年的不断宣传与活动，玄奘的形象与在社会上的影响已取得很大改变，人们正在从只知唐三藏进入对唐玄奘的认识之中。学术界对玄奘的研究，无论是发表成果的深度与广度均已超过以往。文化界、影视界和商界亦都对玄奘做了各种推展，有关玄奘的各种小说和电视剧、电影的不断推出，使国人对玄奘已经不再陌生，"民族脊梁""玄奘精神"已成为中国人的骄傲。

四、追梦路上　玄奘精神在召唤

玄奘离开我们已经一千三百多年，但其无与伦比的丰功伟绩，和对人类历史的宝贵奉献历久弥新。在中国历史上，再也没有哪一位有真实记载的历史人物会像玄奘一样，变成妇孺皆知的神话人物，仅此一点，就足以证明玄奘在中国历史上的地位。玄奘留给人类的，远不止广布东南亚各国的大乘佛教，更是一种胸襟开阔、海纳百川的开放胸襟，一种追求真理、百折不挠的民族精神。因此，2004年9月，国务院新闻办将玄奘、孔子、老子、孙子、墨子和屈原定为我国第一批对外宣传的六位历史文化名人，让世界更多地认识玄奘，了解玄奘。

进入新世纪以来，人们在重新思考如何将玄奘的擎天伟业及精神内涵继承与发扬，如何对玄奘西行的壮举深层次定位，如何让玄奘精神融入中国人现代化建设的进程中来，使玄奘精神成为这个时代的主旋律，我们的民族和人民总结了从六个方面去践行玄奘精神。

一是学习他真诚向外国学习、勇于开拓进取的精神。在玄奘的时代，印度的佛教、文化科技知识已大量涌入中国，玄奘是把它们作为先进的知识加以热忱学习的。在国内九年游学期间，他参访不同学派，历经十四师，掌握了较深的佛教义理，但他不满足于所取得的成就，常对"先贤之所不决，今哲之所共疑"的问题进行寻根问底，渴望了解佛教全部的正确知识。在长安，当他从印度来华的学者波颇密多罗那里知道了印度那烂陀寺戒贤法师精通《瑜伽师地论》的消息后，便毅然决然"杖策孤征，乘危远迈"，去印度寻求新的知识，开辟佛学研究的新途径。他到达印度后，不辞艰难地几乎访问了当时五印度所有的佛教学者和婆罗门教的有识之士，虚心向他们请教，即使是佛教的论敌或者外道学者，也如实地把他们的论点介绍给中国知识界。另外，在学习和研究瑜伽行宗的过程中，他广纳百川，吸取糅合了印度流传的唯识十家之说，借以贯通新旧唯识的鸿沟，另辟蹊径，奠定了新唯识学的理论基础，从而建立了中国的法相宗。玄奘这种虚心向外国学习，富于创造的精神，对我国新时代的征程中，积极学习国外先进技术和文化也有着积极的借鉴意义。

二是历尽千难万险、百折不挠的奋斗精神。玄奘孤身一人西行求法的历程，历尽了人类所遇到的种种自然和人为的灾难。他突破重重关隘，在过五烽时，穿越八百里莫贺延碛大沙漠，上无飞鸟，下无走兽，更无水草，望着尸骨马粪前进，九死一生到达伊吾；在以后的万里征程中，他翻雪山、顶风暴、斗盗贼、涉急流，在饥饿与死亡面前，玄奘心中只有一个念头："不至天竺，终不东归一步！"此外，他还克服了在域外学习和研究过程中的"三难"，即学梵文难、得经本难和文化交流难，如果没有坚韧不拔的精神，玄奘是无法闯过这些难关的。

三是不慕虚荣、造福人民的爱国主义和国际主义精神。玄奘西行后由于自己的努力和勤奋，在印度学术界获得了至高的荣誉，成为佛教最高学府那烂陀寺十大名师之一。戒日王优渥礼待，给予丰厚的供养，但他一直未忘出国的素志——"弘法利民"。当鸠摩罗王、戒日王上号"大乘天"和"解脱天"并坚留他在印度时，他答称："今果愿者皆由本土诸贤思渴诚深之所致也，以是不敢须臾而忘。"（《慈恩传》卷五）在他回国后，唐太宗曾两次希望他能"还俗从政，辅佐朝廷"，但他矢志译经事业，婉言加以拒绝。玄奘这种精神正如汤用彤教授评说的："襟抱平恕，器量虚融，……耽于道术，澹于名利，不欲高衔……玄奘人格极高，为人所敬顺。"

四是虔虔不懈、寻求真理、攀登学术高峰的精神。玄奘的确是攀登了学术高峰，表现了一个知识中人敢于追求真理的勇气和对待学术研究毫不含糊的科学态度。在中国历史上，玄奘无疑是最出色的留学生，留学印度而又成为印度佛学的制高点，这是人类历史上罕有的一个奇迹。

五是融汇教内外各派的认同、宽容精神。这种精神表现在他的译经和与外道交流之中。众所周知，玄奘是一个大乘瑜伽派，但他译的佛经中，大小乘并举，对佛教空、有中的基本经典《大毗婆沙论》《阿毗达磨》五个足论,他都没有从他所持的大乘立场加以排斥。玄奘并不专门弘传中观理论,但他却翻译了中观派般若的根本经典《大般若经》《广百论》等。大乘中观派的清辨论师是瑜伽行派护法论师的论敌,但他将清辨的《掌珍论》译出了。另外,他对教外的一些经典,如婆罗门教正统派哲学——胜论的根本经典《胜宗十句义论》也如实地译出了。我国道教的根本经典《道德经》,玄奘应印度童子王之请把它译成了梵文。在印度,玄奘在与外道辩论取得胜利后,马上取消和宽恕了顺世论者在辩论前所作的卖身等种种誓言。在玄奘生活的唐初和印度戒日王统治的时期,正是儒释道三教斗争和印度婆罗门教与佛教等沙门思潮斗争最为激烈的时期,玄奘在激烈的斗争中能够保持不偏不倚宽容的认同精神,这是难得可贵的。

各地学生纷纷到玄奘故里学习玄奘精神

六是工作作风踏实、计时分业的精神。玄奘一生始终把他的精神全力贯注到工作中去。《慈恩传》对他回国后每天译经的情况有所描述。他每天对当天需要完成的任务都有详细的安排,做到

"计时分业"。如果白天不能完成时，晚上也要补足。椐资料统计，玄奘从贞观十九年（645年）五月至龙朔三年（663年）十月，在17年6个月中共译出佛经1335卷，每年平均为75卷，每月6.25卷，即5日1卷。玄奘晚年留驻玉华寺时（659～663年），五年中共完成14部680卷，平均每年完成136卷，每月完成约11卷，这较过去增加了将近一倍。玄奘所译的最重要的经典如《大般若经》《成唯识论》《唯识二十论》都是在这时完成的。玄奘这种精励晨昏、专思法务、虔虔不懈、死而后已的精神令我们无限感动。

中华民族是追求真理、追求和谐、追求和平的民族，玄奘精神是民族精神的缩影，是民族精神的代表。在史无前例的现代化建设时期，我们重温玄奘精神，继承和发扬他的传统美德及行为准则，追梦路上，有我们勤劳的双手和智慧，我们还有什么艰难险阻不能克服，还有什么崇山峻岭不能逾越？玄奘精神将永远激励我们在开创新世纪的征程中披荆斩棘，奋勇前进，创造出更加灿烂的明天。

附　录　玄奘年谱简编

一岁　隋文帝开皇二十年（庚申）（600 年）
　　玄奘生于洛州缑氏县之东南凤凰谷陈村，亦名陈堡谷（即今河南省偃师市缑氏镇陈河村）一个官宦家庭，俗姓陈，名祎。他的母亲宋氏生有四子一女，玄奘最小，排行老四。

五岁　隋文帝仁寿四年（甲子）（604 年）
　　玄奘五岁，母亲宋氏亡故。

六岁　隋炀帝杨广大业元年（乙丑）（605 年）
　　父亲陈慧自江陵县解职归里，从此杜门不仕，隐居以终。

七岁　隋炀帝大业二年（丙寅）（606 年）
　　玄奘七岁，聪颖异常，据说已识玄学大旨。

八岁　隋炀帝大业三年（丁卯）（607 年）
　　父陈慧授《孝经》，至曾子避席时，反应聪慧，自后在家攻读经史。

十岁　隋炀帝大业五年（巳巳）（609 年）
　　父亲去世。仲兄长捷把玄奘携往东都洛阳净土寺。

十一岁　隋炀帝大业六年（庚午）（610 年）
　　玄奘在洛阳净土寺成为少年行者，开始学习佛教经典，先读《维摩经》和《法华经》。

十二岁　隋炀帝大业七年（辛未）（611年）

　　　　玄奘依兄长捷居洛阳净土寺诵读佛教经典。

十三岁　隋炀帝大业八年（壬申）（612年）

　　　　隋炀帝敕在东都洛阳度僧，被大理寺卿郑善果破格录取，始得出家于净土寺，法名玄奘。从景法师听受《涅槃经》，从严法师学习《摄大乘论》。

十四岁　隋炀帝大业九年（癸酉）（613年）

　　　　玄奘居洛阳净土寺研读佛经。

十五岁　隋炀帝大业十年（甲戌）（614年）

　　　　玄奘在洛阳净土寺研读佛经，并到处听讲，能独立思考，从此专门受业，声望愈远。

十六岁　隋炀帝大业十一年（乙亥）（615年）

　　　　玄奘在净土寺学习佛教经典。

十七岁　隋炀帝大业十二年（丙子）（616年）

　　　　玄奘在洛阳继续攻读佛教经典，探索佛教哲学。

十八岁　隋炀帝大业十三年（丁丑）（617年）

　　　　玄奘在东都洛阳温习佛教经典，出家后六年间一直未离开过洛阳。

十九岁　隋炀帝大业十四年，唐高祖武德元年（戊寅）（618年）

　　　　瓦岗农民起义军攻陷洛阳东北的兴洛仓，与隋军展开了争夺洛阳的大战，玄奘向仲兄长捷建议奔赴长安。时中原战乱，旋即启兄经子午谷，越秦岭，抵汉川，入蜀访师。

二十岁　唐高祖武德二年（己卯）（619年）

　　　　玄奘在成都从宝暹听讲《摄论》，又向道基受学《毗昙》，复于震法师处听受《迦延》。玄奘敬惜寸阴，励精无怠，二三年间，究通诸部。

二十一岁　唐高祖武德三年（庚辰）（620年）
玄奘在成都从宝暹、道基、道振诸师学业，同年受具足戒并坐夏学律。

二十二岁　唐高祖武德四年（辛巳）（621年）
玄奘与兄长捷居成都空慧寺，继续钻研佛教哲学。

二十三岁　唐高祖武德五年（壬午）（622年）
玄奘居蜀四五年间，研读了各家学说，与兄长捷同为蜀人所仰慕，被誉为"陈门双骥"，其名声在吴蜀荆楚无不知闻。但玄奘并不满足于此，又想入京询问殊旨，便想从巴蜀溯江东下，沿途寻师求教，但却为兄所阻留。

二十四岁　唐高祖武德六年（癸未）（623年）
玄奘私与商人结伴，泛舟三峡，沿江而下，到荆州天皇寺，冬末，玄奘沿江东下。

二十五岁　唐高祖武德七年（甲申）（624年）
玄奘自荆州沿江东下，经扬州、吴会，与名僧智琰相晤，继而北上相州，冬，至赵州从道深受学《成实论》。

二十六岁　唐高祖武德八年（乙酉）（625年）
玄奘在赵州学毕《成实论》后，西赴长安，住大觉寺，从道岳学《俱舍论》。

二十七岁　唐高祖武德九年（丙戌）（626年）
玄奘在长安从法常学《摄论》、僧辩学《俱舍》、玄会学《涅槃》，被常、辩二师赞为"释门千里驹"，因而誉满京城。

玄奘自十三岁出家，遍谒国内名师，译研各宗学说，发现流传在各地的各种佛经教义各持己见，互不相同，为搞清《瑜伽师地论》足本和其他佛经的真实含义，遂决心亲自到西方——印度求"法"。于是他与志同道合者联合上表朝廷，请求西行，有诏不许。玄奘矢志不移，积极做西去的各项准备。

二十八岁　唐太宗李世民贞观元年（丁亥）（627年）

秋八月，因关东、河南、陇右沿边诸州，霜害秋稼，下敕道俗随丰四出，趁着这个机会，玄奘遂首途西行孤征，经秦州、兰州到凉州，遂潜往瓜州，偷越玉门关，取丝绸之路北道往印度。

二十九岁　唐太宗贞观二年（戊子）（628年）

玄奘数换良马，夜半赶到高昌王城。在高昌王的大力资助下，玄奘越沙漠，过雪山，一路参谒圣迹，求法访道，至北印度迦湿弥罗国，从僧称学《俱舍论》《顺正理论》《因明》《声明》等，是年亲践二十四国，行程一万三千八百余里。

三十岁　唐太宗贞观三年（己丑）（629年）

春夏在迦湿弥罗国从僧称受学，秋启程抵磔迦国从老婆罗门学《经百论》和《广百论》。又抵那仆底国，从毘腻多钵腊婆学《对法论》《显宗论》等论著。是年践行四国，行程二千八百余里。

三十一岁　唐太宗贞观四年（庚寅）（630年）

玄奘进阁烂达罗国，在那伽罗驮那寺，从旃达罗伐摩（月胄）受学《众事分毗婆沙》。是年玄奘亲践七国，行程三千余里。

三十二岁　唐太宗贞观五年（辛卯）（631年）

春初，玄奘东行抵秣底补罗国，从密多斯那学习《怛埵三第铄论》和《随发智论》。在羯若鞠阇国从毗离耶犀那三藏就学佛使《毗婆沙》和月胄《毗婆沙》。十月初抵那烂陀寺参谒戒贤法师，并观礼各处佛教圣迹。

三十三岁　唐太宗贞观六年（壬辰）（632年）

玄奘还归那烂陀寺后，戒贤不顾衰迈高年，重为玄奘开讲《瑜伽师地论》三遍，此外，又学习《顺正理论》一遍，《因明》《声明》《集量》等各一遍，《中论》《百论》各三遍。《俱舍》《毗婆沙》《六足》《阿毗昙》等他已在迦湿弥罗国听过，至此，只是阅读解决疑难问题而已。同时，对印度的语言学也下了番工夫。

三十四岁　唐太宗贞观七年（癸巳）（633年）

玄奘在那烂陀寺听戒贤讲授《瑜伽师地论》，并探索诸部论典，学习梵书。

三十五岁　唐太宗贞观八年（甲午）（634年）

玄奘在那烂陀钻研诸部经论，并学习梵书。

三十六岁　唐太宗贞观九年（乙未）（635年）

玄奘在那烂陀寺研究佛学理论。

三十七岁　唐太宗贞观十年（丙申）（636年）

在那烂陀寺研习已历五载，留印的目的虽已达到，但玄奘并不满足于此。春初，又辞别戒贤，周游五印度，随处问学。在伊烂拏钵伐多国都城，从萨婆多部学者怛他揭多毱多（如来密）、羼底僧诃（师子忍）二人就读《毗婆沙论》《顺正理》等一年，年底卒业，在此度岁。

三十八岁　唐太宗贞观十一年（丁酉）（637年）

春初，玄奘顺殑伽河南岸东行过中印度拟去僧伽罗国，因海路险，改南行至南印度，从大众部苏部底与苏利耶二人学大众部《根本阿毗达磨》等论，参观阿旃陀石窟寺。

三十九岁　唐太宗贞观十二年（戊戌）（638年）

玄奘过南印度诸国至西印度茂罗三部卢国，折东北至钵伐多国，并在其国从二三大德就学正量部《根本阿毗达磨论》及《摄正法论》《教实论》，在此度岁。

四十岁　唐太宗贞观十三年（己亥）（639年）

玄奘周游五印度后，返回那烂陀寺，参谒戒贤法师，复往杖林山从胜军论师学《唯识抉择论》《意义理论》《成无畏论》《不住涅槃论》《十二因缘论》《庄严经论》，并询问《瑜伽》《因明》等疑问。

四十一岁　唐太宗贞观十四年（庚子）（640年）

玄奘思念故国，形诸梦寐，乃决意东归，还归那烂陀寺后，戒贤遣玄奘为寺众开讲《摄大乘论》《唯识抉择论》。玄奘为和会寺内二派学说，以梵文著《会宗论》三千颂，后又破顺世论者婆罗门，作《制恶见论》，破正量部大师般若毱多的《破大乘论》。后戒日王亲来礼谒，应邀赴曲女城参加佛教辩论大会。

四十二岁　唐太宗贞观十五年（辛丑）（641年）

春初，曲女城辩论会开始，戒日王请玄奘为论主，称扬大乘，经十八日的辩论，玄奘和各教派、各学派的学者相互驳议，取得胜利，从此声震五印度。

后玄奘又参加了五年一度的无遮大会，会毕即辞别戒日王开始东还。

四十三岁　唐太宗贞观十六年（壬寅）（642）年

玄奘在东归路上，过信度河时，风浪骤起，失五十夹经本及花种，又派人去乌杖那国补抄迦叶臂耶部三藏。

迦毕试国王偕行出印度境，后国王派一大臣率百余人，护送玄奘度过艰险的大雪山。逾岭至安呾罗缚国，进入西突厥的势力范围。

四十四岁　唐太宗贞观十七年（癸卯）（643年）

玄奘经数国穿越帕米尔高原，至揭盘陀国，在此东行五日，遇逢群贼，商侣惊恐登山，大象被逐溺水死。冒寒履险东行，越葱岭抵瞿萨呾那国境，已将岁终。

四十五岁　唐太宗贞观十八年（甲辰）（644年）

玄奘岁初抵于阗国，国王来迎，拟取道天山南路还国；同时，上表朝廷，报告"私往天竺""历览周游一十七载"，听候发落；秋，穿过戈壁大沙漠，辗转以达沙州。在此，玄奘又上表，闻唐太宗在洛阳，将出征高丽，乃倍途而进。

四十六岁　唐太宗贞观十九年（乙巳）（645年）

玄奘日夜兼程，于正月二十四日抵长安西部漕河边上；带回经典六百五十七部并舍利、佛像安置京师弘福寺；谒见太宗于洛阳宫，并抽空回故乡缑氏县陈村看望；三月返回长安，于弘福寺创建译场，开始佛经的新译时期。译《大菩萨藏经》《显扬圣教论》《六门陀罗尼经》《佛地经》。

四十七岁　唐太宗贞观二十年（丙午）（646年）

玄奘居弘福寺译经。

译安慧释《大乘阿毗达磨杂集论》十六卷，着手译《瑜伽师地论》。完成《大唐西域记》十二卷。上表请唐太宗为新经作序。

四十八岁　唐太宗贞观二十一年（丁未）（647年）

玄奘在弘福寺译经。

译世亲《大乘五蕴论》一卷、《摄大乘论释》十卷、《解深密经》五卷、《因明入正理论》一卷，又奉敕将老子《道德经》译为梵文，《大乘起信论》从汉语还译为梵文，交流于印度。

四十九岁　唐太宗贞观二十二年（戊申）（648年）

玄奘在弘福寺译经。

译《天请地问》一卷，《瑜伽师地论》一百卷译讫，译《胜宗十句义论》《唯识三十论颂》。六月，应诏赴玉华宫，唐太宗为所译新经作《大唐三藏圣教序》，太子李治作《述三藏圣教序记》。慈恩寺落成，送玄奘入住，典礼极为隆重。

五十岁　唐太宗贞观二十三年（己酉）（649年）

玄奘在大慈恩寺翻经院译经。

译成《佛说缘起圣道经》一卷、小乘一切有部六足论之一的提婆设摩《阿毗达磨识身足论》十六卷、小乘经《如来示教胜军王经》一卷等十二部经论。陪太宗至翠微宫，为太宗讲说佛法及五印度见闻直至唐太宗病危。玄奘仍留宫中。

五十一岁　唐高宗李治永徽元年（庚戌）（650年）

玄奘在大慈恩寺专务译经。因其为上座之任，寺里僧事都要向他请示，还有宫中遣使也来营造功德，前后造一切经十部，夹纻宝装像二百余躯，亦听玄奘进止。

是年，译《称赞净土佛摄受经》等九部凡三十卷。

五十二岁　唐高宗永徽二年（辛亥）（651年）

玄奘在慈恩寺译经。

正月，瀛州、蒲州、谷州、恒州四刺史，因朝集来到京城，公事之暇，请玄奘给他们受菩萨戒，并为之广说菩萨行法。是年，译成《阿毗达磨俱舍论》等六论凡八十三卷。

五十三岁　唐高宗永徽三年（壬子）（652年）

住慈恩寺译经。

玄奘奏请造塔以安置从西域带回的经像及舍利，兼防火灾，经高宗许可，在慈恩寺西院营建。兴建时，玄奘亲自荷担负筐，搬运砖石。奠基之日，亲写《愿文》述愿。是年译《大乘阿毗达磨集论》七卷、《佛临涅槃记法住经》一卷。

五十四岁　唐高宗永徽四年（癸丑）（653年）

玄奘在慈恩寺译经。

正月初一日，译众贤《阿毗达磨顺正理论》八十卷，至永徽五年七月十日毕，元瑜笔受。

五月，法长自印度来唐，抵长安谒玄奘，携来中印度摩诃菩提寺智光、慧天的问候书信和天竺的木棉织品，表示思慕之情。

五十五岁　唐高宗永徽五年（甲寅）（654年）

玄奘在慈恩寺译经。

二月，法长回国向玄奘辞行，玄奘复书并信物回报智光、慧天，又附前因渡河失落经本名单，请设法抄得附来。是年译《大阿罗汉提密多罗所说法住记》等七部七卷。

五十六岁　唐高宗永徽六年（乙卯）（655年）

玄奘在慈恩寺译经。

吕才著《因明注解立破义图》三卷（已佚），高宗下诏于慈恩寺召开学术辩论会，由吕才与玄奘辩论。以吕公词屈，谢而退焉而告终。

五十七岁　唐高宗显庆元年（丙辰）（656年）

玄奘居慈恩寺译经。

高宗应玄奘之请，派大臣于志宁等参加译事；是年译《十一面神咒心经》一卷，创译《阿毗达磨大毗婆沙论》二百卷，到显庆四年七月三日毕。

八月，敕造西明寺。

十一月一日，武则天施与玄奘袈裟一领，玄奘上表致谢。

十二月五日，武则天生男满月，敕令玄奘进宫为佛光王（皇子）剃度。

五十八岁　唐高宗显庆二年（丁巳）（657年）

唐高宗到洛阳，敕玄奘陪从，随带译经僧五人、弟子一人，住积翠宫继续译经。

玄奘乘回洛阳之便，返归故乡缑氏县凤凰谷陈村（今名陈河村），与姐姐张氏相晤，悲喜交集，并改葬父母遗柩于西原。

五十九岁　唐高宗显庆三年（戊午）（658年）

玄奘随高宗返长安。

六月十二日，西明寺营建完竣，七月高宗为优礼玄奘，敕请他移居西明寺。

十月译塞建地罗《入阿毗达磨论》，嘉尚笔受。是年玄奘还参与史官编撰《西域图志》。

六十岁　唐高宗显庆四年（己未）（659年）

四月十九日，玄奘在西明寺译《不空绢索神咒心经》一卷，大乘光笔受。七月二十七日译大目犍连《阿毗达磨法蕴足论》十二卷。七月三日玄奘译《大毗婆沙论》，为答弟子疑惑，在此论译文中另加十六字解释疑义。

十月，玄奘率翻译诸僧与门弟子等至坊州玉华寺，居肃成院，将从事《大般若经》的翻译。

六十一岁　唐高宗显庆五年（庚申）（660年）

玄奘在玉华寺译经。

正月一日起首译《大般若经》。同时于九月一日译筏苏密多罗（世友）《阿毗达磨品类足论》十八卷，至十月二十三日毕。十一月二十六日，译舍利子《阿毗达磨集异门足论》二十卷，至龙朔三年十二月二十九日毕。

六十二岁　唐高宗龙朔元年（辛酉）（661年）

玄奘在玉华寺主要译《大般若经》，同时还译弥勒《辨中边论颂》一卷、世亲的《辩中边论》三卷、世亲《唯识论》一卷，译小乘《缘起论》一卷。

六十三岁　唐高宗龙朔二年（壬戌）（662年）

玄奘在玉华寺继续翻译《大般若经》，同时译世友《异部宗轮论》一卷，大乘基笔受。

六十四岁　唐高宗龙朔三年（癸亥）（663年）

玄奘在玉华寺续译《大般若经》，并于六月四日译筏苏密多罗《阿毗达磨界身足论》三卷，大乘基笔受。

十月二十三日，六百卷《大般若经》译成。十一月二十二日，命窥基上表请高宗为经作序。十二月七日，通事舍人冯义宣敕许之。

六十五岁　唐高宗麟德元年（甲子）（664年）

玄奘于正月一日译《咒五首经》一卷。

玄奘因多年劳累，力疾翻译，自《大般若经》译完后，自觉体力衰竭，死期已近。正月三日玉华寺译经诸僧殷勤启请翻译《大宝积经》，玄奘勉强译了几行，就收起梵本，从此绝笔翻译。

玄奘于二月五日夜半与世长辞，葬于长安浐水之滨白鹿原。

总章二年（669年）四月八日，唐高宗敕令迁葬玄奘法师于樊川北原，并营建塔宇。

神龙元年（705年），唐中宗敕令在两京各建一佛光寺，追谥玄奘为大遍觉法师。

主要参考文献

〔唐〕慧立、彦悰　　　　　《大慈恩寺三藏法师传》
〔唐〕刘轲　　　　　　　　《三藏大遍觉法师塔铭》
〔唐〕道宣　　　　　　　　《续高僧传》
〔唐〕冥祥　　　　　　　　《大唐故三藏玄奘法师行状》
〔唐〕智升　　　　　　　　《开元释教录》
〔唐〕玄奘口述　辩机笔录　《大唐西域记》
〔宋〕司马光　　　　　　　《资治通鉴考异》
〔宋〕赞宁　　　　　　　　《宋高僧传》
〔北宋〕宋祁等　　　　　　《新唐书》
〔后晋〕刘昫等　　　　　　《旧唐书》
〔北魏〕邢子才　　　　　　《广弘明集》
〔宋〕王钦若等　　　　　　《册府元龟》
〔东晋〕法显　　　　　　　《佛国记》
梁启超　　　　　　　　　　《支那内学院精校本玄奘传书后》
　　　　　　　　　　　　　《佛学研究十八篇》
杨廷福　　　　　　　　　　《玄奘年谱》《玄奘论集》
季羡林　　　　　　　　　　《大唐西域记校注》《佛教十六讲》
黄心川　　　　　　　　　　《第三届玄奘国际学术研讨会论文集》
　　　　　　　　　　　　　《印度哲学史》
周连宽　　　　　　　　　　《大唐西域记史地研究丛稿》
李正宇　　　　　　　　　　《敦煌研究》《玄奘瓜州·伊吾经行考》
烈维　　　　　　　　　　　《王玄策使印度记》
冯承均　　　　　　　　　　《西域南海史地考证论汇集》

张　良	《风从西来》
李宏伟	《中国之最话瓜州》
严耕望	《唐代交通图考》
心　海	《大唐玄奘》
王恩洋	《中国佛教与唯识学》
向　达	《中西交通史》
吕　澂	《印度佛教源流》
任继愈	《佛教大词典》
蓝吉富	《印度佛教圣迹》

后 记

《丝路追梦：探秘玄奘西行》的策划，缘于 2014 年政协偃师市第八届委员会第三次会议。会议安排我把撰写的"加快修复玄奘故里建设步伐"的提案作集中发言，由于此提案被广泛关注，因而引起与会政协委员的热烈共鸣。其间，偃师市政协主席吴孟良在和我交流时建议："要把研究玄奘的课题首先放在人们对玄奘的认知上，不能被《西游记》里的唐僧误导。要还原历史，把真实的玄奘推介给人们。既要依托文献资料，又要勇于探源揭秘，拿出一些雅俗共赏的文章，让人们明白玄奘这个历史人物是如何伟大，他留给后世的玄奘精神，对当今社会有什么样的重大影响。这样，研究玄奘才具有现实意义。"当我提出了我多年的夙愿——"踏着玄奘的足迹，重走玄奘路"的想法时，与会政协领导一致肯定。偃师市政协副主席史书通、办公室主任宋国平、文史委主任刘改霞等领导都予以鼓励和支持，并提出了很好的指导意见。这成了我萌动《丝路追梦：探秘玄奘西行》的强大动力。

和玄奘结缘是在 1987 年开始的。那一年的春天，为修复玄奘故里，我考察了西安大雁塔、铜川玉华寺、樊川兴教寺、南京灵谷寺。通过参观历史遗存和查阅文献资料，我对玄奘其人，从知之不多到逐步认识。又经过二十多年的不断学习、探索，玄奘大师的光辉形象，逐渐在脑海里变得清晰而高大。他那特立独行的意志，书写着"千古一人"的神话；他那求法忘躯的壮举，镌刻着"国之脊梁"的伟大。自那时起，玄奘成了我心灵深处崇拜的偶像。于是在 2008 年，我交出第一份答卷，出版了《玄奘大师与玄奘故里》，算是对老乡玄奘的见面礼，但事后总嫌此本缺了点什么。

从 2014 年起，我坚定信念，矢志不移，踏着玄奘的足迹，沿丝路西行，开始了四年多的追梦之旅，由国内到国外，用双足和镜头探索当年玄奘西游的伟大壮举。从 2018 年 5 月到 2019 年 10 月底，我不敢有一丝懈怠，用了一年半时间，完成了本书初稿，又经过近一年的修改、校审，纲目和内容较好地达到了策划目的。本书选题的新意和突破点在于既依据文献资料，故地重游，又重于考察探秘，还原历史；既有文字论述，又有图片印证，让人们更深刻地读懂公元七世纪的这位行者玄奘。当然本书也不乏对"历史记载"之外作的一些"科学的推测和想象"，这有利于读者对玄奘有一个更加感性的了解。

《丝路追梦：探秘玄奘西行》的顺利出版，得益于偃师市政协文史委的大力支持，得益于玄奘研究中心的各位专家、学者及同行的悉心指导，得益于各位领导和朋友、网友的关心、鼓励和支持。感谢中国社科院学部委员、亚太研究所前所长、教授、博士生导师、玄奘研究中心主任黄心川先生，中国社科院哲学所研究员、教授、博士生导师、玄奘研究中心副主任刘培育先生，中国社科院亚太研究所研究员、教授、东方文化研究中心研究员、玄奘研究中心副秘书长薛克翘先生等都为本书提出了宝贵的建议。特别是薛克翘先生，他通读了本书的电子稿全文，以他通晓印度史的学识和曾经驻印度大使馆的经历，对本书文稿、图片精心甄别、正误、修改，提出多条指导性意见，循循善诱，诲人不倦，这种导师加兄弟的情谊，令人感佩万千，我发自心底道一声："薛先生，谢谢您！"远在铜川的好友、玄奘研究中心研究员王赵民先生，也在百忙之中为本书提供了珍贵的学术资料。

在本书出版的过程中，河南大学出版社的朋友们对此书付出了艰辛的劳动，责任编辑李云先生，对全书布局、图片排布、卷章取舍、文稿注释等方面，"展智慧于字句，倾学识于点滴"，是不能忘却的良师益友。还有，责任编辑刘利晓女士，封面设计翟淼淼女士，版式设计李雪艳女士，部门主任谌洪波先生、靳开川先生，由于他们的信任和辛勤付出，本书才得以早日面世。这里特表示由衷的谢意。

由于本人学识浅薄，水平有限，书中舛误，在所难免，期待专家、学者及广大读者予以拨冗指正。

董煜焜

2020 年 9 月